DEUTSCHES LESEBUCH
VON LUTHER BIS LIEBKNECHT

Universal
Bibliothek

BELLETRISTIK

DEUTSCHES LESEBUCH

Von Luther bis Liebknecht

Herausgegeben von Stephan Hermlin

1990

Verlag Philipp Reclam jun. Leipzig

Veröffentlichung der Akademie der Künste der Deutschen Demokratischen Republik

Der Herausgeber dankt seinen Kollegen, den Mitgliedern und Mitarbeitern der Akademie der Künste der DDR, Sektion Literatur und Sprachpflege, die das Manuskript lasen und beurteilten. Besonderen Dank schuldet er Dr. Volker Riedel für die Erarbeitung der Textgrundlagen

ISBN 3-379-00239-9

Text nach: Deutsches Lesebuch. Von Luther bis Liebknecht
Herausgegeben von Stephan Hermlin, Verlag Philipp Reclam jun. Leipzig 1976

Reclams Universal-Bibliothek Band 1220
2. Auflage
Reihengestaltung: Lothar Reher
Lizenz Nr. 363. 340/33/90 · LSV 7109 · Vbg. 28,5
Printed in the German Democratic Republic
Grafischer Großbetrieb Völkerfreundschaft Dresden
Gesetzt aus Garamond-Antiqua
Bestellnummer: 661 372 6
00350

Inhalt

1

Niemand, allein schon angesichts des Umfangs dieser Sammlung, kann annehmen, daß hier ein Lesebuch für Schulen beabsichtigt ist, wenn auch es einem Lehrer unbenommen bleiben sollte, das Buch fakultativ zu gebrauchen. Es soll nicht so sehr ein Buch sein, das man liest, als vielmehr eines, in dem man liest, das Beispiele, unvergängliche Muster bietet aus einer großen und alten Literatur. Man hört heute oft den heilsamen Gedanken aussprechen, demzufolge keiner Anspruch auf wirkliche Gegenwart und Zukunft hat, der nicht Geschichte, Geschehenes in sich trägt. Mögen manche noch so laut sich selber als Repräsentanten des Heute vorstellen – ihre Rede klingt hohl, wenn nicht in ihren Worten das Vergangene aufscheint, das nach einer Zukunft, nach unserer Gegenwart hin Ausschau hielt.
Die Summe aller Gegenwärtigkeiten ist die Kunst, ist vor allem die Literatur eines Volkes. Immer wieder wurde hier von Dichtern von Vielen Erfahrenes noch einmal erfahren. Es wäre freilich ein Irrtum, die wirkliche Bedeutung der Dichtung auf dem Feld des Geschichtlichen zu sehen, obwohl Literatur und Geschichte seit je allen bekannte Beziehungen zueinander unterhalten. Von höherer Bedeutung sind hier andere Momente. Der Zeitgenosse, der auf ein Sonett des Gryphius, auf einen Brief Forsters, auf eine Rede Grillparzers blickt, erfährt Vergänglichkeit, die gelassenmutige Suche nach dem Sinn der Geschichte, die Fähigkeit der Sprache, etwas darzustellen, das außerhalb ihrer Möglichkeiten zu liegen schien; er fühlt sich vielleicht auf merkwürdige Weise bestätigt, er sagt sich: so also wurde empfunden, gelitten, geliebt, verworfen, und es kann sein, daß er seine Zeit nun härter, fordernder beurteilt als zuvor, weil sie, die auf so viel Neuentdecktes stolz ist, so vieles vergessen und, zwischen Sprache und Phrase gestellt, eine schlechte Wahl getroffen hat.

2

Der Herausgeber, der zunächst an eine Auswahl aus allen zwölf Jahrhunderten deutscher Literatur gedacht hatte, sah bald ein, daß es besser sei, sich einzuschränken. Die frühen

Beiträge hätten nicht in Originalfassung gebracht werden können, da das Buch sich an einen möglichst breiten Leserkreis wendet. Andererseits hielt der Herausgeber es nicht für erforderlich, das letzte halbe Jahrhundert zu berücksichtigen. Es ist bei uns ausreichend bekanntgemacht und überall vorhanden. Das Jahr 1918 setzt eine deutliche Marke in deutscher Geschichte und deutscher Literatur. Das Buch führt also von Martin Luther bis Karl Liebknecht.
Einige Worte seien gesagt zu den Grundsätzen dieser Auswahl. Sie ist in dem, was sie enthält, geprägt von den Bestrebungen des Herausgebers, große Beispiele vorweisen, sie dem Vergessen entreißen zu wollen. Dies betrifft nicht nur die einzelnen Beiträge, sondern in einigen Fällen auch die Namen großer Autoren, die seit Jahrzehnten bei uns nicht mehr genannt werden.
Unvermeidlich ist ein Hinweis auf Fehlendes. Es wird stets leichter bemerkt als das Vorhandene. Diesem Buch wird es darin nicht anders ergehen als anderen. Da der Herausgeber bestrebt war, ganze, ungekürzte Beiträge zu geben, verzichtete er auf Dramatisches und damit auf manchen seiner Lieblingsschriftsteller. Man wird hier also weder Raimund noch Nestroy noch Hauptmann finden (auch Hauptmanns Prosa konnte aus dem erwähnten Grunde nicht in das Buch aufgenommen werden). Auch andere große Schriftsteller wird man vermissen, wie etwa Wieland für das achtzehnte, Jeremias Gotthelf und Raabe für das neunzehnte Jahrhundert. Statt dessen stehen auf diesen Seiten manchmal Autoren, die keine Schriftsteller waren. Manche werden dem Herausgeber nachweisen, daß er seinem Vorsatz, ganze Stücke und keine Bruchstücke zu bringen, gelegentlich nicht treu geblieben ist. Das ist in der Tat so. Doch glaubt er, solche Ausnahmen mit ihrem besonderen Charakter rechtfertigen zu können, wie etwa bei jenem berühmten und oft zitierten Kapitel aus dem «Hyperion», das als bedeutendes Beispiel für nationale Selbstkritik in diesem Buch nicht fehlen durfte.
Auch kam es ihm darauf an, nicht unbedingt die am meisten bekannten Aspekte wichtiger Schriftsteller noch einmal zu zeigen. Notwendiger als eine Szene aus «Kabale und Liebe» oder eine der populären Balladen schienen ihm einige wenig bekannte, manchmal fast vergessene Gedichte

des unterschätzten Lyrikers Schiller zu sein. Ein Dichter wie Heine hat hierzulande endlich den Platz, der ihm gebührt. Aber Heine ist nicht nur der Verfasser von «Deutschland. Ein Wintermärchen» oder der «Wanderratten», als der er immer wieder dargeboten wird. Manche, die den Begriff «Widerspruch» so oft gebrauchen, daß er schließlich nichts mehr besagt, werden unruhig, wenn sich dieser Widerspruch als das zu erkennen gibt, was er ist: der große Beweger. Heine wird erst verstanden, wenn man ihn als einen begreift, der nicht nur anderen, sondern auch sich selber widersprach.

Einen beträchtlichen Raum unter den Beiträgen nehmen die Äußerungen von Schriftstellern und Künstlern über Literatur und Kunst und über sich selber ein. Dies hängt mit einer Vorliebe des Herausgebers und seiner Erfahrung zusammen, daß man kaum Wichtigeres und Ergreifenderes lesen kann als derartige Äußerungen, daß sie einem neue Zugänge zu den Verfassern und dem von ihnen Behandelten verschaffen. In dieser Hinsicht hat das «Deutsche Lesebuch» auch didaktische Absichten – es zeigt Beispielhaftes und den Weg zu ihm.

Goethes Aufsatz «Von deutscher Baukunst» ist nicht nur ein herrliches Stück Prosa, sondern auch ein Akt der Gerechtigkeit, das Entdecken eines Gipfels deutscher und europäischer Kunst in einer Zeit, der die Gotik als Barbarei galt. Herweghs Gedichte haben ihre populäre Geltung; im Rahmen dieses Buches sollte sein schöner Hölderlin-Aufsatz den Vorrang haben, eine der ersten, auch heute noch wenig bekannten deutschen Stimmen zu Hölderlin. Hoffmanns vielseitige Genialität steht dem Leser seiner Beethoven-Analyse vor Augen. Schumanns wird hier nicht als des großen Komponisten gedacht, sondern als eines Entdeckers und eines Wortgebieters, der er gerade dann war, wenn er selbstlos und begeistert auf Neues hinweisen konnte. Mancher, der Gedichten (und sich selber) hilflos gegenübersteht, wird, wenn er Hofmannsthals «Gespräch über Gedichte» liest, vielleicht einen Punkt gewonnen haben, von dem aus er nun weiter in einen ihm bisher verdunkelten Bereich hinüberzublicken vermag.

3

Es fällt hier ein Name, der für diese Sammlung seine besondere Bedeutung hat. Vor einem halben Jahrhundert erschien das Buch, dem diese Anthologie den Titel, aber auch in gewissem Sinne die leitende Idee verdankt. Hugo von Hofmannsthals «Deutsches Lesebuch» hat nie die Verbreitung gefunden, die es verdiente: Es kam in zwanzig Jahren nur zweimal in geringer Auflage heraus, ein drittes Mal noch nach dem zweiten Weltkrieg. Es beschränkte sich auf die Prosa, und nur auf ein Jahrhundert, das zwischen 1750 und 1850. Nicht in der Vorrede zu seinem «Lesebuch», sondern in der Einleitung zu seinen schon früher erschienenen «Deutschen Erzählern» schrieb Hofmannsthal: «Unser Volk hat ein schlaffes Gedächtnis und eine träumende Seele, trotz allem; was es besitzt, verliert es immer wieder, aber es ruft sich nachts zurück, was es am Tage verloren hat. Den Reichtum, der ihm eignet, zählt es nicht und ist fähig, seiner Krongüter zu vergessen, aber zuzeiten sehnt es sich nach sich selber ...»

4

Es wäre ein Irrtum anzunehmen, dem Herausgeber stünde, wenn er den Begriff «beispielhaft» gebraucht, immer der gleiche Kanon einer ästhetisch-stilistischen Perfektion vor Augen. Er war sich immer der engen Nachbarschaft, ja der Blutsverwandtschaft höchster Kunstprodukte und bestimmter spontaner Äußerungen der Volkssprache, wie es sie einmal gab, bewußt. Goethe selbst ist nicht das einzige, aber das oberste Beispiel für diesen Umstand. Es ist auch kein Zufall, daß in diesem Buch Verse von Mörike oder der Droste neben dem anonymen «Weberlied» von 1844 stehen, in dessen klobiger, weitschweifiger Unbeholfenheit jahrhundertelang stumm geweinte Tränen der Mit- und Nachwelt plötzlich aufs furchtbarste hörbar, sichtbar werden. Die beiden Stränge gehören zueinander; nur muß man wissen, daß es von beiden nichts Verbindendes gibt zu jenem Ersatz, der sich selber unablässig als volkstümlich und bodenständig propagiert, und von dem auch wir noch nicht ganz frei sind.

Es ist deutlich, daß diesem «Deutschen Lesebuch» eine andere, eine fast gegensätzliche Vorstellung zugrunde liegt verglichen mit jener, die Hans Magnus Enzensbergers «Klassenbuch» trägt. Damit wird nicht Enzensbergers großes Verdienst bestritten, ganz Unbekanntes ins Bewußtsein gehoben, den Sprachlosen das Wort erteilt zu haben. Ort und Zeit haben ihn seine wichtige Arbeit tun lassen. Wir hier haben andere Pflichten. Eine Gesellschaft, die den Anspruch erhebt, eine neue zu sein, muß sich in der Verwaltung und Aneignung eines großen Erbes üben und erproben. Und zwar gerade dann, wenn da und dort bilderstürmende Obskuranten aufstehen und ein großes Land, in dem Mozart und Beethoven Kleinbürger und Konterrevolutionäre genannt und verboten werden, sich damit selber beschädigt. Dort freilich sind absurde Theorien, die auch anderswo existieren, nur zum Extrem gesteigert und damit besonders deutlich gemacht worden, und das ist schon beinahe wieder ein Verdienst.
Das «Lesebuch» vereinigt deutsche Stimmen des Humanen, das sich in allen Sprachen geäußert hat. Diese Stimmen sagen sehr Unterschiedliches. Aber sie schließen einander nicht aus. Man soll sie hören, wie sie miteinander, ineinander klingen. Vergangene Stimmen sind sie und haben, um noch einmal Hofmannsthal zu zitieren, den dünnen Schleier von sich geworfen und sich als ein ewig Gegenwärtiges gezeigt.

Stephan Hermlin

Martin Luther

Der XLVI. Psalm
Deus noster refugium et virtus

Ein feste Burg ist unser Gott,
Ein gute Wehr und Waffen.
Er hilft uns frei aus aller Not,
Die uns itzt hat betroffen.
Der alt böse Feind
Mit Ernst er's itzt meint,
Groß Macht und viel List
Sein grausam Rüstung ist,
Auf Erd ist nicht seinsgleichen.

Mit unser Macht ist nichts getan,
Wir sind gar bald verloren,
Es streit für uns der rechte Mann,
Den Gott hat selbs erkoren.
Fragst du wer der ist?
Er heißt Jesu Christ,
Der Herr Zebaoth,
Und ist kein ander Gott,
Das Feld muß er behalten.

Und wenn die Welt voll Teufel wär
Und wollt uns gar verschlingen,
So fürchten wir uns nicht so sehr,
Es soll uns doch gelingen.
Der Fürst dieser Welt,
Wie saur er sich stellt,
Tut er uns doch nicht,
Das macht er ist gericht,
Ein Wörtlein kann ihn fällen.

Das Wort sie sollen lassen stahn
Und kein Dank dazu haben,
Er ist bei uns wohl auf dem Plan
Mit seinem Geist und Gaben.
Nehmen sie den Leib,

Gut, Ehr, Kind und Weib,
Laß fahren dahin,
Sie haben's kein Gewinn,
Das Reich muß uns doch bleiben.

Ulrich von Hutten

Ein neu Lied Herr Ulrichs von Hutten

Ich hab's gewagt mit Sinnen
Und trag des noch kein Reu.
Mag ich nit dran gewinnen
Noch muß man spüren Treu,
Darmit ich mein
Nit eim allein
Wenn man es wollt erkennen:
Dem Land zugut,
Wiewohl man tut
Ein Pfaffenfeind mich nennen.

Da laß ich jeden liegen,
Und reden was er will,
Hätt Wahrheit ich geschwiegen,
Mir wären hulder viel:
Nun hab ich's gsagt,
Bin drum verjagt,
Das klag ich allen Frummen,
Wiewohl noch ich
Nit weiter fleich,
Vielleicht werd wiederkummen.

Um Gnad will ich nit bitten,
Dieweil ich bin ohn Schuld,
Ich hätt das Recht gelitten,
So hindert Ungeduld,
Daß man mich nit
Nach altem Sitt
Zu Ghör hat kummen lassen;

Vielleicht will's Gott,
Und zwingt sie Not,
Zu handlen diesermaßen.

Nun ist oft diesergleichen
Geschehen auch hievor,
Daß einer von den Reichen
Ein gutes Spiel verlor;
Oft großer Flamm
Von Fünklin kam,
Wer weiß ob ich's werd rächen;
Staht schon im Lauf,
So setz ich drauf:
Muß gahn oder brechen!

Darneben mich zu trösten
Mit gutem Gwissen hab,
Daß keiner von den Bösten
Mir Ehr mag brechen ab,
Noch sagen daß
Uff einig Maß
Ich anders sei gegangen,
Dann Ehren nach;
Hab diese Sach
In gutem angefangen.

Will nun ihr selbs nit raten
Dies frumme Nation,
Ihrs Schadens sich ergatten,
Als ich vermahnet han:
So ist mir leid;
Hiemit ich scheid,
Will mengen baß die Karten,
Bin unverzagt,
Ich hab's gewagt
Und will des Ends erwarten.

Ob dann mir nach tut denken
Der Kurtisanen List,
Ein Herz laßt sich nit kränken,
Das rechter Meinung ist.
Ich weiß noch viel

Wölln auch ins Spiel,
Und sollten s' drüber sterben:
Auf Landsknecht gut,
Und Reuters Mut,
Laßt Hutten nit verderben!

Thomas Müntzer

An den Allstedter Bund

Die reinen Forcht Gottes zuvor, lieben Brueder. Wie lange slaft ihr, wie lang seid ihr Gott seins Willens nit geständig, darum daß er euch nach eurem Ansehen verlassen hat? Ach, wie viel hab ich euch das gesagt, wie es muß sein, Gott kann sich anderst nit offenbaren, ihr mußt gelassen stehen. Tuet ihr's nicht, so ist das Opfer, euer herzbetruebtes Herzeleid, umsunst. Ihr mußt darnach von neuem auf wieder in Leiden kommen. Das sag ich euch, wollt ihr nit um Gottes Willen leiden, so mußt ihr des Teufels Märterer sein. Darum huet euch, seid nit also verzagt, nachlässig, schmeichelt nit länger den verkahrten Fantasten, den gottlosen Boswichtern, fanget an und streitet den Streit des Herren! Es ist hoch Zeit, haltet eure Bruder alle darzu, daß sie gottlichs Gezeugnus nicht verspotten, sunst mussen sie alle verderben. Das ganze deutsche, franzosisch und welsch Land ist wag, der Meister will Spiel machen, die Böswichter mussen dran. Zu Fulda seind in der Osterwochen vier Stiftkirchen verwuestet, die Bauern im Kleegau und Hegau Schwarzwald seind auf, dreimal tausend stark, und wird der Hauf je länger je großer. Allein ist das mein Sorg, daß die närrischen Menschen sich verwilligen in einen falschen Vertrag, darum daß sie den Schaden nach nit erkennen.
Wann euer nur drei ist, die Gott gelassen, allein seinen Namen und Ehre suchen, werdet ihr hunderttausend nit furchten. Nun dran, dran, dran, es ist Zeit, die Boswichter seind frei verzagt wie die Hund. Regt die Bruder an, daß sie zur Fried kommen und ihr Bewegung Gezeugnus holen. Es ist uber die Maß hoch, hoch vonnöten. Dran, dran, dran! Laßt euch nicht erbarmen, ab euch der Esau gute Wort furslägt

(Genesis 33). Sehet nit an den Jammer der Gottlosen. Sie werden euch also freundlich bitten, greinen, flehen wie die Kinder. Lasset euch nit erbarmen, wie Gott durch Mosen befohlen hat (Deuteronomium 7), und uns hat er auch offenbart dasselb. Reget an in Dorfern und Städten und sonderlich die Berggesellen mit ander guter Burse, welche gut darzu sein wird. Wir mussen nit länger slafen.
Sieh, da ich die Wort schreib, kame mir Botschaft von Salza, wie das Volk den Amtmann Herzog Georgen vom Sloß lange weil um des Willen, daß er drei hab heimlich wollen umbringen. Die Bauern vom Eisfelde seind ihr Junkern feind worden, kurz, sie wollen ihr kein Gnade haben. Es ist des Wesens viel euch zum Ebenbilde. Ihr mußt dran, dran, es ist Zeit. Balthasar und Barthel Krump, Valtein und Bischof, gehet vorne an den Tanz! Lasset diesen Brief den Berggesellen werden. Mein Drucker wird kommen in kurzen Tagen, ich habe die Botschaft kriegen. Ich kann es itzund nit anders machen, sonst wollt ich den Bruedern Unterricht gnug geben, daß ihnen das Herz viel großer sollt werden dann alle Slosser und Rustung der gottlosen Böswichter auf Erden.
Dran, dran, dran, dieweil das Feuer heiß ist. Lasset euer Schwert nit kalt werden, lasset nit verlähmen! Schmiedet pinkepanke auf den Anbossen Nimrods, werfet ihne den Torm zu Bodem! Es ist nit mugelich, weil sie leben, daß ihr der menschlichen Forcht solltet leer werden. Man kann euch von Gotte nit sagen, dieweil sie uber euch regieren. Dran, dran, weil ihr Tag habt, Gott gehet euch vor, folget, folget! Die Geschichte stehen beschrieben Matthäus 24, Ezechiel 34, Danielis 74, Esdras 16, Apokalypse 6, welche Schrift alle Römer 13 erkläret.
Darum laßt euch nit abschrecken. Gott ist mit euch, wie geschrieben 2. Chronik 20, 15–18. Dies sagt Gott: «Ihr sollt euch nit forchten. Ihr sollt diese große Menge nit scheuen, es ist nit euer, sondern des Herrn Streit. Ihr seid nit die da streiten, stellet euch vor männlich. Ihr werdet sehen die Hulfe des Herren uber euch.» Da Josaphat diese Wort herete, da fiel er nieder. Also tuet auch und durch Gott, der euch stärke, ahne Furcht der Menschen, im rechten Glauben, Amen.
Datum zu Muhlhausen im Jahre 1525

Thomas Muntzer, ein Knecht Gottes wider die Gottlosen

Jörg Wickram

Aus dem «Rollwagenbüchlein»

Von einem Pfarrherrn der seine Untertanen strafet, sie sollen einander nit so frevenlich heissen liegen, so doch einer leugt, sölle gleich der ander darzu pfeifen

In einem Dorf hat's verweent, schalkhaft, bös Bauren, die oft im Wirtshaus und sunst mit Scheltworten und einander heißen liegen, zum oftermal zusammen schlugen und stachen, welches der Pfarrherr zum dickeren Mal an der Kanzel ihnen hat gewehrt, und aber leider nichts half. Auf ein Zeit an einem Sonntag, so der gut Herr nit viel studiert hat, und seinen Bauren sollt predigen, fing er aber an ihnen ihr Scheltwort zu erzählen, sprechend: «Ihr sind doch unselig Bauren, hab euch jetz ein lange Zeit gewehrt das Fluchen, Schweren, Heißen einander liegen, Schlahen und Raufen, und ist es aber je länger je böser. Heißen einander so frevelich liegen, aus dem dann aller Hader und Zank sich erhebt. So einer doch leugt, und der's hört ihn seiner Lugen halben strafen will, spreche er nit trutzlich: Du leugst, sunder pfeife darzu, so wird's dann dieser wohl merken, und in einem Gespött ziehen. Pfuch es ziemt euch nit.» Und das merkt auch ein schamper Baur dahinten in der Kirchen. Der Pfarrherr ließ von dem, und prediget ihnen von der Erschaffung des ersten Menschen, sprechende: «Lieben Untertanen, der allmächtig Gott so er Himmel und Erden gemacht, hat es ihn auch gut gedacht den Menschen zu machen. Und hat einen Leimklotzen zusammen gewalzet, geformiert wie einen Menschen, und demnach ihn an ein Zaun gelehnet, daß er erkechete.» So das der schamper Baur erhort, pfeifet er überlaut. Welches der Pfarrherr merket, und spricht: «Wie Baur, meinst ich lieg.» – «Nein Herr», antwortet der Baur, «wer hat aber den Zaun gemacht, so noch kein Mensch auf Erden ist gewest.»
Man spricht: Wie der Pfaff also sind auch seine Untertanen.

Von zweien Landsknechten die miteinander in Krieg zohen

Zween gut Gsellen zohen miteinander in Krieg, und als es sich dann oft begibt, wenn man gemustert, und die Knecht geschworen haben, daß man die Fähnlein verschicket, eins hieher das ander dort aushin: also kamen diese zween Gesellen auch voneinander, daß sie lang nit zusammenkamen, bis daß ein Schlacht geschach, und die Haufen geurlaubt wurden. Als sie aber im Heimziehen waren, kamen sie auf der Straß ungefährlich wieder zusammen, und reisten also ein Tag oder zween miteinander, indem sich viel Reden zwischen ihn' begaben, wie es eim jeden gangen war. Es was aber der ein sehr reich worden, viel Gelds und Kleinod überkommen, der ander hat gar nichts, deshalb der Reich sein spottet, und sprach: «Wie hast du ihm doch geton, daß du so gar nichts hast überkommen.» Der Arm antwortet und sprach: «Ich hab mich meiner Besöldung beholfen, nit gespielt, noch den armen Bauren das Ihren genommen, sie haben mich zu übel gedurt.» Dieser sprach: «So hör ich wohl, du bist der Krieger einer, denen Johannes in der Wüste prediget, sie sollten sich an ihrem Sold begnügen lassen.» Der Arm antwortet: «Ja, ich meint es wäre nit übel getan.» Der ander sprach: «Ach nein mein lieber Bruder, die selbig Zeit ist nümmen, es gaht jetz anderst zu. Wenn du willt barmherzig sein, und nit drauf greifen, überkommst dein Lebtag nichts, du mußt ihm tun wie ich ihm getan hab. Ich hab mich nit gsaumt mit Kistenfegen und andren Ränken, du mußt es nehmen wo du's findest, und dir niemands lassen zu lieb sein.» Der Arm gedacht der Red nach. Es begab sich daß sie zu Nacht in ein Kammer schlafen gewiesen wurden, und der Arm hat acht wo der Reich sein Säckel und Kleinod hinlegt, stund in aller Stille um Mittnacht auf, und erwütscht aus des Reichen Taschen ein guldin Kettlein, und etwan für zehen Gulden Münz, macht sich mit dem darvon vor Tag. Do es aber Tag ward, erwachet sein Gesell, und fand seinen Bruder nit, gedacht gleich es wird nit recht zugahn, und ergreift seine Bulgen, lugt, so manglet er der Ketten und des Gelds, darum er seim Gesellen auf dem Fuß nacheilet, und ergreif ihn zu Nürenberg, ließe ihn da gefänglich annehmen. Und als ein ehrsamer Rat den Gefangnen zu Red stallt, warum er dem die Ketten samt dem Geld entragen hätte, gabe er Antwort: «Er hat's mich geheißen.» Der ander verneinet's, er hätt's ihn nit geheißen. Dieser bestund er hätt's ihn geheißen. Nun die Herren begehreten ein rechten Bericht vom Armen, wie er's ihn geheißen hätt. Do erzählet der Arm wie er ihm hätte ein Lehr geben, er sollte tun wie er ihm geton hätte, er sollt kein Barmherzigkeit mit niemand han, sunder sollt's nehmen wo er's funde, er hätt ihm auch also getan, so hätte er's nienen baß können bekommen und bälder dann bei seim Gesellen, der bei ihm in der Kammer gelegen wäre. Also erkannten die Herren er sollt ihm die Kettin wiedergeben, und er das Geld behalten, damit er wieder heim möcht Zehrung haben, und dieser sollt keinen also mehr lehren reich werden.

Von eim Kaufmann der sein Lebtag nit hätt länger Ellen gesehen

In der Zeit als der teur Franz von Sickingen loblicher Gedächtnus, mit denen von Wurms Krieg fuhrt, derhalben es etlichermaß sorglich auf dem Rhein zu fahren war, entschlussen sich etlich Kaufleut von Antdorf und Cöllen, daß sie ihre Güter auf der Achs ein andere Straß auf Frankfurt in die Meß wollten lassen gohn, und auch selbs mit reiten und allweg darbie bleiben, und als viel als wären sie Geleits-Leut. Es waren aber etlich gute Schlucker, die sich des Stegenreifs dazumal ernahrten (Gott sei Lob daß es nimmen geschicht), denen warent diese Kaufleut verkundschaftet, die trafen diese Kaufherren an einem gelegenen Ort nit weit von Frankfurt an, und wie dann ihr Brauch ist führent sie die Kaufleut mit einer solchen Ungestüme an daß ihr etlich darvon entritten, etlich fingen s' und bunden sie, und also in ihrem Beiwesen häuen sie die Wägen auf, und was ihn' gefiel das nahmen sie. Als sie aber an die Tücher, Sammat, Taffet, Atlas, und Damast kamen und zerhäuen, und die mit ihren Reisspießen ausmaßen, und untereinander teilten, grienen etlich Kaufherren, aber sie spotteten ihren daran. Zuletzt kame es auch an einen der gedacht, was wilt daraus machen du kannst ihm nit tun, laß es gleich gohn wie Gott will, und do sie sein Seiden und Tuch oder Barchet also mit den Spießen ausmaßen, stund er und lacht daß er schüttlet, des sich die Reuter sehr verwunderten, und als sie ihn fragten, was er also lacht, sprach er: «Ich muß lachen, dann ich hab Kaufmannschaft all mein Tag von Kind auf gebraucht, und so manchen Markt und Meß in Teutsch- und Welschland besucht, auch zu Paris da doch ein lange Ellen ist, aber all mein Tag hab ich länger Elln nit gesehen, dann ihr da brauchen, ich glaub wann ihr auf einen Markt kämen, und solch gut Maß geben, ihr wurden euer War bald vertrieben haben.» Aus diesen guten Schwankreden mußten die Reuter lachen, und sprach einer unter ihn': «Ich glaub daß du auch ein gut Gesell seiest», und wurden rätig daß sie ihm sein War allesamt wieder schankten und machten sie sich mit dem Übrigen darvon, dann in solchen Handlen ist nit langer Mist zu machen.

Johann Fischart

Aus der «Geschichtklitterung»

Von dem ordenlichen Kosten oder Diät, welche Grandgoschier mit Essen und Trinken halten tät

Vorzeiten «in die illa», da dreizehenellenbogige reisende oder reißende Riesen, Recken, Giganten oder Wiganten waren, und Groß Christoffelgemäße Langurionen, Langenländer, langdärmige Longherri, Lange-Schröter, Langgamba, Blattfuß, patagonische Pfahlkränch, Alzenfiedler, Asperian, Pusold, straußfüßige Staudenfüß und Schruthahnen, ha, da war nur die Sag von Zwerchen Elberich, Rauch-Elsen Aufwartern, König Laurin, des Hermann von Sachsenheim Ekkartszwerch, Amadis Nainchen, und solchen spinnenstubischen Bergmännlin, ellnhohen Kranchshelden, vierspannigen Juden in arabischen Gebürgen, deren Hercules für Flöh zwölf Schilling in ein nackenden Busen schob, als sie ihm zwischen den Beinen umgingen zu grob, und ihm die Hühnerstang oder das Taubenstänglin unterstützten, darauf zu sitzen, und zum Taubenschlag und hinterm Badstubentürlin aus und ein zu blitzen: ja von solchen Dreckbatzen, Kruckentlin, Kotentlin, Muckenscheißerlin, Hafenguckerlin, Schnackenstecherlin, Geißnopperlin, Wollenzupferlin, Bänkmauserlin, Nanken, Bulken, Mäusfüßlin, Erdtelberlin, Zaunschlipferlin, Nußbengelin, Reifspringerlin, Fröschhupferlin, Kurtgamberle, Hauptleut Gerngroß, Holla wa trägt der Degen den Mann hin, und andern dergleichen Mißgewächsen, die man an eim Rost erhing, und Hopfen im Bachofen dreschen könnten, deren neun in einer Spinnweb behangen möchten, und wann sie auf den Mäulen oder Pantoffeln herschlappen, diesen Vorteil haben, daß sie weder Stümpf noch Mäntel betreppen, sonder den Dreck uber den Kopf ausschlaudern: von solchen Bachofendrescherlein und Ballenspielerlein in eim Hellhafen ging allein damals die Sag: Gleich wie heutzutag, da dreikniehohe Leut fallen, und hohe Herzen auf eim niedern Gerüst, sagt man hingegen von Riesen und Haunen, zeigt ihr Gebein in den Kirchen, unter den Ratshäusern, ihre Nimrodische Spieß, stählin Stangen, Goliathische Weberbäum, Starkarterisch Degen, paladisch Schäfelin, hörnenseifrige Wurmstecher, Durandal, Rolanden etc. Welches ein Anzeigung gibt heutiger Unvollkommenheit, daß die Leut wie erfrorene oder erdörrte Fröschlaich, Roßnagel und Hauptbrüchel nicht mehr zu rechtzeitiger Größe gelangen.

Was mag aber die Ursach sein, daß ihr also wachsen wie ein Nuß in der Kisten, oder wie ein Rub in die Ründe? Ohn Zweifel diese, daß ihr den Heuwagen nicht genug mistladet, euch am täglichen und nächtlichen Fütter zu viel abbrechet: Schwelgen, Schlemmen, Dämmen das macht stark Häls, deren neun ein Galgen niederziehen. Ihr daurt mich, daß ihr euch also kasteiet, sintemal die Fasten nicht will gedeihen: wem spart ihr die drei Badheller? vielleicht zu des Pfaffen Opfer, und also «per consequens» seiner lieben Getreuen.

Wißt ihr nicht den schönen Spruch: Trinken wir Wein, so beschert Gott Wein. Je mehr man auf den Stock geußt, je mehr er aufscheußt. Wa wär der Bauer von Salzburg, so ein kleins groß Hänslin worden, wann er nicht sein Mutter schier arm an trockengebachenen Dorfsrondelen gefressen hätte? Wa wär Hercules geblieben, wann er nicht vor Durst oft den Bach, darin er gefahren, hätt wie ein zungstreckiger Hund ausgeläppert? Wa hätt der Kämpfer Milo ein lebendigen Ochsen auf den Achseln getragen, und (zusätzlich zu lügen) wie ein Ballen mit der raketlichen Hand bandiert

und geschlagen, wann er nit auch ein solchen Stier zu einer stehenden Schneidersuppen hätt mögen vermagen? Wa könnten die pommerische Säu und Bäckermoren gedulden, daß ihnen die Mäus also spannentief hinten aus dem Ars Speck nagen, ja gar Nester hinein tragen, und Hochzeit darin halten, wann sie nicht stets im Trog lägen?
Also auch ihr (verzicht mir, daß ich euch den Säuen vergleich, sie geben dannoch guten Speck) wie könnt ihr gedeuen, wann ihr nicht tapfer käuen, speien und wiederkäuen, und gleich werd den Säuen. Aber den Säuen gleich werden ist kein Schand, fürnehmlich was den Magen antrifft: dieweil doch die Menschen und Säu, so viel den innern Leib betrifft, einander ähnlich sind: man sagt doch, ein Jungfrau soll unter sich sehen wie eine Sau: Sollen es die zarte Jungfräulin tun, was wöllen wir schönen Gesellen, wie ich und du seind, erst uns schämen?
Derhalben wollt ihr eueren Vorfahren recht nachschlagen, und erweisen was in aller Edelgestein Großmutter «Gemma gemmarum» stehet. «Est procerum verè, procerum corpus habere.» Die großen Herren soll auch ein großer Leib ehren, und ein großer Ars muß ein große Bruch haben: so müßt ihr euch der närrischen Weis und Speis, die ihr täglich brauchet, abtun: Als daß ihr fremder ausgedörrter Völker Gefräß, darbei sie selbs nicht gedeihen können, auf euern Tisch bestellen: kommen und prangen daher mit vielen kleinen Plättlin und Muckenlädlin, in deren keim uber ein Pfund steckt, von Pfeffer ein Lot, von Safran ein Quintlein, von Reis ein Pfündlein, von welschen Disteln oder von Postimelisso verbotenen Artischock, so das Arsschockeln bringen, ein Bündlein, mit zwoen Schüsseln gegen Orient und Occident mit Eulenspieglischem Hanf, roten Rüblein, Melonen, Pfed, Granat, Citrinat, wurzgeketzerten Pastetlin, chelonophagischen Schnecken, Fröschen, Ottern, Dachs, Murmeltier, Eichhörnlin, Biber, Storcken, ohn das hinter Loch, darin der Frösch hinter Vierteil unverdäuet liegen, und des gedachten niederländischen Edelgesteins-Schreibers Fungi, Schwammen. «Si fuerint fungi dulces, poteris bene fungi.» Seind die Schwammen süß so genieß. «Imo»:

«Mandentes fungos, faciunt fungi quoque fungos»:
Wer solche ungeschmackte Schwammen frißt
Wird auch zu eim solchen ungeschmackten Tölpel gewiß.

Aus mit solchem Schleck (hätt schier anders gesagt) wann er schon befürzt ist: Es sollt einer den Magen nicht mit bescheißen. Sollt ich nicht lieber ein starken Quallen mit Knoblauch gespicket dafür essen, wann mir ihn schon ein Kochersberger oder Odenwälder fürstellt. Ich bin schier auch des Glaubens, des jener Kabsbaur, der meinet, wann ein Sau Federn hätt, und uber ein Zaun könnt fliegen, es wird das alleradelichst Federwildbret sein: Gewiß wann einer derselben ein paar im Leib hätt, sie würden ihm den Magen besser erdehnen als etlich und zwenzig Sester wolln Röhrspätzlin oder Knopfstertekens. Wiewohl man sagt: Ein Haselhuhn das fleugt, ein Rech das da stäubt, ein Äsch der da schwimmet, sei das best Wildbret, das man find.
Dann an dem Ausdehnen liegt es, merkt's wohl, daß man fein den Magen allgemach mit Ein- und Zuschütten auf die Mühl gewöhn sich zu ergeben, wie ein paar Stümpf von geschlachten Bocksfellen? Dann wäre das Leder breit genug, so dörft's der Schuster nicht in Zähnen umziehen.
So sind ohn das der Menschen Mägen darzu geartet, daß sie sich erstrecken, wann man sie nur übet, aber was verroscht nicht, das man laßt verliegen: Ich muß wissen (doch dir auf deinen Trüssel) wie der innerst Brütkessel geschaffen ist, besser als Vesalius: dann ich weiß mit was Not wir etwan dem Bauren von Kraftshofen haben geholfen, der den Magen mit Kuttelfleck und Molken ohn Weintrinken also verwüst gehabt, daß wir ihn haben müssen ausnehmen, ein Inventari mit Numero daruber machen, und wie ein Pfeffersack umstilpen, auch mit eim Strohwisch, Kalk und Sand wohl reiben und fegen, wie die Weiber die Stegen. Aber ein Unglück hat darzu geschlagen, daß wie wir ihn zu trucknen an den Zaun gehenkt, ein elementsloser Rab ihn hat herab gezuckt und verschluckt? Was sollten wir damals tun? Wir taten wie erfahrene Leut, die aller Mägen Gelegenheit erkannten, und wohl wußten daß der Saumagen dem menschlichen sehr ähnlich, fügten und setzten ihm flugs den Saumagen für seinen Baursmagen ein: Ist auch darmit auf und darvon, und soll noch kommen, daß er seinen andern hol.
Es heißt «experto crede Lugmerdo», derhalben waget's nur sicher darauf, schicket euere Wolfsmägen nur weidlich auf die Rackbank, sie seind spitzhirzisch zäh, schlagen nicht

durch wie ungeleimt lothringisch Papier, sind etwas stärker als das Pergamen in den alten Meßbüchern: Dehnet's nur tapfer, schüttet tapfer auf, schüttelt den Sack, so steht er strack, stopft und schopft, plotzt und klopft, nehmt die Ballenhölzer, die Wollsackstangen, die Wind-Bengel, und was so Ausdehnung helfen mag: ein Schiff wohl geladen, erleidet vor dem Wind mindern Schaden. Und wa es schon nit wär, so beweist doch Aristoteles, daß der Mensch nach eingeladenem Trank und Speis, eben das Gewicht behalt, so er zuvor nüchtern hatte: Das erfährt man ja täglich, wie man voller Weis so leichtfertig den Hals abfällt.

Wann ihr diesem Rat folgt, so werd ihr sehen, daß ihr schöne aufgeschissene große Buben sollt werden, die auf eim Dreifuß in Hafen gucken können: und werdet also euer Ururähne Gurgelstrozza, Gargantzsus, und Durstpanthel fein modellmäßig ausdrucken, erstatten, ersetzen, exprimieren und repräsentieren, daß ihr, sobald ihr aus der Schalen schliefet, werd nit wissen, wie ihr euch breit genug machen sollet, und kein Teufel gleich mit euch wird näher kommen können: Hüt euch ihr Teufel, wie vor S. Leons Hauptpolster, sie dörften euch sonst mit dem Wein hinein saufen.

Denn wie gedachter Arles meldet «proble. 3 sect. 4 De arte & aqua», und Plutarch von der Kinderzucht, so soll nicht ein kleins zu schöner Kinderzielung vortragen, wann die Eltern rechter ordenlicher Speis und Trank gebrauchen. Wie ihr dann dessen ein stattlich Exempel an unsers Gurgelstroßlingers Vater Gurgelgroßlinger werdet vernehmen, der darum solche vierschrötige, ja siebenschrötige Plotzwedel, Balkenhotzler, Säckträger, Trollen, Knollen, Stollen und babilonische Turnbauer hat verlassen, dieweil er sich nach bestimmter Regel, oder die Regel nach ihm wüßt zu maßen.

Dann ihr sollt dies wissen, daß unser hochgedachter und hochgeachter Grandgurgler bei seiner Lebzeit ein mächtig seellos gut Gesell gewesen ist, und ein ziemlicher Rollart und Rammler, dem man wahrlich die Geißen hat aus dem Weg führen müssen: und war sein Lust sauber auszutrinken: hätt einen lieber um hundert Gulden beschissen, als im Trunk: es war auch seiner Meisterstuck und sieben freier Kunst eine, sauber rein Arbeit im Becher zu machen, wiewohl er kein Goldschmied war, dann sein Reimen war: Wer etwas im Glas uberlaßt, dem Teufel ein Opfer laßt: darum

mußt er täglich nach der Weinvisierer Tabulatur viermal waiselen, treubelen und beibelen. Nach demselben teilet er auch in seim Land die Tagstunden, wie Julius Cäsar aus.
Doch pflegt er auch der Gesundheit, trank nit ungefüttert, sonder versah sich zuvor mit den «scalis vini», die zu dem Untertrunk munden: fürnehmlich aß er gern die weinziehende Fisch, auch ohn ein zürichischen Kalender, es wär im Wolf- oder Schafmonat: verursacht derhalben oft ein große Teurung darein, wie die Schweizer ins Holz, wann sie gen Paris kommen, oder die Schnitter in den nörnbergischen Platsch, Pritschen und Bierlackel, wann sie zur Erntschnitt dadurch ziehen: inmaßen solches, nach dem Lebwein im Buch «De Necessitate lupanarium» die Fastenstifter wohl erachten können.
Angesehen daß er der Stör, Mörthunen und Hausen etlich Legion auf einen Schnitt nahm, wie der Baur die Bambele, Mülling und Grundeln, da er sie für Welsch-Kraut aß. Acht sich derhalben nicht der Scheinmahl, da man nicht die Hand füllen kann. Als der Spanier «ayantar de gorrion», da auch die Fliegen dabei müssen Hungers sterben, wann sie drei Gebrüt Mandeln in dem einen Plättlin, zween eingemacht Dattelkern in der andern, ein verpomeranzten Pfannenstiel, und Pfifferling in dem dritten auftragen, und alsdann aus Nußschalen trinken. Solche Gesellen wollt ich zu dem Bodin in Frankreich verschicken, der wird sie fressen lehren: oder nur gen Mittelburg in Seeland, da sie Ölkuchen fressen lernten, aber wegen Unschmacksamkeit es bald aufgaben.
Viel weniger acht er den cynischen Hundsschlamp, das ist, ein Mahlzeit ohn Wein: und das schwäbisch Suppenmahl, da man drei Suppen aufeinander gibt, dann «Offa nocet fanti, nec prodest esurienti». Suppen machen Schnuppen, und füllt dem Bauren nicht die Juppen: Wiewohl es den schwatzschweifige Schwaben nur die Zung desto mehr wäscht. Noch ein polnisch Wiezerza, dann hofieren sie schon nicht gar ins Gesäß, so sind doch ihre Koppen und Fürz von Gewürz chrisamssaur räß: dann sie schütten mehr Gewürz uberm Herd ab, dann man in dem ganzen Zwiebelland braucht. Kölner peperkornisch Pepermahl von der Pepermühl, die auch den Imber peperen, dann «Copia cui piperis, hic vescitur ipse polentis», welcher hat viel Pfefferruß, der pfeffert auch darmit das Mus: O wie erkaltet

Mäuler sind westfäling Mäuler, welche die Bohnen essen, und sie mit Peper und Magsamen bestreien, darum haben sie allzeit das Hintertürlin offen, und ein erfrorenen Eierstock, und schlafen wie die Ratzen.
An des Saturns Ars, das ist, den hessischen Schneiderspeck rieb er sich auch nicht: und ließ den alten Käsfressern ihr Weis, ein Tag nur einmal zu essen und sich zu füllen: wiewohl er's auch konnt, mit der Sonnen Aufgang die Kandel aufheben, und mit dem Niedergang niedersetzen. Jedoch gefühl ihm viel besser die edelsässische Weis «de virtute in virtutem», von eim Schlamp zu dem andern, ein Tag fünfmal gezehrt und ausgeleert. Dann Aristotel von natürlichen Gweschionen schließt, daß die viel murrischer sein, die nur einmal essen, als die zweimal: Und ich glaub's wahrlich, dann manche Frau empfind es wohl daheim.
Auch war er gern bei seinesgleichen, da er sich regen mocht, da ihm das Schwert nicht uber dem Damoclischen Kopf hing, und das Hütlein beschmutzet, und den Bart verliert, komm Bauer, mach mir die Supp sauer, in expensis, Baur zahl den Kosten, wie viel hast Gersten gedrescht? Issest auch Feigen? O weh, da kopiert man bald auf, was «pro» Widerpart aus der Kannen fällt, da heißt es: Der mit mir in die Schüssel greift, «hic est», welcher treift etc. Und «ipsi observabant eum, ut caperent &c.» Item «accessit Tentator &c.» O wie heilige Kirschenstiel, die sie eim in Bart werfen. Sättigen einen mit Worten, wie jener Goldschmied seine Gäste mit Beschauung Salomons Staffel auf dem Kredenz-Tisch. «Der Herr nehm Wasser, der Herr netz sich, der Herr setz sich, der Herr ruck hinauf, der Herr sei gedeckt, der Herr greif's an, der Salat wird kalt. Ach der Herr sitzt unproperlich, ei daß man ihm das Küssen bring, so sitzt er höher.» Alsdann muß die Antipha im anderen Chor antworten: «Ach der Herr sei unbemühet: der Herr ist zu viel angsthaft: der Herr macht's nur zu viel.» Dann darum grüßet man Bona dies, daß der ander antworte semper quies: Und ruft Dominus Strildriotus: «Transeat vestra dignitas», daß die Magisnostrisch Echo widerhall: «Transite melius venerabilis Andreas»: Darum singt der Ut-ist la, daß der Sol-ist antwort fa: darum hotzelt der ein hernieder, daß der ander auf hotzel wieder: Der ein steht auf: «Ich will dem Herrn ein dienstlichs Trünklein bringen», so knappt

der ander hinwieder, des Herrn Diener: «Ich will's vom Herrn dienstlich warten sein.» Darum räuspert sich der Herr auf der Gassen, daß man an die Schlapp greif, und weich aus der Straßen: Macht dem Herren Platz. Ach (wie heuchlerisch geantwort) Gott ist ein Herr. Wo hat der Jungherr sein Pferd stehen? Ho, kein Gunker, ein armer Stallbroer, mein Jung ritt's gester voran: Darum lecket der ein die Finger immerzu, daß der ander hinten ausschlag und zisch mit dem Schuch: darum wisch ich die Nas, daß Jungherr Hochtrapp ans Hütlein stoß. Ich griebel in der Nasen, so reib du das Aug. Kurzum wäsch du mich, so wäsch ich dich, so sind wir beide schöne Buben.
Er vermocht sich nicht des Bellischierens und Kappenrukkens, wer dem andern zuerst die Händ unter das Hähnlin stoß, die Handzwehl halt, mit dem Harzkäpplin hinter den Tisch zieh, den ersten Löffel steck in die Hühnerbrüh, sich mit Wurstanatomieren bemühe: wie den Kindern fürschneid und fürleg, das hölzen Gebreng mit Tellern trieb. Er hielt was die Gelehrten lehren: «Dum convivaris», hüt dich, «ne multa loquaris», noch viel «moraris»: Wer uber Tisch viel schwätzen will, der wird gewiß nicht fressen viel: Wer stets will prangen, ist ihm bald ein guter Bissen entgangen. Im Rat sei ein Schwätzer, im Bett ein Pfetzer, uber dem Tisch ein Ketzer: zu der Arbeit sei krätzig, zum Fressen aufsätzig: im Schwätzen sei ein Hetz, im Fressen Bel der Götz.
Er konnt nicht mit den gemodelten, labirinthischen Servietten und Fatziolen umgahn: konnt nicht den Küchleinturn unzerrührt abnehmen, sein Finger waren zu tölpisch stumpf darzu. Die Wahl tat ihm weh, wann man ihm viel Senfschüsselein und Capresplättlin zu den vier Eckwinden setzet. Der Spieler Abendzehren oder Untertrunk, sagt er, schmack eben, als wann einer im Schlaf schmatzt.
Gleichwohl hätten die spitzmäulige Weberzechlin auch kein Stuhl in seim Magen, dann er war gern da man mit großen Löffeln aufgießet: den Butter ins Feuer schüttet, wann's nit brennen will: was soll man Brot zu Brot brocken, mit viel Häberen, Hechten, Gsathaber, Graupen und Heidelbrei den Magen verwollstopfen: spick Galle, meine ist feist: pfui der Schneiderfisch zwischen den Fingern, und kaltseichigen Biersuppen. Solche ermagerte Spitzmäus werden durch solch struppisch Sägspänenessen mit der Weil

dahin gebracht, daß sie dem Pitagora zuleid auch dem Leben nicht verschonen, fressen wie die Mohren und Sankt Johann in der Wüsten die spanische Heuschrecken, wider Mosis Gesatz: Wie es dann kundbar von jenem Allgäuer, der auf dem Kirschenbaum Käfer für Kriechen aß: sie hoißen ja Kroichen, sie kroichen wieder aufher. Solche Kunden dörften die alt Weis wieder anfangen und mit den Iberis Eicheln essen: Was Eicheln? lehr mich's nur keiner, ehe ich wollt Hungers sterben, ich äß ehe, wie jene Gnad Frau, Käs und Brot: Es ist genug, daß einer die Säu ißt, sollt einer erst ihr Speis darzu genießen, wird einer wohl gar zur Sau: In Betrachtung des Cardanus schreibet, die Teutschen seien darum solche Ochsen und Kälber, weil sie viel Milch essen: So wird er gewiß Dreck gesogen haben, weil er so ein wüst Maul hat. Aber Camerarius gefallt uns, der probiert, daß die spartanischen Weiber ihre Kinder nicht allein schöns Leibs halben im Wein haben gebadet (gleich wie sie die alten Teutschen auf eim Schild im Eis badeten, und die Holländer ihre Kinder noch mit Butter schmieren) sondern auch das Gemüt dardurch zu schärpfen. Daher die teutschen Hebammen noch recht tun, daß sie den Kindern die Zung mit Wein lösen, und hernach allzeit die Billerlein mit Wein steifen, dann dies macht, daß sie beim Wein so beredt sein.
Ferner von der Regula Bursalis, exzipiert er «omni, tempore malis». Er konnt nicht im Flug die dick rauch Coquinas also ungeräuspert durch seinen Halstrechter in Kessel laufen lassen, fürnehmlich da man getreng tabuliert, als wann man auf der Spirer Roll rotuliert.
Die Hofmähler an der Herren Höfen ließ er den haberlachenden Pferden, die ihn wohl hören schwingen, aber nicht sehen bringen, dann was ist das Wohlfeilers, als spulwasserige Hofsuppen, und den Plunder geschwind postweis mit stiefelgespickten Taschenlöffeln einwerfen. Ja, daß man eim den Bettel dazu bald vergonnt: Ich weiß wohl, daß wann «Aeneas Sylvius» sollt auferstehn, er käm wahrlich wohl Fressens halben nit gen Hof, ebensowenig als gen Rom, inmaßen er sich ganz jämmerlich in seinen Miseriis Curialium beklagt, dann an einem Ort trägt man wüst Gift auf, am andern geschmuckt Gift, und an beiden tödlich Gift, und unterscheidet's nichts, dann daß eins länger währt dann das ander. Es will ihm nit schmacken aus den schwarzen

schmutzigen Hofbechern zu trinken, welche die Hofleut bisweilen für Pißkacheln brauchen: Noch das Weichwasser zu Hof, da man allzeit in die Weingeschirr, wie in die Weihstein das Weihwasser schütt, und nicht drauf acht gibt, was am Boden liegt: Item die schmutzigen Hofärmel und kleberig Brust anstatt der Tischtüchlein: Noch daß man allda bald einem das Kleid betreift und beschütt, und sich doch nicht darf merken lassen, daß es einen verdreußt: Ist das nit ein Ilias und Aeneas von cardinatischen Plagen? Nein ich hab nicht Hans Streidels Stein unter der Zungen, daß ich blasen kann und schreien.
Desgleichen des Hofs Schatten, Nebenregenbogen und Teufelskapell, der Jarkuchen oder Scharrkuchen Sudelei, verflucht er wie die Bauren den Büttel: Dann drei rauchige, spaltenverkleibte, daumensdickwüste hölzerne Kar, was Resonanz geben die? Item dreiunddreißig Regiment magerer schmeißiger Mucken, Schnacken, Brämen, was für Streifenplündern, Speisfreibeuterei, Vergiftung, Suppenschädigung, und Birnerlegung können die vorhaben?
Item des Garkuchners vier rotzglitzige, grindschuppige, räudige, beschissene, beseichte, molkentremlige Hurenkinder, was Lusts können die eim geben? Wann das ein neben den Tisch pflatteret, das ander darunter die Bein abwässerlet, das dritt bei den Herd hofiert, das viert mit Hunden und Katzen aus den Schüsseln frißt, und alle Kar mit dem spiegeligen Ärmel ausspielet, auch das Sudelweib das ein strählt, wischt und wäscht, dem andern Schreiling mit Mus wie den Rappen das Maul stopft und mäst. O weh es beißt mich, wann ich ein anderen jucken siehe: derhalben hat Eulenspiegel nicht unrecht gehabt, daß er ungern einkehrt ist da Kinder waren: Dann, sagt er, sie haben dachtropfige Nasen, helle Stimmen, verguldete Löcher und glitzende Ärmel, und vor der Kinder Nötlichkeit vergeß man eins Gasts allzeit.
Demnach beseh einer den kleberigen, schmotzigen, klotzigen Sudelkoch und Kuchenlumpen, und sein holdseligs Ehegemahl die nastriefige, uberkupferte, pfitzige, säupfinnige, bleuelwäschige, bachschnadrige, pfudelnasse, sackstäubige, sackwirdige, und (daß ich mich nicht verredt) schneckkriechige, pelzpletzige alte Kupplern, Pfaffenkrauerin, Teufelsfängerin, und Gabelreuterin.
Ja die zween diebische, duckelmäusige, eckschielige, bank-

raumige, ruckenfegige, ohrenschlitzige, galeenpeitschige, brandnarbige, winkelglurige (die solch Liebäugeln am Pranger gelernt haben), naschige, sackbloderige, säckelschneidige Galgenschwengel, Halbhösler, Galgenaas, Rabenfutter, zu bestallten Kuchenboßlern. Folgends drei lausige, schläferige, flöhbeißige, hundsflöhige, düttenwelke, mistfaule, füßschleifige, zwiebelstinkende Haarigel, Blasbälg, Hurenbälg, Schleppsäck, Zwiebelsäck, zu schönen Bratenwenderin, Kuchenrätzen, Rauchmäusen und Rußläusen.
Ach was für senfigen Lust und mörrettigen Appetit sollten wohlgedachte saubere Kuchenmuster einem zu fressen und zu scheißen bringen? Was für herrliche Muckenfüll, Lauszucker und Flöhrosinlein sollt es da geben? O aus für tausend Teufel auf die Schelmenschlut mit solchem ungepaliertem, ungehöfeltem, henkermäßigem, radbrüchigem, rauchhimmeligem, und nichtigem Gesind. Sie sollten dem Teufel darunter in der Höllen zu Kuchen dienen, und des Teufels Mutter zu Gast haben. Geschweig auf Reichstagen und Hoflägern unsere sammethütige, seidenkappige, goldrappierige, gelbringige, befederte, hochtrappende, ellenbogensperrige, sauerblickende, beknechtete, mauleselige, fotzenbehelmte Hofrätzlin, und Hagjünkerlin. Ja geschweig unser katzenreines, seidenspinniges Kölblin Großwustier, der wahrlich seiner Mutter nicht an den Fersen gewachsen ist, daß man ihm also die Höllenküchlein verbitterte. Hört aber nun dargegen, was unserm Großgoschier für sein Stomachitet und Magerei war gelegen, so werd ihr sehen, daß ihm sein Maul nicht war mit Leder besetzt, noch sein Magen mit Geißblasen gebletzt. Derhalben ohn länger Senfmahlen, so hört, wamit er sich ergetzt.

Verschneiter Weg

Es ist ein Schnee gefallen
Und ist es doch nit Zeit,
Man wirft mich mit den Ballen,
Der Weg ist mir verschneit.

Mein Haus hat keinen Giebel,
Es ist mir worden alt,
Zerbrochen sind die Riegel,
Mein Stüblein ist mir kalt.

Ach Lieb, laß dich's erbarmen
Daß ich so elend bin,
Und schleuß mich in dein Arme!
So fährt der Winter hin.

(Nach einer Handschrift von 1467)

Meins Herzens Schöne

Wach auf, meins Herzen ein Schöne,
Zart Allerliebste mein!
Ich hör ein süß Getöne
Von kleinen Waldvögelein,
Die hör ich so lieblich singen,
Ich mein, ich sehe des Tages Schein
Von Orient her dringen.

Ich hör die Hahnen krähen,
Ich spür den Tag darbei,
Die kühlen Windlein wehen,
Die Sternlein leuchten frei,
Singt uns Frau Nachtigalle,
Singt uns ein süße Melodei,
Sie meldt den Tag mit Schalle.

Der Himmel tut sich färben
Aus weißer Farb in blau,
Die Wolken tun sich färben
Aus schwarzer Farb in grau.
Die Morgenröt tut her schleichen:
Wach auf, mein Lieb, und mach mich frei!
Die Nacht will mir entweichen.

Ich sollt dir ein Boten senden,
Der mir ein Botschaft würb,
Ich forcht, er tu sich wenden

Daß unser Lieb verdürb.
Schick dich zu mir alleine,
Feins Lieb, bis unverzagt!
In Treuen ich dich meine.

So darf ich niemands vertrauen,
Herzlieb in diesem Fall,
Die Klaffer machen uns ein Grauen,
Der ist so große Zahl.
Wann unser Lieb sich soll meiden,
Der Klaffer findt man überall,
Noch will ich mich nit scheiden.

Du hast mein Herz umfangen
Mit aller inbrünstigen Gier.
Ich bin so oft gegangen
Feins Lieb nach deiner Zier,
Ob ich dich möcht ersehen,
So wurd erfreut das Herz in mir,
Die Wahrheit tun ich jehen.

Mein Herz das leidet Schmerzen,
Darzu klägliche Pein,
Wo zwei Herzen lieb tun scherzen,
Die ohn einander nit künnen sein,
Keins tut's dem andern versagen,
So wird erfreut das Herz in mir,
Die Wahrheit muß ich sagen.

Selig sei der Tag und Stunde
Darin du bist geborn,
Gott grüß mir dein roten Munde,
Den ich mir hab auserkorn.
Kann mir kein Liebere nit werden;
Feins Lieb, schau daß mein Lieb nit sei verlorn,
Du bist mein Trost auf Erden.

Feins Lieb, merk auf mein Singen,
Es geschicht in keinem Scherz:
Der Klaffer will mich verdringen
Mit seinem falschen Herz,

Das bringt mir große Leiden.
Gott geb dir tausend guter Nacht,
Von hinnen will ich scheiden.

(Aus dem 16. Jahrhundert. Nach einem fliegenden Blatt)

Streitlied zwischen Leben und Tod

So spricht das Leben:
Die Welt ist mein,
Mich preisen die Blumen und Vögelein,
Ich bin der Tag und der Sonnenschein.
So spricht das Leben:
Die Welt ist mein.

So spricht der Tod:
Die Welt ist mein,
Dein Leuchten ist nur eitel Pracht,
Sinkt Stern und Mond in ewge Nacht.
So spricht der Tod:
Die Welt ist mein.

So spricht das Leben:
Die Welt ist mein,
Und machst du Särge aus Marmorstein,
Kannst doch nicht sargen die Liebe ein.
So spricht das Leben:
Die Welt ist mein.

So spricht der Tod:
Die Welt ist mein,
Ich habe ein großes Grab gemacht,
Ich habe die Pest und den Krieg erdacht.
So spricht der Tod:
Die Welt ist mein.

So spricht das Leben:
Die Welt ist mein,
Ein jedes Grab muß ein Acker sein,

Mein ewiger Samen fällt hinein.
So spricht das Leben:
Die Welt ist mein.

(Aus dem 16. Jahrhundert)

Der Tod als Schnitter

Es ist ein Schnitter, heißt der Tod,
Hat Gwalt vom großen Gott,
Heut wetzt er das Messer,
Es schneidt schon viel besser,
Bald wird er drein schneiden,
Wir müssen's nur leiden.
Hüt dich, schöns Blümelein!

Was heut noch grün und frisch da steht,
Wird morgen weggemäht:
Die edel Narzissel,
Die englische Schlüssel,
Der schön Hyazinth,
Die türkische Bind:
Hüt dich, schöns Blümelein!

Viel hunderttausend ungezählt
Da unter die Sichel hinfällt:
Rot Rosen, weiß Liljen
Beid wird er austilgen;
Ihr Kaiserkronen
Man wird euch nicht schonen:
Hüt dich, schöns Blümelein!

Das himmlische Ehrenpreis,
Die Tulipan gelb und weiß,
Die silberne Glöckchen,
Die guldene Flöckchen,
Senkt alles zur Erden;
Was wird nur draus werden?
Hüt dich, schöns Blümelein!

Ihr hübsch Lavendel und Röselein,
Ihr Pappeln groß und klein,
Ihr stolze Schwertliljen,
Ihr krause Basiljen,
Ihr zarte Violen,
Man wird euch bald holen:
Hüt dich, schöns Blümelein!

Aus Seiden ist der Fingerhut,
Aus Sammet das Wohlgemut,
Noch ist er so blind,
Nimmt was er nur findt,
Kein Sammet, kein Seiden
Mag ihn vermeiden:
Hüt dich, schöns Blümelein!

So viel Maßlieb und Rosmarin
Schwellt unter der Sichel hin,
Vergißmeinnit
Du mußt auch mit,
Und du Tausendschön
Man läßt dich nit stehn:
Hüt dich, schöns Blümelein!

Er macht so gar kein Unterschied,
Geht alles in einem Schritt,
Der stolze Rittersporn
Und Blumen in dem Korn
Da liegen s' beisammen,
Man weiß kaum den Namen:
Hüt dich, schöns Blümelein!

Trutz, Tod! komm her, ich fürcht dich nit,
Trutz! komm und tu ein Schnitt.
Wenn er mich verletzet,
So werd ich versetzet,
Ich will es erwarten
In himmlischen Garten.
Freu dich, schöns Blümelein!

*(«Schnitterlied, gesungen zu Regensburg da ein hochadeliche junge Blumen ohnversehen abgebrochen im Jänner 1637».
Nach einem fliegenden Blatt von 1638)*

Wachtelschlag

Hört, wie die Wachtel im Grünen schön schlagt:
«Lobet Gott! Lobet Gott!»
Mir kommt kein Schauer – sie sagt.
Flieget von einem ins andre grüne Feld
Und uns den Wachstum der Früchte vermeldt;
Rufet zu allen mit Lust und mit Freud:
«Danke Gott! Danke Gott!
Der du mir geben die Zeit.»

Morgens sie ruft, eh der Tag noch anbricht:
«Guten Tag! Guten Tag!»
Wartet der Sonnen ihr Licht;
Ist sie aufgangen, so jauchzt sie vor Freud,
Schüttert die Federn und trocknet den Leib,
Wendet die Augen dem Himmel hinzu:
«Dank sei Gott! Dank sei Gott!
Der du mir geben die Ruh.»

Blinket der kühlende Tau auf der Heid:
«Werd ich naß, werd ich naß!»
Zitternd sie balde ausschreit;
Flieget der Sonne entgegen und bitt,
Daß sie ihr teile die Wärme auch mit,
Laufet zum Sande und scharret sich ein:
«Hartes Bett! Hartes Bett!»
Sagt sie und legt sich darein.

Kommt nun der Waidmann mit Hund und mit Blei:
«Fürcht mich nicht! Fürcht mich nicht!
Liegend ich beide nicht scheu.
Steht nur der Weizen und grünet das Laub,
Ich meinen Feinden nicht werde zum Raub;
Aber die Schnitter die machen mich arm,
Wehe mir! Wehe mir!
Daß sich der Himmel erbarm.»

Kommen die Schnitter, so ruft sie ganz keck:
«Tritt mich nicht! Tritt mich nicht!»
Liegend zur Erde gestreckt.
Flieht von geschnittenen Feldern hindann,

Weil sie sich nirgends verbergen mehr kann,
Klaget: «Ich finde kein Körnlein darin,
Ist mir leid, ist mir leid!»
Flieht zu den Saaten dahin.

Ist nun das Schneiden der Früchte vorbei:
«Harte Zeit! Harte Zeit!
Schon kommt der Winter herbei.»
Hebt sich vom Lande zu wandern nun fort
Hin zu dem andern weit fröhlichern Ort;
Wünschet indessen dem Lande noch an:
«Bhüt dich Gott! Bhüt dich Gott!»
Flieget in Frieden bergan.

(Nach einem fliegenden Blatt um 1780 bis 1790)

Trewe Lieb ist jederzeit
Zu gehorsamen bereit

Anke van Tharaw öß, de my geföllt,
Se öß mihn Lewen, mihn Goet on mihn Gölt.

Anke van Tharaw heft wedder eer Hart
Op my geröchtet ön Löw on ön Schmart.

Anke van Tharaw mihn Rihkdom, mihn Goet,
Du mihne Seele, mihn Fleesch on mihn Bloet.

Quöm allet Wedder glihk ön ons tho schlahn,
Wy syn gesönnt by een anger tho stahn.

Kranckheit, Verfälgung, Bedröfnös on Pihn,
Sal vnsrer Löve Vernöttinge syn.

Recht as een Palmen-Bohm äver söck stöcht,
Je mehr en Hagel on Regen anföcht.

So wardt de Löw ön onß mächtich on groht,
Dörch Kryhtz, dörch Lyden, dörch allerley Noht.

Wördest du glihk een mahl van my getrennt,
Leewdest dar, wor öm dee Sönne kuhm kennt;

Eck wöll dy fälgen dörch Wöler, dörch Mär,
Dörch Yhß, dörch Ihsen, dörch fihndlöcket Hähr.

Anke van Tharaw, mihn Licht, mihne Sönn,
Mihn Leven schluht öck ön dihnet henönn.

Wat öck geböde, wart van dy gedahn,
Wat öck verböde, dat lätstu my stahn.

Wat heft de Löve däch ver een Bestand,
Wor nich een Hart öß, een Mund, eene Hand?

Wor öm söck hartaget, kabbelt on schleyht,
On glihk den Hungen on Katten begeyht.

Anke van Tharaw dat war wy nich dohn,
Du böst mihn Dühfken myn Schahpken mihn Hohn,

Wat öck begehre, begehrest du ohck,
Eck laht den Rack dy, du lätst my de Brohk.

Dit öß dat, Anke, du söteste Ruh
Een Lihf on Seele wart vht öck on Du.

Dit mahckt dat Lewen tom Hämmlischen Rihk,
Dörch Zancken wart et der Hellen gelihk.

(Als Brauttanz zur Hochzeit der Anna Neander aus Tharau am 13. September 1636 gedichtet. Wahrscheinlich von Heinrich Albert)

Winterrose

Es ist ein Ros entsprungen
Aus einer Wurzel zart,
Als uns die Alten sungen,
Aus Jesse kam die Art,
Und hat ein Blümlein bracht
Mitten im kalten Winter
Wohl zu der halben Nacht.

Das Röslein, das ich meine,
Darvon Esaias sagt,
Hat uns gebracht alleine
Marie die reine Magd:
Aus Gottes ewgem Rat
Hat sie ein Kind geboren
Wohl zu der halben Nacht.

*(Nach dem Speyerschen Gesangbuch
von 1600)*

Laß rauschen!

Ich hort ein Sichelin rauschen,
Wohl rauschen durch das Korn,
Ich hort ein feine Magd klagen:
Sie hätt ihr Lieb verlorn.

«La rauschen, Lieb, la rauschen!
Ich acht nit wie es geh;
Ich hab mir ein Buhlen erworben
In Veiel und grünen Klee.»

«Hast du ein Buhlen erworben
In Veiel und grünen Klee,
So steh ich hie alleine,
Tut meinem Herzen weh.»

*(Aus den «Grasliedlein» von 1535
und Wolfgang Schmeltzels «Quodlibet» von 1544)*

Andreas Gryphius

Menschliches Elende

Was sind wir Menschen doch? ein Wohnhaus grimmer
Schmerzen.
Ein Ball des falschen Glücks, ein Irrlicht dieser Zeit.

Ein Schauplatz herber Angst, und Widerwärtigkeit,
Ein bald verschmelzter Schnee und abgebrannte Kerzen.

Dies Leben fleucht davon wie ein Geschwätz und Scherzen.
Die vor uns abgelegt des schwachen Leibes Kleid
Und in das Toten-Buch der großen Sterblichkeit
Längst eingeschrieben sind, sind uns aus Sinn und Herzen.

Gleich wie ein eitel Traum leicht aus der Acht hinfällt
Und wie ein Strom verscheußt, den keine Macht aufhält,
So muß auch unser Nam, Lob, Ehr und Ruhm verschwinden.

Was itzund Atem holt, fällt unversehns dahin:
Was nach uns kommen wird, wird uns ins Grab nachziehn.
Was sag ich? wir vergehn gleich als ein Rauch von Winden.

Abend

Der schnelle Tag ist hin, die Nacht schwingt ihre Fahn,
Und führt die Sternen auf. Der Menschen müde Scharen
Verlassen Feld und Werk, wo Tier und Vögel waren
Traurt itzt die Einsamkeit. Wie ist die Zeit vertan!

Der Port naht mehr und mehr sich, zu der Glieder Kahn.
Gleich wie dies Licht verfiel, so wird in wenig Jahren
Ich, du, und was man hat, und was man sieht, hinfahren.
Dies Leben kömmt mir vor als eine Renne-Bahn.

Laß höchster Gott mich doch nicht auf dem Laufplatz gleiten,
Laß mich nicht Ach, nicht Pracht, nicht Lust, nicht Angst verleiten.
Dein ewig heller Glanz sei vor und neben mir,
Laß, wenn der müde Leib entschläft, die Seele wachen
Und wenn der letzte Tag wird mit mir Abend machen,
So reiß mich aus dem Tal der Finsternis zu Dir.

Es ist alles eitel

Du siehst, wohin du siehst nur Eitelkeit auf Erden.
Was dieser heute baut, reißt jener morgen ein:
Wo itzund Städte stehn, wird eine Wiesen sein,
Auf der ein Schäfers-Kind wird spielen mit den Herden

Was itzund prächtig blüht soll bald zutreten werden.
Was itzt so pocht und trotzt ist morgen Asch und Bein,
Nichts ist das ewig sei, kein Erz kein Marmorstein.
Itzt lacht das Glück uns an, bald donnern die Beschwerden.

Der hohen Taten Ruhm muß wie ein Traum vergehn.
Soll denn das Spiel der Zeit, der leichte Mensch bestehn.
Ach! was ist alles dies was wir für köstlich achten,

Als schlechte Nichtigkeit, als Schatten, Staub und Wind.
Als eine Wiesen-Blum, die man nicht wiederfindt.
Noch will was ewig ist kein einig Mensch betrachten.

Angelus Silesius

Aus den «Ewigen Freuden der Seligen»

Das Wild ist sämtlich da nicht wild,
Kein einzigs ist zu scheuen,
Der Leopard geht sanft und mild,
Man scherzet mit den Leuen.
Ein Jauchzen und ein Lustgeschrei
Hört man bei dem Gehetze,
Der Hirsch hängt sein verguldt Geweih
Freiwillig an das Netze.

Die Fische sind so wundersam,
So lustbar in den Teichen,
So günstig, daß man sie vom Damm
Mit Händen kann erreichen.
Sie schimmeren wie Goldgeschmeid,

Sie spielen fast so feine
Wie Perlenmutter und zur Zeit
Wie edele Gesteine.

Die Märtrer gehn in Kermesin
Und rotem Sammet prangen,
Sind mit Geschmeide von Rubin
Ganz wunderlich behangen.
Sie tragen Kronen auf dem Haupt
Von lauter edlen Steinen,
Ein Lorbeerkranz, der sie umlaubt,
Macht ihren Sieg erscheinen.

Sie sind subtiler als die Luft,
Die Berge zu durchdringen,
Sie gehn durch Steine, Maur und Gruft,
Nichts hält noch kann sie zwingen.
Sie können wie mit einem Ball
Mit Sonn und Monde spielen,
Die Erde hindrehn überall,
Kann sie nicht einst vervielen.

Da können sie sich ohn Verdruß
Mit Speis und Trank anfüllen,
Doch nie mit allem Überfluß
Den süßen Hunger stillen.
Sie werden trunken von dem Wein
Und wolln doch immer trinken,
Bis sie in Vaters Schoß hinein
Und's ewge Bett versinken.

Aus dem «Cherubinischen Wandersmann»

Gott kann allein vergnügen

Weg, weg, ihr Seraphim, ihr könnt mich nicht erquicken,
Weg, weg, ihr Heiligen und was an euch tut blicken.
Ich will nun eurer nicht, ich werfe mich allein
Ins ungeschaffne Meer der bloßen Gottheit ein.

Man muss ganz göttlich sein

Herr, es genügt mir nicht, daß ich dir englisch diene
Und in Vollkommenheit der Götter vor dir grüne.
Es ist mir viel zu schlecht und meinem Geist zu klein;
Wer dir recht dienen will, muß mehr als göttlich sein.

Gott lebt nicht ohne mich

Ich weiß, daß ohne mich Gott nicht ein Nu kann leben;
Werd ich zunicht, er muß von Not den Geist aufgeben.

Ich bin wie Gott und Gott wie ich

Ich bin so groß wie Gott, er ist als ich so klein;
Er kann nicht über mich, ich unter ihm nicht sein.

Der Mensch ist Ewigkeit

Ich selbst bin Ewigkeit, wenn ich die Zeit verlasse
Und mich in Gott und Gott in mich zusammenfasse.

Ein Christ ist Gottes Sohn

Ich auch bin Gottes Sohn, ich sitz an seiner Hand:
Sein Geist, sein Fleisch und Blut ist ihm an mir bekannt.

Der ewige Tod

Der Tod, aus welchem nicht ein neues Leben blühet,
Der ist's, den meine Seel aus allen Töden fliehet.

Es ist kein Tod

Ich glaube keinen Tod; sterb ich gleich alle Stunden,
So hab ich jedesmal ein besser Leben funden.

Ein Abgrund ruft dem andern

Der Abgrund meines Geists ruft immer mit Geschrei
Den Abgrund Gottes an: Sag, welcher tiefer sei?

Der Himmel ist in dir

Halt an, wo laufst du hin, der Himmel ist in dir;
Suchst du Gott anderswo, du fehlst ihn für und für.

Der Mensch ist alle Dinge

Der Mensch ist alle Ding; ist's, daß ihm eins gebricht,
So kennet er fürwahr sein Reichtum selber nicht.

Die Menschheit soll man lieben

Daß du nicht Menschen liebst, das tust du recht und wohl,
Die Menschheit ist's, die man im Menschen lieben soll.

Ohne warum

Die Ros ist ohn warum; sie blühet, weil sie blühet,
Sie acht nicht ihrer selbst, fragt nicht, ob man sie siehet.

Zufall und Wesen

Mensch, werde wesentlich; denn wenn die Welt vergeht,
So fällt der Zufall weg, das Wesen, das besteht.

Friedrich Spee

Traur-Gesang von der Not Christi am Ölberg in dem Garten

Bei stiller Nacht, zur ersten Wacht
Ein Stimm sich gunnt zu klagen.
Ich nahm in acht, was die doch sagt;
Tat hin mit Augen schlagen.

Ein junges Blut von Sitten gut,
Alleinig ohn Gefährten,
In großer Not fast halber tot
Im Garten lag auf Erden.

Es war der liebe Gottes-Sohn,
Sein Haupt er hat in Armen.
Viel weiß- und bleicher dann der Mon,
Eim Stein es möcht erbarmen.

«Ach Vater, liebster Vater mein
Und muß den Kelch ich trinken?
Und mag's dann ja nit anders sein?
Mein Seel nit laß versinken.»

«Ach liebes Kind, trink aus geschwind;
Dir's laß in Treuen sagen:
Sei wohl gesinnt, bald uberwind,
Den Handel mußt du wagen.»

«Ach Vater mein, und kann's nit sein?
Und muß ich's je dann wagen?
Will trinken rein, den Kelch allein,
Kann dir's ja nit versagen.

Doch Sinn, und Mut erschrecken tut,
Soll ich mein Leben lassen?
O bitter Tod! mein Angst, und Not
Ist über alle Maßen.

Maria zart, jungfräulich Art,
Sollt du mein Schmerzen wissen;
Mein Leiden hart zu dieser Fahrt,
Dein Herz wär schon gerissen.

Ach Mutter mein, bin ja kein Stein;
Das Herz mir dörft zerspringen:
Sehr große Pein, muß nehmen ein,
Mit Tod, und Marter ringen.

Ade, ade zu guter Nacht
Maria Mutter milde!
Ist niemand der dann mit mir wacht,
In dieser wüsten Wilde?

Ein Kreuz mir für den Augen schwebt,
O weh der Pein, und Schmerzen!
Dran soll ich morgen wern erhebt,
Das greifet mir zum Herzen.

Viel Ruten, Geißel, Skorpion
In meinen Ohren sausen:
Auch kommt mir vor ein dörnen Kron;
O Gott, wem wollt nit grausen!

Zu Gott ich hab gerufen zwar
Aus tiefen Todes Banden:
Dennoch ich bleib verlassen gar,
Ist Hilf noch Trost vorhanden.

Der schöne Mon, will untergohn,
Für Leid nit mehr mag scheinen.
Die Sternen lan ihr Glitzen stahn,
Mit mir sie wollen weinen.

Kein Vogel-Sang, noch Freuden-Klang
Man höret in den Luften,
Die wilden Tier, traurn auch mit mir,
In Steinen, und in Kluften.»

Simon Dach

Perstet amicitiae semper venerabile Faedus!

Der Mensch hat nichts so eigen,
So wohl steht ihm nichts an,
Als daß er Treu erzeigen
Und Freundschaft halten kann;
Wann er mit seinesgleichen
Soll treten in ein Band,
Verspricht sich nicht zu weichen
Mit Herzen, Mund und Hand.

Die Red ist uns gegeben,
Damit wir nicht allein
Vor uns nur sollen leben
Und fern von Leuten sein;
Wir sollen uns befragen
Und sehn auf guten Rat,
Das Leid einander klagen,
So uns betreten hat.

Was kann die Freude machen,
Die Einsamkeit verhehlt?
Das gibt ein duppelt Lachen,
Was Freunden wird erzählt;
Der kann sein Leid vergessen,
Der es von Herzen sagt;
Der muß sich selbst auffressen,
Der in geheim sich nagt.

Gott stehet mir vor allen,
Die meine Seele liebt;
Dann soll mir auch gefallen,
Der mir sich herzlich gibt;
Mit diesem Bunds-Gesellen
Verlach ich Pein und Not,
Geh auf dem Grund der Hellen
Und breche durch den Tod.

Ich hab, ich habe Herzen
So treue, wie gebührt,
Die Heuchelei und Scherzen
Nie wissentlich berührt;
Ich bin auch ihnen wieder
Von Grund der Seelen hold,
Ich lieb euch mehr, ihr Brüder,
Denn aller Erden Gold.

Hans Jakob Christoffel von Grimmelshausen

Aus «Der Abenteurliche Simplicissimus Teutsch»

Als nun Herzbruder wieder reuten konnte, übermachten wir unsere Barschaft (dann wir hatten nunmehr nur einen Säckel miteinander) per Wechsel nach Basel, mondierten uns mit Pferden und Dienern, und begaben uns die Donau hinauf nacher Ulm und von dannen in den obbesagten Sauerbrunnen, weil es eben im Mai und lustig zu reisen war; daselbst dingten wir ein Losament, ich aber ritte nach Straß-

burg, unser Geld, welches wir von Basel aus dorthin übermacht, nicht allein zum Teil zu empfangen, sondern auch mich um erfahrne Medicos umzusehen, die Herzbrudern Recepta und Bad-Ordnung vorschreiben sollten. Dieselbe begaben sich mit mir, und befanden, daß Herzbrudern vergeben worden, und weil das Gift nicht stark genug gewesen, ihn gleich hinzurichten, daß solches ihm in die Glieder geschlagen wäre, welches wieder durch Pharmaca, Antidota, Schweißbäder evakuieret werden müßte, und würde sich solche Kur auf ohngefähr ein Woch oder acht belaufen. Da erinnerte sich Herzbruder gleich, wann und durch wen ihm vergeben worden wäre, nämlich durch diejenige, die gern seine Stell im Krieg betreten hätten, und weil er auch von den Medicis verstunde, daß seine Kur eben keinen Sauerbrunnen erfordert hätte, glaubte er festiglich, daß sein Medicus im Feld durch eben dieselbe seine Aemulos mit Geld bestochen worden, ihne so weit hinwegzuweisen; jedoch resolvierte er sich im Sauerbrunnen seine Kur zu vollenden, weil es nicht allein einen gesunden Luft, sondern auch allerhand anmütige Gesellschaften unter den Bad-Gästen hatte.
Solche Zeit mochte ich nicht vergeblich hinbringen, weil ich eine Begierde hatte, dermalen eins mein Weib auch wiederum zu sehen, und weil Herzbruder meiner nicht sonderlich vonnöten, eröffnet ich ihm mein Anliegen. Der lobte meine Gedanken, und gab mir den Rat, ich sollte sie besuchen, gab mir auch etliche kostbare Kleinodien, die ich ihr seinetwegen verehren, und sie damit um Verzeihung bitten sollte, daß er ein Ursach gewesen sei, daß ich sie nit ehender besucht. Also ritte ich nach Straßburg, und machte mich nicht allein mit Geld gefaßt, sondern erkundigte auch, wie ich meine Reis anstellen mochte, daß ich am sichersten fortkäme, befand aber daß es so alleinig zu Pferd nit geschehen könne, weilen es zwischen so vielen Garnisonen, der beiderseits kriegenden Teilen von den Parteien ziemlich unsicher war. Erhielte derowegen einen Paß, vor einen Straßburger Botenläufer, und machte etliche Schreiben an mein Weib, ihre Schwester und Eltern, als wann ich ihn damit nach L. schicken wollte, stellte mich aber als wann ich wieder anders Sinns worden wäre, erpraktizierte also den Paß vom Boten, schickte mein Pferd und Diener wieder zuruck, verkleidete mich in eine weiß und rote Liberei, und fuhr

also in einem Schiff hin und bis nach Köln, welche Stadt damaln zwischen den kriegenden Parteien neutral war.
Ich ging zuvorderst hin meinen Jovem zu besuchen, der mich hiebevor zu seinem Ganymede erklärt hatte, um zu erkundigen, wie es mit meinen hinterlegten Sachen eine Bewandtnus hätte. Der war aber damals wiederum ganz hirnschellig und unwillig über das menschlich Geschlecht. «O Mercuri», sagte er zu mir, als er mich sahe, «was bringst du Neues von Münster? vermeinen die Menschen wohl ohn meinen Willen Frieden zu machen? Nimmermehr! Sie hatten ihn, warum haben sie ihn nicht behalten? Gingen nit alle Laster im Schwang, als sie mich bewegten ihnen den Krieg zu senden? womit haben sie seithero verdienet, daß ich ihn' den Frieden wiedergeben sollte? haben sie sich dann seither bekehrt? seind sie nicht ärger worden, und selbst mit in Krieg geloffen wie zu einer Kirmes? oder haben sie sich vielleicht wegen der Teurung bekehret, die ich ihnen zugesandt, darin so viel tausend Seelen Hungers gestorben? Oder hat sie vielleicht das grausame Sterben erschreckt (das so viel Millionen hingerafft), daß sie sich gebessert? Nein, nein Mercuri, die übrig Verbliebene, die den elenden Jammer mit ihren Augen angesehen, haben sich nit allein nit gebessert, sondern seind viel ärger worden als sie zuvor jemals gewesen! haben sie sich nun wegen so vieler scharpfen Heimsuchungen nit bekehrt, sondern unter so schwerem Kreuz und Trübsalen gottlos zu leben nicht aufgehöret, was werden sie dann erst tun, wann ich ihnen den wohllustbarlichen güldenen Frieden wieder zusendete? Ich müßte sorgen, daß sie mir wie hiebevor die Riesen getan, den Himmel abzustürmen unterstehen würden; aber ich will solchem Mutwillen wohl beizeit steuren, und sie im Krieg hocken lassen.»
Weil ich nun wußte, wie man diesem Gott lausen mußte, wann man ihn recht stimmen wollte, sagte ich: «Ach großer Gott, es seufzet aber alle Welt nach dem Frieden, und versprechen ein große Besserung, warum wolltest du ihnen dann solchen noch länger verweigern können?» – «Ja», antwortet' Jupiter, «sie seufzen wohl, aber nit meinet- sondern ihrentwillen; nicht, daß jeder unter seinem Weinstock und Feigenbaum Gott loben, sondern daß sie deren edle Früchten mit guter Ruhe, und in allem Wollust genießen möch-

ten. Ich fragte neulich einen grindigen Schneider, ob ich den Frieden geben sollte? Aber er antwortet' mir, was er sich drum geheie, er müsse sowohl zu Kriegs- als Friedenszeiten mit der stählernen Stange fechten: Ein solche Antwort kriegte ich auch von einem Rotgießer, der sagte, wenn er im Frieden keine Glocken zu gießen hätte, so hätte er im Krieg genug mit Stücken und Feuermörseln zu tun. Also antwortet' mir auch ein Schmied, und sagte: ‹Habe ich keine Pflüg und Bauren-Wägen im Krieg zu beschlagen, so kommen mir jedoch genug Reuter-Pferd und Heer-Wägen unter die Händ, also daß ich des Friedens wohl entbehren kann.› Siehe nun lieber Mercuri, warum sollte ich ihnen dann den Frieden verleihen? Ja es sind zwar etliche die ihn wünschen, aber nur wie gesagt, um ihres Bauchs und Wollust willen; hingegen aber sind auch andere, die den Krieg behalten wollen, nicht zwar weil es mein Will ist, sondern weil er ihnen einträgt. Und gleichwie die Mäurer und Zimmerleut den Frieden wünschen, damit sie in Auferbauung der eingeäscherten Häuser Geld verdienen, also verlangen andere, die sich im Frieden mit ihrer Hand-Arbeit nicht zu ernähren getrauen, die Kontinuation des Kriegs, in selbigem zu stehlen.»

Weilen dann nun mein Jupiter mit diesen Sachen umging, konnte ich mir leicht einbilden, daß er mir in solchem verwirrten Stand von dem Meinigen wenig Nachricht würde geben können, entdeckte mich ihm derhalben nicht, sondern nahm meinen Kopf zwischen die Ohren, und ging durch Abweg, die mir dann alle wohl bekannt waren, nach L., fragte daselbst nach meinem Schwährvater, allerdings wie ein fremder Bot, und erfuhr gleich, daß er samt meiner Schwieger bereits vor einem halben Jahr diese Welt gesegnet, und dann daß meine Liebste, nachdem sie mit einem jungen Sohn niederkommen, den ihre Schwester bei sich hätte, gleichfalls stracks nach ihrem Kindbett diese Zeitlichkeit verlassen. Darauf lieferte ich meinem Schwager diejenige Schreiben, die ich selbst an meinen Schwähr, an meine Liebste, und an ihn meinen Schwager geschrieben; derselbe nun wollte mich selbst herbergen, damit er von mir als einem Boten erfahren könnte, was Stands Simplicius seie, und wie ich mich verhielte? Zu dem Ende diskurierte meine Schwägerin lang mit mir von mir selbsten, und ich redete auch von mir, was ich nur Löblichs von mir wußte, dann die Urschlechten hatten mich dergestalt verderbt und verändert, daß mich kein Mensch mehr kannte, außer der von Schönstein, welcher aber als mein getreuster Freund, reinen Mund hielte.

Als ich ihr nun nach der Länge erzählt, daß Herr Simplicius viel schöner Pferd und Diener hätte, und in einem schwarzen sammeten Mutzen aufzöge, der überall mit Gold verbrämt wäre, sagte sie: «Ja, ich hab mir jederzeit eingebildet, daß er keines so schlechten Herkommens sei, als er sich darvor ausgeben. Der hiesige Kommandant hat meine Eltern sel. mit großen Verheißungen persuadiert, daß sie ihm meine Schwester sel., die wohl eine fromme Jungfer gewesen, ganz vortelhaftigerweis aufgesattelt, davon ich niemalen ein gutes End habe hoffen können. Nichtsdestoweniger hat er sich wohl angelassen, und resolviert, in hiesiger Garnison schwedische, oder vielmehr hessische Dienst anzunehmen, maßen er zu solchem End seinen Vorrat, was er zu Köln gehabt, hieher holen wollen, das sich aber gesteckt, und er darüber ganz schelmischerweis in Frankreich praktiziert worden, meine Schwester, die ihn noch kaum vier Wochen gehabt, und sonst noch wohl ein halb Dutzet Burgers-Töchter, schwanger hinterlassend; wie dann eine nach der andern (und zwar meine Schwester am allerletzten) mit lauter jungen Söhnen niederkommen. Weil dann nunmehr mein Vater und Mutter tot, ich und mein Mann aber keine Kinder miteinander zu hoffen, haben wir meiner Schwester Kind zum Erben aller unser Verlassenschaft angenommen, und mit Hülf des hiesigen Herrn Kommandanten seines Vatern Hab zu Köln erhoben, welches sich ungefähr auf 3000 fl. belaufen möchte, daß also dieser junge Knab, wenn er einmal zu seinen Jahren kommt, sich unter die Arme zu rechnen keine Ursach haben wird. Ich und mein Mann lieben das Kind auch so sehr, daß wir's seinem Vater nicht ließen, wenn er schon selbst käme, und ihn abholen wollte. Überdas so ist er der Schönste unter allen seinen Stiefbrüdern, und siehet seinem Vater so gleich, als wenn er ihm aus den Augen geschnitten wäre; und ich weiß, wenn mein Schwager wüßte, was er vor einen schönen Sohn hier hätte, daß er ihm nicht abbrechen könnte hieherzukommen (da er schon seine übrige Hurenkinder scheuen möchte), nur das liebe Herzgen zu sehen.»

Solche und dergleichen Sachen brachte mir meine Schwägerin vor, woraus ich ihre Lieb gegen meinem Kind leicht spüren können, welches dann dort in seinen ersten Hosen herumliefe, und mich im Herzen erfreute. Derhalben suchte ich die Kleinoder herfür, die mir Herzbruder geben, solche seinetwegen meinem Weib zu verehren. Dieselbige (sagte ich) hätte mir Herr Simplicius mitgeben, seiner Liebsten zum Gruß einzuhändigen, weil aber selbige tot wäre, schätzte ich, es wäre billig, daß ich sie seinem Kind hinterließe, welche mein Schwager und seine Frau mit Freuden empfingen, und daraus schlossen, daß ich an Mitteln keinen Mangel haben, sondern viel ein anderer Gesell sein müßte, als sie sich hiebevor von mir eingebildet. Mithin drang ich auf meine Abfertigung, und als ich dieselbe bekam, begehrte ich im Namen Simplici den jungen Simplicium zu küssen, damit ich seinem Vater solches als ein Wahrzeichen erzählen könnte. Als es nun auf Vergönstigung meiner Schwägerin geschahe, finge beides mir und dem Kind die Nas an zu bluten, darüber mir's Herz hätte brechen mögen, doch verbarg ich meine Affekten, und damit man nit Zeit haben möchte, der Ursach dieser Sympathiae nachzudenken, machte ich mich stracks aus dem Staub, und kam nach 14 Tagen durch viel Mühe und Gefahr wieder in Bettlers Gestalt in Saurbrunnen, weil ich unterwegs ausgeschälet worden.

Paul Gerhardt

Sommergesang

Geh aus, mein Herz, und suche Freud
In dieser lieben Sommerzeit
An deines Gottes Gaben;
Schau an der schönen Gärten Zier
Und siehe, wie sie mir und dir
Sich ausgeschmücket haben.

Die Bäume stehen voller Laub,
Das Erdreich decket seinen Staub
Mit einem grünen Kleide;

Narcissus und die Tulipan,
Die ziehen sich viel schöner an
Als Salomonis Seide.

Die Lerche schwingt sich in die Luft,
Das Täublein fleugt aus seiner Kluft
Und macht sich in die Wälder;
Die hochbegabte Nachtigall
Ergetzt und füllt mit ihrem Schall
Berg, Hügel, Tal und Felder.

Die Glucke führt ihr Völklein aus,
Der Storch baut und bewohnt sein Haus,
Das Schwälblein speist die Jungen;
Der schnelle Hirsch, das leichte Reh
Ist froh und kömmt aus seiner Höh
Ins tiefe Gras gesprungen.

Die Bächlein rauschen in dem Sand
Und malen sich und ihren Rand
Mit schattenreichen Myrten;
Die Wiesen liegen hart dabei
Und klingen ganz vom Lustgeschrei
Der Schaf und ihrer Hirten.

Die unverdroßne Bienenschar
Fleucht hin und her, sucht hie und dar
Ihr edle Honigspeise.
Des süßen Weinstocks starker Saft
Bringt täglich neue Stärk und Kraft
In seinem schwachen Reise.

Der Weizen wächset mit Gewalt,
Darüber jauchzet jung und alt
Und rühmt die große Güte
Des, der so überflüssig labt
Und mit so manchem Gut begabt
Das menschliche Gemüte.

Ich selbsten kann und mag nicht ruhn;
Des großen Gottes großes Tun
Erweckt mir alle Sinnen;

Ich singe mit, wenn alles singt,
Und lasse, was dem Höchsten klingt,
Aus meinem Herzen rinnen.

Ach, denk ich, bist du hier so schön
Und läßt du uns so lieblich gehn
Auf dieser armen Erden,
Was will doch wohl nach dieser Welt
Dort in dem reichen Himmelszelt
Und güldnem Schlosse werden!

Welch hohe Lust, welch heller Schein
Wird wohl in Christi Garten sein!
Wie muß es da wohl klingen,
Da so viel tausend Seraphim
Mit eingestimmtem Mund und Stimm
Ihr Alleluja singen!

O wär ich da, o stünd ich schon,
Ach, süßer Gott, für deinem Thron
Und trüge meine Palmen:
So wollt ich nach der Engel Weis
Erhöhen deines Namens Preis
Mit tausend schönen Psalmen!

Doch gleichwohl will ich, weil ich noch
Hier trage dieses Leibes Joch,
Auch nicht gar stille schweigen;
Mein Herze soll sich fort und fort
An diesem und an allem Ort
Zu deinem Lobe neigen.

Hilf mir und segne meinen Geist
Mit Segen, der vom Himmel fleußt,
Daß ich dir stetig blühe!
Gib, daß der Sommer deiner Gnad
In meiner Seelen früh und spat
Viel Glaubensfrücht erziehe!

Mach in mir deinem Geiste Raum,
Daß ich dir werd ein guter Baum,
Und laß mich wohl bekleiben;

Verleihe, daß zu deinem Ruhm
Ich deines Gartens schöne Blum
Und Pflanze möge bleiben!

Erwähle mich zum Paradeis
Und laß mich bis zur letzten Reis
An Leib und Seele grünen;
So will ich dir und deiner Ehr
Allein und sonsten keinem mehr
Hier und dort ewig dienen.

Danklied für die Verkündigung des Friedens

Gott Lob! nun ist erschollen
Das edle Fried- und Freudenswort,
Daß nunmehr ruhen sollen
Die Spieß und Schwerter und ihr Mord.
Wohlauf und nimm nu wieder
Dein Saitenspiel hervor,
O Deutschland, und sing Lieder
Im hohen vollen Chor.
Erhebe dein Gemüte
Zu deinem Gott und sprich:
Herr, deine Gnad und Güte
Bleibt dennoch ewiglich!

Wir haben nichts verdienet
Als schwere Straf und großen Zorn,
Weil stets noch bei uns grünet
Der freche schnöde Sündendorn.
Wir sind fürwahr geschlagen
Mit harter scharfer Rut,
Und dennoch muß man fragen:
Wer ist, der Buße tut?
Wir sind und bleiben böse;
Gott ist und bleibet treu,
Hilft, daß sich bei uns löse
Der Krieg und sein Geschrei.

Sei tausendmal willkommen,
Du teure werte Friedensgab!
Itzt sehn wir, was für Frommen
Dein Bei-uns-Wohnen in sich hab;
In dir hat Gott versenket
All unser Glück und Heil.
Wer dich betrübt und kränket,
Der drückt ihm selbst den Pfeil
Des Herzleids in das Herze
Und löscht aus Unverstand
Die güldne Freudenkerze
Mit seiner eignen Hand.

Das drückt uns niemand besser
In unser Seel und Herz hinein
Als ihr zerstörten Schlösser
Und Städte voller Schutt und Stein;
Ihr vormals schönen Felder
Mit frischer Saat bestreut,
Itzt aber lauter Wälder
Und dürre wüste Heid;
Ihr Gräber voller Leichen
Und blutgen Heldenschweiß,
Der Helden, derengleichen
Auf Erden man nicht weiß.

Hier trübe deine Sinnen,
O Mensch, und laß die Tränenbach
Aus beiden Augen rinnen,
Geh in dein Herz und denke nach:
Was Gott bisher gesendet,
Das hast du ausgelacht,
Nun hat Er sich gewendet
Und väterlich bedacht,
Vom Grimm und scharfen Dringen
Zu deinem Heil zu ruhn,
Ob er dich möchte zwingen
Mit Lieb und Gutestun.

Ach, laß dich doch erwecken,
Wach auf, wach auf, du harte Welt,
Eh als das harte Schrecken

Dich schnell und plötzlich überfällt!
Wer aber Christum liebet,
Sei unerschrocknes Muts,
Der Friede, den Er gibet,
Bedeutet alles Guts.
Er will die Lehre geben:
Das Ende naht herzu,
Da sollt ihr bei Gott leben
In ewgem Fried und Ruh.

Befiehl dem Herrn deine Wege, und hoffe auf Ihn, Er wird's wohl machen

Befiehl du deine Wege
Und was dein Herze kränkt
Der allertreusten Pflege
Des, der den Himmel lenkt:
Der Wolken, Luft und Winden
Gibt Wege, Lauf und Bahn,
Der wird auch Wege finden,
Da dein Fuß gehen kann.

Dem Herren mußt du trauen,
Wenn dir's soll wohlergehn;
Auf sein Werk muß du schauen,
Wenn dein Werk soll bestehn.
Mit Sorgen und mit Grämen
Und mit selbsteigner Pein
Läßt Gott Ihm gar nichts nehmen,
Es muß erbeten sein.

Dein ewge Treu und Gnade,
O Vater, weiß und sieht
Was gut sei oder schade
Dem sterblichen Geblüt:
Und was du denn erlesen,
Das treibst du, starker Held,
Und bringst zum Stand und Wesen
Was deinem Rat gefällt.

Weg hast du allerwegen,
An Mitteln fehlt dir's nicht;
Dein Tun ist lauter Segen,
Dein Gang ist lauter Licht,
Dein Werk kann niemand hindern,
Dein Arbeit darf nicht ruhn,
Wenn du, was deinen Kindern
Ersprießlich ist, willst tun.

Und ob gleich alle Teufel
Hie wollten widerstehn,
So wird doch ohne Zweifel
Gott nicht zurücke gehn:
Was Er Ihm fürgenommen
Und was Er haben will,
Das muß doch endlich kommen
Zu seinem Zweck und Ziel.

Hoff, o du arme Seele,
Hoff und sei unverzagt;
Gott wird dich aus der Höhle,
Da dich der Kummer plagt,
Mit großen Gnaden rücken:
Erwarte nur die Zeit,
So wirst du schon erblicken
Die Sonn der schönsten Freud.

Auf, auf, gib deinem Schmerze
Und Sorgen gute Nacht!
Laß fahren was das Herze
Betrübt und traurig macht!
Bist du doch nicht Regente,
Der alles führen soll;
Gott sitzt im Regimente
Und führet alles wohl.

Ihn, Ihn laß tun und walten,
Er ist ein weiser Fürst
Und wird sich so verhalten,
Daß du dich wundern wirst,
Wann Er, wie Ihm gebühret,

Mit wunderbarem Rat
Das Werk hinausgeführet,
Das dich bekümmert hat.

Er wird zwar eine Weile
Mit seinem Trost verziehn
Und tun an seinem Teile
Als hätt in seinem Sinn
Er deiner sich begeben;
Und solltst du für und für
In Angst und Nöten schweben,
Als frag Er nichts nach dir.

Wird's aber sich befinden,
Daß du Ihm treu verbleibst,
So wird Er dich entbinden,
Da du's am wengsten gläubst:
Er wird dein Herze lösen
Von der so schweren Last,
Die du zu keinem Bösen
Bisher getragen hast.

Wohl dir, du Kind der Treue,
Du hast und trägst davon
Mit Ruhm und Dankgeschreie
Den Sieg und Ehrenkron.
Gott gibt dir selbst die Palmen
In deine rechte Hand,
Und du singst Freudenpsalmen

Dem, der dein Leid gewandt.

Mach End, o Herr, mach Ende
An aller unser Not!
Stärk unser Füß und Hände
Und laß bis in den Tod
Uns allzeit deiner Pflege
Und Treu empfohlen sein,
So gehen unsre Wege
Gewiß zum Himmel ein.

Paul Fleming

An Sich

Sei dennoch unverzagt. Gib dennoch unverloren.
Weich keinem Glücke nicht. Steh höher als der Neid.
Vergnüge dich an dir, und acht es für kein Leid,
Hat sich gleich wider dich Glück, Ort, und Zeit verschworen.

Was dich betrübt und labt, halt alles für erkoren.
Nimm dein Verhängnüs an. Laß alles unbereut.
Tu, was getan muß sein, und eh man dir's gebeut.
Was du noch hoffen kannst, das wird noch stets geboren.

Was klagt, was lobt man doch? Sein Unglück und sein Glücke
Ist ihm ein jeder selbst. Schau alle Sachen an.
Dies alles ist in dir, laß deinen eiteln Wahn,

Und eh du förder gehst, so geh in dich zurücke.
Wer sein selbst Meister ist, und sich beherrschen kann,
Dem ist die weite Welt und alles untertan.

Als etliche seiner Freunde von ihm zogen

Du öder Hain!
Du wilde Wüstenei!
Sagt her, kann's sein,
Sagt her, wo sind sie drei?
Und, Zephir, du,
Wie denn ihr andern auch,
Weht mir noch einen Hauch
Von ihnen zu.

So kehrt ihr doch,
Geliebte zu mir ein,
Und wollet noch
Von mir ümfasset sein?
Wo aber hin?

Wo 'naus? fliehn sie mit Fleiß?
Ich weiß nicht, was ich weiß;
Wie ich dran bin.

Ich hört, ich sah,
Ich griffe sie ja hier.
Ihr seid ja da,
Ihr meine Liebsten ihr?
Wie ist mir denn?
Sie sind's, und sind's auch nicht,
Ich weiß nicht was geschicht,
Wie oder wenn.

Steht doch! ach! nein.
Sie sind es leibhaft nicht.
Es ist ihr Schein,
Der mir die Augen bricht.
Ach ich, nur ich!
Weiß, daß ich gegend bin.
Doch zweifelt noch mein Sinn
An mir bei sich.

Ach! ach! ach! ach!
Wem ist mehr weh, als mir!
Wer mißt die Bach,
Die ich verweine hier?
Wer zählt die Luft,
Die durch die Lippen dringt?
Mein wundes Herze springt.
Es klopft, es pufft.

Sie, sie sind dort,
Ohn die ich nicht bin ich.
Macht ihr euch fort,
Ihr Seufzer, nach für mich.
Daß, wenn sie sehn,
Daß sich die Oder hoch
Schwöllt auf, es müß annoch
Durch euch geschehn.

Martin Opitz

Aus dem «Trost-Gedichte in Widerwärtigkeit des Krieges»

Kömmt nun das Unglück her, und heißt uns Urlaub nehmen,
Wir wollen gerne gehn, und uns mitnichten grämen;
Es zeucht doch diesen fort der lange widerstrebt.
Wer ist ein Pilgram hier? Ein jeder so da lebt.

Hinauf und uber uns soll unsrer Sinn sich richten,
Soll lernen Haß und Neid und allen Fall vernichten,
Soll immer eines sein, nicht zittern und nicht flehn,
Wie kleine Kinder tun, wann daß sie Larven sehn.

Es sind auch anders nichts als Larven alle Sachen,
Um welcher willen wir uns Leid und Kummer machen:
Des leichten Glückes Gunst ist wie des Meeres Schaum,
Der brauset und zergeht; ist wie ein süßer Traum,

Der ehe man erwacht entwischet aus den Sinnen.
Laß etwas unser sein das wir behalten können,
Das nicht verloren wird, das immer eigen bleibt,
Das keine Feuersbrunst, kein Schiffbruch von uns treibt.

Der Feind hat dir dein Schloß, dein Haus hinweggerissen;
Fleuch in der Mannheit Burg die wird er nicht beschießen.
Er hat den Tempel dir verwüstet aus und aus:
Gott schleußt sich nirgend ein, sei du sein reines Haus.

Er hat dich von der Lust der Bücher weggetrieben:
Schau ob du in das Buch des Lebens bist geschrieben.
Er hat den Acker dir verheeret weit und breit:
Der Acker des Gemüts trägt auch bei Winterszeit.

Er hat die Tochter dir durch Not und Zwang geschändet:
Gut, daß er dies nur nicht mit ihrer Gunst vollendet.
Er hat dein Weib erwürgt: Viel wünschen ihnen das.
Er hat dein Kind entleibt: Der Mensch ist Heu und Gras.

Er hat das Vieh hinweg: Das Brot ist doch verblieben.
Er hat das Brot auch fort: Der Tod wird keinen dieben.
Er hat dein Geld geraubt: Behalt du nur den Mut.
Er hat dich selbst verwundt: Die Tugend gibt kein Blut;

Man mag sie wie man will, verfolgen, neiden, hassen,
Sie hält ihr großes Wort: *Sich nicht bewegen lassen:*
Ist einer Eichen gleich, je öfter man sie schlägt,
Je mehr man sie behäut, je mehr sie Äste trägt.

Sie ist wohl ausgeübt sich hoch empor zu schwingen,
Mit Flügeln der Vernunft, von diesen schwachen Dingen;
Dient Gott, ehrt ihn allein, tut nur was ihm behagt,
Ist über alle Macht, wird keines Menschen Magd.

Sie steht und wird auch stehn. Im Herzen liegt verborgen
Was nicht genommen wird, was frei ist aller Sorgen:
Dies was hieraußen ist, was niemand halten kann,
Mag fliehen wann es will; es geht uns gar nicht an.

Friedrich von Logau

Aus den «Sinngedichten»

Heutige Welt-Kunst

Anders sein und anders scheinen,
Anders reden, anders meinen,
Alles loben, alles tragen,
Allen heucheln, stets behagen,
Allem Winde Segel geben,
Bös- und Guten dienstbar leben;
Alles Tun und alles Tichten
Bloß auf eignen Nutzen richten:
Wer sich dessen will befleißen,
Kann politisch heuer heißen.

Die grosse und kleine Welt

Die Welt ist voller Jungen; die Welt ist voller Welten;
Die Mutter mit den Jungen mag keines für Gott gelten,
Sind tüchtig nicht, sind nichtig, sind arg und falsch zu schelten.

Die schamhaftige Zeit

Sie sei sonst, wie sie sei, die Zeit,
So liebt sie doch Verschämlichkeit.
Sie kann die Wahrheit nackt nicht leiden;
Drum ist sie emsig sie zu kleiden.

Die tapfere Wahrheit

Ein tapfrer Helden-Mut ist besser nicht zu kennen,
Als wann er sich nicht scheut, schwarz schwarz, weiß weiß zu nennen,
Der keinen Umschweif braucht, der keinen Mantel nimmt,
Der allem gegen geht, was wider Wahrheit kümmt.

Die Gelegenheit

Es mangelt nie Gelegenheit, was Gutes zu verrichten;
Es mangelt nie Gelegenheit, was Gutes zu vernichten.

Friede und Krieg

Ein Krieg ist köstlich gut, der auf den Frieden dringt;
Ein Fried ist schändlich arg, der neues Kriegen bringt.

Die jetzige Welt-Kunst

Die Welt-Kunst ist ein Herr, das Christentum ihr Knecht;
Der Nutz sitzt auf dem Thron; im Kerker steckt das Recht.

Johann Klaj

Teutschland

Aus «Herodes der Kindermörder»

Ich Teutschland, nicht mehr Teutsches Land, warüm hab
ich gewetzet
Das blanke Christenwürgerschwert mir an die Brust
gesetzet,
Wer will die herben Nöten,
Die mir durch den Kometen,
Den schrecklichen Propheten,
Getrauet, zählen,
Nicht ohne Quälen?
Die heilgen Häuser sind verbrannt, die Stellen der Gebete
Sind Pferdeställe, wüster Wust, die Städte sonder Städte.
Die Kinder in der Wiegen,
Die an den Brüsten liegen,
Gestorben ohn Vergnügen,
Samt greisen Greisen,
Der Weisheit Weisen:
Mein Feld mit Knochen zugesägt, mit Blutschweiß
angefettet,
Hat mir selbst eine Schädelstätt und Grabmal aufgebettet,
Die Dörfer sind verderbet,
Das Zugvieh ist gesterbet,
Die Ströme rot gefärbet,
Noch nährlich schleichen,
Verstopft von Leichen.
Der großen Stücken Donnerschlag der ist mein Totenläuten,
Der Raubebald und Eilebeut zu Grabe mich begleiten,
Der Vorrat ist verheeret,
Die Speicher ausgezehret,
Die Scheuren ümgekehret,
Die Bauren trauren,
Das Leid betauren.
Ich mein, es schallt von Rama her erbärmlichs
Jammerklagen,
Die Weiber heulen überlaut, und wollen ganz verzagen,
Frau Rachel muß verblassen,
Will keinen Trost nicht fassen,

Sie klagt: Ich bin verlassen,
Es ist zergangen
Mein lang Verlangen.
O Schwert laß sein, es ist genug, fahr wieder in die Scheiden,
In meinem Teutschland ist nichts mehr zu würgen und zu schneiden,
Es ist nicht mehr zu kennen,
Nicht Teutschland mehr zu nennen,
Kein Haus mehr zu verbrennen,
Nichts zu verderben,
Nichts mehr zu sterben.
O dreimalgroßer Himmelvogt, Herodes mach zunichte,
Laß strahlen deinen Friedestern, mein Teutschland werde lichte,
So wollen wir dir singen,
Gold, Weihrauch, Myrrhen bringen,
Dein Ruhm und Preis erklingen,
Mit süßen Loben
Hier und dort oben.
Laß auch in dieser edlen Stadt hier unter diesem Haufen
Dein heilighohes Himmelswort in vollem Schwange laufen,
Das kann uns aller Seiten
Durch Not und Tod begleiten,
In unsre Heimat leiten,
Wie jene Weisen
Im Rückereisen.

Jesaias Rompler von Löwenhalt

Das Rasend Teutschland

GEDICHT IM WINTERMONAT DES 1634TEN JAHRS CHR. Z.

Wohlan, du teutsches Land! Der Winter ist vorhanden,
Der bißend rauhe Wind kommt aus den Bären-Landen,
Vertreibt den Sommer ganz, raubt allem Feld den Preis;
Entlaubt den dicken Wald, erfüllt mit Schnee und Eis
Das Erdrich und die See; die Wollust ist verschwunden,

Es wird kein Gräslein jetz recht grünend mehr gefunden,
Viel minder Blumen noch, die Gärten sein erstarrt;
Der Lenzen-Gast, die Schwalb, hat längsten sich verscharrt;
Der Frösch-Herr hat das Meer schnee-flüchtig übermähet;
Und sieht man, wie das Wild in seine Höhlen gehet,
Verbirgt sich vor der Kält, und liegt, als halber-tot.
Kurz! wegen Winters-Frost ist allenthalben Not.

Ach wahrlich! schlechte Not, im Fall man recht bedenket,
Was dich, o Vaterland! für sonst ein Übel kränket:
Dein Herz ist ganz erfrört, die Gottesforcht erstörbt,
Die Andacht ausgelöscht, dein Wesen ganz verdörbt.
Du liegst in harter Seuch, und findt sich kein Genesen:
Das macht, du bist dem Arzt undankbar stets gewesen.

Er hat aus lauter Güt dein ewigs Heil bedacht,
Und aus der Finsternus dich an das Licht gebracht,
Als du im Heidentum und Götzendienst ersoffen,
Noch in dem schwarzen Wald bist nackend umgeloffen.
Der Gärtner, so des Baus im Himmel-Garten wart',
Hat Baum-Äst abgeschneidt, die vorhin bester Art
Sein lange Zeit gewest, hat Blumen ausgeropfet,
Dem Stammen deine Zweig hingegen eingepfropfet,
Und ganz geschlacht gemacht; den wilden Dornen-Strauch
Hat er in Rosen-Hag; als deine Distel auch
In Blumen-Zier verkehrt. Vor etwan hundert Jahren
Ist auf ein neues dir genädig widerfahren
(Nachdem des Glaubens Licht um was verdunkelt war),
Daß sich die helle Sonn hat frei und offenbar
In dir hervorgetan. Wie warst du doch verirret,
Und dazumal mit Krieg, als wie schier jetz, verwürret,
Gedenk, in was für Not das traurig Christen-Schiff
Zur selben Zeit gewest! wie manchen Klauen-Griff
Hat ihm der Läster-Geist verfluechter Weis gegeben!
Es wollt ihm Wind und Meer und alles widerstreben.
Und gleichwohl hat der Höchst, der auch des Noahs pflag,
Mit seiner starken Hand die schwere Niederlag
Hülf-leistend abgewendt, den Schiffbruch da verhütet,
Und denen, derer Grimm am heftigsten gewütet,
Ein Biß ins Maul gelegt, recht scheinbarlich gezeigt,
Sein Herz sei allezeit dir lieb-reich zugeneigt.

Wie hast du aber wohl dargegen dich verhalten?
Mein! hast du Knüe und Händ in Dankbarkeit gefalten;
Dein sündlichs Tun bereut; Gott herzlich auch geliebt;
Dem Nächsten Guts getan; in Tugend dich geübt?

O nein! du hast gar bald der Schuldigkeit vergessen:
Bist sicher auf die Bank der Laster hingesessen;
Hast deinem treuen Gott den Rucken gleich gewendt;
Bund-brüchig abermal dich von ihm abgetrennt;
Hast, wie ein dummes Vieh, der Wollust dich ergeben;
In Mißbrauch guter Tag ein über-üppigs Leben
Mit Ärgernus geführt. Der Eigen-Nutz allein
Mueßt deines Wandels Grund und Richtschnur gleichsam sein:
Auf welchen schönen Grund du deinen Geiz gebauet
Und deine Schinderei, darob mir vielmal grauet.
Oh, wie hat innerlich oft so ein loser Dieb
Im Bosen sich verstöckt, wann du die Christen-Lieb
Von außen fürgemalt, gottsförchtig dich gestellet,
Heimtückisch aber dich dem Teufel zugesellet
Voll listigen Betrugs. Geschweig auf dieses Mal,
Was du auch offentlich ohn alle Maß und Zahl
Für Übeltat und Greul gewaltsam hast verübet,
Und damit deinen Gott ganz inniglich betrübet.

Was ist darauf erfolgt? Die göttlich Ungenad,
Die wohlverdiente Straf, der mehr als große Schad.

Es wurd der Brotkorb dir hoch-hoch hinaufgehenket;
Der schwarz-gelb-öde Leib vergift'ter Weis gekränket:
Bald stieß es dich mit Frost und solchem Schauder an,
Daß einen Schnee und Eis kaum so erfrören kann;
Bald wurd im Widerspiel, dein blöder Leib erhitzet,
Daß jedes Glied in dir für Schweiß heiß Blut geschwitzet.
Der Arzt verstöckte sich, entzog auch sein Arznei,
Und stopft' die Ohren zu, damit dein Nachgeschrei
Ihm nicht das Herz beweg; er ließ es frei geschehen,
Daß Mißtreu, Eufer, Neid, auch Blutdürst möcht entstehen,
Damit die Krankheit fort und fort ergrößet würd,
In welcher dann die Hitz von schwerer Krieges-Bürd
Hat dergestalt bisher stet-wehrend zugenommen,
Daß du ganz ausgedorrt, auch von Verstand bist kommen,

Setzt deine Nägel an, vergrümmst, verkratzt, verreißt
Dein eigens Angesicht; brüllst, rasest, schaumst, und
schmeißt
Mit Fäusten in dich selbs; ergreifst die schärpfsten Waffen,
Vergießt dein wallends Blut, dich selbs-selbs abzustrafen
Weil Gott es so verhängt: ach unerhörte Wut!
Du fällst in Unmacht hin, ersaufst in deinem Blut.
So-so hat, leider! jetz dein Wesen sich verkehret,
Du unteutsch-teutsches Land! du bist durchaus entehret.

Da kommt ein Volk herein, das vorhin, gegen dir,
Ein Wildfang noch gewest, entzieht dir Schmuck und Zier.
Die Säbel-Reiter dort, aus Grenzen der Sklavonen
Die rennen auf dich zu und wollen nicht verschonen,
Bis du ein Sklav auch seist. Dann schickt ein anders Land
Sein Aufgeblasens her, das gleichfalls auf dich spannt;
Versucht, ein eisens Joch dir auf den Hals zu legen,
Und Welt-Herr gar zu sein. Indem sich nun dargegen
Ein förtig-leichter Hauf fast sprungs- und tanzweiß rott',
Gereicht dir alles das zu Schaden und zu Spott.
Die letzen dich so wohl, auf die du dich verlassen,
Als die, an denen du ein offenbares Hassen
Hast allezeit gespürt; doch beide stets geliebt;
In ihrer bösen Art der Sitten dich geübt;
Den alten Hölden-Mut zu Boden lassen sinken;
Dein Angesicht, und Herz falsch-weibisch lernen
schmüncken;
Das Haar mit Staub bestreut; den teutschen Bart geschändt;
Die Kappen jetzund so, dann wieder so verwendt;
Dich läppischer gestellt als Kinder oder Affen.

Nun zeigt der Himmel recht, wie wohl ihm dein Vergaffen,
In Eutelkeit behagt. Gelt-gelt! sie ziehen dir
Die Narrenkappen ab, und gerben dir dafür
Das Leder also bloß! Da liegst du ganz beraubet,
Und ist dir freilich wohl das Aufsatz-Haar bestaubet,
Mit Füßen tritt man dich auf deinem eignen Mist,
Darauf doch jeder Hahn sonst Herr und Meister ist.

Es kommt mir greulich vor, darf nicht genug betrachten,
Was dergestalt geschieht. Wiewohl noch mehr zu achten
Daß deine Tob-Sucht dich durch dich selbs stets bekriegt,

Da sonsten niemand wohl dir so hätt obgesiegt;
Die Tob-Sucht, welche dir die Sinne so verrucket,
Daß du schon oft auf dich das Messer hast gezucket;
Verfolgst dein Fleisch und Blut, willst selbs dein Mörder sein,
Und sinnst unsinnig noch auf Mehrung deiner Pein.
Es laßt sich keineswegs zur Besserung ansehen,
Nicht weiß ich, was zuletzt dir weiter kann geschehen,
Weil sonderlich kein Arzt sich mehr bei dir befindt
Der deinen wunden Leib ein wenig nur verbind.

Wer wollte doch mit dir noch länger gerne leben,
Und den bedrängten Geist nicht lieber bald aufgeben,
Den Geist, der himmlisch ist, der eigentlich die Welt
Mit ihrer schnöden Lust für Eutelkeiten hält;
Der nicht, wie du bisher, zu frech sich an sie henket,
Der vielmehr über sich an ewigs Wesen denket,
Daß er zur Seligkeit schon hie den Anfang hab!

Ach Gott! beliebt es dir, so komm, und hol mich ab!

Paul Fleming

Herrn Pauli Flemingi der Med. Doct. Grabschrift, so er ihm selbst gemacht in Hamburg, den XXIIX. Tag des Märzens MDCXL auf seinem Todbette drei Tage vor seinem sel. Absterben

Ich war an Kunst, und Gut, und Stande groß und reich.
Des Glückes lieber Sohn. Von Eltern guter Ehren.
Frei; meine. Kunnte mich aus meinen Mitteln nähren.
Mein Schall floh überweit. Kein Landsmann sang mir gleich.

Von Reisen hochgepreist; für keiner Mühe bleich.
Jung, wachsam, unbesorgt. Man wird mich nennen hören.
Bis daß die letzte Glut dies alles wird verstören.
Dies, deutsche Klarien, dies Ganze dank ich euch.

Verzeiht mir, bin ich's wert, Gott, Vater, Liebste, Freunde.
Ich sag euch gute Nacht, und trete willig ab.
Sonst alles ist getan, bis an das schwarze Grab.

Was frei dem Tode steht, das tu er seinem Feinde.
Was bin ich viel besorgt, den Othem aufzugeben?
An mir ist minder nichts, das lebet, als mein Leben.

Simon Dach

Ihr abgenützte Saiten

Ihr abgenützte Saiten
Durch diesen Zwang der Zeiten,
Ich bitt euch, haltet aus,
Nun ich muß merklich alten,
Wollt ihr mich nicht erhalten,
Wo bleibt mein armes Haus?

Den Namen den ich führe,
Dies Gute so ich spüre,
Wie wenig es mag sein,
Daß mich kein Krieg vertrieben,
Ich nicht bin aufgerieben,
Das dank ich euch allein.

Drum bleibet mir gewogen,
Vermählt euch mit dem Bogen
Den ich nehm in die Hand
Und führ ihn fast geschwinde,
Wiewohl ich um euch winde
Ein schwarzes Trauer-Band.

Ich muß ein Klag-Lied machen
Von Not- und Todes-Sachen,
O zürnet nicht mit mir,
Die Satzung will es haben,
Was täglich wird begraben
Des ist das meiste schier,

Für denen die auf Erden
Bei uns geboren werden.
Mich wundert, seh ich an
Was Krieg und Pest gefressen,
Daß gleichwohl unterdessen
Allhier noch Volk sein kann.

Singt immer sonst von Freuden,
Jetzt habet doch Mitleiden
Mit dieser Witwen hier,
Zu der sie früh muß werden,
Indem sie schon zur Erden
Bringt ihres Hauses Zier.

Capob der treuen Sinnen
Patron fährt ihr von hinnen,
Sie fällt ihr in das Haar
Mit Tränen übergossen,
Dieweil sie Sein genossen
Noch nicht zwei volle Jahr,

Kaum einen Sohn geboren.
So plötzlich wird verloren
Was von dem Glück herrührt,
Wir meinen kaum zu haben
Ein Teil der falschen Gaben,
So wird es uns entführt.

Wir möchten wahrlich meiden
Schier alle Hochzeit-Freuden,
Dieweil wir arme sehn
Wie bald sie uns entfahren,
Und daß in wenig Jahren
Es ganz um sie geschehn,

Was? oft in wenig Stunden.
Frau, eure Herzens-Wunden
Die sind in Wahrheit groß,
Ich thar mich auch nicht wagen
Euch schier ein Wort zu sagen
Als wär ich redelos.

Doch weil ihr Christum nennet,
Zum Glauben euch bekennet,
Gott anfangs zugeträut,
So werdet ihr auch hören,
Nicht meine, Christus' Lehren
Der ihr sonst kündig seid.

Er will daß wir auf Erden
Ihm sollen ähnlich werden,
Von ihm gelehret sein,
Von nichts als Demut wissen,
Auf Sanftmut sein beflissen,
Und still in aller Pein.

Wer diese Geistes-Gaben
Sich nicht bemüht zu haben
Ist seiner, Frau, nicht wert,
Wird ihn auch nicht gewinnen,
Dieweil er mit den Sinnen
Ist in die Welt gekehrt.

Ihr seid noch beigelegen,
Tragt von dem Mann den Segen,
Ein Zeugnis seiner Treu,
Gott will ihn euch erhalten
Daß er, wenn er wird alten,
Des Vaters Nachbild sei.

Die Raguelin wollte
Daß dort kein Mann mehr sollte
Ihr werden beigesellt,
Sie fing kaum an zu lieben,
Der Männer worden sieben
Ihr jämmerlich gefällt.

So mäßigt eure Klagen.
Was nutzen Angst und Zagen
Wenn nichts zu wenden steht?
Und in des Höchsten Werke
Sein fester Rat und Stärke
Ohn Säumnis vor sich geht?

Gönnt denen die verstorben
Die Ruh so sie erworben,
Das Glück hat euren Mann
Auch redlich mit genommen
Eh er zu Brot gekommen,
Wie ich leicht schließen kann.

Wer in dem fremden Sande
Fern von dem Vaterlande
Sein Heil ihm suchen muß,
Was hat der zu ertragen
Für Ungemach und Plagen,
Für Arbeit und Verdruß.

Was Herr Capob erlitten,
Wie ihn das Glück geritten
Gestund er allzu sehr,
Er sagte viel von Preußen,
Von Danzig Hamburg Meißen,
Gab jemand ihm Gehör.

Nun ist die Ruh ihm worden
Hoch in der Heilgen Orden,
Da streben wir auch nach:
Gott helf uns sieghaft ringen
Und selig zu ihm dringen
Durch dieses Ungemach.

Andreas Gryphius

Tränen des Vaterlandes, Anno 1636

Wir sind doch nunmehr ganz, ja mehr denn ganz verheeret!
Der frechen Völker Schar, die rasende Posaun,
Das vom Blut fette Schwert, die donnernde Kartaun
Hat aller Schweiß, und Fleiß, und Vorrat aufgezehret.

Die Türme stehn in Glut, die Kirch ist umgekehret.
Das Rathaus liegt im Graus, die Starken sind zerhaun.
Die Jungfraun sich geschändt, und wo wir hin nur schaun
Ist Feuer, Pest, und Tod der Herz und Geist durchfähret.

Hier durch die Schanz und Stadt, rinnt allzeit frisches Blut.
Dreimal sind schon sechs Jahr als unser Ströme Flut
Von so viel Leichen schwer, sich langsam fortgedrungen.

Doch schweig ich noch von dem was ärger als der Tod.
Was grimmer denn die Pest, und Glut und Hungers-Not,
Daß nun der Seelen-Schatz, so vielen abgezwungen.

Dimitte me! ut plangam paulum dolorem meum

Bisher hab ich mein Weh und überhäuftes Leid
Und trauren-volle Schmerzen,
Und die gehäufte Not
Die dem gekränkten Herzen
Verspricht den schnellen Tod,
Verhüllt mit lindem Ach und stiller Traurigkeit!

Bisher war Hals und Mund, und Lipp und Zung erstarrt!
Ich wollte meine Plagen
Und meiner Seelen Pein
Nicht so vor allen klagen,
Nun fällt mein Abend ein!
Nun seh ich, daß ich hab umsonst auf Trost geharrt.

Mein Untergang ist dar! der müde Geist verschwindt,
Die Kräfte sind vergangen,
Die Armen beben mir,
Der Tod hat mich umfangen,
Der Wangen Purpur-Zier
Erstirbt, der Puls besteht, die Augen werden blind.

Ich habe meine Zeit in heißer Angst verbracht!
Dies lebenlose Leben
Fällt, als ein Traum entweicht,

Wenn sich die Nacht begeben
Und nun der Mond erbleicht!
Doch mich hat dieser Traum, nur Schrecken voll gemacht.

O Erden gute Nacht! Ihr Menschen, ich vergeh!
Ihr ewig-lichte Kerzen,
Ihr Wälder, ihr Revier,
Ihr Zeugen meiner Schmerzen:
Ihr wüsten Felder ihr!
Ihr Täler, den ich oft mein Leid vertraut, ade!

Ihr Bücher, meine Lust; gehabt euch itzund wohl!
Ihr Musen, meine Wonne!
Uranie mein Licht!
Du aller Künste Sonne.
Was hilft dein Unterricht
Nun mein betrübter Geist vom Leibe scheiden soll!

Was hilft, das ich allhier; was mich itzt läßt, besaß?
Was hilft, das stete Lesen?
Ich muß! ich muß davon!
Als wär ich nie gewesen,
Und krieg ein Grab zum Lohn!
Das meinen Leib verkehrt in ein erschrecklich Aas.

Was hilft daß ich die Zeit und die Natur gekennt,
Daß mich so viel gepriesen,
Daß mich so viel geehrt!
Und denen mich gewiesen
Die oft mein Lob gehört;
Ich hab eh als man dacht, den kurzen Lauf vollendt.

Was nutzt der hohe Stand, der Tod sieht den nicht an!
Was nutzt mein Tun und Schreiben,
Daß die geschwinde Zeit,
Wird als den Rauch zutreiben,
O Mensch! O Eitelkeit!
Was bist du, als ein Strom, den niemand halten kann!

Ich seh ich muß doch fort! Ach dreimal großer Gott.
Wofern dich noch bewegen

Dies heiße Seufzen kann!
Heiß mich das Haupt nicht legen;
Bis ich (itzt fang ich an)
Noch einmal, und zuletzt beweinet meine Not!

Jedoch was klag ich dir, dir ist mein Leid bekannt.
Was will ich dir entdecken
Was du viel besser weißt?
Die Schmerzen die mich schrecken,
Die Wehmut die mich beißt,
Und daß ich meinem Ziel mit Winseln zugerannt?

Größe und Elend der Sprache

Aus «Leo Arminius»

Das Wunder der Natur, das überweise Tier
Hat nichts das seiner Zungen sei zugleichen.
Ein wildes Vieh entdeckt mit stummen Zeichen
Des innern Herzens Sinn; mit Worten herrschen wir!
Der Türme Last, und was das Land beschwert,
Der Schiffe Bau, und was die See durchfährt,
Der Sternen große Kraft,
Was Luft und Flamme schafft,
Was Chloris läßt in ihren Gärten schauen,
Was das gesetzte Recht von allen Völkern will,
Was Gott der Welt ließ von sich selbst vertrauen;
Was in der Blüte steht, was durch die Zeit verfiel
Wird durch dies Werkzeug nur entdecket.
Freundschaft, die Tod und Ende schrecket,
Die Macht, die wildes Volk zu Sitten hat gezwungen,
Des Menschen Leben selbst; beruht auf seiner Zungen.
Doch, nichts ist das so scharf, als eine Zunge sei!
Nichts das so tief uns Arme stürzen könne.
O daß der Himmel stumm zu werden gönne!
Dem, der mit Worten frech; mit Reden, viel zu frei;
Der Städte Graus, das leichenvolle Feld,
Der Schiffe Brand, das Meer durch Blut verstellt.
Die schwarze Zauberkunst,
Der eiteln Lehre Dunst,

Die Macht durch Gift, den Parzen vorzukommen:
Der Völker grimmer Haß, der ungeheure Krieg.
Der Zank der Kirch und Seelen eingenommen,
Der Tugend Untergang, der grimmen Laster Sieg,
Ist durch der Zungen Macht geboren:
Durch welche Lieb und Treu verloren.
Wie manchen hat die Zung in seine Gruft gedrungen!
Des Menschen Tod beruht auf jedes Menschen Zungen.

Lernt, die ihr lebt, den Zaum in eure Lippen legen!
In welchen Heil und Schaden wohnet,
Und was verdammt, und was belohnet.
Wer Nutz durch Worte sucht, soll jedes Wort erwägen.
Die Zung ist dieses Schwert
So schützet und verletzt.
Die Flamme so verzehrt
Und eben wohl ergetzt.
Ein Hammer welcher baut und bricht,
Ein Rosenzweig, der reucht und sticht,
Ein Strom der tränket und ertränket:
Die Arznei welch erquickt und kränket.
Die Bahn: auf der es oft gefehlet und gelungen.
Dein Leben, Mensch, und Tod hält stets auf deiner Zungen.

Christian Hofmann von Hofmannswaldau

Die Welt

Was ist die Welt, und ihr berühmtes Glänzen?
Was ist die Welt und ihre ganze Pracht?
Ein schnöder Schein in kurzgefaßten Grenzen,
Ein schneller Blitz bei schwarzgewölkter Nacht.
Ein buntes Feld, da Kummerdisteln grünen;
Ein schön Spital, so voller Krankheit steckt.
Ein Sklavenhaus, da alle Menschen dienen,
Ein faules Grab, so Alabaster deckt.
Das ist der Grund, darauf wir Menschen bauen,
Und was das Fleisch für einen Abgott hält.
Komm Seele, komm, und lerne weiter schauen,

Als sich erstreckt der Zirkel dieser Welt.
Streich ab von dir derselben kurzes Prangen,
Halt ihre Lust vor eine schwere Last.
So wirst du leicht in diesen Port gelangen,
Da Ewigkeit und Schönheit sich umfaßt.

Barthold Hinrich Brockes

Kirsch-Blüte bei der Nacht

Ich sahe mit betrachtendem Gemüte
Jüngst einen Kirsch-Baum, welcher blühte,
In kühler Nacht beim Monden-Schein;
Ich glaubt, es könne nichts von größrer Weiße sein.
Es schien, ob wär ein Schnee gefallen.
Ein jeder, auch der kleinste, Ast
Trug gleichsam eine rechte Last
Von zierlich-weißen runden Ballen.
Es ist kein Schwan so weiß, da nämlich jedes Blatt,
Indem daselbst des Mondes sanftes Licht
Selbst durch die zarten Blätter bricht,
Sogar den Schatten weiß und sonder Schwärze hat.
Unmöglich, dacht ich, kann auf Erden
Was Weißers ausgefunden werden.
Indem ich nun bald hin bald her
Im Schatten dieses Baumes gehe:
Sah ich von ungefähr
Durch alle Blumen in die Höhe
Und ward noch einen weißern Schein,
Der tausendmal so weiß, der tausendmal so klar,
Fast halb darob erstaunt, gewahr.
Der Blüte Schnee schien schwarz zu sein
Bei diesem weißen Glanz. Es fiel mir ins Gesicht
Von einem hellen Stern ein weißes Licht,
Das mir recht in die Seele strahlte.

Wie sehr ich mich an Gott im Irdischen ergetze,
Dacht ich, hat Er dennoch weit größre Schätze.
Die größte Schönheit dieser Erden
Kann mit der himmlischen doch nicht verglichen werden.

Albrecht von Haller

Morgen-Gedanken den 25. März 1725

Dieses kleine Gedicht ist das älteste unter denen, die ich der Erhaltung noch einigermaßen würdig gefunden habe. Es ist auch die Frucht einer einzigen Stunde, und deswegen auch so unvollkommen, daß ich ein billiges Bedenken getragen habe, es beizubehalten. Die Kenner werden deswegen, und in Betracht des unreifen Alters des Verfassers*, es mit schonenden Augen ansehen.

Der Mond verbirget sich, der Nebel grauer Schleier
Deckt Luft und Erde nicht mehr zu;
Der Sterne Glanz erblaßt, der Sonne reges Feuer
Stört alle Wesen aus der Ruh.

Der Himmel färbet sich mit Purpur und Saphiren,
Die frühe Morgen-Röte lacht:
Und vor der Rosen Glanz, die ihre Stirne zieren,
Entflieht das bleiche Heer der Nacht.

Durchs rote Morgen-Tor der heitern Sternen-Bühne
Naht das verklärte Licht der Welt;
Die falben Wolken glühn von blitzendem Rubine,
Und brennend Gold bedeckt das Feld.

Die Rosen öffnen sich, und spiegeln an der Sonne
Des kühlen Morgens Perlen-Tau;
Der Lilgen Ambra-Dampf belebt, zu unsrer Wonne,
Der zarten Blätter Atlas-Grau.

Der wache Feld-Mann eilt mit Singen in die Felder,
Und treibt vergnügt den schweren Pflug;
Der Vögel rege Schar erfüllet Luft und Wälder,
Mit ihrer Stimm und frühem Flug.

O Schöpfer! was ich seh, sind deiner Allmacht Werke,
Du bist die Seele der Natur;
Der Sterne Lauf und Licht, der Sonne Glanz und Stärke,
Sind deiner Hand Geschöpf und Spur.

* Der sechzehn und ein halbes Jahr noch nicht erreicht hatte.

Du steckst die Fackel an, die in dem Mond uns leuchtet,
Du gibst den Winden Flügel zu;
Du leihst der Nacht den Tau, womit sie uns befeuchtet,
Du teilst der Sterne Lauf und Ruh.

Du hast der Berge Stoff aus Ton und Staub gedrehet,
Der Schachten Erzt, aus Sand geschmelzt;
Du hast das Firmament an seinen Ort erhöhet,
Der Wolken Kleid darum gewälzt.

Den Fisch, der Ströme bläst, und mit dem Schwanze stürmet,
Hast du mit Adern ausgehöhlt;
Du hast den Elephant aus Erden aufgetürmet
Und seinen Knochen-Berg beseelt.

Des weiten Himmel-Raums saphirene Gewölber
Gegründet auf den leeren Ort,
Der Gottheit große Stadt, begrenzt nur durch sich selber,
Hob aus dem Nichts dein einzig Wort.

Doch dreimal großer Gott! es sind erschaffne Seelen
Für deine Taten viel zu klein;
Sie sind unendlich groß, und wer sie will erzählen,
Muß, gleich wie Du, ohn Ende sein.

O Unbegreiflicher! ich bleib in meinem Schranken,
Du Sonne blendst mein schwaches Licht;
Und wem der Himmel selbst sein Wesen hat zu danken,
Braucht eines Wurmes Lobspruch nicht.

Johann Christian Günther

Als er der Phillis einen Ring mit einem Totenkopfe überreichte

Erschrick nicht vor dem Liebeszeichen,
Es träget unser künftig Bild,
Vor dem nur die allein erbleichen,
Bei welchen die Vernunft nichts gilt.

Wie schickt sich aber Eis und Flammen?
Wie reimt sich Lieb und Tod zusammen?
Es schickt und reimt sich gar zu schön,
Denn beide sind von gleicher Stärke
Und spielen ihre Wunderwerke
Mit allen, die auf Erden gehn.

Ich gebe dir dies Pfand zur Lehre:
Das Gold bedeutet feste Treu,
Der Ring, daß uns die Zeit verehre,
Die Täubchen, wie vergnügt man sei;
Der Kopf erinnert dich des Lebens,
Im Grab ist aller Wunsch vergebens,
Drum lieb und lebe, weil man kann,
Wer weiß, wie bald wir wandern müssen!
Das Leben steckt im treuen Küssen,
Ach, fang den Augenblick noch an!

Als er durch innerlichen Trost bei der Ungeduld gestärket wurde

Geduld, Gelassenheit, treu, fromm und redlich sein,
Und wie ihr Tugenden euch sonst noch alle nennet,
Verzeiht es, doch nicht mir, nein, sondern meiner Pein,
Die unaufhörlich tobt und bis zum Marke brennet,
Ich geb euch mit Vernunft und reifem Wohlbedacht,
Merkt dieses Wort nur wohl, von nun an gute Nacht;
Und daß ich euch gedient, das nenn ich eine Sünde,
Die ich mir selber kaum jemals vergeben kann.
Steckt künftig, wen ihr wollt, mit euren Strahlen an,
Ich schwöre, daß ich mich von eurem Ruhm entbinde.

Ihr Lügner, die ihr noch dem Pöbel Nasen dreht,
Von vieler Vorsicht schwatzt, des Höchsten Gnad erhebet,
Dem Armen Trost versprecht und, wenn ein Sünder fleht,
Ihm Rettung, Rat und Kraft, ja, mit dem Maule gebet,
Wo steckt denn nun der Gott, der helfen will und kann?
Er nimmt ja, wie ihr sprecht, die gröbsten Sünder an:
Ich will der gröbste sein, ich warte, schrei und leide;

Wo bleibt denn auch sein Sohn? Wo ist der Geist der Ruh?
Langt jenes Unschuldskleid und dieses Kraft nicht zu,
Daß beider Liebe mich vor Gottes Zorn bekleide?

Ha, blindes Fabelwerk, ich seh dein Larvenspiel.
Dies geb ich auch noch zu: es ist ein ewig Wesen,
Das seine größte Macht an mir nur zeigen will
Und das mich obenhin zur Marter auserlesen;
Es führt, es leitet mich, doch stets auf meinen Fall,
Es gibt Gelegenheit, damit es überall
Mich rühmlich strafen kann und stets entschuldigt scheine.
Bisweilen zeigt es mir das Glücke, recht zu gehn,
Bald läßt es mich in mir dem Guten widerstehn,
Damit die frömmste Welt das Ärgste von mir meine.

Aus dieser Quelle springt mein langes Ungemach:
Viel Arbeit und kein Lohn als Krankheit, Haß und Schande.
Die Spötter pfeifen mir mit Neid und Lügen nach,
Die Armut jagt den Fuß aus dem und jenem Lande,
Die Eltern treiben mich den Feinden vor die Tür
Und stoßen mich – o Gott, gib acht, sie folgen dir –
Ohn Ursach in den Staub und ewig aus dem Herzen.
Mein Wissen wird verlacht, mein ehrlich Herz erdrückt,
Die Fehler, die ich hab, als Laster vorgerückt,
Und alles schickt sich recht, die Freunde zu verscherzen.

Ist einer in der Welt, er sei mir noch so feind,
An dem ich in der Not kein Liebeszeichen täte,
Und bin ich jedem nicht ein solcher wahrer Freund,
Als ich mir selbst von Gott, erhört er andre, bete,
Hat jemand auf mein Wort sein Unglück mehr gefühlt,
Hat bosheitsvoller Scherz mit fremder Not gespielt
Und hab ich unrecht Gut mit Vorsatz angezogen,
So greife mich sogleich der bösen Geister Bund
Mit allen Martern an, wovon der Christen Mund
Schon über tausend Jahr den Leuten vorgelogen.

Was wird mir nun davor? Ein Leben voller Not.
O daß doch nicht mein Zeug aus Rabenfleisch entsprossen,
O daß doch dort kein Fluch des Vaters Lust verbot,
O wär doch seine Kraft auf kaltes Tuch geflossen!

O daß doch nicht das Ei, in dem mein Bildnüs hing,
Durch Fäulung oder Brand der Mutter Schoß entging,
Bevor mein armer Geist dies Angsthaus eingenommen!
Jetzt läg ich in der Ruh bei denen, die nicht sind,
Ich dürft, ich ärmster Mensch und größtes Elendskind,
Nicht stets bei jeder Not vor größrer Furcht umkommen.

Verflucht sei Stell und Licht! – – Ach, ewige Geduld,
Was war das vor ein Ruck von deinem Liebesschlage!
Ach, fahre weiter fort, damit die große Schuld
Verzweiflungsvoller Angst mich nicht zu Boden schlage.
Ach Jesu, sage selbst, weil ich nicht fähig bin,
Die Beichte meiner Reu; ich weiß nicht mehr wohin
Und sinke dir allein vor Ohnmacht in die Armen.
Von außen quälet mich des Unglücks starke Flut,
Von innen Schröcken, Furcht und aller Sünden Wut;
Die Rettung ist allein mein Tod und dein Erbarmen.

Friedrich von Hagedorn

Der Morgen

Uns lockt die Morgenröte
In Busch und Wald,
Wo schon der Hirten Flöte
Ins Land erschallt.
Die Lerche steigt und schwirret,
Von Lust erregt;
Die Taube lacht und girret,
Die Wachtel schlägt.

Die Hügel und die Weide
Stehn aufgehellt,
Und Fruchtbarkeit und Freude
Beblümt das Feld.
Der Schmelz der grünen Flächen
Glänzt voller Pracht,
Und von den klaren Bächen
Entweicht die Nacht.

Der Hügel weiße Bürde,
Der Schafe Zucht,
Drängt sich aus Stall und Hürde
Mit froher Flucht.
Seht, wie der Mann der Herde
Den Morgen fühlt,
Und auf der frischen Erde
Den Buhler spielt!

Der Jäger macht schon rege
Und hetzt das Reh
Durch blutbetriefte Wege,
Durch Busch und Klee.
Sein Hifthorn gibt das Zeichen;
Man eilt herbei:
Gleich schallt aus allen Sträuchen
Das Jagdgeschrei.

Doch Phyllis' Herz erbebet
Bei dieser Lust;
Nur Zärtlichkeit belebet
Die sanfte Brust.
Laß uns die Täler suchen,
Geliebtes Kind,
Wo wir von Berg und Buchen
Umschlossen sind!

Erkenne dich im Bilde
Von jener Flur!
Sei stets, wie dies Gefilde,
Schön durch Natur;
Erwünschter als der Morgen,
Hold wie sein Strahl;
So frei von Stolz und Sorgen
Wie dieses Tal!

Friedrich Gottlieb Klopstock

Die deutsche Sprache

Ferner Gestade, die Woge schnell,
Dem Blicke gehellt bis zum Kiesel ist,
Das Gebüsch blinket er durch, oder wallt
In die Luft, hohes Gewölk duftend, der Strom;

Wirbelchen drehn mit ihm fort. So strömt
Die Sprache, die, Hermann, dein Ursohn spricht.
(O auch du glichest dem Strom, Mann des Volks,
Da dir Roms steigender Damm lockert', und brach!)

Tieferen Quellen entströmet sie.
Erst wenige Zeit, da der eine Quell
Noch in Sand floß, sich verlor. Säumend jetzt,
Und mit Eil hallte der jetzt aus dem Geklüft;

Aber er rann in den Kies. Nun kam
Der Glücklichen Einer, und leitet' ihn
In den Strom. Schatten umher pflanzt man schon
An der Kluft; weilen da schon Wanderer gern,

Stehen, und sinnen: «Versiegt vielleicht
Ein ähnlicher Quell in dem Sand auch uns?
Und gebricht Leitung ihm nur?» Doch verweht
Wird ihr Wunsch; Doppelgekling bleibt ihr Gesang.

Sage verbreitet, es schweb umher,
Wie Griechengestalten, bei Nacht am Quell;
Und behorcht werde sein Fall, werd es, wenn
Der Erguß tönet Verein, Gegenklang rauscht.

Der ist geheimere Kunst, der trifft's
Zur Weise, wie Orpheus der Kelt' es traf.
Dem Verein kommt nur der Wald: aber tönt
Der Genoß auch in das Lied; wandelt der Hain.

Sie, und nicht Wir

An La Rochefoucauld

Hätt ich hundert Stimmen; ich feierte Galliens Freiheit
Nicht mit erreichendem Ton, sänge die göttliche schwach.
Was vollbringet sie nicht! Sogar das gräßlichste aller
Ungeheuer, der Krieg, wird an die Kette gelegt!
Cerberus hat drei Rachen; der Krieg hat tausend: und dennoch
Heulen sie alle durch dich, Göttin, am Fesselgeklirr.
Ach mein Vaterland! – Viel sind der Schmerzen; doch lindert
Sie die heilende Zeit, und sie bluten nicht mehr.
Aber es ist Ein Schmerz, den sie nie mir lindert! und kehrte
Mir das Leben zurück; dennoch blutet' er fort!
Ach du warest es nicht, mein Vaterland, das der Freiheit
Gipfel erstieg, Beispiel strahlte den Völkern umher:
Frankreich war's! du labtest dich nicht an der frohsten der Ehren,
Brachest den heiligen Zweig dieser Unsterblichkeit nicht!
O ich weiß es, du fühlest, was dir nicht wurde; die Palme,
Aber die du nicht trägst, grünet so schön, wie sie ist,
Deinem kennenden Blick. Denn ihr gleicht, ihr gleichet die Palme,
Welche du dir brachst, als du die Religion
Reinigtest, sie, die entweiht Despoten hatten, von neuem
Weihtest, Despoten voll Sucht Seelen zu fesseln! voll Blut,
Welches sie strömen ließen, sobald der Beherrschte nicht glaubte,
Was ihr taumelnder Wahn ihm zu glauben gebot.
Wenn durch dich, mein Vaterland, der beschornen Despoten
Joch nicht zerbrach; so zerbrach das der gekrönten itzt nicht.
Könnt ein Trost mich trösten; er wäre, daß du vorangingst
Auf der erhabenen Bahn! aber er tröstet mich nicht.
Denn du warest es nicht, das auch von dem Staube des Bürgers
Freiheit erhob, Beispiel strahlte den Völkern umher;

Denen nicht nur, die Europa gebar. An Amerikas Strömen
Flammt schon eigenes Licht, leuchtet den Völkern umher.
Hier auch winkte mir Trost, er war: In Amerika leuchten
Deutsche zugleich umher! aber er tröstete nicht.

Johann Joachim Winckelmann

Beschreibung des Torso im Belvedere zu Rom

Ich teile hier eine Beschreibung des berühmten *Torso im Belvedere* mit, welcher insgemein der *Torso* vom *Michelangelo* genennet wird, weil dieser Künstler dieses Stück besonders hochgeschätzet, und viel nach demselben studieret hat. Es ist eine verstümmelte Statue eines *sitzenden Herkules,* wie bekannt ist, und der Meister desselben ist *Apollonius*, des *Nestors* Sohn, von Athen. Diese Beschreibung gehet nur auf das *Ideal* der Statue, sonderlich da sie *idealisch* ist, und ist ein Stück von einer ähnlichen Abbildung mehrerer Statuen.

Die erste Arbeit, an welche ich mich in Rom machete, war, die Statuen im *Belvedere*, nämlich den *Apollo*, den *Laokoon*, den sogenannten *Antinous*, und diesen *Torso*, als das *Vollkommenste* der alten Bildhauerei, zu beschreiben. Die Vorstellung einer jeden Statue sollte *zween* Teile haben: der erste in Absicht des *Ideals*, der andere nach der *Kunst*; und meine Meinung war, die Werke selbst von dem besten Künstler zeichnen und stechen zu lassen. Diese Unternehmung aber ging *über* mein Vermögen, und würde auf dem Vorschub freigebiger Liebhaber beruhen; es ist daher dieser Entwurf, über welchen ich viel und lange gedacht habe, ungeendigt geblieben, und gegenwärtige Beschreibung selbst möchte noch die *letzte Hand* nötig haben.

Man sehe sie an als eine *Probe* von dem, was über ein so vollkommenes Werk der Kunst zu denken und zu sagen wäre, und als eine *Anzeige* von Untersuchung in der Kunst. Denn es ist nicht genug, zu sagen, *daß etwas schön ist*: man soll auch wissen, *in welchem Grade* und *warum* es *schön* sei. Dieses wissen die Antiquarii in Rom nicht, wie mir diejenigen Zeugnis geben werden, die von ihnen geführet sind, und sehr wenige Künstler sind zur Einsicht des *Hohen* und *Erhabenen* in den Werken der Alten gelanget. Es wäre zu wünschen, daß sich jemand fände, dem die Umstände günstig sind, welcher eine Beschreibung der besten Statuen, wie sie zum Unterrichte junger Künstler und reisender Liebhaber unentbehrlich wäre, unternehmen und nach Würdigkeit ausüben könnte.

*

Ich führe dich itzo zu dem so viel gerühmten, und niemals genug gepriesenen Sturze eines *Herkules*; zu einem Werke, welches das vollkommenste in seiner Art, und unter die höchsten Hervorbringungen der Kunst zu zählen ist, von denen, welche bis auf unsere Zeiten gekommen sind. Wie aber werde ich dir denselben beschreiben, da er der schönsten und der bedeutendsten Teile der Natur beraubet ist! So wie von einer prächtigen Eiche, welche umgehauen und von Zweigen und Ästen entblößet worden, nur der Stamm allein übriggeblieben ist: ebenso gemißhandelt und verstümmelt sitzet das Bild des Helden; Kopf, Arme und Beine und das Oberste der Brust fehlen.

Der erste Anblick wird dir vielleicht nichts, als einen verunstalteten Stein entdecken; vermagst du aber in die Geheimnisse der Kunst einzudringen, so wirst du ein Wunder derselben erblicken, wenn du dieses Werk mit einem ruhigen Auge betrachtest. Alsdenn wird dir *Herkules* wie mitten in allen seinen Unternehmungen erscheinen, und der *Held* und der *Gott* werden in diesem Stücke zugleich sichtbar werden.

Da, wo die Dichter aufgehöret haben, hat der Künstler angefangen. Jene schwiegen, sobald der Held unter die Götter aufgenommen, und mit der Göttin der *ewigen Jugend* ist vermählet worden; dieser aber zeiget uns denselben in einer vergötterten Gestalt, und mit einem gleichsam unsterblichen Leibe, welcher dennoch Stärke und Leichtigkeit zu den großen Unternehmungen, die er vollbracht, behalten hat.

Ich sehe in den mächtigen Umrissen dieses Leibes die unüberwundene Kraft des Besiegers der gewaltigen Riesen, die sich wider die Götter empöreten, und in den phlegräischen Feldern von ihm erleget wurden; und zu gleicher Zeit stellen mir die sanften Züge dieser Umrisse, die das

Gebäude des Leibes leicht gelenksam machen, die geschwinden Wendungen desselben in dem Kampfe mit dem *Achelous* vor, der mit allen vielförmigen Verwandelungen seinen Händen nicht entgehen konnte.

In jedem Teile des Körpers offenbaret sich, wie in einem Gemälde, der ganze Held in einer besonderen Tat, und man siehet, so wie die richtigen Absichten in dem vernünftigen Baue eines Palastes, hier den Gebrauch, zu *welcher* Tat ein jedes Teil gedienet hat.

Ich kann das Wenige, was von der Schulter noch zu sehen ist, nicht betrachten, ohne mich zu erinnern, daß auf ihrer ausgebreiteten Stärke, wie auf zwei Gebirgen, die ganze Last der himmlischen Kreise geruhet hat. Mit was für einer Großheit wächset die Brust an, und wie prächtig ist die anhebende Rundung ihres Gewölbes! Eine solche Brust muß diejenige gewesen sein, auf welcher der Riese *Antäus* und der dreileibige *Geryon* erdrücket worden. Keine Brust eines drei- und viermal gekrönten olympischen Siegers, keine Brust eines spartanischen Kriegers von Helden geboren, muß sich so prächtig und erhoben gezeiget haben.

Fraget diejenigen, die das Schönste in der Natur der Sterblichen kennen, ob sie eine Seite gesehen haben, die mit der linken Seite zu vergleichen ist. Die Wirkung und Gegenwirkung ihrer Muskeln ist mit einem weislichen Maße von abwechselnder Regung und schneller Kraft wunderwürdig abgewogen, und der Leib mußte durch dieselbe zu allem, was er vollbringen wollen, tüchtig gemachet werden. So wie in einer anhebenden Bewegung des Meers die zuvor stille Fläche in einer neblichten Unruhe mit spielenden Wellen anwächset, wo eine von der andern verschlungen, und aus derselben wiederum hervorgewälzet wird: ebenso sanft aufgeschwellet und schwebend gezogen fließet hier eine Muskel in die andere, und eine dritte, die sich zwischen ihnen erhebet, und ihre Bewegung zu verstärken scheinet, verlieret sich in jene, und unser Blick wird gleichsam mit verschlungen.

Hier möchte ich stille stehen, um unseren Betrachtungen Raum zu geben, der Vorstellung ein immerwährendes Bild von dieser Seite einzudrücken; allein die hohen Schönheiten sind hier in einer unzertrennlichen Mitteilung. Was für ein Begriff erwächset zugleich hierher aus den Hüften, deren Festigkeit andeuten kann, daß der Held niemals gewanket und nie sich beugen müssen!

In diesem Augenblicke durchfähret mein Geist die entlegensten Gegenden der Welt, durch welche *Herkules* gezogen ist, und ich werde bis an die Grenzen seiner Mühseligkeiten, und bis an die Denkmale und Säulen, wo sein Fuß ruhete, geführet durch den Anblick der Schenkel von unerschöpflicher Kraft, und von einer den Gottheiten eigenen Länge, die den Held durch hundert Länder und Völker bis zur Unsterblichkeit getragen haben. Ich fing an, diese entfernten Züge zu überdenken, da mein Geist zurückgerufen wird durch einen Blick auf seinen Rücken. Ich wurde entzücket, da ich diesen Körper von hinten ansahe, so wie ein Mensch, der, nach Bewunderung des prächtigen Portals an einem Tempel, auf die Höhe desselben geführet würde, wo ihn das Gewölbe desselben, welches er nicht übersehen kann, von neuem in Erstaunen setzet.

Ich sehe hier den vornehmsten Bau der Gebeine dieses Leibes, den Ursprung der Muskeln, und den Grund ihrer Lage und Bewegung, und dieses alles zeiget sich wie eine von der Höhe der Berge entdeckete Landschaft, über welche die Natur den mannigfaltigen Reichtum ihrer Schönheiten ausgegossen. So wie die lustigen Höhen derselben sich mit einem sanften Abhange in gesenkte Täler verlieren, die hier sich schmälern und dort erweitern: so mannigfaltig, prächtig und schön erheben sich hier schwellende Hügel von Muskeln, um welche sich oft unmerkliche Tiefen, gleich dem Strome des Mäanders, krümmen, die weniger dem Gesichte, als dem Gefühle, offenbar werden.

Scheinet es unbegreiflich, außer dem Haupte, in einem andern Teile des Körpers eine denkende Kraft zu zeigen: so lernet hier, wie die Hand eines schöpferischen Meisters die Materie geistig zu machen vermögend ist. Mich deuchet, es bilde mir der Rücken, welcher durch hohe Betrachtungen gekrümmet scheinet, ein Haupt, das mit einer frohen Erinnerung seiner erstaunenden Taten beschäftiget ist; und indem sich so ein Haupt voll von Majestät und Weisheit vor meinen Augen erhebet, so fangen sich an in meinen Gedanken die übrigen mangelhaften Glieder zu bilden: es sammelt sich ein Ausfluß aus dem Gegenwärtigen, und wirket gleichsam eine plötzliche Ergänzung.

Die Macht der Schulter deutet mir an, wie stark die Arme gewesen, die den Löwen auf dem Gebirge Cithäron erwürget, und mein Auge suchet sich diejenigen zu bilden, die den *Cerberus* gebunden und weggeführet haben. Seine Schenkel und das erhaltene Knie geben mir einen Begriff von den Beinen, die niemals ermüdet sind, und den Hirsch mit Füßen von Erzte verfolget und erreichet haben.
Durch eine geheime Kunst aber wird der Geist durch alle Taten seiner Stärke bis zur Vollkommenheit seiner Seele geführet, und in diesem Sturze ist ein Denkmal derselben, welches ihm kein Dichter, die nur die Stärke seiner Arme besingen, errichtet: der Künstler hat sie übertroffen. Sein Bild des Helden gibt keinem Gedanken von Gewalttätigkeit und ausgelassener Liebe Platz. In der Ruhe und Stille des Körpers offenbaret sich der gesetzte große Geist; der Mann, welcher sich aus Liebe zur Gerechtigkeit den größesten Gefährlichkeiten ausgesetzet, der den Ländern Sicherheit, und den Einwohnern Ruhe geschaffet.
Diese vorzügliche und edle Form einer so vollkommenen Natur ist gleichsam in die Unsterblichkeit eingehüllet, und die Gestalt ist bloß wie ein Gefäß derselben; ein höherer Geist scheinet den Raum der sterblichen Teile eingenommen, und sich an die Stelle derselben ausgebreitet zu haben. Es ist nicht mehr der Körper, welcher annoch wider Ungeheuer und Friedensstörer zu streiten hat; es ist derjenige, der auf dem Berge Öta von den Schlacken der Menschlichkeit gereiniget worden, die sich von dem Ursprunge der Ähnlichkeit des Vaters der Götter abgesondert.
So vollkommen hat weder der geliebte *Hyllus*, noch die zärtliche *Jole* den *Herkules* gesehen; so lag er in den Armen der *Hebe*, der *ewigen Jugend*, und zog in sich einen unaufhörlichen Einfluß derselben. Von keiner sterblichen Speise und groben Teilen ist sein Leib ernähret: ihn erhält die Speise der Götter, und er scheinet nur zu *genießen*, nicht zu *nehmen*, und *völlig*, ohne *angefüllet* zu sein.
Oh, möchte ich dieses Bild in der Größe und Schönheit sehen, in welcher es sich dem Verstande des Künstlers geoffenbaret hat, um nur allein von dem Überreste sagen zu können, was er gedacht hat, und wie ich denken sollte! Mein großes Glück nach dem seinigen würde sein, dieses Werk würdig zu beschreiben. Voller Betrübnis aber bleibe

ich stehen, und so wie *Psyche* anfing die Liebe zu beweinen, nachdem sie dieselbe kennengelernet: so bejammere ich den unersetzlichen Schaden dieses *Herkules*, nachdem ich zur Einsicht der Schönheit desselben gelanget bin.
Die Kunst weinet zugleich mit mir: denn das Werk, welches sie den größten Erfindungen des Witzes und Nachdenkens entgegensetzen, und durch welches sie noch itzo ihr Haupt wie in ihren goldenen Zeiten zu der größten Höhe menschlicher Achtung erheben könnte; dieses Werk, welches vielleicht das letzte ist, an welches sie ihre äußersten Kräfte gewendet hat, muß sie halb vernichtet und grausam gemißhandelt sehen. Wem wird hier nicht der Verlust so vieler hundert anderer Meisterstücke derselben zu Gemüte geführet! Aber die Kunst, welche uns weiter unterrichten will, rufet uns von diesen traurigen Überlegungen zurück, und zeiget uns, wieviel noch aus dem Übriggebliebenen zu lernen ist, und mit was für einem Auge es der Künstler ansehen müsse.

Gotthold Ephraim Lessing

Über ihn selbst

Aus der «Hamburgischen Dramaturgie»

Als, vor Jahr und Tag, einige gute Leute hier den Einfall bekamen, einen Versuch zu machen, ob nicht für das deutsche Theater sich etwas mehr tun lasse, als unter der Verwaltung eines sogenannten Prinzipals geschehen könne: so weiß ich nicht, wie man auf mich dabei fiel, und sich träumen ließ, daß ich bei diesem Unternehmen wohl nützlich sein könnte? – Ich stand eben am Markte und war müßig; niemand wollte mich dingen: ohne Zweifel, weil mich niemand zu brauchen wußte; bis gerade auf diese Freunde! – Noch sind mir in meinem Leben alle Beschäftigungen sehr gleichgültig gewesen: ich habe mich nie zu einer gedrungen, oder nur erboten; aber auch die geringfügigste nicht von der Hand gewiesen, zu der ich mich aus einer Art von Prädilektion erlesen zu sein, glauben konnte.

Ob ich zur Aufnahme des hiesigen Theaters konkurrieren wolle? darauf war also leicht geantwortet. Alle Bedenklichkeiten waren nur die: ob ich es könne? und wie ich es am besten könne?
Ich bin weder Schauspieler, noch Dichter.
Man erweist mir zwar manchmal die Ehre, mich für den letztern zu erkennen. Aber nur, weil man mich verkennt. Aus einigen dramatischen Versuchen, die ich gewagt habe, sollte man nicht so freigebig folgern. Nicht jeder, der den Pinsel in die Hand nimmt, und Farben verquistet, ist ein Maler. Die ältesten von jenen Versuchen sind in den Jahren hingeschrieben, in welchen man Lust und Leichtigkeit so gern für Genie hält. Was in den neuerern Erträgliches ist, davon bin ich mir sehr bewußt, daß ich es einzig und allein der Kritik zu verdanken habe. Ich fühle die lebendige Quelle nicht in mir, die durch eigene Kraft sich emporarbeitet, durch eigene Kraft in so reichen, so frischen, so reinen Strahlen aufschießt: ich muß alles durch Druckwerk und Röhren aus mir heraufpressen. Ich würde so arm, so kalt, so kurzsichtig sein, wenn ich nicht einigermaßen gelernt hätte, fremde Schätze bescheiden zu borgen, an fremdem Feuer mich zu wärmen, und durch die Gläser der Kunst mein Auge zu stärken. Ich bin daher immer beschämt oder verdrüßlich geworden, wenn ich zum Nachteil der Kritik etwas las oder hörte. Sie soll das Genie ersticken: und ich schmeichelte mir, etwas von ihr zu erhalten, was dem Genie sehr nahe kömmt. Ich bin ein Lahmer, den eine Schmähschrift auf die Krücke unmöglich erbauen kann.
Doch freilich; wie die Krücke dem Lahmen wohl hilft, sich von einem Orte zum andern zu bewegen, aber ihn nicht zum Läufer machen kann: so auch die Kritik. Wenn ich mit ihrer Hülfe etwas zustande bringe, welches besser ist, als es einer von meinen Talenten ohne Kritik machen würde: so kostet es mich so viel Zeit, ich muß von andern Geschäften so frei, von unwillkürlichen Zerstreuungen so ununterbrochen sein, ich muß meine ganze Belesenheit so gegenwärtig haben, ich muß bei jedem Schritte alle Bemerkungen, die ich jemals über Sitten und Leidenschaften gemacht, so ruhig durchlaufen können; daß zu einem Arbeiter, der ein Theater mit Neuigkeiten unterhalten soll, niemand in der Welt ungeschickter sein kann, als ich.

Was Goldoni für das italienische Theater tat, der es in einem Jahre mit dreizehn neuen Stücken bereicherte, das muß ich für das deutsche zu tun, folglich bleiben lassen. Ja, das würde ich bleiben lassen, wenn ich es auch könnte. Ich bin mißtrauischer gegen alle erste Gedanken, als De la Casa und der alte Shandy nur immer gewesen sind. Denn wenn ich sie auch schon nicht für Eingebungen des bösen Feindes, weder des eigentlichen noch des allegorischen, halte: so denke ich doch immer, daß die ersten Gedanken die ersten sind, und daß das Beste auch nicht einmal in allen Suppen obenauf zu schwimmen pflegt. Meine ersten Gedanken sind gewiß kein Haar besser, als jedermanns erste Gedanken: und mit jedermanns Gedanken bleibt man am klügsten zu Hause.

– Endlich fiel man darauf, selbst das, was mich zu einem so langsamen, oder, wie es meinen rüstigern Freunden scheinet, so faulen Arbeiter macht, selbst das, an mir nutzen zu wollen: die Kritik. Und so entsprang die Idee zu diesem Blatte.

Sie gefiel mir, diese Idee. Sie erinnerte mich an die Didaskalien der Griechen, d. i. an die kurzen Nachrichten, dergleichen selbst Aristoteles von den Stücken der griechischen Bühne zu schreiben der Mühe wert gehalten. Sie erinnerte mich, vor langer Zeit einmal über den grundgelehrten Casaubonus bei mir gelacht zu haben, der sich, aus wahrer Hochachtung für das Solide in den Wissenschaften, einbildete, daß es dem Aristoteles vornehmlich um die Berichtigung der Chronologie bei seinen Didaskalien zu tun gewesen. – Wahrhaftig, es wäre auch eine ewige Schande für den Aristoteles, wenn er sich mehr um den poetischen Wert der Stücke, mehr um ihren Einfluß auf die Sitten, mehr um die Bildung des Geschmacks, darin bekümmert hätte, als um die Olympiade, als um das Jahr der Olympiade, als um die Namen der Archonten, unter welchen sie zuerst aufgeführet worden!

Ich war schon willens, das Blatt selbst «Hamburgische Didaskalien» zu nennen. Aber der Titel klang mir allzu fremd, und nun ist es mir sehr lieb, daß ich ihm diesen vorgezogen habe. Was ich in eine Dramaturgie bringen oder nicht bringen wollte, das stand bei mir: wenigstens hatte mir Lione Allacci desfalls nichts vorzuschreiben. Aber wie eine Didaskalie aussehen müsse, glauben die Gelehrten zu wissen, wenn es auch nur aus den noch vorhandenen Didaskalien des Terenz wäre, die eben dieser Casaubonus «breviter et eleganter scriptas» nennt. Ich hatte weder Lust, meine Didaskalien so kurz, noch so elegant zu schreiben: und unsere itztlebende Casauboni würden die Köpfe trefflich geschüttelt haben, wenn sie gefunden hätten, wie selten ich irgendeines chronologischen Umstandes gedenke, der künftig einmal, wenn Millionen anderer Bücher verlorengegangen wären, auf irgendein historisches Faktum einiges Licht werfen könnte. In welchem Jahre Ludewigs des Vierzehnten, oder Ludewigs des Funfzehnten, ob zu Paris, oder zu Versailles, ob in Gegenwart der Prinzen vom Geblüte, oder nicht der Prinzen vom Geblüte, dieses oder jenes französische Meisterstück zuerst aufgeführet worden: das würden sie bei mir gesucht, und zu ihrem großen Erstaunen nicht gefunden haben.

Was sonst diese Blätter werden sollten, darüber habe ich mich in der Ankündigung erkläret: was sie wirklich geworden, das werden meine Leser wissen. Nicht völlig das, wozu ich sie zu machen versprach: etwas anderes; aber doch, denk ich, nichts Schlechteres.

«Sie sollten jeden Schritt begleiten, den die Kunst, sowohl des Dichters, als des Schauspielers *hier* tun würde.»

Die letztere Hälfte bin ich sehr bald überdrüssig geworden. Wir haben Schauspieler, aber keine Schauspielkunst. Wenn es vor alters eine solche Kunst gegeben hat: so haben wir sie nicht mehr; sie ist verloren; sie muß ganz von neuem wieder erfunden werden. Allgemeines Geschwätze darüber, hat man in verschiedenen Sprachen genug: aber spezielle, von jedermann erkannte, mit Deutlichkeit und Präzision abgefaßte Regeln, nach welchen der Tadel oder das Lob des Akteurs in einem besondern Falle zu bestimmen sei, deren wüßte ich kaum zwei oder drei. Daher kömmt es, daß alles Raisonnement über diese Materie immer so schwankend und vieldeutig scheinet, daß es eben kein Wunder ist, wenn der Schauspieler, der nichts als eine glückliche Routine hat, sich auf alle Weise dadurch beleidiget findet. Gelobt wird er sich nie genug, getadelt aber allezeit viel zuviel glauben: ja öfters wird er gar nicht einmal wissen, ob man ihn tadeln oder loben wollen. Überhaupt hat man die Anmerkung schon längst gemacht, daß die Empfindlichkeit der Künstler, in Ansehung der Kritik, in eben dem Verhältnisse steigt, in welchem die Gewißheit und Deutlichkeit und Menge der Grundsätze ihrer Künste abnimmt. – So viel zu meiner, und selbst zu deren Entschuldigung, ohne die ich mich nicht zu entschuldigen hätte.

Aber die erstere Hälfte meines Versprechens? Bei dieser ist freilich das *Hier* zur Zeit noch nicht sehr in Betrachtung gekommen, – und wie hätte es auch können? Die Schranken sind noch kaum geöffnet, und man wollte die Wettläufer lieber schon bei dem Ziele sehen; bei einem Ziele, das ihnen alle Augenblicke immer weiter und weiter hinausgesteckt wird? Wenn das Publikum fragt: was ist denn nun geschehen? und mit einem höhnischen Nichts sich selbst antwortet; so frage ich wiederum: und was hat denn das Publikum getan, damit etwas geschehen könnte? Auch nichts; ja noch etwas Schlimmers, als nichts. Nicht genug, daß es das Werk nicht allein nicht befördert: es hat ihm nicht einmal seinen natürlichen Lauf gelassen. – Über den gutherzigen Einfall, den Deutschen ein Nationaltheater zu verschaffen, da wir Deutsche noch keine Nation sind! Ich rede nicht von der politischen Verfassung, sondern bloß von dem sittlichen Charakter. Fast sollte man sagen, dieser sei: keinen eigenen haben zu wollen. Wir sind noch immer die geschwornen Nachahmer alles Ausländischen, besonders noch immer die untertänigen Bewunderer der nie genug bewunderten Franzosen; alles was uns von jenseit dem Rheine kömmt, ist schön, reizend, allerliebst, göttlich; lieber verleugnen wir Gesicht und Gehör, als daß wir es anders finden sollten; lieber wollen wir Plumpheit für Ungezwungenheit, Frechheit für Grazie, Grimasse für Ausdruck, ein Geklingle von Reimen für Poesie, Geheule für Musik, uns einreden lassen, als im geringsten an der Superiorität zweifeln, welche dieses liebenswürdige Volk, dieses erste Volk in der Welt, wie es sich selbst sehr bescheiden zu nennen pflegt, in allem, was gut und schön und erhaben und anständig ist, von dem gerechten Schicksale zu seinem Anteile erhalten hat. –

Doch dieser Locus communis ist so abgedroschen, und die nähere Anwendung desselben könnte leicht so bitter werden, daß ich lieber davon abbreche.

Ich war also genötiget, anstatt der Schritte, welche die Kunst des dramatischen Dichters hier wirklich könnte getan haben, mich bei denen zu verweilen, die sie vorläufig tun müßte, um sodann mit eins ihre Bahn mit desto schnellern und größern zu durchlaufen. Es waren die Schritte, welche ein Irrender zurückgehen muß, um wieder auf den rechten Weg zu gelangen, und sein Ziel gerade in das Auge zu bekommen.
Seines Fleißes darf sich jedermann rühmen: ich glaube, die dramatische Dichtkunst studiert zu haben; sie mehr studiert zu haben, als zwanzig, die sie ausüben. Auch habe ich sie so weit ausgeübet, als es nötig ist, um mitsprechen zu dürfen: denn ich weiß wohl, so wie der Maler sich von niemanden gern tadeln läßt, der den Pinsel ganz und gar nicht zu führen weiß, so auch der Dichter. Ich habe es wenigstens versucht, was er bewerkstelligen muß, und kann von dem, was ich selbst nicht zu machen vermag, doch urteilen, ob es sich machen läßt. Ich verlange auch nur eine Stimme unter uns, wo so mancher sich eine anmaßt, der, wenn er nicht dem oder jenem Ausländer nachplaudern gelernt hätte, stummer sein würde, als ein Fisch.
Aber man kann studieren, und sich tief in den Irrtum hinein studieren. Was mich also versichert, daß mir dergleichen nicht begegnet sei, daß ich das Wesen der dramatischen Dichtkunst nicht verkenne, ist dieses, daß ich es vollkommen so erkenne, wie es Aristoteles aus den unzähligen Meisterstücken der griechischen Bühne abstrahieret hat. Ich habe von dem Entstehen, von der Grundlage der Dichtkunst dieses Philosophen, meine eigene Gedanken, die ich hier ohne Weitläufigkeit nicht äußern könnte. Indes steh ich nicht an, zu bekennen (und sollte ich in diesen erleuchteten Zeiten auch darüber ausgelacht werden!), daß ich sie für ein ebenso unfehlbares Werk halte, als die Elemente des Euklides nur immer sind. Ihre Grundsätze sind ebenso wahr und gewiß, nur freilich nicht so faßlich, und daher mehr der Schikane ausgesetzt, als alles, was diese enthalten. Besonders getraue ich mir von der Tragödie, als über die uns die Zeit so ziemlich alles daraus gönnen wollen, unwidersprechlich zu beweisen, daß sie sich von der Richtschnur des Aristoteles keinen Schritt entfernen kann, ohne sich ebensoweit von ihrer Vollkommenheit zu entfernen.

Nach dieser Überzeugung nahm ich mir vor, einige der berühmtesten Muster der französischen Bühne ausführlich zu beurteilen. Denn diese Bühne soll ganz nach den Regeln des Aristoteles gebildet sein; und besonders hat man uns Deutsche bereden wollen, daß sie nur durch diese Regeln die Stufe der Vollkommenheit erreicht habe, auf welcher sie die Bühnen aller neuern Völker so weit unter sich erblicke. Wir haben das auch lange so fest geglaubt, daß bei unsern Dichtern, den Franzosen nachahmen, ebensoviel gewesen ist, als nach den Regeln der Alten arbeiten.
Indes konnte das Vorurteil nicht ewig gegen unser Gefühl bestehen. Dieses ward, glücklicherweise, durch einige englische Stücke aus seinem Schlummer erwecket, und wir machten endlich die Erfahrung, daß die Tragödie noch einer ganz andern Wirkung fähig sei, als ihr Corneille und Racine zu erteilen vermocht. Aber geblendet von diesem plötzlichen Strahle der Wahrheit, prallten wir gegen den Rand eines andern Abgrundes zurück. Den englischen Stücken fehlten zu augenscheinlich gewisse Regeln, mit welchen uns die französischen so bekannt gemacht hatten. Was schloß man daraus? Dieses: daß sich auch ohne diese Regeln der Zweck der Tragödie erreichen lasse; ja daß diese Regeln wohl gar schuld sein könnten, wenn man ihn weniger erreiche.
Und das hätte noch hingehen mögen! – Aber mit *diesen* Regeln fing man an, *alle* Regeln zu vermengen, und es überhaupt für Pedanterei zu erklären, dem Genie vorzuschreiben, was es tun, und was es nicht tun müsse. Kurz, wir waren auf dem Punkte, uns alle Erfahrungen der vergangnen Zeit mutwillig zu verscherzen; und von den Dichtern lieber zu verlangen, daß jeder die Kunst aufs neue für sich erfinden solle.
Ich wäre eitel genug, mir einiges Verdienst um unser Theater beizumessen, wenn ich glauben dürfte, das einzige Mittel getroffen zu haben, diese Gärung des Geschmacks zu hemmen. Darauf los gearbeitet zu haben, darf ich mir wenigstens schmeicheln, indem ich mir nichts angelegner sein lassen, als den Wahn von der Regelmäßigkeit der französischen Bühne zu bestreiten. Gerade keine Nation hat die Regeln des alten Drama mehr verkannt, als die Franzosen. Einige beiläufige Bemerkungen, die sie über die schicklich-

ste äußere Einrichtung des Drama bei dem Aristoteles fanden, haben sie für das Wesentliche angenommen, und das Wesentliche, durch allerlei Einschränkungen und Deutungen, dafür so entkräftet, daß notwendig nichts anders als Werke daraus entstehen konnten, die weit unter der höchsten Wirkung blieben, auf welche der Philosoph seine Regeln kalkuliert hatte.
Ich wage es, hier eine Äußerung zu tun, mag man sie doch nehmen, wofür man will! – Man nenne mir das Stück des großen Corneille, welches ich nicht besser machen wollte. Was gilt die Wette? –
Doch nein; ich wollte nicht gern, daß man diese Äußerung für Prahlerei nehmen könne. Man merke also wohl, was ich hinzusetze: Ich werde es zuverlässig besser machen, – und doch lange kein Corneille sein, – und doch lange noch kein Meisterstück gemacht haben. Ich werde es zuverlässig besser machen; – und mir doch wenig darauf einbilden dürfen. Ich werde nichts getan haben, als was jeder tun kann, – der so fest an den Aristoteles glaubet, wie ich.

Wolfgang Amadeus Mozart

Brief an seinen Vater

Vienne ce 17 d'Aout 1782

Mon trés chèr Pére!
Ich habe lezthin vergessen ihnen zu schreiben daß meine frau und ich zusammen am Purtiunkula tage bey den Theatinern unsere Andacht verichtet haben – wenn uns auch wirklich die andacht nicht dazu getrieben hätte, so musten wir es der Zettel wegen thun, ohne welche wir nicht hätten Copulirt werden können. – wir sind auch schon eine geraume Zeit lediger allzeit mitsammen so wohl in die hl: Messe als zum Beichten und Communiciren gegangen – und Ich habe gefunden daß ich niemalen so kräftig gebetet, so andächtig gebeichtet und Communicirt hätte als an ihrer Seite; – und so gieng es ihr auch; – mit einem Worte wir sind für einander geschaffen – und gott der alles anordnet, und folglich dieses auch also gefüget hat, wird uns nicht

verlassen. wir beyde danken ihnen auf das gehorsammste für ihren vätterlichen Seegen. – sie werden hofentlich unterdessen den brief von der Meinigen erhalten haben. – wegen dem *gluck* habe den nämlichen gedanken, den Sie, Mein liebster vater, mir geschrieben. – Nur will ich ihnen noch etwas sagen. – die H: Wienner (worunter aber haubtsächlich der *kayser* verstanden ist) sollen nur nicht glauben daß ich wegen Wienn allein auf der Welt seye. – keinen Monarchen in der Welt diene ich lieber als dem kayser – aber erbetteln will ich keinen dienst. – Ich glaube so viel im Stande zu seyn daß ich Jedem Hofe Ehre Machen werde. – will mich Teütschland, meiñ geliebtes vatterland, worauf ich (wie sie wissen) Stolz bin, nicht aufnehmen, so muß im gottes Nammen frankreich oder England wieder um einen geschickten Teutschen Mehr reich werden; – und das zur schande der teutschen Nation. – sie wissen wohl daß fast in allen künsten immer die Teutschen dieJenigen waren, welche Excellirten – wo fanden sie aber ihr glück, wo ihren Ruhm? – in teutschland wohl gewis nicht! – selbst *gluck* – hat ihn Teutschland zu diesem grossen Mann gemacht? – leider nicht! – Gräfin thun, – graf Zitschy, Baron van suiten – selbst der fürst kaunitz ist deswegen mit dem kayser sehr unzufrieden, daß er nicht mehr die leute von Talent schätzt – und sie aus seinem gebiete lässt. – lezterer sagte Jüngsthin zum Erzherzog Maximilian als die rede von mir war, daß *solche leute nur alle 100 Jahre auf die welt kämmen, und solche leute müsse man nicht aus teutschland treiben – besonders wenn man so glücklich ist, sie wirklich in der Residenz Stadt zu besitzen.* – sie können nicht glauben wie gütig und höflich der fürst kaunitz mit mir war als ich bey ihm war. – zulezt sagte er noch; – *Ich bin ihnen verbunden, Mein lieber Mozart, daß sie sich die Mühe gegeben haben, mich zu besuchen* Etc: sie können auch nicht glauben was sich die gräfin Thun, Baron van suiten und andere grosse für Mühe geben mich hier zu behalten – allein – Ich kann auch nicht so lange warten – und *will* auch wirklich nicht so auf Barmherzigkeit warten – finde daß ich eben auch (wenn es schon der kayser ist) seine gnade nicht so vonnöthen habe. – Mein gedanke ist künftige fasten Nach Paris zu gehen; versteht sich nicht ganz so auf gerade wohl. – ich habe deswegen schon an *legros* geschrieben, und erwarte antwort. – hier habe es auch – besonders den *grossen* – so im discurs gesagt. – sie wissen wohl daß mann öfters im reden so was hinwerfen kann, welches mehr wirkung thut, als wenn mann es so dicktatorisch hindeklamirt. – wenn ich mich zu den Concerts Spirituel, und Concert des amateurs Engagiren kann – und dann scolaren bleiben mir nicht aus – und da ich izt eine frau habe, kann ich sie leichter und fleissiger versehen; – dann mit der Composition etc: – und hauptsächlich aber ist es mir wegen der opera. – ich habe mich die zeither täglich in der französischen sprache geübt – und nun schon 3 lectionen im Englischen genommen. – in 3 Monathen hoffe ich so ganz Passable die Engländischen bücher lesen und verstehen zu können. – Nun leben sie recht wohl. Meine frau und ich küssen ihnen 1000mal die hände und bin Ewig

dero gehorsamster Sohn
W: A: Mozart

Ulrich Bräker

Aus «Der arme Mann im Tockenburg»

Das Lager zu Pirna

Eine umständliche Beschreibung unsers Lagers zwischen Königstein und Pirna sowohl als des gerade vor uns überliegenden sächsischen bei Lilienstein wird man von mir nicht erwarten. Die kann man in der *Helden-, Staats-* und *Lebensgeschichte* des *Großen Friedrichs** suchen. Ich schreibe nur, was ich gesehen, was allernächst um mich her vor- und besonders was mich selbst anging. Von den wichtigsten Dingen wußten wir gemeine Hungerschlucker am allerwenigsten, und kümmerten uns auch nicht viel darum. Mein und so vieler andrer ganzer Sinn war vollends allein auf: Fort, fort! Heim, ins Vaterland! gerichtet.
Vom 11.–22. Sept. saßen wir in unserm Lager ganz stille; und wer gern Soldat war, dem mußt es damals recht wohl

* Und jetzt natürlich in vielen andern bessern Schriften, und zumal in des Königs eigener Geschichte des Siebenjährigen Krieges.

sein. Denn da ging's vollkommen wie in einer Stadt zu. Da gab's Marketender und Feldschlächter zu Haufen. Den ganzen Tag, ganze lange Gassen durch, nichts als Sieden und Braten. Da konnte jeder haben was er wollte, oder vielmehr was er zu bezahlen vermochte: Fleisch, Butter, Käs, Brot, aller Gattung Baum- und Erdfrüchte usf. Die Wachten ausgenommen, mochte jeder machen was ihm beliebte: Kegeln, Spielen, in und außer dem Lager spazierengehn usf. Nur wenige hockten müßig in ihren Zelten: Der eine beschäftigte sich mit Gewehrputzen, der andre mit Waschen; der dritte kochte, der vierte flickte Hosen, der fünfte Schuhe, der sechste schnifelte was von Holz und verkauft' es den Bauern. Jedes Zelt hatte seine 6 Mann und einen Überkompletten. Unter diesen sieben war immer einer gefreit; dieser mußte gute Mannszucht halten. Von den sechs übrigen ging einer auf die Wache, einer mußte kochen, einer Proviant herbeiholen, einer ging nach Holz, einer nach Stroh, und einer machte den Säckelmeister, alle zusammen aber Eine Haushaltung, Ein Tisch und Ein Bett aus. Auf den Märschen stopfte jeder in seinen Habersack, was er – versteht sich in Feindesland – erhaschen konnte: Mehl, Rüben, Erdbirn, Hühner, Enten u. dgl., und wer nichts aufzutreiben vermochte, ward von den übrigen ausgeschimpft, wie denn mir das zum öftern begegnete. Was das vor ein Mordiogeschrei gab, wenn's durch ein Dorf ging, von Weibern, Kindern, Gänsen, Spanferkeln usf. Da mußte alles mit was sich tragen ließ. Husch! den Hals umgedreht und eingepackt. Da brach man in alle Ställ und Gärten ein, prügelte auf alle Bäume los, und riß die Äste mit den Früchten ab. Der Hände sind viel, hieß es da; was einer nicht kann, mag der ander. Da durfte keine Seel Mucks machen, wenn's nur der Offizier erlaubte, oder auch bloß halb erlaubte. Da tat jeder sein Devoir zum Überfluß. Wir drei Schweizer, Schärer, Bachmann und ich (es gab unsrer Landsleute beim Regiment noch mehr, wir kannten sie aber nicht) kamen zwar keiner zum andern ins Zelt, auch nie zusammen auf die Wache. Hingegen spazierten wir oft miteinander außer das Lager bis auf die Vorposten, besonders auf einen gewissen Bühel, wo wir eine weite zierliche Aussicht über das sächsische und unser ganzes Lager, und durchs Tal hinab bis auf Dresden hatten. Da hielten wir unsern Kriegsrat: Was wir machen, wo hinaus, welchen Weg wir nehmen, wo wir uns wieder treffen sollten? Aber zur Hauptsache, zum *Hinaus* fanden wir alle Löcher verstopft. Zudem wären Schärer und ich lieber einmal an einer schönen Nacht allein, ohne Bachmann davongeschlichen; denn wir trauten ihm nie ganz, und sahen dabei alle Tag die Husaren Deserteurs einbringen, hörten Spießrutenmarsch schlagen, und was es solcher Aufmunterungen mehr gab. Und doch sahen wir alle Stunden einem Treffen entgegen.

Einnahme des sächsischen Lagers usf.

Endlich den 22. Sept. ward Alarm geschlagen, und erhielten wir Ordre aufzubrechen. Augenblicklich war alles in Bewegung; in etlichen Minuten ein stundenweites Lager – wie die allergrößte Stadt – zerstört, aufgepackt, und allons, marsch! Itzt zogen wir ins Tal hinab, schlugen bei Pirna eine Schiffbrücke, und formierten oberhalb dem Städtchen, dem sächsischen Lager en front, eine Gasse, wie zum Spießrutenlaufen*, deren eines End bis zum Pirnaer Tor ging, und durch welche nun die ganze sächsische Armee zu vieren hoch spazieren, vorher aber das Gewehr ablegen, und – man kann sich's einbilden – die ganze lange Straße durch Schimpf- und Stichelreden genug anhören mußten. Einiche gingen traurig, mit gesenktem Gesicht daher, andre trotzig und wild, und noch andre mit einem Lächeln, das den preußischen Spottvögeln gern nichts schuldig bleiben wollte. Weiter wußten ich, und so viele tausend andre, nichts von den Umständen der eigentlichen Übergabe dieses großen Heers. – An dem nämlichen Tage marschierten wir noch ein Stück Wegs fort, und schlugen jetzt unser Lager bei Lilienstein auf. – Den 23. mußte unser Regiment die Proviantwagen decken. – Den 24. machten wir einen Contremarsch, und kamen bei Nacht und Nebel an Ort und Stelle hin, daß der Henker nicht wußte wo wir waren. – Den 25. früh ging's schon wieder fort, 4 Meilen bis Aussig. Hier schlugen wir ein Lager, blieben da bis auf den 29. und mußten alle Tag auf Fourage aus. Bei diesen Anlässen wurden wir oft von den kaiserlichen Panduren attackiert, oder es kam sonst aus einem Gebüsch ein Karabinerhagel auf uns

* Was man doch im Schrecken nicht alles sieht!

los, so daß mancher tot auf der Stelle blieb, und noch mehrere blessiert wurden. Wenn denn aber unsre Artilleristen nur etliche Kanonen gegen das Gebüsch richteten, so flog der Feind über Kopf und Hals davon. Dieser Plunder hat mich nie erschreckt; ich wäre sein bald gewohnt worden, und dacht ich oft: Poh! wenn's nur den Weg hergeht, ist's so übel nicht. – Den 30. marschierten wir wieder den ganzen Tag, und kamen erst des Nachts auf einem Berg an, den ich und meinesgleichen abermals so wenig kannten, als ein Blinder. Inzwischen bekamen wir Ordre, hier kein Gezelt aufzuschlagen, auch kein Gewehr niederzulegen, sondern immer mit scharfer Ladung parat zu stehn, weil der Feind in der Nähe sei. Endlich sahen und hörten wir mit anbrechendem Tag unten im Tal gewaltig blitzen und feuern. – In dieser bangen Nacht desertierten viele; neben andern auch Bruder Bachmann. Für mich wollt es sich noch nicht schicken, so wohl's mir sonst behagt hätte.

Die Schlacht bei Lowositz (1. Oktobr. 1756)

Frühmorgens mußten wir uns rangieren, und durch ein enges Tälchen gegen dem großen Tal hinuntermarschieren. Vor dem dicken Nebel konnten wir nicht weit sehen. Als wir aber vollends in die Plaine hinunterkamen, und zur großen Armee stießen, rückten wir in drei Treffen weiter vor, und erblickten von ferne durch den Nebel, wie durch einen Flor, feindliche Truppen auf einer Ebene, oberhalb dem böhmischen Städtchen Lowositz. Es war kaiserliche Kavallerie; denn die Infanterie bekamen wir nie zu Gesicht, da sich dieselbe bei gedachtem Städtchen verschanzt hatte. Um 6 Uhr ging schon das Donnern der Artillerie sowohl aus unserm Vordertreffen als aus den kaiserlichen Batterien so gewaltig an, daß die Kanonenkugeln bis zu unserm Regiment (das im mittlern Treffen stund) durchschnurrten. Bisher hatt ich immer noch Hoffnung, vor einer Bataille zu entwischen; jetzt sah ich keine Ausflucht mehr weder vor noch hinter mir, weder zur Rechten noch zur Linken. Wir rückten inzwischen immer vorwärts. Da fiel mir vollends aller Mut in die Hosen; in den Bauch der Erde hätt ich mich verkriechen mögen, und eine ähnliche Angst, ja Todesblässe, las man bald auf allen Gesichtern, selbst deren, die sonst noch so viel Herzhaftigkeit gleichßneten. Die geleerten Branzfläschgen (wie jeder Soldat eines hat) flogen untern den Kugeln durch die Lüfte; die meisten soffen ihren kleinen Vorrat bis auf den Grund aus, denn da hieß es: Heute braucht es Courage, und morgens vielleicht keinen Fusel mehr! Itzt avancierten wir bis unter die Kanonen, wo wir mit dem ersten Treffen abwechseln mußten. Potz Himmel! wie sausten da die Eisenbrocken ob unsern Köpfen weg – fuhren bald vor bald hinter uns in die Erde, daß Stein und Rasen hoch in die Luft sprang – bald mitten ein, und spickten uns die Leute aus den Gliedern weg, als wenn's Strohhälme wären. Dicht vor uns sahen wir nichts als feindliche Kavallerie, die allerhand Bewegungen machte; sich bald in die Länge ausdehnte, bald in einen halben Mond, dann in ein Drei- und Viereck sich wieder zusammenzog. Nun rückte auch unsre Kavallerie an; wir machten Lücke, und ließen sie vor, auf die feindliche losgaloppieren. Das war ein Gehagel, das knarrte und blinkerte, als sie nun einhieben! Allein kaum währte es eine Viertelstunde, so kam unsere Reuterei, von der österreichischen geschlagen, und bis nahe unter unsre Kanonen verfolgt zurücke. Da hätte man das Spektakel sehen sollen: Pferde die ihren Mann im Stegreif hängend, andre die ihr Gedärm der Erde nachschleppten. Inzwischen stunden wir noch immer im feindlichen Kanonenfeuer bis gegen 11 Uhr, ohne daß unser linke Flügel mit dem kleinen Gewehr zusammentraf, obschon es bereits auf dem rechten sehr hitzig zuging. Viele meinten, wir müßten noch auf die kaiserlichen Schanzen sturmlaufen. Mir war's schon nicht mehr so bange, wie anfangs, obgleich die Feldschlangen Mannschaft zu beiden Seiten neben mir wegraffeten, und der Wallplatz bereits mit Toten und Verwundeten übersäet war – als mit eins ungefähr um 12 Uhr die Ordre kam, unser Regiment, nebst zwei andern (ich glaube Bevern und Kalkstein), müßten zurückmarschieren. Nun dachten wir, es gehe dem Lager zu, und alle Gefahr sei vorbei. Wir eilten darum mit muntern Schritten die gähen Weinberge hinauf, brachen unsre Hüte voll schöne rote Trauben, aßen vor uns her nach Herzenslust; und mir, und denen welche neben mir stunden, kam nichts Arges in Sinn, obgleich wir von der Höhe herunter unsre Brüder noch in Feuer und Rauch stehen sahen, ein fürchterlich donnerndes Gelärm hörten, und nicht entscheiden konnten, auf welcher Seite der Sieg war. Mittlerweile trieben unsre Anführer uns immer höher den Berg hinan, auf dessen Gipfel ein enger Paß zwischen Felsen durchging, der auf der andern Seite wieder hinunterführte. Sobald nun unsre Avantgarde den erwähnten Gipfel erreicht hatte, ging ein entsetzlicher Musketenhagel an; und nun merkten wir erst wo der Has im Stroh lag. Etliche tausend kaiserliche Panduren waren nämlich auf der andern Seite den Berg hinauf beordert, um unsrer Armee in den Rücken zu fallen; dies muß unsern Anführern verraten worden sein, und wir mußten ihnen darum zuvorkommen: Nur etliche Minuten später, so hätten sie uns die Höhe abgewonnen, und wir wahrscheinlich den kürzern gezogen. Nun setzte es ein unbeschreibliches Blutbad ab, ehe man die Panduren aus jenem Gehölz vertreiben konnte. Unsre Vordertruppen litten stark; allein die hintern drangen ebenfalls über Kopf und Hals nach, bis zuletzt alle die Höhe gewonnen hatten. Da mußten wir über Hügel von Toten und Verwundeten hinstolpern. Alsdann ging's Hudri, Hudri, mit den Panduren die Weinberge hinunter, sprungweise über eine Mauer nach der andern herab, in die Ebene. Unsre geborne Preußen und Brandenburger packten die Panduren wie Furien. Ich selber war in Jast und Hitze wie vertaumelt, und, mir weder Furcht noch Schreckens bewußt, schoß ich Eines Schießens fast alle meine 60 Patronen los, bis meine Flinte halb glühend war, und ich sie am Riemen nachschleppen mußte; indessen glaub ich nicht, daß ich eine lebendige Seele traf, sondern alles ging in die freie Luft. Auf der Ebene am Wasser vor dem Städtchen Lowositz postierten sich die Panduren wieder, und pülferten tapfer in die Weinberge hinauf, daß noch mancher vor und neben mir ins Gras biß. Preußen und Panduren lagen überall durcheinander; und wo sich einer von diesen letztern noch regte, wurde er mit der Kolbe vor den Kopf geschlagen, oder ihm ein Bajonett durch den Leib gestoßen. Und nun ging in der Ebene das Gefecht von neuem an. Aber wer wird das beschreiben wollen, wo jetzt Rauch und Dampf von Lowositz ausging; wo es krachte und donnerte, als ob Himmel und Erde hätten zergehen wollen; wo das unaufhörliche Rumpeln vieler hundert Trommeln, das herzzerschneidende und herzerhebende Ertönen aller Art Feldmusik, das Rufen so vieler Kommandeurs und das Brüllen ihrer Adjutanten, das Zeter- und Mordiogeheul so vieler tausend elenden, zerquetschten, halbtoten Opfer dieses Tages alle Sinnen betäubte! Um diese Zeit – es mochte etwa 3 Uhr sein – da Lowositz schon im Feuer stand, viele hundert Panduren, auf welche unsre Vordertruppen wieder wie wilde Löwen einbrachen, ins Wasser sprangen, wo es dann auf das Städtgen selber losging – um diese Zeit war ich freilich nicht der Vorderste sondern unter dem Nachtrapp noch etwas im Weinberg droben, von denen indessen mancher, wie gesagt, weit behender als ich von einer Mauer über die andere hinuntersprang, um seinen Brüdern zu Hülf zu eilen. Da ich also noch ein wenig erhöht stand, und auf die Ebene wie in ein finsteres Donner- und Hagelwetter hineinsah – in diesem Augenblick deucht' es mich Zeit, oder vielmehr mahnte mich mein Schutzengel, mich mit der Flucht zu retten. Ich sah mich deswegen nach allen Seiten um. Vor mir war alles Feuer, Rauch und Dampf; hinter mir noch viele nachkommende auf die Feinde loseilende Truppen, zur Rechten zwei Hauptarmeen in voller Schlachtordnung. Zur Linken endlich sah ich Weinberge, Büsche, Wäldchen, nur hie und da einzelne Menschen, Preußen, Panduren, Husaren, und von diesen mehr Tote und Verwundete als Lebende. Da, da, auf diese Seite, dacht ich; sonst ist's pur lautere Unmöglichkeit!

Das heisst – wo nicht mit Ehren gefochten – doch glücklich entronnen

Ich schlich also zuerst mit langsamem Marsch ein wenig auf diese linke Seite, die Reben durch. Noch eilten etliche Preußen bei mir vorbei: «Komm, komm, Bruder!» sagten sie, «Victoria!» Ich rispostierte kein Wort, tat nur ein wenig blessiert, und ging immer noch allgemach fort, freilich mit Furcht und Zittern. Sobald ich mich indessen so weit entfernt hatte, daß mich niemand mehr sehen mochte, verdoppelte, verdrei-, vier-, fünf-, sechsfachte ich meine Schritte, blickte rechts und links wie ein Jäger, sah noch von weitem – zum letzten Mal in meinem Leben – morden und totschlagen; strich dann in vollem Galopp ein Gehölze vorbei, das voll toter Husaren, Panduren und Pferde lag; rannte Eines Rennens gerade dem Fluß nach herunter, und stand jetzt an einem Tobel. Jenseits desselben kamen soeben auch etliche kaiserliche Soldaten angestochen, die sich gleichfalls aus der Schlacht weggestohlen hatten, und schlugen, als sie mich so daherlaufen sahen, zum drittenmal auf mich an, ungeachtet ich immer das Gewehr streckte, und ihnen mit dem Hut den gewohnten Wink gab. Doch brannten sie niemals los. Ich faßte also den Entschluß, gerad auf sie zuzulaufen. Hätt ich einen andern Weg genommen, würden sie, wie ich nachwärts erfuhr, unfehlbar auf mich gefeuert haben. Ihr H ..., dacht ich, hättet ihr euer Courage bei Lowositz gezeigt! Als ich nun zu ihnen kam, und mich als Deserteur angab, nahmen sie mir das Gewehr ab, unterm Versprechen, mir's nachwärts schon wieder zuzustellen. Aber der, welcher sich dessen impatroniert hatte, verlor sich bald darauf, und nahm das Füsil mit sich. Nun so sei's! Alsdann führten sie mich ins nächste Dorf, Scheniseck (es mochte eine starke Stunde unter Lowositz sein). Hier war eine Fahrt über das Wasser, aber ein einziger Kahn zum Transporte. Da gab's ein Zetermordiogeschrei von Männern, Weibern und Kindern. Jedes wollte zuerst in dem Teich sein, aus Furcht vor den Preußen; denn alles glaubte sie schon auf der Haube zu haben. Auch ich war keiner von den letzten, der mitten unter eine Schar von Weibern hineinsprang. Wo nicht der Fährmann etliche derselben hinausgeworfen, hätten wir alle ersaufen müssen. Jenseits des Flusses stand eine Panduren-Hauptwache. Meine Begleiter führten mich auf dieselbe zu, und diese roten Schnurrbärte begegneten mir aufs manierlichste; gaben mir, ungeachtet ich sie und sie mich kein Wort verstunden, noch Tobak und Branntwein, und Geleit bis auf Leutmeritz, glaub ich, wo ich, unter lauter Stockböhmen übernachtete, und freilich nicht wußte ob ich da mein Haupt sicher zur Ruhe legen konnte – aber – und dies war das Beste – von dem Tumult des Tags noch einen so vertaumelten Kopf hatte, daß dieser Kapitalpunkt mir am allermindesten betrug. Morgens darauf (2. Okt.) ging ich mit einem Transport ins kaiserliche Hauptlager nach Budin ab. Hier traf ich bei 200 andrer preußischer Deserteurs an, von denen so zu reden jeder seinen eigenen Weg, und sein Tempo in Obacht genommen hatte; neben andern auch unsern Bachmann. Wie sprangen wir beide hoch auf vor Entzücken, uns so unerwartet wieder in Freiheit zu sehn! Da ging's an ein Erzählen und Jubilieren, als wenn wir schon zu Haus hinterm Ofen säßen. Einzig hieß es bisweilen: Ach! wäre nur auch der Schärer von Weil bei uns! Wo mag der doch geblieben sein? Wir hatten die Erlaubnis, alles im Lager zu besichtigen. Offiziers und Soldaten stunden dann bei Haufen um uns her, denen wir mehr erzählen sollten, als uns bekannt war. Etliche indessen wußten Winds genug zu machen, und, ihren diesmaligen Wirten zu schmeicheln, zur Verkleinerung der Preußen hundert Lügen auszuhecken. Da gab's denn auch unter den Kaiserlichen manchen Erzprahler; und der kleinste Zwerge rühmte sich, wer weiß wie manchen langbeinigten Brandenburger – auf seiner eignen Flucht in die Flucht geschlagen zu haben. Drauf führte man uns zu etwa 50 Mann Gefangener von der preußischen Kavallerie; ein erbärmlich Spektakel! Da war kaum einer von Wunden oder Beulen leer ausgegangen; etliche übers ganze Gesicht heruntergehauen, andre ins Genick, andre über die Ohren, über die Schultern, die Schenkel usf. Da war alles ein Ächzen und Wehklagen! Wie priesen uns diese armen Wichte selig, einem ähnlichen Schicksal so glücklich entronnen zu sein; und wie dankten wir selber Gott dafür! Wir mußten im Lager übernachten, und bekamen jeder seinen Dukaten Reisgeld. Dann schickte man uns mit einem Kavallerietransport, es waren unser an die 200, auf ein böhmisches Dorf, wo wir, nach einem kurzen Schlummer, folgenden Tags auf Prag abgingen. Dort verteilten wir uns, und bekamen Pässe, je zu 6, 10 bis 12 hoch welche einen Weg gingen; denn wir waren ein wunderseltsames Gemengsel von Schweizern, Schwaben, Sachsen, Bayern, Tirolern, Welschen, Franzosen, Polacken und Türken. Einen solchen Paß bekamen unser 6 zusammen bis Regensburg. In Prag selber war indessen ebenfalls ein Zittern und Beben vor den Preußen, ohne seinesgleichen. Man hatte dort den Ausgang der Schlacht bei Lowositz bereits vernommen, und glaubte nun den Sieger schon vor den Toren zu sehn. Auch da stunden ganze Truppen Soldaten und Bürger um uns her, denen wir sagen sollten, was der Preuß im Sinn habe? Einige von uns trösteten diese neugierigen Hasen; andre hingegen hatten noch ihre

Freude daran, sie tapfer zu schrecken, und sagten ihnen: Der Feind werde spätstens in vier Tagen anlangen, und sei ergrimmt wie der Teufel. Dann schlugen viele die Händ überm Kopf zusammen; Weiber und Kinder wälzten sich gar heulend im Kot herum.

Justus Möser

Über die verfeinerten Begriffe

Mein Müller spielte mir gestern einen recht artigen Streich, indem er zu mir ins Zimmer kam und sagte: «Es müssen vier Stück metallene *Nüsse* in die *Poller* und *Pollerstücke* gegen die *Kruke* gemacht werden, auch haben alle *Scheiben, Büchsen, Bolten* und *Splinten* eine Verbesserung nötig, der eine eiserne *Pfahlhake* mit der *Hinterfeder* ist nicht mehr zu gebrauchen, und das *Kreitau* –» – «So spreche Er doch deutsch, mein Freund! ich höre wohl, daß von Seiner Windmühle die Rede ist, aber ich bin kein Mühlenbaumeister, der die tausend Kleinigkeiten, so zu einer Mühle gehören, mit Namen kennet.» Hier fing der Schalk an zu lachen und sagte mit einer recht witzigen Gebärde: «Machte es doch unser Herr Pfarrer am Sonntage ebenso, er redete in lauter Kunstwörtern, wobei uns armen Leuten Hören und Sehen verging; ich dächte, er täte besser, wenn er wie ich seiner Gemeine gutes Mehl lieferte und die Kunstwörter für die Bauverständigen sparte.»

«Wie, mein Freund!» fing der Pfarrer lächelnd an, der, ohne daß ihn der Müller gesehen hatte, im Fenster stand, – aber dieser machte sich geschwind aus dem Staube – und so ging die Rede unter uns beiden an, worin der Pfarrer, welcher ein sehr vernünftiger Mann war, dem Müller würklich recht gab, ob er gleich dafür hielt, daß er selbst gegen die von demselben angegebene Regel nicht gefehlt und seiner Gemeine etwas vorgetragen hätte, was ihren Begriffen nicht angemessen gewesen wäre. Wie aber ein Wort so das andre holte: so kamen wir endlich auf die jetzt allgemein herrschende Verfeinerung der Begriffe und auf die Frage: ob solche nicht in ihrer Art ein eben solches Übel als die weiland beliebte Empfindsamkeit werden würde? «Und Sie wollten es nicht billigen», hob der Pfarrer an, «wenn unsre Philosophen in das Innerste der Natur dringen, jeden Begriff bis in seine Quelle verfolgen, hier die würkenden Kräfte aufsuchen, solche mit Namen bezeichnen und das Unsichtbare der Natur gleichsam zum Anschauen bringen? Sie wollten es nicht gut finden, daß unsre Physiognomisten in unendlichen bisher unbemerkten Zügen die Abdrücke unsers Charakters finden und damit unser Erkenntnis bereichern, daß unsre Psychologisten alle Töne und Kräfte der Seele unterscheiden und den Maßstab ans Unendliche legen und daß endlich unsre Sittenlehrer die unzähligen Wendungen des menschlichen Herzens in Klassen ordnen und die chaotische Masse der dunkeln Begriffe zu lauter deutlichen erheben?»

«Das kann ich freilich wohl nicht mißbilligen», war meine Antwort, «solange solches für Bauverständige und nicht für solche geschieht, die nun endlich das Mehl erwarten, ohne sich um die *Nüsse, Poller* und *Splinten* zu bekümmern. Aber mich dünkt, die wenigsten unter den Schriftstellern, welche jetzt für das Publikum schreiben, beweisen diese Mäßigung. Auch die besten unter ihnen schreiben nicht mehr vor das gemeine Auge, ihre Worte sind nach ihrer zu scharfen Einsicht gestimmt, ihre Begriffe sind zu tief aus der Sache geschöpft, sie beziehen sich auf Verhältnisse, die nur den Baumeistern bekannt sind, und es kömmt mir oft so vor, als wenn sie durch ein Vergrößerungsglas arbeiteten und die Dinge in einem ganz andern Lichte, in einem so außerordentlichen Verhältnisse sähen, worin sie sonst niemand erblickt. Man kann doch, wenn man sich unterrichten, erbauen oder vergnügen will, nicht immer auch sein Vergrößerungsglas vor sich haben oder, wenn man krank ist, den feinen Zergliederer dem nützlichen Arzte vorziehen. Die natürliche Folge jenes Verfahrens ist, daß sie auch ihre Empfindungen erhöhen und da jauchzen oder heulen, wo ein andrer ehrlicher Mann, der das nicht siehet, was sie sehen, ganz gleichgültig bleibt. Ja, ich kenne ihrer viele, die durch die neuentdeckten Ähnlichkeiten und Verhältnisse in dem Unendlichen der Natur in eine für den gemeinen Leser ganz unbegreifliche Schwärmerei versetzet werden. Die Wissenschaft sollte meiner Meinung nach für den Meister und die Frucht derselben für das allgemeine Beste sein. Mir ist das Resultat einer großen Geistesarbeit und zum Beispiel der Gedanke, das Einweihungsfest der neuen katholischen Kirche in Berlin mit dem Gesange: *Wir glauben alle an einen Gott* etc. anzufangen, lieber und lehrreicher, auch in seiner Stelle schöner und besser als die feinste Zergliederung einer menschlichen Tugend.»

«Wenn aber», fiel hier der Pfarrer ein, «die feinsten Wahrheiten populär gemacht werden können!» – «Oh», sagte ich, «wo das geschehn kann, da höret mein Widerspruch auf; aber es ist gegen die Natur der Sache, unendlich kleinen Teilgen und unendlich feinen Unterscheiden Größe und Farbe zu geben, daß sie ein jeder sehen und empfinden kann. Außer dem engen Kreise der Wissenschaften verwirret man nur damit den gesunden Menschenverstand. Die ganze Behandlung einer Sache und die zu deren Vortrag gewidmete Sprache wird dadurch entweder zu scharf bestimmt oder zu mannigfaltig, um sie zu seinen ordentlichen Bedürfnissen zu gebrauchen. Es geht derselben wie unsern fünf Sinnen, wenn sie schärfer empfinden, als es für unsre Gesundheit und Bequemlichkeit gut ist. Das ganze Reich des Unendlichen, was vor unsre Sinnen versteckt liegt, ist überdem das Feld der Spekulation und Systeme. Jeder legt hier sein Eignes an, bestimmt darnach seine Worte oder erfindet für seine Hypothese besondre Zeichen, und wann die gemeine Menschensprache damit überladen wird: so entsteht daraus, eben wie aus einer Menge zu vielerlei Münzen, Beschwerde und Verwirrung; man unterscheidet, wo man nicht unterscheiden sollte, und wird spitzfindig, anstatt brauchbar zu werden; oder ein Mensch versteht den andern nicht mehr; und unsrer jetzigen Sprache wird es wie der ehemaligen scholastischen ergehn, die durch ihre Feinheit verunglückt ist, oder sie wird der gotischen Schnitzelei ähnlich werden, welche den Mangel der Größe ersetzen sollte. Sehe ich nun weiter auf die Menge derjenigen, die in Raffaels Manier arbeiten, ohne Raffaels Geist zu haben –»

«Oh! der Müller soll recht haben», schloß mein Freund, «das Kreitau soll für die Kunstverständigen bleiben, wir wollen uns an sein Mehl halten.»

Christian Friedrich Daniel Schubart

Aus «Leben und Gesinnungen»

Der Charakter der Ulmischen Reichsstädter ist viel derber und freier, als der Augsburgische. Da sie den Zaum der Parität nicht fühlen; so tummeln sie sich weit freier und mutiger auf ihrem Gemeinplatze herum. Auch ist hier – vielleicht aus eben der Ursache – Lektür und guter Geschmack viel ausgebreiteter, als in Augsburg. Wenn mich Fremdlinge besuchten, und ich sie unter meinen Freunden aufführte; so sah ich oft mit Vergnügen das Erstaunen ihren Blick weitern, wenn sie unter einer dicken Tabakswolke beim Bierkruge Leute in einfältiger Kleidung fanden, die über die wichtigsten Gegenstände der Literatur mit Scharfsinn und Geschmack zu sprechen wußten. Nur muß man sich über eine gewisse Roheit der Sitten hinwegsetzen, die in Ulm auch den Studierten anhängt, weil es ihnen meist an guter Erziehung fehlte. Die dasigen Studenten sind größtenteils schon reif, eh sie die Universität beziehen, und was das wundersamste ist, sie bilden sich meistens selber durch Lektür und Umgang. Ihr Zustand ist zu beklagen, denn unter dem beständigen notgedrungenen Informieren, bleiben ihnen kaum Fragmente von Minuten zum Privatstudium übrig. Sie sind mehrenteils schon bejahrt, wenn sie ins Amt und in Ehstand treten. Inzwischen bezeugen es doch die Beispiele eines Doktor *Millers, Abbts, Häberlins, Fricks, Mr. Millers* und andrer, daß Ulm schon manchen Sprößling in den deutschen Eichenhain verpflanzt habe, der zum Teil noch da steht, und in Stamm, Ast und Wipfel schwillt. – Für die Künste scheint zwar Ulm ein Grab zu sein, doch sind noch Augen und Ohren für selbige da. Der Musikdirektor Martin besaß Eifer und Geschick für die Tonkunst; er führte die besten und neusten Stücke auf, so gut er's in seiner eingeschränkten Lage vermochte. Man liebt hier mehr schwerfällige Harmonie, als leichte geflügelte Melodie; daher würde die Kirchenmusik ihr Glück hier vor andern machen. Der Choralgesang in den Hallen des majestätischen Münsters hat eine Feierlichkeit, eine Würde, die das kälteste Herz erschüttert. Die Orgel im Münster ist eine der besten in Deutschland, von ungemein dickem und wie

Glockenhall durchschlagendem Tone. Die Pedalregister sind ein Grund, der die Fluten des festlichsten Gesangs mächtig trägt und hebt. *Donz* und *Benda* versehen hier die Figuralmusik meist ohne Würkung, denn die Gemeinde geht, sobald diese beginnt. Schlechte Kraft einer Tonkunst, die den Hörer nicht bei der Brust fassen, und zum Hören und Fühlen zwingen kann ... Um die Zeit der Kreisversammlung lassen sich gemeiniglich reisende Virtuosen hier hören, worunter der große Violoncellist *Jäger* zu meiner Zeit die Palme erhielt. –
Die dasigen Buchhändler sind für einen Journalisten, wie ich war, ein reicher, nie versiegender Quell zu seiner und seiner Leser Unterhaltung. Rauchend, wie sie die Presse verlassen, sind hier die Schriften zu finden; auch wird manches gute Buch, von Ausländern und Einheimischen verfertigt, hier verlegt, und in der stattlichen Wagnerischen Drukkerei gedruckt. Die Zensur ist hier so frei, als an einem Ort in Deutschland. Daher können auch im stillen manche Schriften vom kühnsten Tone in den dortigen Druckereien gedruckt werden. –
Die Lebensart in Ulm ist meist ganz einfältig, und ohne allen Zwang. Die Komplimentier- und Rangsucht, die dem Ausländer so lächerlich auffällt, ist doch nichts mehr, als Schleife an einem sehr einfältigen Rocke. Wer die gewöhnlichen Titulaturen einmal inne und sie beim Willkomm und dem ersten Kelchglase angebracht hat, der ist hernach von allem übrigen Zeremoniell los, und darf tun und schwatzen was er will. Die Wirtshäuser in und außer der Stadt, sind allgemeine Versammlungsplätze, wo man Patrizier, Priester, Kaufleute, Soldaten, Bürger und Studenten, Handwerkspursche und Bauern oft im buntesten Kartengemisch durcheinander antrifft. Man verargt es den Geistlichen, daß sie in öffentliche Wirtshäuser gehen; und in der Tat wäre es baß, sie blieben davon weg. Allein die dortige Geistlichkeit hat sich zu einem gewissen Tone der Ehrbarkeit gestimmt, die im Weinhaus ebensowenig ärgerlich ist, als in der Sakristei. Etwas auffallender ist es, daß die dasigen Kandidaten der Theologie am hohen Mittag ihre Mädchens mit herumschleppen, sie auf Spaziergänge und Tanzsäle führen, und beinahe mit ihnen hausen, als wenn sie schon Mann und Weib wären. Allein ökonomische Ursachen, und die späte

Bedienung der Kandidaten entschuldigen einigermaßen diese Dissonanz. –
Die politische Verfassung dieser ehrwürdigen alten Reichsstadt war zu meiner Zeit schon sehr zerrüttet. – Ich hörte manche patriotische Klage laut genug aufschallen; aber das Verderben schien so tief zu sitzen, daß die vorhabende Kur, nach den Zeugnissen der weisesten Staatsärzte, bloß palliativ war. Die Verzweiflung hatte schon die schreckliche Maxime ausgeboren, die der Enkel dereinst verfluchen wird: «wenn's nur geht, solang ich noch lebe!» Hätten unsere Ahnherrn so gedacht; wo wären wir? O verdorbene, unermeßlich verdorbene Nachwelt! Entweder gibt's keine Nachwelt mehr, oder Gott muß den verpesteten Klumpen durcheinander werfen, und aus den Steinen wieder Kinder erwecken! – Wer die Ulmer Bürger kennt, wie ich sie kenne, ihr gerades, freisinniges, biderbes Wesen, ihren mutigen Ton, ihr treffendes, wie ein Pfeil aus der Brust fliegendes Urteil, ihre heitere Laune, ihr steifes Halten auf Ehr und alte Sitte; der muß es mit Tränen beklagen, daß das Wort *Bürger* unter den Offizianten der Stadt bereits eine verächtliche Bedeutung gewonnen hat. *Afsprung,* ein Mann von trefflichen Talenten, der zur Schande seiner Vaterstadt auswandern mußte, nennt sich in seinen Schriften noch mit Stolz einen Ulmer Bürger, wie *Rousseau* sich einen Bürger von Genf nennt. Aber dies stolze republikanische Gefühl ist nun in den meisten Ulmern verloschen: sie kriechen, schmeicheln, bestechen, bis sie Ämter haben; dann nagen sie an ihrem Knochen und lassen die Grundfeste ihrer öffentlichen Freiheit zusammenkrachen, so laut sie will. – Diese Wahrheit brannte mir oft im Innersten, denn ich war dieser Stadt herzlich gut, und hätte ihr gerne ewigen Wohlstand gewünscht. Denn in der Tat war ich auf meiner Wanderschaft nie zufriedener und ruhiger, als hier, obgleich mein stürmisches Temperament mich auch hier in tausend Unruhen zog.

*

Meine Chronik und mein musikalisches Talent hatten mich allenthalben bekannt gemacht. Wer nach Ulm kam, Edler und Unedler, Gelehrter und Laie, Künstler und Kaufmann besuchte mich, oder nahm mich mit sich in ein Gasthaus, um mir zu Ehren ein Bacchanal anzustellen. Durch solche Ausschweifungen zerstört ich nicht nur meine ohnehin wankende Gesundheit, sondern machte mich auch unfähig, mit immer gleicher Laune und Geistesgegenwart meine Chronik zu schreiben, wie es doch die Ehrfurcht für ein so ansehnlich gewordnes Publikum erfordert hätte. Ich habe seither oft im Kerker über die großen Verpflichtungen nachgedacht, die einem Schriftsteller obliegen, und es herzlich bereut, daß ich sie manchmal so schlecht beobachtet habe. Ein *Autorkatechismus* von einem guten Kopfe, wäre in der Tat für unser Publikum zu wünschen, wo so manche Schriftstellerbuben auftreten, die mit unbegreiflichem Leichtsinn alle gesunde Moral unter die Füße rollen. Du sollst das verstehen, tief und lang gewälzt und durchgedacht haben, was du schreibst! Gottes Ehre und deiner Brüder Heil soll dein erster Zweck sein! Beifall soll dich weder stolz noch nachlässig machen! Du sollst deinen Bruder nicht mit liebloser Kritik beleidigen! – Gott, der unnütze Worte, nur in die Luft hinein*gesprochen*, wägt, und richtet, wird unnütze *geschriebene* Worte, die in tausend Abdrücken von Zehntausenden gelesen werden, noch weit schwerer richten!! – O wer bedenkt dies, wenn er die Feder ansetzt; wer hat Mut und Verleugnung genug, den schönsten witzigsten Einfall als einen Feuerpfeil des Teufels anzusehen, sobald er Religion, Tugend, fromme Sitte, oder einen frommen Menschen lächerlich macht! Die Schriftstellersünden scheinen mir unter allen am lautesten gen Himmel zu schreien, denn sie verstummen auch nach dem Tode des Autors nicht. – –

Indessen wuchs doch der Beifall meiner Chronik von Woche zu Woche, und zog mir viele Freunde, aber auch ebenso viele und oft sehr wichtige Feinde zu. Man fing nun an, öffentliche Pasquille gegen mich herauszugeben, schändliche Kupferstiche auf mich zu machen, falsche beschimpfende Gerüchte in den Zeitungen von mir zu verbreiten, mir Briefe ohne Namen zuzuschreiben – mit dem bloßen Epiphonema, das *Götz von Berlichingen* dem Trompeter zum Fenster hinauswarf; und mir unter der Hand, sonderlich in den benachbarten katholischen Gegenden, aufzupassen, und den Tod zu schwören. Es ereignete sich unter diesem Wogengetümmel ein Zufall, der Schriften veranlaßt hätte, wenn er nicht in einer so phlegmatischen Gegend geschehen wäre. Ein katholischer Jurist, namens *Nickel*, hatte aus Begierde zu den Wissenschaften, wider die Gewohnheit seiner Landsleute in Tübingen studiert. Er war von Söflingen eine halbe Stunde von Ulm gebürtig; und da er von Tübingen zurückgekommen war, ging er öfters nach Ulm, um die Bekanntschaft der dasigen Studenten zu suchen. Bei dieser Gelegenheit besuchte er auch mich. Er sprach sehr fertig Latein, und war überhaupt ein aufgeweckter Kopf. Er verlangte ein Buch von mir, und ich gab ihm einen neuen sehr unschuldigen Roman. Von der Religion aber sprach ich nicht eine Silbe mit ihm. Der junge Mensch beging nun die Unvorsichtigkeit, einige Voltairsche Maximen, die er vielleicht zu Tübingen gehört haben mochte, in einem katholischen Wirtshause herauszuplaudern. Er ward angegeben, im Kloster *Wiblingen* ins scheußlichste Gefängnis gelegt, und – wie sein Urteil lautete – aus Gnaden und Barmherzigkeit, als ein Lästerer Gottes und der Heiligen, enthauptet, verbrannt, und seine Asche auf die Iller gestreut! – Eine schreckliche Begebenheit, die nur im finstersten Winkel des katholischen Schwabens geschehen konnte! – Er war kaum tot, als man allenthalben ausstreute, ich wäre die Ursache seines Verderbens, weil man wußte, daß ich mit ihm gesprochen hatte, und weil man den erwähnten Roman, den seine Inquisitoren vielleicht für den Schemhamforasch gehalten haben, bei ihm fand. – Doch Gottlob! von dieser Sünde bin ich rein; – aber, o ihr seine Richter!

«Die Asche will nicht lassen ab,
Sie stäubt in allen Landen!»

Dieser Zufall kerkerte mich gleichsam in Ulm ein, weil man mir ein gleiches Schicksal drohte, und tausendmal dank ich Gott, daß er mich nicht in die Hände dieser Bluthunde fallen ließ. – Doch alle diese bedenklichen Vorfälle, Drohungen, Warnungen von Freund und Feinden zugeschickt, machten dennoch meine Schreibart in der Chronik nicht behutsamer: ich tastete vielmehr einen Götzen des katholischen Pöbels nach dem andern an. Pater *Merz* in Augsburg war ein solches Idol, dessen Kontroverspredigten voll Ehrfurcht verschlungen wurden, – ungefähr wie der Indianer den Kot des Dalai Lama verschlingt. Mich verdroß die Unverschämtheit dieses Klopffechters, womit er die größten

Männer der protestantischen Kirche, denen er an Genie und Gelehrsamkeit nicht die Schuhriemen lösen konnte, angriff, und im Eifer sogar Sätze gegen die Bibel ausgeiferte, die man nur in *Tolands* Leviathan suchen sollte. Man kann seine Predigten nicht lesen, ohne einen Abscheu vor der Dialektik zu bekommen, die so geist- und herzlose Sophisten macht. Ich ergriff demnach fleißig die Gelegenheit, den Katholiken mündlich und schriftlich zu zeigen, welch ein lächerlicher Popanz ihr vergötterter Gladiator Merz in den Augen kluger Protestanten sei, und wie leicht es wäre, ihm zu antworten, und ihn in seiner lächerlichen Zwerggestalt darzustellen, wenn die protestantischen Theologen nicht weit wichtigere Kriege zu führen hätten. – Mein Ausfall auf diesen trübseligen Pater, zog mir einen neuen Hagelsturm von Beschimpfungen zu. Der Exjesuit Gugler schrieb ein Pasquill gegen mich, das mehrmals aufgelegt, und wie eine Heiligenlegende ausgesäet wurde. – Ich war so ruhig bei diesen Anfällen, daß ich die gegen mich herausgekommnen Schriften meinen Freunden in Ulm meist selbst vorlas, und mit ihnen herzlich drüber lachte.

*

So sehr sich inzwischen meine Chronik in und außerhalb Deutschland ausbreitete – denn es kamen Stücke nach London, Paris, Amsterdam und Petersburg – so manchfaltig war doch der Verdruß, den ich mir damit zuzog. Die Höfe Mainz und Zweibrücken, und selbst der französische Hof glaubten darin beleidigt zu sein, und verlangten Widerruf. Eine aus Berlin empfangene Anekdote, die ich aufnahm, hetzte mir die ganze dasige Hofmusik auf den Hals. *Afsprungs* Schrift, worin er seiner Vaterstadt einen neuen pädagogischen Plan vorlegte, und die ich, wie billig, lobte, machte mir sogar Feinde in Ulm. Die reiche Bekanntschaft, in die ich durch dies fliegende Blatt geriet, legte mir oft die Verbindlichkeit auf, anders zu schreiben, als ich dachte. Die Warnungen der Ulmischen Obrigkeit, und die eingeschränktere Zensur kühlten die Lava, wenn sie sich feurig ergoß, und wandelten sie mitunter in todkalte Schlacken. Daher wurd ich immer mißmutiger, und schrieb meine Chronik meistens aus Zwang und Not, und selten mehr mit dem feurigen Ausguß des Geistes, der weder Damm noch

Schranken kennt. Mit einem Wort, ich hab es an mir selbst erfahren, daß für ein Temperament, wie das meinige, nichts gefährlicher, als der Posten eines Zeitungsschreibers ist. Klug und abgekühlt, schlau, beugsam und raffiniert muß ein deutscher Novellist sein, wenn er sich erhalten will, und nicht ein feuriger, offener, herausplatzender Tor, der die Feder ebensowenig, als die Zunge zu regieren weiß. – Überdem war ich fast alles Schutzes beraubt. Ich war nicht Bürger in Ulm, – nicht in Aalen, nicht in Geißlingen; – war nur Weltbürger, dessen Rechte man zwar in allgemeinen, aber nicht in besondern Fällen gelten läßt. Ich liebte mein Vaterland so herzlich, und fand doch so wenig Schatten unter den Flügeln seines Adlers. – Und noch immer ist der Gedanke einer der bittersten, der in meinem Gefängnisse über mich herstürzt: daß ich mit so viel Vaterlandsglut in der Seele, doch von meinem Vaterlande nicht geschützt werde, sondern wahrscheinlich unverhört, mein ganzes Leben in der öden Gruft dieses Kerkers verächzen soll. Wie kostbar, wie selten ist ein patriotischer Bürger und wie verächtlich wirft man ihn oft weg!

Georg Christoph Lichtenberg

Ein Traum

Mir war als schwebte ich, weit über der Erde, einem verklärten Alten gegenüber, dessen Ansehen mich mit etwas viel Höherem als bloßem Respekt erfüllte. Sooft ich meine Augen gegen ihn aufschlug, durchdrang mich ein unwiderstehliches Gefühl von Andacht und Vertrauen, und ich war eben im Begriff mich vor ihm niederzuwerfen, als er mich mit einer Stimme von unbeschreiblicher Sanftheit anredete. Du liebst die Untersuchung der Natur, sagte er, hier sollst du etwas sehen, das dir nützlich sein kann. Indem er dieses sagte, überreichte er mir eine bläulichgrüne und hier und da ins Graue spielende Kugel, die er zwischen dem Zeigefinger und Daumen hielt. Sie schien mir etwa einen Zoll im Durchmesser zu haben. Nimm dieses Mineral, fuhr er fort, prüfe es, und sage mir, was du gefunden hast. Du findest da hinter dir alles, was zu solchen Untersuchungen nötig ist, in höchster Vollkommenheit; ich will mich nun entfernen, bin aber zu rechter Zeit wieder bei dir. Als ich mich umsah, erblickte ich einen schönen Saal mit Werkzeugen aller Art, der mir im Traum nicht so fremd schien, als nachher beim Erwachen. Es war mir als wäre ich öfter da gewesen, und ich fand, was ich nötig hatte, so leicht als hätte ich alles selbst vorher hingelegt. Ich besah, befühlte und beroch nunmehr die Kugel, ich schüttelte und behorchte sie, wie einen Adlerstein; ich brachte sie an die Zunge; ich wischte den Staub und eine Art von kaum merklichem Beschlag mit einem reinen Tuche ab, erwärmte sie und rieb sie auf Elektrizität am Rockärmel; ich probierte sie gegen den Stahl, das Glas, und den Magneten, und bestimmte ihr spezif. Gewicht, das ich, wo ich mich recht erinnere, zwischen vier und fünf fand. Alle diese Proben fielen so aus, daß ich wohl sah, daß das Mineral nicht sonderlich viel wert war, auch erinnerte ich mich, daß ich in meiner Kindheit von dergleichen Kugeln, oder doch nicht sehr verschiedenen, drei für einen Kreuzer auf der Frankfurter Messe gekauft hatte. Indes schritt ich doch nun zu der chemischen Prüfung, und bestimmte die Bestandteile in Hundertteilen des Ganzen. Auch hier ergab sich nichts Sonderliches. Ich fand etwas Tonerde, ungefähr ebensoviel Kalkerde, aber ungleich mehr Kieselerde, endlich zeigte sich noch Eisen und etwas Kochsalz und ein unbekannter Stoff, wenigstens einer der zwar manche Eigenschaften der bekannten hatte, dafür aber wieder eigene. Es tat mir leid, daß ich den Namen meines Alten nicht wußte, ich hätte ihn sonst gern dieser Erde beigelegt, um ihm auf meinem Zettelchen ein Kompliment zu machen. Übrigens muß ich sehr genau bei meinen Untersuchungen verfahren sein, denn als ich alles zusammen addierte was ich gefunden hatte, so machte es genau hundert. Soeben hatte ich den letzten Strich in meiner Rechnung gemacht, als der Alte vor mich hintrat. Er nahm das Papier und las es mit einem sanften Lächeln, das kaum zu bemerken war; hierauf wandte er sich mit einem Blick voll himmlischer Güte mit Ernst gemischt gegen mich, und fragte, *weißt du wohl, Sterblicher, was das war, was du da geprüft hast?* Der ganze Ton und Anstand, womit er dieses sprach, verkündigte nunmehr deutlich den Überirdischen. *Nein! Un-*

sterblicher, rief ich, indem ich mich vor ihm niederwarf, *ich weiß es nicht.* Denn auf mein Zettelchen wollte ich mich nun nicht mehr berufen.

Der Geist. So wisse, es war, nach einem verjüngten Maßstabe, nichts Geringeres als – *die ganze Erde.*

Ich. Die Erde? – Ewiger, großer Gott! und das Weltmeer mit allen seinen Bewohnern, wo sind denn die?

Er. Dort hängen sie in deiner Serviette, die hast du weggewischt.

Ich. Ach! und das Luftmeer und alle die Herrlichkeit des festen Landes!

Er. Das Luftmeer? Das wird dort in der Tasse mit destilliertem Wasser sitzen geblieben sein, und mit deiner Herrlichkeit des festen Landes? Wie kannst du so fragen? Das ist unfühlbarer Staub; da an deinem Rockärmel hängt welcher.

Ich. Aber ich fand ja nicht eine Spur von dem Silber und Gold, das den Erdkreis lenkt!

Er. Schlimm genug. Ich sehe, ich muß dir helfen. Wisse: mit deinem Feuerstahl hast du die ganze Schweiz und Savoyen, und den schönsten Teil von Sizilien heruntergehauen, und von Afrika einen ganzen Strich von mehr als 1000 Quadratmeilen vom Mittelländischen Meer bis an den Tafelberg völlig ruiniert und umgewendet. Und dort auf jener Glasscheibe – oh! soeben sind sie heruntergeflogen – lagen die Kordilleren, und was dir vorhin beim Glasschneiden ins Auge sprang, war der Chimborasso.

Ich verstund und schwieg. Aber neun Zehnteile meines noch übrigen Lebens hätte ich darum gegeben, wenn ich meine chemisch zerstörte Erde wiedergehabt hätte. Allein um eine andere bitten, einer solchen Stirne gegenüber, das konnte ich nicht. Je weiser und gütiger der Geber war, desto schwerer wird es dem Armen von Gefühl, ihn zum zweitenmal um eine Gabe anzusprechen, sobald sich der Gedanke in ihm regt, er habe von der ersten vielleicht nicht den besten Gebrauch gemacht. Aber eine neue Bitte dachte ich, vergibt dir wohl dieses verklärte *Vater-Gesicht*: Oh! rief ich aus, großes, unsterbliches Wesen, was du auch bist, ich weiß du kannst es, vergrößere mir ein Senfkorn bis zur Dicke der ganzen Erde, und erlaube mir die Berge und Flöze darauf zu untersuchen bis zur Entwickelung des

Keims, bloß der Revolutionen wegen. Was würde dir das helfen? war die Antwort. An deinem Planeten hast du ja schon ein Körnchen für dich zur Dicke der Erde vergrößert. Da prüfe. *Vor deiner Umwandlung,* kömmst du nicht auf die andere Seite des Vorhangs, die du suchst, weder auf diesem noch einem andern Körnchen der Schöpfung. Hier nimm diesen Beutel, prüfe was darin ist, und sage mir was du gefunden hast. Beim Weggehen setzte er fast scherzend hinzu: verstehe mich recht, *chemisch* prüfe es, mein Sohn; ich bleibe dieses Mal länger aus. – Wie froh war ich, als ich wieder was zu untersuchen hatte, denn nun, dachte ich, will ich mich besser in acht nehmen. Gib acht, sprach ich zu mir selbst, es wird glänzen, und wenn es glänzt, so ist es gewiß die Sonne, oder sonst ein Fixstern. Als ich den Beutel aufzog, fand ich ganz wider meine Erwartung, ein Buch in einem nicht glänzenden einfachen Bande. Die Sprache und Schrift desselben waren keine der bekannten, und obgleich die Züge mancher Zeilen flüchtig angesehen, ziemlich so ließen, so waren sie es, näher betrachtet, doch ebensowenig als die verwickeltsten. Alles was ich lesen konnte, waren die Worte auf dem Titelblatt: *Dieses prüfe mein Sohn, aber chemisch, und sage mir was du gefunden hast.* Ich kann nicht leugnen, ich fand mich etwas betroffen, in meinem weitläufigen Laboratorio. Wie? sprach ich zu mir selbst, ich soll den Inhalt eines Buchs *chemisch* untersuchen? Der Inhalt eines Buchs ist ja sein Sinn, und chemische Analyse wäre hier Analyse von Lumpen und Druckerschwärze. Als ich einen Augenblick nachdachte, wurde es auf einmal helle in meinem Kopf, und mit dem Licht stieg unüberwindliche Schamröte auf. Oh! rief ich lauter und lauter, ich verstehe, ich verstehe! Unsterbliches Wesen, o vergib, vergib mir; ich fasse deinen gütigen Verweis! Dank dem Ewigen daß ich ihn fassen kann! – Ich war unbeschreiblich bewegt, und darüber erwachte ich.

Friedrich Gottlieb Klopstock

Die Frühlingsfeier

Nicht in den Ozean der Welten alle
Will ich mich stürzen! schweben nicht,
Wo die ersten Erschaffnen, die Jubelchöre der Söhne des Lichts,
Anbeten, tief anbeten! und in Entzückung vergehn!

Nur um den Tropfen am Eimer,
Um die Erde nur, will ich schweben, und anbeten!
Halleluja! Halleluja! Der Tropfen am Eimer
Rann aus der Hand des Allmächtigen auch!

Da der Hand des Allmächtigen
Die größeren Erden entquollen!
Die Ströme des Lichts rauschten, und Siebengestirne wurden,
Da entrannest du, Tropfen, der Hand des Allmächtigen!

Da ein Strom des Lichts rauscht', und unsre Sonne wurde!
Ein Wogensturz sich stürzte wie vom Felsen
Der Wolk herab, und den Orion gürtete,
Da entrannest du, Tropfen, der Hand des Allmächtigen!

Wer sind die tausendmal tausend, wer die Myriaden alle,
Welche den Tropfen bewohnen, und bewohnten? und wer bin ich?
Halleluja dem Schaffenden! mehr wie die Erden, die quollen!
Mehr, wie die Siebengestirne, die aus Strahlen zusammenströmten!

Aber du Frühlingswürmchen,
Das grünlichgolden neben mir spielt,
Du lebst; und bist vielleicht
Ach nicht unsterblich!

Ich bin heraus gegangen anzubeten,
Und ich weine? Vergib, vergib
Auch diese Träne dem Endlichen,
O du, der sein wird!

Du wirst die Zweifel alle mir enthüllen,
O du, der mich durch das dunkle Tal
Des Todes führen wird! Ich lerne dann,
Ob eine Seele das goldene Würmchen hatte.

Bist du nur gebildeter Staub,
Sohn des Mais, so werde denn
Wieder verfliegender Staub,
Oder was sonst der Ewige will!

Ergeuß von neuem du, mein Auge,
Freudentränen!
Du, meine Harfe,
Preise den Herrn!

Umwunden wieder, mit Palmen
Ist meine Harf umwunden! ich singe dem Herrn!
Hier steh ich. Rund um mich
Ist alles Allmacht! und Wunder alles!

Mit tiefer Ehrfurcht schau ich die Schöpfung an,
Denn Du!
Namenloser, Du!
Schufest sie!

Lüfte, die um mich wehn, und sanfte Kühlung
Auf mein glühendes Angesicht hauchen,
Euch, wunderbare Lüfte,
Sandte der Herr! der Unendliche!

Aber jetzt werden sie still, kaum atmen sie.
Die Morgensonne wird schwül!
Wolken strömen herauf!
Sichtbar ist, der kommt, der Ewige!

Nun schweben sie, rauschen sie, wirbeln die Winde!
Wie beugt sich der Wald! wie hebt sich der Strom!
Sichtbar, wie du es Sterblichen sein kannst,
Ja, das bist du, sichtbar, Unendlicher!

Der Wald neigt sich, der Strom fliehet, und ich
Falle nicht auf mein Angesicht?
Herr! Herr! Gott! barmherzig und gnädig!
Du Naher! erbarme dich meiner!

Zürnest du, Herr,
Weil Nacht dein Gewand ist?
Diese Nacht ist Segen der Erde.
Vater, du zürnest nicht!

Sie kommt, Erfrischung auszuschütten,
Über den stärkenden Halm!
Über die herzerfreuende Traube!
Vater, du zürnest nicht!

Alles ist still vor dir, du Naher!
Rings umher ist alles still!
Auch das Würmchen mit Golde bedeckt, merkt auf!
Ist es vielleicht nicht seelenlos? ist es unsterblich?
Ach, vermöcht ich dich, Herr, wie ich dürste, zu preisen!
Immer herrlicher offenbarest du dich!
Immer dunkler wird die Nacht um dich,
Und voller von Segen!

Seht ihr den Zeugen des Nahen den zückenden Strahl?
Hört ihr Jehovas Donner?
Hört ihr ihn? hört ihr ihn,
Den erschütternden Donner des Herrn?

Herr! Herr! Gott!
Barmherzig, und gnädig!
Angebetet, gepriesen
Sei dein herrlicher Name!

Und die Gewitterwinde? sie tragen den Donner!
Wie sie rauschen! wie sie mit lauter Woge den Wald
durchströmen!
Und nun schweigen sie. Langsam wandelt
Die schwarze Wolke.

Seht ihr den neuen Zeugen des Nahen, den fliegenden Strahl?
Höret ihr hoch in der Wolke den Donner des Herrn?
Er ruft: Jehova! Jehova!
Und der geschmetterte Wald dampft!

Aber nicht unsre Hütte!
Unser Vater gebot
Seinem Verderber,
Vor unsrer Hütte vorüberzugehn!

Ach, schon rauscht, schon rauscht
Himmel, und Erde vom gnädigen Regen!
Nun ist, wie dürstete sie! die Erd erquickt,
Und der Himmel der Segensfüll entlastet!

Siehe, nun kommt Jehova nicht mehr im Wetter,
In stillem, sanftem Säuseln
Kommt Jehova,
Und unter ihm neigt sich der Bogen des Friedens!

Ludwig Christoph Heinrich Hölty

Die Liebe

Eine Schale des Harms, eine der Freuden wog
Gott dem Menschengeschlecht; aber der lastende
  Kummer senket die Schale,
    Immer hebet die andre sich.

Irren, traurigen Tritts wanken wir unsern Weg
Durch das Leben hinab, bis sich die Liebe naht,
  Eine Fülle der Freuden
    In die steigende Schale streut.

Wie dem Pilger der Quell silbern entgegenrinnt,
Wie der Regen des Mais über die Blüten träuft,
  Naht die Liebe; des Jünglings
    Seele zittert, und huldigt ihr!

Nähm er Kronen und Gold, mißte der Liebe? Gold
Ist ihm fliegende Spreu; Kronen ein Flittertand;
Alle Hoheit der Erde,
Sonder herzliche Liebe, Staub.

Los der Engel! Kein Sturm düstert die Seelenruh
Des Beglückten! Der Tag hüllt sich in lichters Blau,
Kuß, und Flüstern und Lächeln
Flügelt Stunden an Stunden fort.

Herrscher neideten ihn, kosteten sie des Glücks,
Das dem Liebenden ward; würfen den Königsstab
Aus den Händen, und suchten
Sich ein friedliches Hüttendach.

Unter Rosengesträuch spielet ein Quell, und mischt
Dem begegnenden Bach Silber. So strömen flugs
Seel und Seele zusammen,
Wenn allmächtige Liebe naht.

Gottfried August Bürger

Beichte eines Mannes, der ein edles Mädchen nicht hintergehen will

Teures Mädchen! sosehr ich wünsche, daß Sie die Person sein mögen, der es verliehen ist, den Nachmittag und Abend meines Lebens zu beseligen; die Person, welche nun noch auf Erden zu finden ich längst verzweifelte; sosehr ich wünschte, der einzige Mann Ihres Geistes, Ihres Herzens, Ihrer Sinne, und in allen diesen der Mann Ihrer höchsten irdischen Glückseligkeit zu sein: ebensosehr drängt mich auch die Pflicht, Sie durch dieses getreue Bekenntnis von mir selbst zur strengsten Prüfung aller Ihrer Neigungen und Ansprüche erst aufzufordern, ehe der Enthusiasmus uns beide zu Schritten verleite, die uns in großes Unglück führen könnten. Ich will daher mein Inneres und mein Äußeres so schildern, daß, wo möglich, ich selbst hinfort mich nicht genauer kennen will, als Sie mich kennen sollen.

Was zuvörderst meinen Geist und mein Herz betrifft, so mögen Sie zwar wohl glauben, beides aus meinen öffentlichen Werken so hinlänglich zu kennen, um sich in Ansehung dieser Stücke volle Genüge für Ihre Wünsche versprechen zu dürfen. Allein vielleicht könnten Sie dennoch wohl irren. Ich will zwar, ebenso unbefangen von Demutsziererei, als von Dünkel, gern zugeben, daß einiges unter meinen Werken befindlich sein möge, das eines edeln Geistes und Herzens nicht unwürdig ist. Allein daraus dürfen Sie auf vollkommenen und unbefleckten Adel meiner Seele keinen Schluß machen. Es wäre sonst ebensoviel, als ob Sie von einigen schönen Blüten auf gesunde und unverdorbene Schönheit und Vollkommenheit des Baumes, welcher sie trug, schließen wollten. Auch ein wurmstichiger, mehr als halb verrotteter Stamm mag, wenn er sonst nur ursprünglich guter Art ist, noch immer deren einige hervorbringen. Nun fürchte ich sehr, daß Sie und jeder, der mich kennenlernt, trotz dem besten Vorurteil, das er vorher für mich hegte, genötiget sein werde, mich für einen solchen verdorbenen Stamm zu halten. Ungewitter und Stürme des Lebens haben hart in meine Blüten, Blätter und Zweige gewütet. Oh, ich bin nicht derjenige, der ich vielleicht der Naturanlage nach sein könnte, und auch wohl wirklich wäre, wenn mir im Frühlinge meines Lebens ein milder Himmel gelächelt hätte. Durch viele und langwierige Widerwärtigkeiten bin ich an Leib und Seele so verstimmt worden, daß ich oft in eine trübe melancholische Laune, und dabei in eine Ohnmacht des Geistes versinke, die mich gewiß nicht empfehlen kann. Denn ich verliere alsdann allen Mut, alles Vertrauen auf mich selbst, und halte mich für kopfleer, für herzkalt, für wortarm, kurz, für einen höchst wertlosen Stümper. Ich denke, jeder, der mich nur ansieht, spricht bei sich: «Es ist mit dem Menschen doch gar nichts anzufangen!» weil ich dies wirklich selbst glaube. Darob bin ich mir dann selbst gram; und wenn man sich selbst gram ist, so kann man unmöglich andern angenehm und liebenswürdig erscheinen. Da ich indessen ursprünglich gewiß mehr Anlage zum Frohmut, als zum Trübsinn habe: so wäre ich wohl in den letzten Jahren in mein erstes Natur-Geleise zurück gelanget, wenn ich meine gefeierte *Molly-Adonide* behalten hätte. Denn in dem Besitze ihrer Person und Liebe

fühlte ich mich sehr merklich wieder gedeihen, wie an Reichtum des Kopfes, so an Fülle, Wärme und Kraft des Herzens. Jene Laune belästigte mich damals in weit geringerem Grade, und das Weib meines Herzens erfuhr davon, wie ich glaube, gar keine Beschwerde. Wodurch hätte ich aber nach ihrem Hinscheiden genesen sollen? – Liebe, aber ungemeine Liebe brächte vielleicht jetzt noch eine volle Wiedergeburt mit mir zustande. Sollte sie aber wohl möglich sein, eine so gewaltige Liebe, die es der Mühe wert hielte, ein lange verstimmt gewesenes Instrument rein umzustimmen und mit neuen Saiten zu beziehen? Und würde hernach das Instrument ihre Mühe und Kosten vergüten? – Ach, ich bin auch im Stande der Gesundheit des Leibes und der Seele nur ein gewöhnlicher Alltags-Mensch, wie sie zu Millionen unter Gottes Himmel herumlaufen! Ich erstaune, wie ein vernünftiges Publikum mich, um einiger guter Verse willen, für etwas Besonderes halten könne.
Elise meint, weil ich nicht übel schriebe, so müßte ich auch wohl artig sprechen. Nichts weniger. Ich bin ein erbärmlicher Sprecher. Meine Schrift fließt mühselig und langsam, in Prose und in Versen. Nur ein bißchen gesunde Beurteilungskraft und Geschmack machen, daß es bisweilen leidlich wird, was ich schreibe. Mein mündlicher Vortrag muß daher vollends schlecht vonstatten gehen. Die Gabe, geistreich, lebhaft und witzig im Umgange zu unterhalten, mag ich, vielleicht überhaupt nicht, oder doch nur in meinen glücklichsten, seltensten Stunden, und auch da nur für solche besitzen, die mich sehr lieb haben und grade an meiner Weise Gefallen finden. Manchen mag auch bloß deswegen etwas als schön vorkommen, weil ich, der für etwas Besonderes Gehaltene, es sage; ob es gleich etwas sehr Armseliges ist. Ich könnte nun zwar wohl öfter und mehr mit manchem gesellschaftlichen Schwätzer und Spaßmacher wenigstens gleichen Schritt halten. Allein ich bin zu schüchtern und blöde, alle die leichte und blindgegriffene Münze auszuspenden, die gleichwohl, wie ich an andern täglich sehe, ohne Widerrede im gemeinen Handel und Wandel gilt. Sooft ich mir auch selbst desfalls Mut einzusprechen suche, so tritt mir doch gemeiniglich das Gewissen in den Weg. Aus Besorgnis, durch Zucken oder Stocken die Unvollkommenheit meiner Ware zu verraten, schweige ich lieber ganz

stille. Darüber mag mich wohl schon mancher und manche für einen armen Schlucker gehalten und sich gewundert haben, wie ein so langweiliger Mensch doch so leidliche Gedichte gemacht haben könne. Nun, an echter vollwichtiger Goldmünze des Geistes bin ich auch in der Tat kein Krösus, wiewohl ich an gemeinem Klappergelde nicht eben ein Bettler bin.

Mein Charakter und meine Gesinnungen möchten zwar vielleicht noch etwas mehr wert sein, als meine Geistes-Talente. Dennoch fühle ich, daß ich mit jenen noch weit unzufriedener sein muß, als mit diesen. Denn, so wie ich hier nicht nur erkenne, was zum Besser- und Vollkommener-Sein gehört, so fühle ich auch gar wohl die Möglichkeit, diese Vollkommenheit zu erreichen, wenn ich nur nicht von Trägheit, Weichlichkeit und Sinnenlust mich so oft abhalten ließe. Dies verursacht, daß ich auch in Ansehung dessen, worin ich vielleicht wirklich besser bin, als andere Menschen, dennoch nicht gar viel von mir selbst halten kann. Denn da ich zu wenig Herr meiner Neigungen bin, um mich von ihnen loszureißen, wenn es darauf ankommt, dem gerade gegenüberliegenden, von mir selbst erkannten, bewunderten und geliebten Guten nachzustreben: so muß ich wohl mein wirkliches Gute nur für Produkt eines unterstützenden Temperaments halten. So glaube ich, zum Beispiel, nicht, daß ich grob, beleidigend, hämisch, boshaft, zänkisch, unversöhnlich, rachgierig usw. bin: aber warum bin ich's nicht? Etwa weil ich das alles für Unrecht, das Gegenteil aber für Pflicht halte? Ach, das tue ich freilich: aber darum meide ich wohl nicht jene Laster und übe die entgegengesetzten Tugenden aus, sondern vielleicht nur darum, weil mein träges und weiches Temperament Ruhe und Frieden liebt. Wie manche meiner Tugenden mag aus Eigenliebe, Eitelkeit und Ruhmsucht entspringen!

An meiner Lebensweise und an meinen Sitten ist noch ungleich mehr auszusetzen. Ich bin kein guter Haushälter: nicht, daß ich etwa zur Verschwendung geneigt wäre, sondern weil ich ziemlich unordentlich, nachlässig, träge und leichtsinnig bin, und weder meines Geldes, noch meiner übrigen Habseligkeiten sonderlich achte. Es läßt sich daher auch kein Mensch bequemer betrügen, als ich. Denn wenn ich den Betrug auch merke, so muß er schon arg kommen, ehe ich ihn nur zur Sprache bringe, besonders auch darum, weil ich mich niemanden gern unangenehm mache. In Essen, Trinken und vielen andern Gegenständen des Luxus kann ich mich, ohne daß es mir sauer wird, sehr sparsam behelfen. Etwas weniger vielleicht in der Kleidung, worin ich, wenn es sein kann, wohl etwas mehr, als meinesgleichen, modernisiere.

In dem, was die Kinder dieser Welt Artigkeit und feine Lebensart nennen, habe ich auch eben nicht viel getan. Ich glaube, ich bin ziemlich trocken, hölzern und steif in meinen körperlichen sowohl als geistigen Bewegungen. Durch sogenannte Galanterie und Politesse bin ich schwerlich imstande, mein Glück zu machen. Was ich vielleicht auch leisten könnte, den Menschen angenehm und gefällig zu sein, das unterlasse ich doch entweder aus Stolz, oder aus Nachlässigkeit und Trägheit. Des Stolzes, wie auch des Trotzes gegen fremden Stolz und Trotz ist mir überhaupt eine ziemliche Portion zuteil geworden. Dies wäre indessen wohl noch so übel nicht. Aber das ist übel, daß ich's aus Nachlässigkeit und Leichtsinn zum Beispiel oft an Antworten auf Briefe, an Besuchen, an Ehrenbeschickungen und Befolgung mancher Vorschriften der Etikette ermangeln lasse.

Was indessen Lebensweise und Sitten betrifft, so glaube ich, ein Weib, das ich liebte, könnte mich ohne sonderliche Schwierigkeit zu demjenigen machen, wozu sie mich nur immer gern hätte. *Liebe* würde meiner mächtig sein, so viel ich nur meiner selbst mächtig bin, und wohl noch mehr. Ich weiß nicht, ob es mir zum Lobe, oder zum Tadel gereichen mag, daß ich mich bei einem geliebten Weibe kaum gegen Sklaverei aufrecht erhalten würde; besonders wenn sie die Kunst zu herrschen verstände.

Johann Georg Hamann

Zur Biographie

Aus dem Brief an die Königlich Preussische Kriegs- und Domänen-Kammer zu Königsberg i. Pr. vom 29. 7. 1763

Ich beschließe Gottlob! mit diesem Augustmonat das 33ste Jahr meines Alters, und habe nach einer ziemlich willkürlichen Abwartung des akademischen Laufes, mit Hofmeistern in Liv- und Kurland, hierauf mit einer Reise nach Holland und England unter dem Mantel fremder Angelegenheiten, mir meine übrige Zeit vertrieben, endlich die letzten fünf (für das Vaterland trübe) Jahre in meines Vaters Hause teils zur Pflege seiner grauen Schläfe, teils in einer gelehrten Muße nach Herzenswunsch gelebt.
Da eine schwere Zunge und Unvermögenheit der Aussprache, nebst einer ebenso empfindlichen Gemütsart als Leibesbeschaffenheit zwar mich zu den meisten öffentlichen Bedienungen untüchtig machen; ich aber zugleich Gefahr laufen muß das Teil meiner Gaben oder Güter bei einem längeren Umgange der Musen zu verschlingen, und dann wie der verlorene Sohn im Hunger zu verderben: so bleibt die Landesväterliche Weisheit und Vorsorge Ew. *Königlichen Majestät* für die Erhaltung und Anwendung eines unnützen Knechts sein Trost.
Weil ich bloß für die lange Weile und zu meiner eigenen Demütigung studiert: so muß ich allen Ämtern entsagen, zu welchen die Qualität eines Litterati sonst erfordert wird, und kann mich weder auf irgend einige Verdienste berufen, noch auf andere Bedingungen einlassen, als daß ich zur Not leserlich schreiben und ein wenig rechnen kann.

Aus dem Brief an Johann Gottfried Herder vom 15. 10. 1776

Ungeachtet in keinem andern Lande eine Gewissensehe oder wie man meinen *Fuß zu leben* nennen will, so *gesetzmäßig als* in Pr. ist: so scheint doch wirklich selbige gewissen Leuten anstößiger zu sein als Hurerei und Ehebruch, weil

Modesünden über Gesetze und Gewissen sind. Ungeachtet meiner großen Zufriedenheit, in der ich lebe und die das ganze Glück meines Lebens ausmacht, fühl ich diese Seite des bürgerl. Übelstandes lebhafter als irgendeiner jener weisen Leute. Eben dies Bauermädchen, deren vollblütige, blühende Gesundheit, und ebenso vierschrötige, eigensinnige, dumme Ehrlichkeit und Standhaftigkeit so viel Eindruck auf mich gemacht, daß Abwesenheit und die Versuche der höchsten Verzweifelung und kältesten Überlegung pp nicht haben auslöschen können – diese Magd, die Kindesstelle an meinem alten unvermögenden gelähmten Vater vertreten, und die er als eine leibliche Tochter geliebt, und mit sterbender Hand ein gleiches Legatum mit unsern Anverwandtinnen verschrieben – würde vielleicht als meine Ehefrau – ich weiß nicht was – sein – Nicht aus Stolz, dazu bin ich zu dankbar, sondern weil ich die *innere Überzeugung* habe, daß diese Lage ihre eigene Glückseligkeit mindern und *vielleicht* dem Glück ihrer Kinder nachteilig werden könnte. Doch dieser bereits in das 17te Jahr laufende *Roman meines Lebens* und die Erhaltung vom *Gespenst meines armen Bruders,* der keinen Finger mehr ansetzt sondern bloß lebt um zu essen, zu schlafen und zu spucken, sind für mich wahre Zeichen und Wunder, ebenso unaussprechl. als unbegreifl. Plane einer höhern unsichtbaren Hand – und der Stoff zu den Leiden und anis, die keiner kennt als der sie auflegt und der sie trägt.

Aus dem Brief an Franz Kaspar Bucholtz vom 7. 9. 1784

Ich habe den 27. des verfl. Augusts mein 55stes Jahr angetreten. Mein Vater war aus der Lausitz, meine Mutter aus Lübeck gebürtig. Sachsen und Schlesier, Lübecker u. Hamburger wurden als Landsleute von meinen Eltern angesehen, und mein akademischer Umgang war vornehmlich mit Liv- und Ausländern. Daher ich auch noch ein Fremdling in meinem Vaterlande hier bin. Meine selige Mutter entschlief 56 an einer Auszehrung, ehe ich eine Reise durch Deutsch- u. Holl- nach Engl. unter dem Mantel von Handlungsgeschäften antrat, die ebenso vereitelt wurden, als meine vorgängige Hofmeisterversuche in Liv- und Kurl. – Mein sel.

Vater war ein ziemlich allgemein beliebter Wundarzt, Vornehmen und Armen unter dem Namen des *Altstädtschen Baders,* der sein angenehmster *Titel* war, wohl bekannt. Er starb nach einigen Anfällen von Schlagfluß und vieljährigen Lähmungen 66, in eben dem Jahr, da die Pest der welschen Regie ins Land kam – und hinterließ ein Vermögen, das er bloß seinem ehrlichen Fleiß und christlichen Glück, auch zum Teil der Sparsamkeit unserer häuslichen und sorgfältigen Mutter zu verdanken hatte, und ohngeachtet seiner Mildtätigkeit und Gastfreiheit für seine beiden einzigen Söhne hinreichend und zulänglich gewesen wäre.
Eine stotternde Zunge und ich weiß nicht was in meiner Seele verekelte mir alle öffentl. Geschäfte und feierlichen Umgang; jedermann glaubte dafür, daß mein jüngerer Bruder einen desto entschiedeneren Beruf zu einem geistl. Amte, dem heil. Ehstande und seinem zeitlichen Fortkommen hätte. Ich baute also im voraus darauf, einmal das Gnadenbrot in seiner Familie zu essen, und an ihrer Hut, Erziehung und Gesellschaft auf meine alten Tage den nächsten Anteil zu nehmen. Dieser Lieblingsgrille habe ich viel, und hätte beinahe *alles* aufgeopfert. Eine Melancholie und eigensinnige Krankheit bemächtigte sich dieses einzigen Bruders, und ich wurde zuletzt genötigt sein Vormund zu werden, und zur Erhaltung seiner Person, seines ganzen und meines halben Vermögens das erste das beste Amt zu ergreifen.
Pour la rareté du fait und aus philosophisch-patriotischem Vorwitz wurde ich 67 *französischer Übersetzer* bei der hiesigen Provinzial-Akzise u. Zoll-Direktion. Ein geheimer Instinkt zu dieser Sprache vor allen übrigen kam mir zustatten; nunmehr hab ich allen Geschmack daran verdorben und verloren. Ein noch geheimerer Instinkt führte ein Landmädchen in meines Vaters Haus. Ihre blühende Jugend, eichenstarke Gesundheit, mannfeste Unschuld, Einfalt und Treue brachte in mir eine solche hypochondrische Wut hervor, welche weder Religion, Vernunft, Wohlstand, Arznei, Fasten, neue Reise und Zerstreuungen überwältigen konnten. Diese Hamadryade wurde die einzige, liebste und beste Stütze meines alten, gelähmten verlassenen Vaters, und seine Pflegetochter, der ich ihn und sein ganzes Haus anvertrauen konnte. Sie wurde nach seinem bittern Tode

meine Haushälterin und ist die Mutter meiner vier natürlichen und Gottlob! gesunden und frischen Kinder.
Daß eine reiche, weiche Erziehung unsere Bedürfnisse vermehre, weiß ich aus leidiger Erfahrung. Meine sel. Eltern haben an unserer intellektuellen Erziehung besonders verschwendet, keine Früchte ihrer Aussaat erlebt und es unschuldigerweise in 2 Stücken versehen. Mein Vater, wenn er sich den ganzen Tag unter Patienten von jedem Stande müde geplackt hatte, liebte sehr häusliche Gesellschaft und alle Freiheit eines vertrauten Umgangs, besuchte kein öffentliches Haus, ging fast gar nicht oder ungern zu Gast und hielt streng auf die Ordnung seiner Lebensart und Hausgenossen; unsere Mutter war wegen ihres kränklichen Leibes und weitläufigen Wirtschaft noch mehr einheimischer. Wir wurden also fast ganz dem öffentl. Umgange entzogen und dafür durch alle häusliche Gemächlichkeiten und Freuden eines bürgerlich behaglichen Wohllebens schadlos gehalten. Das zweite Versehen bestand darin, daß uns fast kein Taschengeld anvertraut wurde, daher ich auch bis auf diese Stunde äußerst unwissend, verlegen und ungedultig bin bei allen Geld-, Handel- und Wandelangelegenheiten. Ich habe 2 Häuser mit Verlust des halben Kapitals mir vom Halse geschafft und hange noch mit dem dritten und letzten, das ich weder loswerden noch auf sichere Zinsen davon rechnen kann.
Endlich wurde aus einem welschen Charon und Übersetzer 777 Königl. *Packhofverwalter* beim hiesigen Lizent mit einem Gehalt von *25* Rthlr. des Monats, freier Wohnung, davon mir aber die welsche Regie oder General-Administration die *Hälfte* entzogen und seit beinahe 2 Jahren das einzige rechtmäßige Emolument einer seit undenklichen Zeiten uns zum Anteil des Salarii bestätigten Schiffabgabe, welche unter dem holländischen Namen Fooi d. i. *Bier-* oder *Trinkgelder* bekannt ist. Noch bin ich Gottlob! ohne Schulden; wo ich aber künftig Jahr Geld zu Briefporto, Holz, Kleidung und Unterhalt meiner Kinder hernehmen soll, weiß ich nicht, bin kaum einen Heller imstande zu ihrer Erziehung (welcher ihre ehrliche Mutter nicht gewachsen ist besonders in Ansehung der Töchter) anzuwenden und gehe daher mit halsbrechenden Entwürfen der Selbsterhaltung, Notwehr und Verzweiflung schwanger, habe schon den 1. Jänner 783

ins Kabinett geschrieben, ohne einer Antwort gewürdigt zu sein – der Philosoph von S.S. verstopft seine Ohren gegen alles Schreien seiner Untertanen und Zollbedienten über die Schelmereien, Ungerechtigkeiten seiner heillosen Beutelschneider und Windbeutel von Plusmachern.

Aus dem Brief an Friedrich Heinrich Jacobi vom 19. 4. 1787

Die Beschaffenheit meiner Gesundheit läßt sich auch ohne die Bescheinigung eines Arztes aus meiner 20jährigen Lage leicht ermessen. Ich habe seit dem 27. März 67 unter der Regie gedient; das erste Dezennium teils als Übersetzer ins Französische teils als Kopist mehr denn Übersetzer eines deutschen Provinzial-Direktors; seit dem Jahre 77 aber als Packhofverwalter des hiesigen Lizents. Anfängl. bin ich mit so vieler Arbeit überladen gewesen, daß ich derselben ohne die äußerste Anstrengung meiner Kräfte unmögl. ganz allein habe Genüge tun können, weshalb ich mich auf die Erhöhung meines monatlichen Gehalts v. 16 bis 30 Rthlr., die nach der allgemeinen Reduktion bei 25 stehengeblieben sind, und auf die Konduitenliste seit 67 berufen darf; hernach aber nicht nur von häuslichen Sorgen, sondern auch vom Mitgefühl öffentlicher und allgemeiner Mißverständnisse und Drangsale, deren nächster Augenzeuge ich täglich sein mußte, dergestalt niedergedrückt worden, daß mein ganzer Vorrat an Philosophie, an dem ich von Jugend auf durch Lektüre und Erfahrung gesammelt hatte, zu Ende ging.

Da eine schwere Aussprache, eine dadurch beförderte Neigung zu einer sitzenden stetigen Lebensart, geerbten und erworbenen hypochondrischen Wesen mich von Geschäften sowohl als Gesellschaften entfernt, ich mich vollends zu einem Invaliden und zuschanden gearbeitet hatte, war mir das Gnadenbrot meines jetzigen Postens die höchste Belohnung, und ich freue mich, das Ziel meiner Wünsche erreicht zu haben, weil ich der Beruhigung genoß, in einen *alten* Posten versetzt zu sein, der wenigstens sicherer und solider schien als das zufällige und beinahe lächerliche Scharwerk eines Übersetzers aus *Deutschem ins Französische*, worin meine eigentliche erste Bestimmung bestand.

Immanuel Kant

Aus der «Kritik der praktischen Vernunft»

Zwei Dinge erfüllen das Gemüt mit immer neuer und zunehmender Bewunderung und Ehrfurcht, je öfter und anhaltender sich das Nachdenken damit beschäftigt: *der bestirnte Himmel über mir und das moralische Gesetz in mir.* Beide darf ich nicht als in Dunkelheiten verhüllt, oder im Überschwenglichen, außer meinem Gesichtskreise suchen und bloß vermuten; ich sehe sie vor mir und verknüpfe sie unmittelbar mit dem Bewußtsein meiner Existenz. Das erste fängt von dem Platze an, den ich in der äußern Sinnenwelt einnehme, und erweitert die Verknüpfung, darin ich stehe, ins unabsehlich Große mit Welten über Welten und Systemen von Systemen, überdem noch in grenzenlose Zeiten ihrer periodischen Bewegung, deren Anfang und Fortdauer. Das zweite fängt von meinem unsichtbaren Selbst, meiner Persönlichkeit, an und stellt mich in einer Welt dar, die wahre Unendlichkeit hat, aber nur dem Verstande spürbar ist, und mit welcher (dadurch aber auch zugleich mit allen jenen sichtbaren Welten) ich mich nicht wie dort in bloß zufälliger, sondern allgemeiner und notwendiger Verknüpfung erkenne. Der erstere Anblick einer zahllosen Weltenmenge vernichtet gleichsam meine Wichtigkeit, als eines *tierischen Geschöpfs*, das die Materie, daraus es ward, dem Planeten (einem bloßen Punkt im Weltall) wieder zurückgeben muß, nachdem es eine kurze Zeit (man weiß nicht wie) mit Lebenskraft versehen gewesen. Der zweite erhebt dagegen meinen Wert, als einer *Intelligenz*, unendlich durch meine Persönlichkeit, in welcher das moralische Gesetz mir ein von der Tierheit und selbst von der ganzen Sinnenwelt unabhängiges Leben offenbart, wenigstens soviel sich aus der zweckmäßigen Bestimmung meines Daseins durch dieses Gesetz, welche nicht auf Bedingungen und Grenzen dieses Lebens eingeschränkt ist, sondern ins Unendliche geht, abnehmen läßt.

Allein Bewunderung und Achtung können zwar zur Nachforschung reizen, aber den Mangel derselben nicht ersetzen. Was ist nun zu tun, um diese auf nutzbare und der Erhabenheit des Gegenstandes angemessene Art anzustellen?

Beispiele mögen hiebei zur Warnung, aber auch zur Nachahmung dienen. Die Weltbetrachtung fing von dem herrlichsten Anblicke an, den menschliche Sinne nur immer vorlegen und unser Verstand in ihrem weiten Umfange zu verfolgen nur immer vertragen kann, und endigte – mit der Sterndeutung. Die Moral fing mit der edelsten Eigenschaft in der menschlichen Natur an, deren Entwickelung und Kultur auf unendlichen Nutzen hinaussieht, und endigte – mit der Schwärmerei, oder dem Aberglauben. So geht es allen noch rohen Versuchen, in denen der vornehmste Teil des Geschäftes auf den Gebrauch der Vernunft ankommt, der nicht so wie der Gebrauch der Füße sich von selbst vermittelst der öftern Ausübung findet, vornehmlich wenn er Eigenschaften betrifft, die sich nicht so unmittelbar in der gemeinen Erfahrung darstellen lassen. Nachdem aber, wiewohl spät, die Maxime in Schwang gekommen war, alle Schritte vorher wohl zu überlegen, die die Vernunft zu tun vorhat, und sie nicht anders als im Gleise einer vorher wohl überdachten Methode ihren Gang machen zu lassen, so bekam die Beurteilung des Weltgebäudes eine ganz andere Richtung und mit dieser zugleich einen ohne Vergleichung glücklichern Ausgang. Der Fall eines Steins, die Bewegung einer Schleuder, in ihre Elemente und dabei sich äußernde Kräfte aufgelöst und mathematisch bearbeitet, brachte zuletzt diejenige klare und für alle Zukunft unveränderliche Einsicht in den Weltbau hervor, die bei fortgehender Beobachtung hoffen kann, sich immer nur zu erweitern, niemals aber zurückgehen zu müssen fürchten darf.
Diesen Weg nun in Behandlung der moralischen Anlagen unserer Natur gleichfalls einzuschlagen, kann uns jenes Beispiel anrätig sein und Hoffnung zu ähnlichem guten Erfolg geben. Wir haben doch die Beispiele der moralisch urteilenden Vernunft bei Hand. Diese nun in ihre Elementarbegriffe zu zergliedern, in Ermangelung der *Mathematik* aber ein der *Chemie* ähnliches Verfahren der *Scheidung* des Empirischen vom Rationalen, das sich in ihnen vorfinden möchte, in wiederholten Versuchen am gemeinen Menschenverstande vorzunehmen, kann uns beides *rein* und, was jedes für sich allein leisten könne, mit Gewißheit kennbar machen und so teils der Verirrung einer noch *rohen*, ungeübten Beurteilung, teils (welches weit nötiger ist) den *Ge-*

nieschwüngen vorbeugen, durch welche, wie es von Adepten des Steins der Weisen zu geschehen pflegt, ohne alle methodische Nachforschung und Kenntnis der Natur geträumte Schätze versprochen und wahre verschleudert werden. Mit einem Worte: Wissenschaft (kritisch gesucht und methodisch eingeleitet) ist die enge Pforte, die zur *Weisheitslehre* führt, wenn unter dieser nicht bloß verstanden wird, was man *tun,* sondern was *Lehrern* zur Richtschnur dienen soll, um den Weg zur Weisheit, den jedermann gehen soll, gut und kenntlich zu bahnen und andere vor Irrwegen zu sicheren; eine Wissenschaft, deren Aufbewahrerin jederzeit die Philosophie bleiben muß, an deren subtiler Untersuchung das Publikum keinen Anteil, wohl aber an den *Lehren* zu nehmen hat, die ihm nach einer solchen Bearbeitung allererst recht hell einleuchten können.

Johann Gottfried Herder

Das Edelste

Aus der Legende «Der Tapfere»

Ein böses Heldentum, wenn gegen Mensch
Der Mensch zu Felde zieht. Er dürstet nicht
Nach seinem Blut, das er nicht trinken kann;
Er will sein Fleisch nicht essen; aber ihn
Zerhaun, zerhacken will er, töten ihn! –
Aus Rache? Nicht aus Rache: denn er kennt
Den andern nicht, und liebet ihn vielleicht.
Auch nicht sein Vaterland zu retten, zog
Er fernen Landes her. Ein Machtgebot
Hat ihn hieher geführet; roher Sinn,
Die Raubsucht, Sucht nach höhrer Sklaverei.
Von Wein und Branntwein glühend, schießt er, sticht
Und haut und mordet; mordet – weiß nicht, wen?
Warum? wozu? bis beide Helden dann,
Verbannt ins Schloß der Unbarmherzigkeit,
Ein Krankenhaus, mit andern Hunderten

Daliegen ächzend; und sobald den Krieg
Not und der Hunger endet, alle dann
Als Mörder-Krüppel durch die Straßen ziehn
Und betteln. Ach, sie mordeten um Sold,
Gedungne Helden aus Tradition.

Ein edler Held ist, der fürs Vaterland,
Ein edlerer, der für des Landes Wohl,
Der edelste, der für die Menschheit kämpft.
Ein Hohepriester trug er ihr Geschick
In seinem Herzen, und der Wahrheit Schild
Auf seiner Brust. Er steht im Felde, Feind
Des Aberglaubens und der Üppigkeit,
Des Irrtums und der Schmeicheleien Feind,
Und fällt, der *höchsten Majestät* getreu,
Dem redlichen Gewissen, das ihm sagt:
Er suchte nicht und floh nicht seinen Tod.

Moses

Ich nahe mich dir, ernster, heiliger Schatte! Einer der ältesten Gesetzgeber und Wohltäter des menschlichen Geschlechts! Dein Antlitz glänze nicht zu sehr, daß ich deine Züge erkenne und sie meinem Freunde mit Licht und Wahrheit, die du dem Fürsten deines Volks als Heiligtum auf die Brust legtest, zeige.
Das frühe Schicksal Moses war so wunderbar, wie wir's im späten Altertum bei mehrern Gesetzgebern und großen Männern entweder als Geschichte, oder als Fabel nachgeahmt finden. Ein Cyrus, ein Romulus u. a. wurden wie Er errettet, und sein Name erinnerte ihn daran, daß ihn die Gottheit durch die Hand einer Fürstentochter eben des Volks, das die Seinigen unterdrückte, nicht umsonst aus dem Wasser gezogen habe. Es scheint, die Vorsehung habe ihr weises Spiel darin, die größesten Dinge an einem seidnen, oft widerwärtig geflochtnen Faden aus dem Schlamme des Nichts hervorzuziehen und die Hand der Feinde ihres Rats zu ihren tiefverborgenen Zwecken zu gebrauchen.
Am Hofe Pharaons ward Moses erzogen. Gelehrt in aller

Weisheit der Ägypter ward er auch mit den Geheimnissen ihrer Priester und der Staatsverfassung des Landes bekannt, das die Wiege der politischen Einrichtung mehrerer Völker geworden. Die Sage macht ihn auch zum Kriegshelden; wovon aber die Geschichte seines Volks schweiget.

Es ist dem Gange der Vorsehung durchaus nicht schimpflich, daß sie ihr Werk durch Werkzeuge treibt und göttliche Zwecke durch menschliche Mittel befördert. Ein Volk sollte zu den Sitten und dem Gott seiner Väter, wie es sein konnte, zurückgebildet werden, das diese Sitten in Ägypten verloren hatte, dem, nahe am Götzen- und Priesterdienst der Mizraimen, der Gott seiner Väter fremde geworden war. Ein ägyptischer Weiser mußte es sein, der es von seiner Verwilderung zurückbrachte, der selbst ägyptische Einrichtungen dazu nutzte, ihm die Religion seiner Väter wiederzugeben, wie es sie jetzt fassen konnte, und um sie daran fest zu halten, um auch ihre Sinne und Gewohnheiten zu beschäftigen, aus den Geräten und Kleinodien eines abergläubischen Volks ihnen einen Gottesdienst, eine Hütte aufzurichten, die trotz alles Sinnlichen und Bildlichen das erste politische Heiligtum der reinen Erkenntnis auf der Erde war. Es ist töricht, leugnen zu wollen, daß Moses bei der Einrichtung seines Priesterstammes, seines Tempels, seiner Gebräuche nicht auf das Ägypten Rücksicht gehabt hätte, in dem er selbst gebildet war und von dem er sein Volk wegbilden wollte; die Spuren der Ähnlichkeit sind unverkennbar. Daß er auf Priestertum alles bauete, daß er dazu einen eignen Stamm wählte, Opfer, Reinigungen, Kleider, das Brustschild des Hohepriesters, viele einzelne Gebräuche, die es hier aufzuzählen und mit Ägypten zu vergleichen, zu lang wäre, zeigen es gnugsam. Der Geist seiner Religion aber war nicht ägyptisch. Sein Gott war Jehovah, der Gott seiner Väter; und auch in Cerimonien zog er seine Einrichtung wie Geist aus der groben Materie, ja wo etwas abergläubig war, wo es nur von fern zur Abgötterei führen konnte, arbeitete er dem schwarzen Geist des knechtischen Ägyptens stracks entgegen. Keine Götzenbilder lernte sein Volk kennen: das güldne Kalb, das Nachbild ägyptischer Kunst und Weisheit, verbrannte er mit Feuer und gab's, voll Zorn und Eifer seinen Abgöttischen, als einen Greuel in der Asche, zu trinken. Keine Figuren hatte

und litt sein Tempel; die Cherubim selbst nahm er nicht als ägyptische Sphynxe auf, sondern als bedeutungsvolle schreckliche Wundergeschöpfe der Sage seiner Väter. Weder Hieroglyphen, noch Götzenbilder trug sein Hohepriester an Stirn und Brust; sondern Buchstaben, heilige Schrift. Er weihete ihn Gott und den zwölf Stämmen seines Volks durch Licht und Rechtschaffenheit, d. i. durch erleuchtete Wahrheit. Das Heiligtum, das er angab, war der dunkle, nach morgenländischer Art geschmückte Palast eines unsichtbaren, nicht nachzubildenden Königs, dessen Diener die Priester waren, sein Heer das ziehende Hoflager Gottes. In Opfern und Reinigungen entfernte er sich vom Aberglauben der Ägypter ganz und in der Wahl der Speisen arbeitete er ebenfalls dem an Wassertieren und Ungeheuern reichen Ägypten entgegen. Seine Gesetzgebung ist das älteste Muster, das wir, zumal in Schrift verfaßt, haben, wie Gesundheit, Sitten, politische Ordnung und Gottesdienst nur Ein Werk sind.
Indessen ist's nicht zu leugnen, daß diese ganze Einrichtung ein zeitmäßiges ägyptisches Joch war, den damaligen Israeliten und überhaupt als ein großer Schritt auf dem Wege der Volksbildungen unentbehrlich; unglücklich aber, wenn dies Joch, auf gut ägyptisch und sinesisch, ein ewiges Joch, ein ewiger Rückhalt der Menschheit hätte sein sollen oder sein wollen. Das war die Absicht Moses nicht, sooft er's einen ewigen Bund nannte und seinem barbarischen widersetzlichen Volk es, wie Lykurg seine Gesetze, nennen mußte. Er versprach seiner Nation in seinen letzten Reden, Propheten, d. i. weise, von Gott gesandte und erleuchtete Männer, wie er gewesen: er besserte selbst an seinen Gesetzen und tat nach Beschaffenheit der Umstände hinzu; er sagte selbst zuletzt, daß Liebe Gottes von ganzem Herzen, nicht sklavische Furcht und ägyptischer Knechtsdienst das Wort im Herzen und das größeste aller Gebote bleibe. Seine harte Strafen waren allesamt nur traurige Bedürfnisse der Zeit und des Volks; in seiner letzten herzlichen Rede und immer vorher erinnerte er an die väterlichen Wohltaten Gottes und setzt Fluch und Segen, harten Knechtsdienst und freiwillige Kindesliebe gegeneinander. Sein Gott ist der Langmütige, Gütige; erst nach langem Schonen und auch denn nur auf kurze Zeit ein eifriger Rächer, bis er wie-

der die Hände frei hat, wohlzutun, zu segnen. Wärest du in Zeiten erschienen, göttlicher Mann, da man deine Gebote zum Netz machte, menschliche Seelen zu fangen und ewig in ihrer Kindheit festzuhalten; in Zeiten, da deine einst in allen Gliedern lebendige Gesetzgebung ein toter Körper war, an dessen Würmern man zehrte, da die kleinste deiner Vorschriften ein güldnes Kalb war, um welches man im Taumel der heuchelnden Abgötterei hüpfte und frohlockte; tausendmal hättest du es zerschlagen und deinen Entweihern, deinen Abgöttern in greuelnder Asche zu trinken gegeben.

Doch ich kehre zurück zu seiner Lebensgeschichte. Eine jugendliche Heldentat trieb den künftigen Retter seines Volks aus Ägypten, da Ägypten ihm nicht mehr not und die Zeit der Errettung noch nicht da war. Die Wüste Arabiens mußte der stille Aufenthalt seiner reifern männlichen Jahre werden und Völker, die mit Israel in Sprache und Stammesart verwandt waren, waren jetzt 40 Jahr seine Nachbarn. Die Fabel hat den arabischen Emir oder Scheik, Jethro zu seinem Aufwiegler, zum Urheber seiner politischen Plane machen wollen; nichts in der Welt ist der Ansicht dieser Geschichte, wenn etwas in ihr wahr ist, mehr entgegen. Ein kluger Mann war Jethro, nicht aber der Geist, der den Moses zu seinem beschwerlichen, einem Menschenauge unübersehbaren Werk zwang: denn gezwungen mußte er dazu werden, wie man aus seiner ihm selbst unerwarteten, ungelegnen, nach seiner Meinung unauszuführenden Sendung siehet. – Welch eine rechtfertigende Epopee ist diese einfältige, stille Geschichte der Sendung Moses, seines Werks in Ägypten, seiner Ausführung, Wunder und Züge! Ohne Geschwätz und Aufruf, mit Fehlern und Schwachheiten sogar, stellet es uns den Mann dar, der nie von sich selbst spricht, der nie gerühmt wird, der nur in seinem Werk, seinen Anstalten, seinen harten Sorgen und Taten lebet. –

Die Erscheinung Gottes im flammenden Busch ist ganz arabisch, so wie die Wunder und Zeichen, die er in seine Hand bekommt, ganz ägyptisch. Jene Wüste, die gleichsam ganz Feuer und Fels ist, muß einen dürren Strauch tragen, in dem ihn die Gegenwart des Ewigen wecket und sich ihm offenbaret. Die Wunder in seiner Hand sollen ihm Waffen

sein gegen die ägyptischen Zauberer und Wundertäter. Sie sind's auch ihrer Art nach, so wie alle Plagen, mit denen er sein Volk frei macht. Schlangen, Insekten, der Nilstrom, garstige und schädliche Wassertiere, Finsternis, der Würgengel sind's, mit denen sich auch hier Ägypten gleichsam genetisch und geographisch malet.
Gott führt sein Volk aus Ägypten mit hohem Arm: er erkauft sich seinen Knecht aus der Dienstbarkeit und tauft ihn gleichsam in den Fluten des Roten Meers, daß er nun *sein* erkaufter, leibeigner Knecht sei. Auch die Erstgeburt ist sein: denn sie ist einst errettet, verschont worden, und ein ewiges Fest des Ausgangs mit dem Blut des geschlachteten Lammes an der Tür muß dies Anrecht Gottes auf jedes Haus, auf jedes Geschlecht bezeichnen. Hinter dem Roten Meer, im Angesicht ihrer untergegangnen Feinde ertönt in zwei Chören der Lobgesang Moses und der Mirjam, der nachher das Vorbild so vieler Errettungspsalmen und Siegeslieder dieses Volkes ward.
Auf Adlersflügeln trägt Gott sein errettetes Volk weiter: eine unfruchtbare Wüste soll das Haus seiner Bildung werden, wo er's als seinen Erstgebornen selbst speiset, selbst tränket. Ewig werden nachher diese Wohltaten besungen und wiederholt; wenn sie nur aber auch den Zweck erreicht hätten, den der Vater dieses Volks sich vorsetzte, es abgesondert von allen Völkern in einer Wüste, wo sie von der Milde seiner Hand lebten, auch im Sinn der Gesetze und Gebräuche zu seinem Volk zu bilden.
Fürchterlich ward das Gesetz gegeben, in einer fürchterlichen Wüste: unter Schauer und Entsetzen ward der Bund gemacht, der so oft durch schauerliche Strafen, durch feurige Schlangen, Verschlingung der Erde eingeschärft werden mußte. Wo warst du jetzt, sanfter freundlicher Eindruck des Gottes Abrahams und seiner Hirtensöhne? Als er mit dem Vater dieses Volks, Freund zu Freunde, brüderlich sprach, durch einen Engel mit Israel rang, und ihn als Jüngling auf seiner träumenden Lagerstätte segnete? Wo warest du jetzt, unschuldige, selige Zeit, da das Zelt der Patriarchen Engel bewirtete und sich um einen Hirtenzug zwei Heere Gottes lagern? Jetzt flammt der Berg von Engeln Gottes, jetzt zittert die Erde von seinen zum Kriege ziehenden Heeren! – Niemand in der Welt kann die veränderte

Sprache verkennen, die jetzt, verglichen mit jener Patriarchengeschichte, in der Beschreibung dieser Züge herrschet. Überall tönt die Wüste Arabiens durch: ein Fels ist Gott: ein brennendes, verzehrendes Feuer. Hornissen gehen vor ihm her, die er auf die Völker Kanaans sendet. Er wetzt den Blitz seines Schwerts: er zieht Pfeile, die nach Blut dürsten. Seine Rachengel sind Seraphim, feurige Schlangen, die er selbst auf sein Volk sendet; und immerdar erhebt er seine Hand durch die Himmel und schwört: ich bin Jehovah! der Eine! dein Gott, abtrünniges Israel und lebe ewig. – Die größten Poesien und Bilder in Psalmen und den Propheten sind aus diesem Zuge Moses durch die Wüste, aus seinen Wundern, Reden, insonderheit aus seinem letzten Liede genommen: denn dies Lied ist, wie man offenbar siehet, gleichsam die Urweissagung, das Vorbild und der Kanon aller Propheten. Wie dies sich in Fluch und Segen, väterliche Vermahnung und Warnung teilt: so alle Propheten. Ja selbst im Schwunge des Liedes, wie dies mit Himmel und Erde anfängt: so fängt auch Jesaias, so fangen mehrere Weissagungen und Gesänge an und wahrscheinlich ward unser erstes Kapitel Jesaias eben das Erste und der Eingang zu allen Propheten, dieses Mosaischen Anfangs wegen. Nach dem Mosaischen Gesetz wurden die Propheten gerichtet, nach ihm mußten sie sich bilden.
Auf dreierlei Weise hat also Moses in die Poesie seines ganzen Volks gewirkt und auch dieselbe, wie alles in seinem Staat umschränket. Zuerst durch seine Taten: die Ausführung aus Ägypten, die Reise durch die Wüste, die Eroberung des Landes, da Gott vor ihnen geht und streitet, ward der ewige Stoff ihrer Bilder und Lieder, wovon ich jetzt nur (vielleicht die beiden größesten) den Trauergesang Habakuks und den 68ten Psalm, die ich Ihnen beide zusenden werde, besonders nenne. Dieser Zug ward in spätern Zeiten das Vorbild aller Wunder Gottes mit diesem Volk, das Urbild ihrer Kriege und Siege, ihrer Wohltaten und Strafen. Die Einrichtung des Gottesdienstes und Priestertums rechne ich auch zu den Taten Moses, dadurch er forthin auf die Poesie seines Volks wirkte. Sie ward hiedurch Tempelgesang, sie schloß alle Götter und Hymnen auf Geschöpfe oder fabelhafte Wesen aus, sie brachte den Namen Jehovas in die kleinste der bürgerlichen und häuslichen Pflichten,

kurz sie machte die Poesie der Ebräer in allem heilig. Wie Moses und Mirjam am Roten Meer gesungen hatten: so besang man nachher alles als Gottes Tat. Da der ganze Staat priesterlich, da auf Opfer und Heiligtum alles gegründet war: so kleidete sich auch die Dichtkunst in allen Schmuck der Priester, des Tempels, der Gottesgebräuche; zumal da David, der Wiedererwecker des jüdischen Gesanges auch viel auf die Pracht des Heiligtums hielt und in seinen Gesängen sogar Gott in dieselbe kleidet. Erst spätere Propheten wagten's, wieder zum reinen Bunde Gottes mit Abraham zurückzukehren, und weil sie den Mißbrauch der Opfer, den Verfall der Priester, die Abgötterei der Tempelgebräuche mit allen schädlichen Folgen vor sich sahen, über das alles hinwegzusehn und Israel wieder an Abraham zu erinnern. Vorzüglich tat dieses der große Jesaias, der Adler mit dem Flammenblick und dem ätherischen Sonnenschwunge unter den Propheten. Auch hier hatte also die Einrichtung Moses das Schicksal aller Einrichtungen auf dieser Erde: zuerst heben sie, zuletzt schränken sie ein. Die Poesie der Ebräer bekam einen unverkennbaren Vorzug vor allen Nationalpoesien der Erde, daß sie Gottes-, daß sie reine Tempelpoesie ward; zuletzt ward sie auch als solche gemißbraucht: der Baum blieb stehen und wuchs nicht weiter, er erstickte im Tempelgewölbe. Der erhabenste Vorhall alter Zeiten ward öder Nachhall im Ohr der schlummernden, abgöttischen Nachwelt.

Das zweite Mittel, wie Moses unsterblich auf die Poesie seines Volks wirkte, war, die Beschreibung seiner Taten, seine eigne Poesien und Lieder. Sein letztes Lied ward, wie gesagt, das Vorbild der Propheten: Israel mußte es auswendig lernen und sie halten's, so hart es für sie ist, noch sehr hoch. Sein Lied am Roten Meer ward das Vorbild der Lob-, Sieges- und Errettungspsalmen, so wie der erhabne neunzigste Psalm das schöne Vorbild lehrender Lieder. Überhaupt ist die Poesie Moses, wie es auch sein Leben und Charakter war, viel umfassend, aber hart, ernst und einsam. Sie glänzt, wie sein Angesicht; aber eine Decke hangt vor ihr. Der Geist in ihr, in seinen Anstalten und Schriften, ist vom Geist Hiobs, Davids, Salomos sehr verschieden. – Die eigne Beschreibung seiner Anstalten und Reisen gehört ebenfalls zu dem Werkzeuge, von dem ich rede. Daß er seine Gesetze und Züge aufschrieb und jene zum Kanon der Priester, diese, insonderheit die letzte Wiederholung des Gesetzes, zur Lehre des Volks machte, daß er einen eignen Stamm von Menschen wählte, die, befreiet von andern Geschäften, sich dem Lesen, Abschreiben und Ausüben seiner Gesetze und Rechte widmen mußten, daß er Denkzeichen, Figuren, Hieroglyphen ausschloß und Schrift, Buchstabenschrift sowohl zum Schmuck des Hohepriesters, als zum Geschäft der Priester und damals gewiß zum Vorzuge seines Volks machte, daß wahrscheinlich Er die alten Geschichten und Sagen seines Volks sammlete und sie als ein Heiligtum der Vorwelt, ja als den Grund seines Gesetzes, seiner Lehre, der Rechte Israels auf Kanaan u. f. der Geschichte vorschob: dadurch machte oder wollte er ein barbarisches Volk, wenigstens einem Teil nach und in Grundgesetzen der Verfassung, zu einem literaten Volk machen. Die Arche seiner Hütte, sofern sie Buchstabenschrift enthielt, verwahrte einen Schatz der Vorwelt und das große Mittel der Völkerbildung bis auf die spätesten Zeiten. Wären seine rauhen Gesetztafeln noch da, fänden sich die Felsen, die er vor seinem Ende mit Buchstabenschrift beschreiben ließ, noch auf; wir hätten an ihnen das verdienteste Denkmal der Urwelt.

Das dritte Mittel endlich, wodurch Moses auch die Wiedererweckung des heiligen Gesanges in Zeiten des Verfalls besorgte, war das Recht, das er den Propheten gab und vorschrieb. Der weise Mann ahndete sowohl mit seinem Recht der Könige als diesem Propheten-Recht Zeiten vorher, da man von seiner Vorschrift wiche; öffentlichen Greueln der Art setzte er also eine Stimme entgegen, die das Volk, die den König selbst zu seiner Bestimmung zurückrief und sich mit dem Ansehen Moses, des Stifters der Nation schützen konnte. Das waren also die Wächter, die Weise des Volks, die aufmunterten, wenn alles schlief, die, wenn die Priester schwiegen und die Großen drückten, im Namen Jehovahs sprachen, unterweisend, tröstend, warnend. Diese Befugnis Moses hat uns einen Elias und Elisa, einen Jesaias und Habakuk gegeben: sie hat seine Gestalt und Stimme wenigstens im Schatten, im Nachhall erneuret. Man lieset die Propheten nie recht, wenn man sie als Weissager, als Träumer, als Marktschreier ansieht; Nachfolger Moses waren sie, Anwender und Erneurer seines Gesetzes in verfallnen Zeiten; und einige unter ihnen waren sehr weltkluge Männer, große Redner, lehrreiche Dichter. Im Jesaias ist vielleicht mehr als eine Republik Platons. –

Übrigens halte ich Moses für den Verfasser der Sprüche und Weissagungen Bileams nicht: in ihnen atmet ein andrer und darf ich sagen poetischerer Geist als in den Poesien Moses. Dieser, so großer Dichter er war, war mehr Gesetzgeber als Dichter, und insonderheit zeigt sein letzter Segen, zumal wenn man ihn mit dem Spruch Jakobs vergleicht, sein mattes Alter, seine das Grab suchende Seele.

Er starb, sagt die schöne Sage seines Volks, am Munde Gottes und Gott begrub ihn selber. Er starb auf einem Berge, das Land überschauend, für das er alles getan und gelitten hatte, was Menschenkräfte leiden und tragen mögen: sein Auge sollte es sehen, sein Fuß aber nicht berühren. Auch den Fels im Dulden, Tun und Tragen hatte Unglaube und Ungeduld wankend gemacht; er kam also nicht zur Ruhe, erlebte nicht das Ziel seiner Reise. Weise und gut, daß er's nicht erlebte! Nicht mit Blut der Kananiter mußten die Hände befleckt werden, die den Stab übers Rote Meer streckten, die in der Wolke das Gesetz empfingen, die Gottes Heiligtum bauten. Auch in der Schlacht mit den Amalekitern erhoben sie sich nur betend.

Welch ein Unterschied, wenn man die beiden Brüder, Moses und Aaron, zusammen betrachtet. Dieser Körper, jener die Seele: «Er soll dein Mund sein, du sollt sein Gott sein!» so ist's auch zwischen Priestern und Propheten immer geblieben. Wie wenige Priester stellten sich auch in einem Volk, wo sie der lehrende, der richtende, der die Gesetze der Nation bewahrende, gewissermaße der königliche Stand waren, dem Verderben entgegen? ja fing bei ihnen unter Richtern und Königen nicht immer das Verderben zuerst an? Eben wie Aaron das goldne Kalb machte, indes sein Bruder auf Sinai mit Gott sprach und Gesetze überdachte: so waren, als Moses Nachfolger, Elias, am Berge Horeb oder auf dem Karmel trauerte, Hunderte von Priestern gemästete Baalspfaffen. Unter allen Propheten sind nur zween, nicht eben die mutigsten, nicht eben die größesten, Priester.

Karl Philipp Moritz

Gesichtspunkt für die mythologischen Dichtungen

Die mythologischen Dichtungen müssen als eine Sprache der Phantasie betrachtet werden: Als eine solche genommen, machen sie gleichsam eine Welt für sich aus, und sind aus dem Zusammenhange der wirklichen Dinge herausgehoben.

Die Phantasie herrscht in ihrem eigenen Gebiete nach Wohlgefallen, und stößt nirgends an. Ihr Wesen ist zu formen und zu bilden; wozu sie sich einen weiten Spielraum schafft, indem sie sorgfältig alle abstrakten und metaphysischen Begriffe meidet, welche ihre Bildungen stören könnten.

Sie scheuet den Begriff einer metaphysischen Unendlichkeit und Unumschränktheit am allermeisten, weil ihre zarten Schöpfungen, wie in einer öden Wüste, sich plötzlich darin verlieren würden.

Sie flieht den Begriff eines anfangslosen Daseins; alles ist bei ihr Entstehung, Zeugen und Gebären, bis in die älteste Göttergeschichte.

Keines der höhern Wesen, welche die Phantasie sich darstellt, ist von Ewigkeit; keines von ganz unumschränkter Macht. Auch meidet die Phantasie der Begriff der Allgegenwart, der das Leben und die Bewegung in ihrer Götterwelt hemmen würde.

Sie sucht vielmehr soviel wie möglich, ihre Bildungen an Zeit und Ort zu knüpfen; sie ruht und schwebt gern über der Wirklichkeit; weil aber die zu große Nähe und Deutlichkeit des Wirklichen ihrem dämmernden Lichte schaden würde, so schmiegt sie sich am liebsten an die dunkle Geschichte der Vorwelt an, wo Zeit und Ort oft selber noch schwankend und unbestimmt sind, und sie desto freiern Spielraum hat: Jupiter, der Vater der Götter und Menschen wird *auf der Insel Kreta* mit der Milch einer Ziege gesäugt, und von den Nymphen des Waldes erzogen.

Dadurch nun, daß in den mythologischen Dichtungen zugleich eine geheime Spur zu der ältesten verlorengegangenen Geschichte verborgen liegt, werden sie ehrwürdiger, weil sie kein leeres Traumbild oder bloßes Spiel des Witzes sind, das in die Luft zerflattert, sondern durch ihre innige Verwebung mit den ältesten Begebenheiten, ein Gewicht erhalten, wodurch ihre Auflösung in bloße Allegorie verhindert wird.

Die Göttergeschichte der Alten durch allerlei Ausdeutungen zu bloßen Allegorien umbilden zu wollen, ist ein ebenso törichtes Unternehmen, als wenn man diese Dichtungen durch allerlei gezwungene Erklärungen in lauter wahre Geschichte zu verwandeln sucht.

Die Hand, welche den Schleier, der diese Dichtungen bedeckt, ganz hinwegziehen will, verletzt zugleich das zarte Gewebe der Phantasie, und stößt alsdann statt der gehofften Entdeckungen auf lauter Widersprüche und Ungereimtheiten.

Um an diesen schönen Dichtungen nichts zu verderben, ist es nötig, sie zuerst, ohne Rücksicht auf etwas, das sie bedeuten sollen, grade so zu nehmen *wie sie sind,* und soviel wie möglich mit einem Überblick das Ganze zu betrachten, um auch den entfernteren Beziehungen und Verhältnissen zwischen den einzeln Bruchstücken, die uns noch übrig sind, allmählich auf die Spur zu kommen.

Denn wenn man z. B. auch sagt: Jupiter bedeutet die obere Luft; so drückt man doch dadurch nichts weniger, als den Begriff *Jupiter* aus, wozu alles das mitgerechnet werden muß, was die Phantasie einmal hineingelegt, und wodurch dieser Begriff an und für sich selbst eine Art von Vollständigkeit erhalten hat, ohne erst außer sich selbst noch etwas andeuten zu dürfen.

Der Begriff *Jupiter* bedeutet in dem Gebiete der Phantasie *zuerst* sich selbst, so wie der Begriff *Cäsar* in der Reihe der wirklichen Dinge den Cäsar selbst bedeutet. Denn wer würde wohl z. B. bei dem Anblick der Bildsäule des Jupiter von Phidias' Meisterhand, zuerst an die obere Luft gedacht haben, die durch den Jupiter bezeichnet werden soll, als wer alles Gefühl für Erhabenheit und Schönheit verleugnet hätte, und imstande gewesen wäre, das höchste Werk der Kunst wie eine Hieroglyphe oder einen toten Buchstaben zu betrachten, der seinen ganzen Wert nur dadurch hat, weil er etwas außer sich bedeutet.

Ein wahres Kunstwerk, eine schöne Dichtung ist etwas in sich Fertiges und Vollendetes, das um sein selbst willen da ist, und dessen Wert in ihm selber, und in dem wohlgeordneten Verhältnis seiner Teile liegt; da hingegen die bloßen Hieroglyphen oder Buchstaben an sich so ungestaltet sein können, wie sie wollen, wenn sie nur das bezeichnen, was man sich dabei denken soll.

Der müßte wenig von den hohen Dichterschönheiten des Homer gerührt sein, der nach Durchlesung desselben noch fragen könnte: was bedeutet die Iliade? was bedeutet die Odyssee?

Alles, was eine schöne Dichtung bedeutet, liegt ja in ihr selber; sie spiegelt in ihrem großen oder kleinen Umfange, die Verhältnisse der Dinge, das Leben und die Schicksale der Menschen ab; sie lehrt auch Lebensweisheit, nach Horazens Ausspruch, besser als Krantor und Chrysipp.

Aber alles dieses ist den dichterischen Schönheiten untergeordnet, und nicht der Hauptendzweck der Poesie; denn eben darum lehrt sie besser, weil Lehren nicht ihr Zweck ist; weil die Lehre selbst sich dem Schönen unterordnet, und dadurch Anmut und Reiz gewinnt.

In den mythologischen Dichtungen ist nun die Lehre freilich so sehr untergeordnet, daß sie ja nicht darin gesucht werden muß, wenn das ganze Gewebe dieser Dichtungen uns nicht als frevelhaft erscheinen soll.

Denn der Mensch ist in diesen poetischen Darstellungen der höhern Wesen so etwas Untergeordnetes, daß auf ihn überhaupt, und also auch auf seine moralischen Bedürfnisse wenig Rücksicht genommen wird.

Er ist oft ein Spiel der höhern Mächte, die über alle Rechenschaft erhaben, ihn nach Gefallen erhöhen und stürzen, und nicht sowohl die Beleidigungen strafen, welche die Menschen sich untereinander zufügen, als vielmehr jeden Anschein von Eingriff in die Vorrechte der Götter auf das schrecklichste ahnden.

Diese höhern Mächte sind nichts weniger, als moralische Wesen. Die *Macht* ist immer bei ihnen der Hauptbegriff, dem alles übrige untergeordnet ist. Die immerwährende Jugendkraft, welche sie besitzen, äußert sich bei ihnen in ihrer ganzen üppigen Fülle.

Denn da ein jedes dieser von der Phantasie gebornen Wesen, in gewisser Rücksicht, die ganze Natur mit allen ihren üppigen Auswüchsen, und ihrem ganzen schwellenden

Überfluß in sich darstellt, so ist es, als eine solche Darstellung, über alle Begriffe der Moralität erhaben. Weil man weder von der ganzen Natur sagen kann, daß sie ausschweife; noch dem Löwen seinen Grimm, dem Adler seine Raubsucht; oder der giftigen Schlange ihre Schädlichkeit, zum Frevel anrechnen darf.

Weil aber die Phantasie die allgemeinen Begriffe fliehet, und ihre Bildungen, soviel wie möglich, individuell zu machen sucht, so überträgt sie den Begriff der höhern obwaltenden Macht auf Wesen, die sie als wirklich darstellt, denen sie Geschlechtsregister, Geburt und Namen, und menschliche Gestalt beilegt.

Sie läßt soviel wie möglich die Wesen, die sie schafft, in das Reich der Wirklichkeit spielen. Die Götter vermählen sich mit den Töchtern der Menschen, und erzeugen mit ihnen die Helden, welche durch *kühne* Taten zur Unsterblichkeit reifen.

Hier ist es nun, wo das Gebiet der Phantasie und der Wirklichkeit am nächsten aneinandergrenzt und wo es darauf ankommt, das, was Sprache der Phantasie oder mythologische Dichtung ist, auch bloß als solche zu betrachten, und vor allen voreiligen historischen Ausdeutungen sich zu hüten.

Denn diese Mischung des Wahren, mit der Dichtung in der ältesten Geschichte, macht an unserm Gesichtskreise, so weit wir in die Ferne zurückblicken, gleichsam den dämmernden Horizont aus. Soll uns hier eine neue Morgenröte aufgehen, so ist es nötig, die mythologischen Dichtungen, als alte Völkersagen, soviel wie möglich voneinander zu scheiden, um den Faden ihrer allmähligen Verwebungen und Übertragungen wieder aufzufinden. In dieser Rücksicht die ältesten Völkersagen, welche auf uns gekommen sind, nebeneinanderzustellen, ist das Geschäft einer allgemeinen Mythologie, wozu die gegenwärtige, welche auf die Götterlehre der Griechen und Römer beschränkt ist, nur von fern die Hand bieten kann.

Georg Forster

Zwei Briefe

Aus dem Brief an Therese Forster vom 13. 4. 1793

Es neigt sich hier alles zur Entscheidung des großen politischen Problems. Die auswärtigen und einheimischen Feinde der Republik haben endlich, wie es scheint, vermittelst Bestechung jenen verzweifelten Zustand zuwege gebracht, welcher die Nation noch einmal in den heftigsten Revolutionskampf versetzen wird. Gebe nur der Himmel, daß es der letzte sei, und daß er seinen Endzweck erreichen möge. Je mehr man in die Geheimnisse der hiesigen Intrige eingeweiht, oder besser, je näher man mit dem ekelhaften Labyrinth bekannt wird, worin sich hier alles windet und dreht, desto mehr kalte Philosophie bedarf man, um nicht an allem, was Tugend heißt, zu verzweifeln, und um ruhig von der Gerechtigkeit des Himmels einen guten Ausgang zu erwarten. Es fehlte noch nach allem, was ich die letzte Zeit gelitten habe, daß mir die Überzeugung in die Hände käme, einem Unding meine letzten Kräfte geopfert und mit redlichem Eifer für eine Sache gearbeitet zu haben, mit der es sonst niemand redlich meint, und die ein Deckmantel der rasendsten Leidenschaften ist. Es ist also wahr, daß heutzutage die Uneigennützigkeit und die Freiheitsliebe bloße Kinderklappern sind, bloße nichtssagende Töne, bloß geheuchelte Empfindungen im Munde derer, die jetzt das Schicksal der Nationen lenken? Es ist also wahr, daß der Egoismus ganz allein sein Spiel treibt, wo man reine Aufopferung zu finden hoffte? wahr, daß zwischen Betrügern und Betrognen kein Drittes zu finden ist, woran man sich halten, sich anschließen könnte? Gewiß es gehört Mut dazu, diese so fürchterlich sich aufdringende Betrachtung zu ertragen, und dann, im eignen Bewußtsein verhüllt, an Menschheit und Wahrheit noch zu glauben. So finster diese Bilder sind, so unbezweifelt scheint mir der Ausgang der Sache. Die Wiederherstellung einer monarchischen Regierungsform ist in Frankreich nun unter die unmöglichen Dinge zu rechnen, indem die Quellen versiegt sind, aus denen der Hof seinen Unterhalt schöpfen und womit er sich

Anhänger erhalten könnte. Die äußerste Anstrengung der auswärtigen Mächte wird schwerlich etwas ausrichten können, um Teile von Frankreich loszureißen; also muß die Republik doch bleiben, wenn nicht bürgerlicher Krieg wirklich ausbricht. Daß dieser vermieden werden könne, will ich noch hoffen, sowenig jetzt manche gescheute Beobachter dieses für möglich halten, und so erhitzt auch die Parteien gegeneinander sind. Geht es aber nicht ohne Bürgerkrieg ab, dann allerdings würde es um das Glück von ganz Europa übel aussehen.

Aus dem Brief an Therese Forster vom 10. 6. 1793

Ich glaube nun einmal an die Wichtigkeit dieser Revolution im großen Kreise menschlicher Schicksale, glaube, daß sie nicht nur sich ereignen mußte, sondern auch den Köpfen, den Fähigkeiten eine andere Entwicklung, dem Ideengang eine neue Richtung geben wird. Frankreichs Einwohner geraten in eine Aktivität, die ganz außer dem gemeinen Gang der Dinge liegt; ob sie glücklicher im gewöhnlichen Sinn des Worts dadurch geworden sind, können nur diejenigen fragen, die über menschliche Angelegenheiten nie nachgedacht, und keine Erfahrungen eingesammelt haben. Die Natur oder das Schicksal fragt nicht nach dieser besondern Art von Glück. Ihre Sache ist es, daß die Menschen wirken und leiden, und in beidem bald Freude genießen, bald Schmerz empfinden. Die Mannigfaltigkeit der Wirkungen und Gegenwirkungen, das Resultat der verschiedenen Entwicklungsart der Leidenschaften und Seelenkräfte scheint ein Zweck unsers Daseins zu sein, bei welchem wir nicht einmal gefragt werden, ob wir ihn wollen. Uns bleibt es nur überlassen, in dieses alles *Moralität* zu bringen, indem wir mit Bewußtsein wirken und leiden. Diese Moralität ist nun immer die Wirkung des einzelnen Wesens, das auf sich selbst zurückwirkt. Daher lache ich der Träume der gutmütigen Schwärmer, die sich ein Utopien denken, wo es lauter gute, weise, glückliche Leute geben wird, vermöge einer freien Verfassung. Es ist wahr, die Freiheit gibt mehr Raum zur Entwicklung der Kräfte, aber gleichwohl wird auch diese in gewisser Rücksicht wieder einseitig. Höchstens kann man sagen, daß die Summe des ganzen Wirkens und

Leidens bei einer guten Verfassung etwas mehr auf Moralität abzweckt als bei einer schlechten. Aber gewiß ist's, daß die Hauptursache, warum die neue Form zustande gekommen ist, in der Veraltung der vorigen lag, wobei die Kräfte anfingen zu stocken und ein Stoß nötig war, um einmal alles wieder in frische Bewegung zu setzen. Ich erwarte für Frankreich lange keine Ruhe und kein sogenanntes Glück der Einwohner. Es ist, als sollten die Menschen, die zu sehr an Dingen hingen, nun lernen, indem ihnen der Unbestand der Dinge recht fühlbar gemacht wird, einmal wieder von allem Äußern mehr unabhängig, mehr im bloßen Genuß ihrer Kräfte zu leben. Europa wird lange an dieser Gärung sich noch zerarbeiten. Alles hat hier den Anschein zur Fortdauer der aufbrausendsten Hitze, und selbst der Friede, wenn er dieses Jahr zustande käme, würde nicht lange dauern. Frankreich zu unterjochen, ist die albernste Chimäre, die man nur einem armen König weismachen kann. Es kommen in der nächsten Zeit noch sonderbare Auftritte zustande, besonders in der Hauptstadt, von denen man im Auslande nichts begreift. Ach, wer Zeit, wer Lust, wer Laune und ein frohes Herz hätte, sie zu beschreiben! – Es ist nicht wahr, daß die Triebfedern sehr verdeckt liegen, denn *ich* sehe sie; aber man muß zur Stelle sein, um sich einen Begriff davon zu machen. Unsre Landsleute kennen diese Nation nicht. Sie ist ein Phänomen in der Natur. Die neuliche Insurrektion wird keinen Bürgerkrieg veranlassen, und wahrscheinlich haben wir in acht Tagen eine Konstitution, die Frankreich, der Ungewißheit überdrüssig, ohne Bedenken annehmen wird, und an welcher nachfolgende Konventionen und Nationalversammlungen wieder flicken werden, bis sie unter ihren Händen zerreißt.

Johann Heinrich Voß

Aus den «Epigrammen»

Auf eine Lobrede

Aller Schmeicheler ist der verworfenste, wer mit des Freimuts
Unbiegsamer Gebärd unter dem Herrscher sich bläht.
Also, gespannt vom Stahle mit Schnellkraft, hebt sich des Polsters
Leerer Schwulst, und umwallt weicher des Sitzenden Last.

Auf mehrere Bücher

Dein redseliges Buch lehrt mancherlei Neues und Wahres.
Wäre das Wahre nur neu; wäre das Neue nur wahr!

Grenze der Duldung

Unduldsam heißen wir, weil uns der Päpstler Lehre,
Wir andern sein verdammt, wenn sie uns nicht bekehre,
Abscheulich dünkt? Du irrest weit.
Wir dulden alles gern; drum nicht Unduldsamkeit.

Würde und Wert

Mein Guter, zwischen Würd und Wert
Ist eine große Kluft.
Dein Ehrenamt nur wird geehrt;
Dich selber nennt man – Schuft.

Edel und Adelich
An Stolberg

Edlere nennst du die Söhne Gewappneter, die, in der Vorzeit,
  Tugend des Doggen vielleicht adelte, oder des Wolfs?
Was dich erhob vom Adel, die edlere Menschlichkeit, schmähn sie,
  Als unadlichen Tand. Nenne sie Adliche, Freund.

Johann Gottfried Seume

Aus «Mein Leben»

Das Mißliche einer Selbstbiographie kenne ich so gut als sonst irgend jemand; und ich halte mich für nicht wichtig genug, daß überhaupt mein Leben beschrieben werde. Wenigstens wäre es nach vierzig Jahren noch Zeit genug. Ein angesehener Buchhändler bot mir vor einigen Jahren, als die Aspekten am literarischen Himmel noch besser standen, eine beträchtliche Summe, wenn ich ihm die psychologische Geschichte meiner Bildung schreiben wollte. Ich gebe mich aber nicht gern zu dergleichen Spekulationen her; und es geht etwas wider mein Wesen, auf meine Kosten, vielleicht etwas eigentümlich, einige allgemeine Wahrheiten zu sagen, die die eine Hälfte längst weiß und die andere Hälfte nicht wissen will. Folgendes hat mich indessen bestimmt, etwas über mich selbst zu sagen. Schon Herder, Gleim, Schiller und Weiße und mehrere noch Lebende haben mich aufgemuntert, nach meiner Weise die Umstände meines Lebens, das sie wohl für wichtiger hielten, als es war, schriftlich niederzulegen. Ich glaubte, das wäre im achtzigsten Jahre noch frühe genug: aber meine jetzigen Gesundheitsumstände erinnern mich, es nicht zu verschieben, wenn es geschehen soll. Mehrere meiner Freunde drohen mir, wahrscheinlich genug, daß ich auf alle Fälle einem Biographen doch nicht entgehen würde: und da fürchte ich denn, einem Sudler oder Hyperkritiker oder gar einem schalen geschmacklosen Lobpreiser in die Hände zu fallen. Niemand kann doch besser wissen, was an und in ihm ist, als der Mann selbst, wenn er nur redliche Unbefangenheit und Kraft genug hat, sich zu zeigen wie er ist. Ich überlasse es jedem, der etwas von mir weiß, zu urteilen, ob das, was er von mir weiß, das Gepräge dieser Unbefangenheit und dieser Kraft trägt. Ich erzähle also ehrlich offen, ohne mich zu schonen, und nicht selten mit dem Selbstgefühl inneren Werts, und ohne den Vorwurf der Anmaßlichkeit oder die Krittler weiter zu fürchten, die vielleicht sodann über mich nur Totengericht halten. Torheiten werde ich wohl nicht wenige und nicht geringe zu beichten haben; aber, soviel ich mir bewußt bin, keine Schlechtheit. Wenn die Erzählung unterhält und vielleicht hier und da die Jugend belehrt und in guten Grundsätzen befestiget, so habe ich nicht umsonst gelebt und geschrieben.

Heinrich Jung-Stilling

Begegnung mit Goethe

Des andern Mittags gingen sie zum erstenmal ins Kosthaus zu Tische. Sie waren zuerst da, man wies ihnen ihren Ort an. Es speiseten ungefähr zwanzig Personen an diesem Tisch, und sie sahen einen nach dem andern hereintreten. Besonders kam einer mit großen hellen Augen, prachtvoller Stirn, und schönem Wuchs, mutig ins Zimmer. Dieser zog Herrn Troosts und Stillings Augen auf sich; ersterer sagte gegen letztern: «Das muß ein vortrefflicher Mann sein.» Stilling bejahte das, doch glaubte er, daß sie beide viel Verdruß von ihm haben würden, weil er ihn für einen wilden Kameraden ansah. Dieses schloß er aus dem freien Wesen, das sich der Student ausnahm; allein Stilling irrte sehr. Sie wurden indessen gewahr, daß man diesen ausgezeichneten Menschen Herr Goethe nannte.
Nun fanden sich noch zween Mediziner, einer aus Wien, der andre ein Elsässer. Der erstere hieß Waldberg. Er zeigte in seinem ganzen Wesen ein Genie, aber zugleich ein Herz voller Spott gegen die Religion, und voller Ausgelassenheit in seinen Sitten. Der Elsässer hieß Melzer, und war ein feines Männchen, er hatte eine gute Seele, nur schade! daß er etwas reizbar und mißtrauisch war. Dieser hatte seinen Sitz neben Stilling, und war bald Herzensfreund mit ihm. Nun kam auch ein Theologe, der hieß Lerse, einer von den vortrefflichsten Menschen, Goethens Liebling, und das verdiente er auch mit Recht, denn er war nicht nur ein edles Genie, und ein guter Theologe, sondern er hatte auch die seltene Gabe, mit trockener Miene die treffendste Satire in Gegenwart des Lasters hinzuwerfen. Seine Laune war überaus edel. Noch einer fand sich ein, der sich neben Goethe hinsetzte, von diesem will ich nichts mehr sagen als daß er – ein guter Rabe mit Pfauenfedern war.

Noch ein vortrefflicher Straßburger saß da zu Tische. Sein Ort war der oberste, und wär es auch hinter der Tür gewesen. Seine Bescheidenheit erlaubt nicht, ihm eine Lobrede zu halten: es war der Herr Aktuarius Salzmann. Meine Leser mögen sich den gründlichsten und empfindsamsten Philosophen, mit dem echtesten Christentum verpaart, denken, so denken sie sich einen Salzmann. Goethe und er waren Herzensfreunde.

Herr Troost sagte leise zu Stilling: «Hier ist's am besten, daß man vierzehn Tage schweigt.» Letzterer erkannte diese Wahrheit, sie schwiegen also, und es kehrte sich auch niemand sonderlich an sie, außer daß Goethe zuweilen seine Augen herüberwälzte; er saß gegen Stilling über, und er hatte die Regierung am Tisch, ohne daß er sie suchte.

Herr Troost war Stillingen sehr nützlich, er kannte die Welt besser, und daher konnte er ihn sicher durchführen: Ohne ihn würde Stilling hundertmal angestoßen haben. So gütig war der himmlische Vater gegen ihn. Er versorgte ihn sogar mit einem Hofmeister, der ihm nicht allein mit Rat und Tat beistehen, sondern auch von dem er Anleitung und Fingerzeig in seinen Studien haben konnte. Denn gewiß, Herr Troost war ein geschickter und erfahrener Wundarzt.

Nun hatte sich Stilling völlig eingerichtet; er lief seinen Lauf heldenmütig fort; er war jetzt in seinem Element; er verschlang alles, was er hörte, schrieb weder Collegia noch sonst etwas ab, sondern trug alles zusammen in allgemeine Begriffe über. Selig ist der Mann, der diese Methode wohl zu üben weiß! aber es ist nicht einem jeden gegeben. Seine beiden Professoren, die berühmten Herren Spielmann und Lobstein bemerkten ihn bald, und gewannen ihn lieb, besonders auch darum, weil er sich ernst, männlich und eingezogen aufführte.

Allein seine dreiunddreißig Reichstaler waren nun wieder auf einen einzigen heruntergeschmolzen, deswegen begann er wiederum herzlich zu beten. Gott erhörte ihn, und just in dieser Zeit der Not fing Herr Troost einmal des Morgens gegen ihn an und sagte: «Sie haben, glaub ich, kein Geld mitgebracht; ich will Ihnen sechs Karolin leihen, bis Sie Wechsel bekommen werden.» Obgleich Stilling sowenig von Wechseln als von Geld wußte, so nahm er doch dieses freundschaftliche Erbieten an, und Herr Troost zahlte ihm

sechs neue Louisdor aus. Wer war es nun, der das Herz dieses Freundes just weckte, als es not war!!!
Herr Troost war nett und nach der Mode gekleidet; Stilling auch so ziemlich. Er hatte einen schwarzbraunen Rock mit manchesternen Unterkleidern, nur war ihm noch eine runde Perücke übrig, die er zwischen seinen Beutelperükken doch auch gern verbrauchen wollte. Diese hatte er einsmalen aufgesetzt, und kam damit an den Tisch. Niemand störte sich daran, als nur Herr Waldberg von Wien. Dieser sah ihn an; und da er schon vernommen hatte, daß Stilling sehr für die Religion eingenommen war, so fing er an und fragte ihn: ob wohl Adam im Paradies eine runde Perücke möchte getragen haben? Alle lachten herzlich bis auf Salzmann, Goethe und Troost; diese lachten nicht. Stillingen fuhr der Zorn durch alle Glieder, und er antwortete darauf: «Schämen Sie sich dieses Spotts. Ein solcher alltäglicher Einfall ist nicht wert, daß er belacht werde!» – Goethe aber fiel ein, und versetzte: «Probier erst einen Menschen, ob er des Spotts wert sei? Es ist teufelmäßig, einen rechtschaffenen Mann, der niemand beleidigt hat, zum besten zu haben!» Von dieser Zeit an nahm sich Herr Goethe Stillings an, besuchte ihn, gewann ihn lieb, machte Brüderschaft und Freundschaft mit ihm, und bemühte sich bei allen Gelegenheiten, Stillingen Liebe zu erzeigen. Schade, daß so wenige diesen vortrefflichen Menschen seinem Herzen nach kennen!

Johann Wolfgang Goethe

Von Deutscher Baukunst. D. M. Ervini a Steinbach

Als ich auf deinem Grabe herumwandelte, edler *Erwin*, und den Stein suchte, der mir deuten sollte: Anno domini 1318. XVI. Kal. Febr. obiit Magister Ervinus, Gubernator Fabricae Ecclesiae Argentinensis, und ich ihn nicht finden, keiner deiner Landsleute mir ihn zeigen konnte, daß sich meine Verehrung deiner an der heiligen Stätte ergossen hätte; da ward ich tief in die Seele betrübt, und mein Herz, jünger, wärmer, töriger und besser als jetzt, gelobte dir ein Denkmal, wenn ich zum ruhigen Genuß meiner Besitztü-

mer gelangen würde, von Marmor oder Sandsteinen, wie ich's vermöchte.
Was braucht's dir Denkmal! Du hast dir das herrlichste errichtet; und kümmert die Ameisen, die drum krabbeln, dein Name nichts, hast du gleiches Schicksal mit dem Baumeister, der Berge auftürmte in die Wolken.
Wenigen ward es gegeben, einen Babelgedanken in der Seele zu zeugen, ganz, groß, und bis in den kleinsten Teil notwendig schön, wie Bäume Gottes; wenigern, auf tausend bietende Hände zu treffen, Felsengrund zu graben, steile Höhen drauf zu zaubern, und dann sterbend ihren Söhnen zu sagen: ich bleibe bei euch, in den Werken meines Geistes, vollendet das Begonnene in die Wolken.
Was braucht's dir Denkmal! und von mir! Wenn der Pöbel heilige Namen ausspricht, ist's Aberglaube oder Lästerung. Dem schwachen Geschmäckler wird's ewig schwindlen an deinem Koloß, und ganze Seelen werden dich erkennen ohne Deuter.
Also nur, trefflicher Mann, eh ich mein geflicktes Schiffchen wieder auf den Ozean wage, wahrscheinlicher dem Tod als dem Gewinst entgegen, siehe hier in diesem Hain, wo ringsum die Namen meiner Geliebten grünen, schneid ich den deinigen in eine deinem Turm gleich schlank aufsteigende Buche, hänge an seinen vier Zipfeln dies Schnupftuch mit Gaben dabei auf. Nicht ungleich jenem Tuche, das dem heiligen Apostel aus den Wolken herabgelassen ward, voll reiner und unreiner Tiere; so auch voll Blumen, Blüten, Blätter, auch wohl dürres Gras und Moos und über Nacht geschoßne Schwämme, das alles ich auf dem Spaziergang durch unbedeutende Gegenden, kalt zu meinem Zeitvertreib botanisierend eingesammelt, dir nun zu Ehren der Verwesung weihe.

*

Es ist im kleinen Geschmack, sagt der Italiener, und geht vorbei. Kindereien, lallt der Franzose nach, und schnellt triumphierend auf seine Dose à la Grecque. Was habt ihr getan, daß ihr verachten dürft?
Hat nicht der seinem Grab entsteigende Genius der Alten den deinen gefesselt, Welscher! Krochst an den mächtigen Resten Verhältnisse zu betteln, flicktest aus den heiligen

Trümmern dir Lusthäuser zusammen, und hältst dich für Verwahrer der Kunstgeheimnisse, weil du auf Zoll und Linien von Riesengebäuden Rechenschaft geben kannst. Hättest du mehr gefühlt als gemessen, wäre der Geist der Massen über dich gekommen, die du anstauntest, du hättest nicht so nur nachgeahmt, weil sie's taten und es schön ist; notwendig und wahr hättest du deine Plane geschaffen, und lebendige Schönheit wäre bildend aus ihnen gequollen.
So hast du deinen Bedürfnissen einen Schein von Wahrheit und Schönheit aufgetüncht. Die herrliche Wirkung der Säulen traf dich, du wolltest auch ihrer brauchen und mauertest sie ein, wolltest auch Säulenreihen haben, und umzirkeltest den Vorhof der Peterskirche mit Marmorgängen, die nirgends hin noch her führen, daß Mutter Natur, die das Ungehörige und Unnötige verachtet und haßt, deinen Pöbel trieb, ihre Herrlichkeit zu öffentlichen Kloaken zu prostituieren, daß ihr die Augen wegwendet und die Nasen zuhaltet vorm Wunder der Welt.
Das geht nun so alles seinen Gang, die Grille des Künstlers dient dem Eigensinne des Reichen, der Reisebeschreiber gafft, und unsre schöne Geister, genannt Philosophen, erdrechseln aus protoplastischen Märchen Prinzipien und Geschichte der Künste bis auf den heutigen Tag, und echte Menschen ermordet der böse Genius im Vorhof der Geheimnisse.
Schädlicher als Beispiele sind dem Genius Prinzipien. Vor ihm mögen einzelne Menschen einzelne Teile bearbeitet haben. Er ist der erste, aus dessen Seele die Teile, in Ein ewiges Ganzes zusammengewachsen, hervortreten. Aber Schule und Principium fesselt alle Kraft der Erkenntnis und Tätigkeit. Was soll uns das, du neufranzöscher philosophierender Kenner, daß der erste zum Bedürfnis erfindsame Mensch vier Stämme einrammelte, vier Stangen drüber verband, und Äste und Moos drauf deckte? Daraus entscheidest du das Gehörige unsrer heurigen Bedürfnisse, eben als wenn du dein neues Babylon mit einfältigem patriarchalischem Hausvatersinn regieren wolltest.
Und es ist noch dazu falsch, daß deine Hütte die erstgeborne der Welt ist. Zwei an ihrem Gipfel sich kreuzende Stangen vornen, zwei hinten und eine Stange querüber zum First, ist und bleibt, wie du alltäglich an Hütten der Felder

und Weinberge erkennen kannst, eine weit primävere Erfindung, von der du doch nicht einmal Principium für deine Schweinställe abstrahieren könntest.
So vermag keiner deiner Schlüsse sich zur Region der Wahrheit zu erheben, sie schweben alle in der Atmosphäre deines Systems. Du willst uns lehren, was wir brauchen sollen, weil das, was wir brauchen, sich nach deinen Grundsätzen nicht rechtfertigen läßt.
Die Säule liegt dir sehr am Herzen, und in andrer Weltgegend wärst du Prophet. Du sagst: Die Säule ist der erste, wesentliche Bestandteil des Gebäudes, und der schönste. Welche erhabene Eleganz der Form, welche reine mannigfaltige Größe, wenn sie in Reihen dastehn! Nur hütet euch sie ungehörig zu brauchen; ihre Natur ist, frei zu stehn. Wehe den Elenden, die ihren schlanken Wuchs an plumpe Mauern geschmiedet haben!
Und doch dünkt mich, lieber Abt, hätte die öftere Wiederholung dieser Unschicklichkeit des Säuleneinmauerns, daß die Neuern sogar antiker Tempel Intercolumnia mit Mauerwerk ausstopften, dir einiges Nachdenken erregen können. Wäre dein Ohr nicht für Wahrheit taub, diese Steine würden sie dir gepredigt haben.
Säule ist mitnichten ein Bestandteil unsrer Wohnungen; sie widerspricht vielmehr dem Wesen all unsrer Gebäude. Unsre Häuser entstehen nicht aus vier Säulen in vier Ecken; sie entstehen aus vier Mauern auf vier Seiten, die statt aller Säulen sind, alle Säulen ausschließen, und wo ihr sie anflickt, sind sie belastender Überfluß. Eben das gilt von unsern Palästen und Kirchen. Wenige Fälle ausgenommen, auf die ich nicht zu achten brauche.
Eure Gebäude stellen euch also Flächen dar, die, je weiter sie sich ausbreiten, je kühner sie gen Himmel steigen, mit desto unerträglicherer Einförmigkeit die Seele unterdrükken müssen! Wohl! wenn uns der Genius nicht zu Hülfe käme, der *Erwinen von Steinbach* eingab: Vermannigfaltige die ungeheure Mauer, die du gen Himmel führen sollst, daß sie aufsteige gleich einem hocherhabnen, weitverbreiteten Baume Gottes, der mit tausend Ästen, Millionen Zweigen, und Blättern wie der Sand am Meer, ringsum der Gegend verkündet die Herrlichkeit des Herrn, seines Meisters.

*

Als ich das erstemal nach dem Münster ging, hatt ich den Kopf voll allgemeiner Erkenntnis guten Geschmacks. Auf Hörensagen ehrt ich die Harmonie der Massen, die Reinheit der Formen, war ein abgesagter Feind der verworrnen Willkürlichkeiten gotischer Verzierungen. Unter die Rubrik *Gotisch*, gleich dem Artikel eines Wörterbuchs, häufte ich alle synonymische Mißverständnisse, die mir von Unbestimmtem, Ungeordnetem, Unnatürlichem, Zusammengestoppeltem, Aufgeflicktem, Überladenem, jemals durch den Kopf gezogen waren. Nicht gescheiter als ein Volk, das die ganze fremde Welt barbarisch nennt, hieß alles *gotisch*, was nicht in mein System paßte, von dem gedrechselten, bunten Puppen- und Bilderwerk an, womit unsre bürgerliche Edelleute ihre Häuser schmücken, bis zu den ernsten Resten der älteren deutschen Baukunst, über die ich, auf Anlaß einiger abenteuerlichen Schnörkel, in den allgemeinen Gesang stimmte: «Ganz von Zierat erdrückt!» und so graute mir's im Gehen vorm Anblick eines mißgeformten krausborstigen Ungeheuers.

Mit welcher unerwarteten Empfindung überraschte mich der Anblick, als ich davortrat. Ein ganzer, großer Eindruck füllte meine Seele, den, weil er aus tausend harmonierenden Einzelnheiten bestand, ich wohl schmecken und genießen, keineswegs aber erkennen und erklären konnte. Sie sagen, daß es also mit den Freuden des Himmels sei, und wie oft bin ich zurückgekehrt, diese himmlisch-irdische Freude zu genießen, den Riesengeist unsrer ältern Brüder in ihren Werken zu umfassen. Wie oft bin ich zurückgekehrt, von allen Seiten, aus allen Entfernungen in jedem Lichte des Tags, zu schauen seine Würde und Herrlichkeit. Schwer ist's dem Menschengeist, wenn seines Bruders Werk so hoch erhaben ist, daß er nur beugen und anbeten muß. Wie oft hat die Abenddämmerung mein durch forschendes Schauen ermattetes Aug mit freundlicher Ruhe geletzt, wenn durch sie die unzähligen Teile zu ganzen Massen schmolzen, und nun diese, einfach und groß, vor meiner Seele standen, und meine Kraft sich wonnevoll entfaltete, zugleich zu genießen und zu erkennen. Da offenbarte sich mir, in leisen Ahndungen, der Genius des großen Werkmeisters. Was staunst du, lispelt' er mir entgegen. Alle diese Massen waren notwendig, und siehst du sie nicht an allen älteren Kirchen meiner Stadt. Nur ihre willkürliche Größen hab ich zum stimmenden Verhältnis erhoben. Wie über dem Haupteingang, der zwei kleinere zu 'n Seiten beherrscht, sich der weite Kreis des Fensters öffnet, der dem Schiffe der Kirche antwortet und sonst nur Tageloch war, wie hoch drüber der Glockenplatz die kleineren Fenster forderte! das all war notwendig, und ich bildete es schön. Aber ach, wenn ich durch die düstern erhabnen Öffnungen hier zur Seite schwebe, die leer und vergebens dazustehn scheinen. In ihre kühne schlanke Gestalt hab ich die geheimnisvollen Kräfte verborgen, die jene beiden Türme hoch in die Luft heben sollten, deren, ach, nur einer traurig dasteht, ohne den fünfgetürmten Hauptschmuck, den ich ihm bestimmte, daß ihm und seinem königlichen Bruder die Provinzen umher huldigten. Und so schied er von mir, und ich versank in teilnehmende Traurigkeit. Bis die Vögel des Morgens, die in seinen tausend Öffnungen wohnen, der Sonne entgegenjauchzten, und mich aus dem Schlummer weckten. Wie frisch leuchtet' er im Morgenduftglanz mir entgegen, wie froh konnt ich ihm meine Arme entgegenstrecken, schauen die großen, harmonischen Massen, zu unzählig kleinen Teilen belebt; wie in Werken der ewigen Natur, bis aufs geringste Zäserchen, alles Gestalt, und alles zweckend zum Ganzen; wie das festgegründete ungeheure Gebäude sich leicht in die Luft hebt; wie durchbrochen alles und doch für die Ewigkeit. Deinem Unterricht dank ich's, Genius, daß mir's nicht mehr schwindelt an deinen Tiefen, daß in meine Seele ein Tropfen sich senkt der Wonneruh des Geistes, der auf solch eine Schöpfung herabschauen, und gottgleich sprechen kann, es ist gut!

*

Und nun soll ich nicht ergrimmen, heiliger *Erwin*, wenn der deutsche Kunstgelehrte, auf Hörensagen neidischer Nachbarn, seinen Vorzug verkennt, dein Werk mit dem unverstandnen Worte *gotisch* verkleinert. Da er Gott danken sollte, laut verkündigen zu können, das ist deutsche Baukunst, unsre Baukunst, da der Italiener sich keiner eignen rühmen darf, viel weniger der Franzos. Und wenn du dir selbst diesen Vorzug nicht zugestehen willst, so erweis uns, daß die Goten schon wirklich so gebaut haben, wo sich einige Schwürigkeiten finden werden. Und, ganz am Ende, wenn du nicht dartust, ein Homer sei schon vor dem Homer gewesen, so lassen wir dir gerne die Geschichte kleiner gelungner und mißlungner Versuche, und treten anbetend vor das Werk des Meisters, der zuerst die zerstreuten Elemente in Ein lebendiges Ganze zusammenschuf. Und du, mein lieber Bruder im Geiste des Forschens nach Wahrheit und Schönheit, verschließ dein Ohr vor allem Wortgeprahle über bildende Kunst, komm, genieße und schaue. Hüte dich, den Namen deines edelsten Künstlers zu entheiligen, und eile herbei, daß du schauest sein treffliches Werk. Macht es dir einen widrigen Eindruck, oder keinen, so gehab dich wohl, laß einspannen, und so weiter nach Paris.

Aber zu dir, teurer Jüngling, gesell ich mich, der du bewegt dastehst, und die Widersprüche nicht vereinigen kannst, die sich in deiner Seele kreuzen, bald die unwiderstehliche Macht des großen Ganzen fühlst, bald mich einen Träumer schiltst, daß ich da Schönheit sehe, wo du nur Stärke und Rauheit siehst. Laß einen Mißverstand uns nicht trennen, laß die weiche Lehre neuerer Schönheitelei dich für das bedeutende Rauhe nicht verzärteln, daß nicht zuletzt deine kränkelnde Empfindung nur eine unbedeutende Glätte ertragen könne. Sie wollen euch glauben machen, die schönen Künste seien entstanden aus dem Hang, den wir haben sollen, die Dinge rings um uns zu verschönern. Das ist nicht wahr! Denn in dem Sinne, darin es wahr sein könnte, braucht wohl der Bürger und Handwerker die Worte, kein Philosoph.

Die Kunst ist lange bildend, eh sie schön ist, und doch, so wahre, große Kunst, ja, oft wahrer und größer, als die schöne selbst. Denn in dem Menschen ist eine bildende Natur, die gleich sich tätig beweist, wann seine Existenz gesichert ist. Sobald er nichts zu sorgen und zu fürchten hat, greift der Halbgott, wirksam in seiner Ruhe, umher nach Stoff, ihm seinen Geist einzuhauchen. Und so modelt der Wilde mit abenteuerlichen Zügen, gräßlichen Gestalten, hohen Farben, seine Kokos, seine Federn, und seinen Körper. Und laßt diese Bildnerei aus den willkürlichsten Formen bestehn, sie wird ohne Gestaltsverhältnis zusammenstimmen, denn Eine Empfindung schuf sie zum charakteristischen Ganzen.

Diese charakteristische Kunst ist nun die einzige wahre.

Wenn sie aus inniger, einiger, eigner, selbstständiger Empfindung um sich wirkt, unbekümmert, ja unwissend alles Fremden, da mag sie aus rauher Wildheit, oder aus gebildeter Empfindsamkeit geboren werden, sie ist ganz und lebendig. Da seht ihr bei Nationen und einzelnen Menschen dann unzählige Grade. Je mehr sich die Seele erhebt zu dem Gefühl der Verhältnisse, die allein schön und von Ewigkeit sind, deren Hauptakkorde man beweisen, deren Geheimnisse man nur fühlen kann, in denen sich allein das Leben des gottgleichen Genius in seligen Melodien herumwälzt; je mehr diese Schönheit in das Wesen eines Geistes eindringt, daß sie mit ihm entstanden zu sein scheint, daß ihm nichts genugtut als sie, daß er nichts aus sich wirkt als sie, desto glücklicher ist der Künstler, desto herrlicher ist er, desto tiefgebeugter stehen wir da und beten an den Gesalbten Gottes.
Und von der Stufe, auf welche *Erwin* gestiegen ist, wird ihn keiner herabstoßen. Hier steht sein Werk, tretet hin, und erkennt das tiefste Gefühl von Wahrheit und Schönheit der Verhältnisse, würkend aus starker, rauher, deutscher Seele, auf dem eingeschränkten düstern Pfaffenschauplatz des medii aevi.

*

Und unser aevum? hat auf seinen Genius verziehen, hat seine Söhne umhergeschickt, fremde Gewächse zu ihrem Verderben einzusammeln. Der leichte Franzose, der noch weit ärger stoppelt, hat wenigstens eine Art von Witz, seine Beute zu Einem Ganzen zu fügen, er baut jetzt aus griechischen Säulen und deutschen Gewölbern seiner Magdalene einen Wundertempel. Von einem unsrer Künstler, als er ersucht ward zu einer altdeutschen Kirche ein Portal zu erfinden, hab ich gesehen ein Modell fertigen, stattlichen antiken Säulenwerks.
Wie sehr unsre geschminkte Puppenmaler mir verhaßt sind, mag ich nicht deklamieren. Sie haben durch theatralische Stellungen, erlogne Teints, und bunte Kleider die Augen der Weiber gefangen. Männlicher Albrecht Dürer, den die Neulinge anspötteln, deine holzgeschnitzteste Gestalt ist mir willkommner.
Und ihr selbst, treffliche Menschen, denen die höchste Schönheit zu genießen gegeben ward, und nunmehr herab-

tretet, zu verkünden eure Seligkeit, ihr schadet dem Genius. Er will auf keinen fremden Flügeln, und wären's die Flügel der Morgenröte, emporgehoben und fortgerückt werden. Seine eigne Kräfte sind's, die sich im Kindertraum entfalten, im Jünglingsleben bearbeiten, bis er stark und behend, wie der Löwe des Gebürges auseilt auf Raub. Drum erzieht sie meist die Natur, weil ihr Pädagogen ihm nimmer den mannigfaltigen Schauplatz erkünsteln könnt, stets im gegenwärtigen Maß seiner Kräfte zu handeln und zu genießen.

Heil dir, Knabe! der du mit einem scharfen Aug für Verhältnisse geboren wirst, dich mit Leichtigkeit an allen Gestalten zu üben. Wenn denn nach und nach die Freude des Lebens um dich erwacht, und du jauchzenden Menschengenuß nach Arbeit, Furcht und Hoffnung fühlst; das mutige Geschrei des Winzers, wenn die Fülle des Herbsts seine Gefäße anschwellt, den belebten Tanz des Schnitters, wenn er die müßige Sichel hoch in den Balken geheftet hat; wenn dann männlicher die gewaltige Nerve der Begierden und Leiden in deinem Pinsel lebt, du gestrebt und gelitten genug hast, und genug genossen, und satt bist irdischer Schönheit, und wert bist auszuruhen in dem Arme der Göttin, wert an ihrem Busen zu fühlen, was den vergötterten Herkules neu gebar; nimm ihn auf, himmlische Schönheit, du Mittlerin zwischen Göttern und Menschen, und mehr als Prometheus leit er die Seligkeit der Götter auf die Erde.

Lynkeus der Türmer

Zum Sehen geboren,
Zum Schauen bestellt,
Dem Turme geschworen
Gefällt mir die Welt.
Ich blick in die Ferne,
Ich seh in der Näh
Den Mond und die Sterne,
Den Wald und das Reh.
So seh ich in allen
Die ewige Zier,
Und wie mir's gefallen,

Gefall ich auch mir.
Ihr glücklichen Augen,
Was je ihr gesehn,
Es sei wie es wolle,
Es war doch so schön!

Willkommen und Abschied

Es schlug mein Herz, geschwind zu Pferde!
Es war getan fast eh gedacht;
Der Abend wiegte schon die Erde
Und an den Bergen hing die Nacht:
Schon stand im Nebelkleid die Eiche,
Ein aufgetürmter Riese, da,
Wo Finsternis aus dem Gesträuche
Mit hundert schwarzen Augen sah.

Der Mond von einem Wolkenhügel
Sah kläglich aus dem Duft hervor,
Die Winde schwangen leise Flügel,
Umsausten schauerlich mein Ohr;
Die Nacht schuf tausend Ungeheuer;
Doch frisch und fröhlich war mein Mut:
In meinen Adern welches Feuer!
In meinem Herzen welche Glut!

Dich sah ich, und die milde Freude
Floß von dem süßen Blick auf mich;
Ganz war mein Herz an deiner Seite
Und jeder Atemzug für dich.
Ein rosenfarbnes Frühlingswetter
Umgab das liebliche Gesicht,
Und Zärtlichkeit für mich – ihr Götter!
Ich hofft es, ich verdient es nicht!

Doch ach, schon mit der Morgensonne
Verengt' der Abschied mir das Herz:
In deinen Küssen welche Wonne!
In deinem Auge welcher Schmerz!
Ich ging, du standst und sahst zur Erden,

Und sahst mir nach mit nassem Blick:
Und doch, welch Glück geliebt zu werden!
Und lieben, Götter, welch ein Glück!

Ganymed

Wie im Morgenglanze
Du rings mich anglühst,
Frühling, Geliebter!
Mit tausendfacher Liebeswonne
Sich an mein Herz drängt
Deiner ewigen Wärme
Heilig Gefühl,
Unendliche Schöne!

Daß ich dich fassen möcht
In diesen Arm!

Ach an deinem Busen
Lieg ich, schmachte,
Und deine Blumen, dein Gras
Drängen sich an mein Herz.
Du kühlst den brennenden
Durst meines Busens,
Lieblicher Morgenwind!
Ruft drein die Nachtigall
Liebend nach mir aus dem Nebeltal.

Ich komm, ich komme!
Wohin? Ach, wohin?

Hinauf! Hinauf strebt's.
Es schweben die Wolken
Abwärts, die Wolken
Neigen sich der sehnenden Liebe.
Mir! Mir!
In euerm Schoße
Aufwärts!
Umfangend umfangen!
Aufwärts an deinem Busen,
Alliebender Vater!

Harzreise im Winter

Dem Geier gleich,
Der auf schweren Morgenwolken
Mit sanftem Fittich ruhend
Nach Beute schaut,
Schwebe mein Lied.

Denn ein Gott hat
Jedem seine Bahn
Vorgezeichnet,
Die der Glückliche
Rasch zum freudigen
Ziele rennt:
Wem aber Unglück
Das Herz zusammenzog,
Er sträubt vergebens
Sich gegen die Schranken
Des ehernen Fadens,
Den die doch bittre Schere
Nur einmal löst.

In Dickichts-Schauer
Drängt sich das rauhe Wild,
Und mit den Sperlingen
Haben längst die Reichen
In ihre Sümpfe sich gesenkt.

Leicht ist's folgen dem Wagen,
Den Fortuna führt,
Wie der gemächliche Troß
Auf gebesserten Wegen
Hinter des Fürsten Einzug.

Aber abseits wer ist's?
Ins Gebüsch verliert sich sein Pfad,
Hinter ihm schlagen
Die Sträuche zusammen,
Das Gras steht wieder auf,
Die Öde verschlingt ihn.

Ach, wer heilet die Schmerzen
Des, dem Balsam zu Gift ward?
Der sich Menschenhaß
Aus der Fülle der Liebe trank?
Erst verachtet, nun ein Verächter,
Zehrt er heimlich auf
Seinen eignen Wert
In ungnügender Selbstsucht.

Ist auf deinem Psalter,
Vater der Liebe, ein Ton
Seinem Ohre vernehmlich,
So erquicke sein Herz!
Öffne den umwölkten Blick
Über die tausend Quellen
Neben dem Durstenden
In der Wüste.

Der du der Freuden viel schaffst,
Jedem ein überfließend Maß,
Segne die Brüder der Jagd
Auf der Fährte des Wilds
Mit jugendlichem Übermut
Fröhlicher Mordsucht,
Späte Rächer des Unbills,
Dem schon Jahre vergeblich
Wehrt mit Knütteln der Bauer.

Aber den Einsamen hüll
In deine Goldwolken!
Umgib mit Wintergrün,
Bis die Rose wieder heranreift,
Die feuchten Haare.
O Liebe, deines Dichters!

Mit der dämmernden Fackel
Leuchtest du ihm
Durch die Furten bei Nacht,
Über grundlose Wege
Auf öden Gefilden;
Mit dem tausendfarbigen Morgen
Lachst du ins Herz ihm;

Mit dem beizenden Sturm
Trägst du ihn hoch empor;
Winterströme stürzen vom Felsen
In seine Psalmen,
Und Altar des lieblichsten Danks
Wird ihm des gefürchteten Gipfels
Schneebehangner Scheitel,
Den mit Geisterreihen
Kränzten ahnende Völker.

Du stehst mit unerforschtem Busen
Geheimnisvoll offenbar
Über der erstaunten Welt,
Und schaust aus Wolken
Auf ihre Reiche und Herrlichkeit,
Die du aus den Adern deiner Brüder
Neben dir wässerst.

Dämmrung senkte sich von oben

Dämmrung senkte sich von oben,
Schon ist alle Nähe fern;
Doch zuerst emporgehoben
Holden Lichts der Abendstern!
Alles schwankt ins Ungewisse,
Nebel schleichen in die Höh;
Schwarzvertiefte Finsternisse
Widerspiegelnd ruht der See.

Nun im östlichen Bereiche
Ahn ich Mondenglanz und -glut,
Schlanker Weiden Haargezweige
Scherzen auf der nächsten Flut.
Durch bewegter Schatten Spiele
Zittert Lunas Zauberschein,
Und durchs Auge schleicht die Kühle
Sänftigend ins Herz hinein.

Wandrers Nachtlied

Der du von dem Himmel bist,
Alles Leid und Schmerzen stillest,
Den, der doppelt elend ist,
Doppelt mit Erquickung füllest,
Ach ich bin des Treibens müde!
Was soll all der Schmerz und Lust?
Süßer Friede,
Komm, ach komm in meine Brust!

An den Mond

Füllest wieder Busch und Tal
Still mit Nebelglanz,
Lösest endlich auch einmal
Meine Seele ganz;

Breitest über mein Gefild
Lindernd deinen Blick,
Wie des Freundes Auge mild
Über mein Geschick.

Jeden Nachklang fühlt mein Herz
Froh- und trüber Zeit,
Wandle zwischen Freud und Schmerz
In der Einsamkeit.

Fließe, fließe, lieber Fluß!
Nimmer werd ich froh,
So verrauschte Scherz und Kuß,
Und die Treue so.

Ich besaß es doch einmal,
Was so köstlich ist!
Daß man doch zu seiner Qual
Nimmer es vergißt!

Rausche, Fluß, das Tal entlang,
Ohne Rast und Ruh,
Rausche, flüstre meinem Sang
Melodien zu,

Wenn du in der Winternacht
Wütend überschwillst,
Oder um die Frühlingspracht
Junger Knospen quillst.

Selig, wer sich vor der Welt
Ohne Haß verschließt,
Einen Freund am Busen hält
Und mit dem genießt,

Was, von Menschen nicht gewußt
Oder nicht bedacht,
Durch das Labyrinth der Brust
Wandelt in der Nacht.

Friedrich Schiller

Die Worte des Glaubens

Drei Worte nenn ich euch, inhaltschwer,
Sie gehen von Munde zu Munde,
Doch stammen sie nicht von außen her,
Das Herz nur gibt davon Kunde.
Dem Menschen ist aller Wert geraubt,
Wenn er nicht mehr an die drei Worte glaubt.

Der Mensch ist frei geschaffen, ist frei,
Und würd er in Ketten geboren;
Laßt euch nicht irren des Pöbels Geschrei,
Nicht den Mißbrauch rasender Toren.
Vor dem Sklaven, wenn er die Kette bricht,
Vor dem freien Menschen erzittert nicht!

Und die Tugend, sie ist kein leerer Schall,
Der Mensch kann sie üben im Leben,
Und sollt er auch straucheln überall,
Er kann nach der göttlichen streben,
Und was kein Verstand der Verständigen sieht,
Das übet in Einfalt ein kindlich Gemüt.

Und ein Gott ist, ein heiliger Wille lebt,
Wie auch der menschliche wanke,
Hoch über der Zeit und dem Raume webt
Lebendig der höchste Gedanke;
Und ob alles in ewigem Wechsel kreist,
Es beharret im Wechsel ein ruhiger Geist.

Die drei Worte bewahret euch, inhaltschwer,
Sie pflanzet von Munde zu Munde,
Und stammen sie gleich nicht von außen her,
Euer Innres gibt davon Kunde.
Dem Menschen ist nimmer sein Wert geraubt,
Solang er noch an die drei Worte glaubt.

Die Worte des Wahns

Drei Worte hört man, bedeutungschwer,
Im Munde der Guten und Besten;
Sie schallen vergeblich, ihr Klang ist leer,
Sie können nicht helfen und trösten.
Verscherzt ist dem Menschen des Lebens Frucht,
Solang er die Schatten zu haschen sucht.

Solang er glaubt an die goldene Zeit,
Wo das Rechte, das Gute wird siegen –
Das Rechte, das Gute führt ewig Streit,
Nie wird der Feind ihm erliegen,
Und erstickst du ihn nicht in den Lüften frei,
Stets wächst ihm die Kraft auf der Erde neu.

Solang er glaubt, daß das buhlende Glück
Sich dem Edeln vereinigen werde –
Dem Schlechten folgt es mit Liebesblick,

Nicht dem Guten gehöret die Erde.
Er ist ein Fremdling, er wandert aus
Und suchet ein unvergänglich Haus.

Solang er glaubt, daß dem ird'schen Verstand
Die Wahrheit je wird erscheinen –
Ihren Schleier hebt keine sterbliche Hand,
Wir können nur raten und meinen.
Du kerkerst den Geist in ein tönend Wort,
Doch der freie wandelt im Sturme fort.

Drum, edle Seele, entreiß dich dem Wahn
Und den himmlischen Glauben bewahre!
Was kein Ohr vernahm, was die Augen nicht sahn,
Es ist dennoch, das Schöne, das Wahre!
Es ist nicht draußen, da sucht es der Tor,
Es ist *in* dir, du bringst es ewig hervor.

Sehnsucht

Ach, aus dieses Tales Gründen,
Die der kalte Nebel drückt,
Könnt ich doch den Ausgang finden,
Ach wie fühlt ich mich beglückt!
Dort erblick ich schöne Hügel,
Ewig jung und ewig grün!
Hätt ich Schwingen, hätt ich Flügel,
Nach den Hügeln zög ich hin.

Harmonien hör ich klingen,
Töne süßer Himmelsruh,
Und die leichten Winde bringen
Mir der Düfte Balsam zu,
Goldne Früchte seh ich glühen,
Winkend zwischen dunkelm Laub,
Und die Blumen, die dort blühen,
Werden keines Winters Raub.

Ach wie schön muß sich's ergehen
Dort im ewgen Sonnenschein,
Und die Luft auf jenen Höhen,
O wie labend muß sie sein!
Doch mir wehrt des Stromes Toben,
Der ergrimmt dazwischen braust,
Seine Wellen sind gehoben,
Daß die Seele mir ergraust.

Einen Nachen seh ich schwanken,
Aber ach! der Fährmann fehlt.
Frisch hinein und ohne Wanken!
Seine Segel sind beseelt.
Du mußt glauben, du mußt wagen,
Denn die Götter leihn kein Pfand,
Nur ein Wunder kann dich tragen
In das schöne Wunderland.

Nänie

Auch das Schöne muß sterben! Das Menschen und Götter bezwinget,
Nicht die eherne Brust rührt es des stygischen Zeus.
Einmal nur erweichte die Liebe den Schattenbeherrscher,
Und an der Schwelle noch, streng, rief er zurück sein Geschenk.
Nicht stillt Aphrodite dem schönen Knaben die Wunde,
Die in den zierlichen Leib grausam der Eber geritzt.
Nicht errettet den göttlichen Held die unsterbliche Mutter,
Wann er, am skäischen Tor fallend, sein Schicksal erfüllt.
Aber sie steigt aus dem Meer mit allen Töchtern des Nereus,
Und die Klage hebt an um den verherrlichten Sohn.
Siehe! Da weinen die Götter, es weinen die Göttinnen alle,
Daß das Schöne vergeht, daß das Vollkommene stirbt.
Auch ein Klaglied zu sein im Mund der Geliebten, ist herrlich,
Denn das Gemeine geht klanglos zum Orkus hinab.

Das Glück

Selig, welchen die Götter, die gnädigen, vor der Geburt schon
Liebten, welchen als Kind Venus im Arme gewiegt,
Welchem Phöbus die Augen, die Lippen Hermes gelöset.
Und das Siegel der Macht Zeus auf die Stirne gedrückt!
Ein erhabenes Los, ein göttliches, ist ihm gefallen,
Schon vor des Kampfes Beginn sind ihm die Schläfe bekränzt.
Ihm ist, eh er es lebte, das volle Leben gerechnet,
Eh er die Mühe bestand, hat er die Charis erlangt.
Groß zwar nenn ich den Mann, der, sein eigner Bildner und Schöpfer,
Durch der Tugend Gewalt selber die Parze bezwingt;
Aber nicht erzwingt er das Glück, und was ihm die Charis
Neidisch geweigert, erringt nimmer der strebende Mut.
Vor Unwürdigem kann dich der Wille, der ernste, bewahren,
Alles Höchste, es kommt frei von den Göttern herab.
Wie die Geliebte dich liebt, so kommen die himmlischen Gaben,
Oben in Jupiters Reich herrscht, wie in Amors, die Gunst.
Neigungen haben die Götter, sie lieben der grünenden Jugend
Lockigte Scheitel, es zieht Freude die Fröhlichen an.
Nicht der Sehende wird von ihrer Erscheinung beseligt,
Ihrer Herrlichkeit Glanz hat nur der Blinde geschaut;
Gern erwählen sie sich der Einfalt kindliche Seele,
In das bescheidne Gefäß schließen sie Göttliches ein
Ungehofft sind sie da und täuschen die stolze Erwartung,
Keines Bannes Gewalt zwinget die Freien herab.
Wem er geneigt, dem sendet der Vater der Menschen und Götter
Seinen Adler herab, trägt ihn zu himmlischen Höhn.
Unter die Menge greift er mit Eigenwillen, und welches
Haupt ihm gefället, um das flicht er mit liebender Hand
Jetzt den Lorbeer und jetzt die herrschaftgebende Binde;
Krönte doch selber den Gott nur das gewogene Glück.
Vor dem Glücklichen her tritt Phöbus, der pythische Sieger,
Und der die Herzen bezwingt, Amor, der lächelnde Gott.

Vor ihm ebnet Poseidon das Meer, sanft gleitet des Schiffes
Kiel, das den Cäsar führt und sein allmächtiges Glück.
Ihm zu Füßen legt sich der Leu, das brausende Delphin
Steigt aus den Tiefen, und fromm beut es den Rücken ihm an.
Zürne dem Glücklichen nicht, daß den leichten Sieg ihm die Götter
Schenken, daß aus der Schlacht Venus den Liebling entrückt.
Ihn, den die lächelnde rettet, den Göttergeliebten beneid ich,
Jenen nicht, dem sie mit Nacht deckt den verdunkelten Blick.
War er weniger herrlich, Achilles, weil ihm Hephästos
Selbst geschmiedet den Schild und das verderbliche Schwert,
Weil um den sterblichen Mann der große Olymp sich beweget?
Das verherrlichet ihn, daß ihn die Götter geliebt,
Daß sie sein Zürnen geehrt und, Ruhm dem Liebling zu geben,
Hellas' bestes Geschlecht stürzten zum Orkus hinab.
Zürne der Schönheit nicht, daß sie schön ist, daß sie verdienstlos,
Wie der Lilie Kelch, prangt durch der Venus Geschenk;
Laß sie die Glückliche sein; du schaust sie, du bist der Beglückte,
Wie sie ohne Verdienst glänzt, so entzücket sie dich.
Freue dich, daß die Gabe des Lieds vom Himmel herabkommt,
Daß der Sänger dir singt, was ihn die Muse gelehrt!
Weil der Gott ihn beseelt, so wird er dem Hörer zum Gotte,
Weil er der Glückliche ist, kannst du der Selige sein.
Auf dem geschäftigen Markt, da führe Themis die Waage,
Und es messe der Lohn streng an der Mühe sich ab;
Aber die Freude ruft nur ein Gott auf sterbliche Wangen,
Wo kein Wunder geschieht, ist kein Beglückter zu sehn.
Alles Menschliche muß erst werden und wachsen und reifen,
Und von Gestalt zu Gestalt führt es die bildende Zeit;

Aber das Glückliche siehest du nicht, das Schöne nicht werden,
Fertig von Ewigkeit her steht es vollendet vor dir.
Jede irdische Venus ersteht, wie die erste des Himmels,
Eine dunkle Geburt aus dem unendlichen Meer;
Wie die erste Minerva, so tritt, mit der Ägis gerüstet,
Aus des Donnerers Haupt jeder Gedanke des Lichts.

Brief an Wilhelm von Humboldt

Jena, den 30. November 1795

Ich komme nochmals auf die Elegie zurück.

Mit der Elegie verglichen, ist das Reich der Schatten bloß ein Lehrgedicht, wäre der Inhalt des letztern so poetisch ausgeführt worden, wie der Inhalt der Elegie, so wäre es in gewissem Sinn ein Maximum gewesen.

Sehen Sie, lieber Freund, und das will ich versuchen, sobald ich Muße bekomme, an den Almanach des nächsten Jahres zu denken. Ich will eine *Idylle* schreiben, wie ich hier eine Elegie schrieb. Alle meine poetischen Kräfte spannen sich zu dieser Energie noch an. – Das Ideal der Schönheit objektiv zu individualisieren und daraus eine Idylle in *meinem* Sinne zu bilden. Ich teile nämlich (wie Sie in meinen zwei neuesten Abhandlungen lesen werden) das ganze Feld der Poesie in die naive und in die sentimentalische. Die naive hat gar keine Unterarten (in Rücksicht auf die Empfindungsweise nämlich), die sentimentalische hat ihrer drei, Satyre, Elegie, Idylle. Überdenken Sie in diesen paar Tagen diese Idee, deren Deduktion und Anwendung der Inhalt meiner beiden Aufsätze ist. In der sentimentalischen Dichtkunst (und aus dieser heraus kann *ich* nicht) ist die Idylle das höchste, aber auch das schwürigste Problem. Es wird nämlich aufgegeben, ohne Beihülfe des Pathos einen hohen, ja den höchsten poetischen Effekt hervorzubringen. Mein Reich der Schatten enthält dazu nur die Regeln; ihre Befolgung in einem einzelnen Falle würde die Idylle, von der ich rede, erzeugen. Ich habe ernstlich im Sinn, da fortzufahren, wo das Reich der Schatten aufhört, aber darstellend und nicht lehrend. Herkules ist in den Olymp eingetreten, hier endigt letzteres Gedicht. Die Vermählung des

Herkules mit der Hebe würde der Inhalt meiner Idylle sein. Über diesen Stoff hinaus gibt es keinen mehr für den Poeten, denn dieser darf die menschliche Natur nicht verlassen, und eben von diesem Übertritt des Menschen in den Gott würde diese Idylle handeln. Die Hauptfiguren wären zwar schon Götter, aber durch Herkules kann ich sie noch an die Menschheit anknüpfen und eine *Bewegung* in das Gemälde bringen. Gelänge mir dieses Unternehmen, so hoffte ich dadurch mit der sentimentalischen Poesie über die Naive selbst triumphiert zu haben.
Eine solche Idylle würde eigentlich das Gegenstück der hohen Komödie sein; und sie auf einer Seite (in der Form) ganz nahe berühren, indem sie auf der andern und im Stoff das direkte Gegenteil davon wäre. Die Komödie schließt nämlich gleichfalls alles Pathos aus, aber ihr Stoff ist die Wirklichkeit. Der Stoff dieser Idylle ist das Ideal. Die Komödie ist dasjenige in der Satyre, was das Produkt quaestionis in der Idylle (diese als ein eigenes sentimentalisches Geschlecht betrachtet) sein würde. Zeigte es sich, daß eine solche Behandlung der Idylle unausführbar wäre – daß sich das Ideal nicht individualisieren ließe – so würde die Komödie das höchste poetische Werk sein, für welches ich sie immer gehalten habe – bis ich anfing an die Möglichkeit einer solchen Idylle zu glauben.
Denken Sie sich aber den Genuß, lieber Freund, in einer poetischen Darstellung alles Sterbliche ausgelöscht, lauter Licht, lauter Freiheit, lauter Vermögen – keinen Schatten, keine Schranke, nichts von dem allen mehr zu sehen – Mir schwindelt ordentlich, wenn ich an diese Aufgabe – wenn ich an die Möglichkeit ihrer Auflösung denke. Eine Szene im Olymp darzustellen, welcher höchste aller Genüsse! Ich verzweifle nicht ganz daran, wenn mein Gemüt nur erst ganz frei und von allem Unrat der Wirklichkeit recht rein gewaschen ist; ich nehme dann meine ganze Kraft und den ganzen ätherischen Teil meiner Natur noch auf einmal zusammen, wenn er auch bei dieser Gelegenheit rein sollte aufgebraucht werden. Fragen Sie mich aber nach nichts. Ich habe bloß noch ganz schwankende Bilder davon, und nur hie und da einzelne Züge. Ein langes Studieren und Streben muß mich erst lehren, ob etwas Festes, Plastisches daraus werden kann.

Noch etwas, das Reich der Schatten betreffend. Da Sie mir neulich schrieben, auch in Berlin halte man dieses Gedicht allgemein für eine Darstellung des Totenreichs, so bin ich auf d. Gedanken geraten, ob man nicht von diesen schiefen Auslegungen Veranlassung nehmen könnte, ein paar Worte, dieses Gedicht betreffend, ins Publikum hinein zu sprechen. Nicht nur der Horen wegen, auch zu besserer Vorbereitung dessen, was noch theoretisch und praktisch sich künftig daran anreihen wird, wünschte ich, daß der Inhalt dieses Gedichts dem Publikum könnte faßlich und wichtig gemacht werden. Vielleicht wäre es für Sie keine unangenehme Beschäftigung, in einem Aufsatz für Gentz etwas darüber zu sagen? Sie fingen damit an, sich über die kurrenten Auslegungen zu verwundern, und zögen dann die rechte Auslegung auf eine natürliche Art aus dem Gedichte selbst heraus. Es verstünde sich, daß man bloß die Sache ruhig vortrüge und alle Anpreisung, alles Panegyrische unterbliebe: nach meiner Idee müßte es ungefähr so geschrieben sein, daß ein verständiger Leser sich nicht zu verwundern hätte, wenn er erführe, daß ich selbst der Verfasser sei. Es würde z. B. nichts schaden, wenn der Inhalt einer jeden Strophe ordentlich in vernehmlicher Prosa ausgesprochen würde. (Hätte doch Frau von Kalb die Verse selbst gern dafür hingegeben.) Ich selbst könnte dann von einer solchen «honnêten» Motion Veranlassung nehmen, in den Horen ein Wort über das Gedicht zu sagen. Überlegen Sie diesen Gedanken, l. Fr., überlegen Sie aber zugleich, daß es ein bloßer Einfall ist, wenn Sie auch nur die geringste Abneigung dagegen verspüren sollten.

Brief an Johann Wolfgang Goethe

Jena, den 2. Juli 1796

Ich habe nun alle 8 Bücher des Romans aufs neue, obgleich nur sehr flüchtig durchlaufen, und schon allein die Masse ist so stark, daß ich in 2 Tagen kaum damit fertig worden bin. Billig sollte ich also heute noch nichts schreiben, denn die erstaunliche und unerhörte Mannigfaltigkeit, die darin, im eigentlichsten Sinne, *versteckt* ist, überwältigt mich. Ich gestehe, daß ich bis jetzt zwar die *Stetigkeit*, aber noch nicht die *Einheit* recht gefaßt habe, obwohl ich keinen Augenblick zweifle, daß ich auch über diese noch völlige Klarheit erhalten werde, wenn bei Produkten dieser Art die Stetigkeit nicht schon mehr als die halbe Einheit ist.

Da Sie, unter diesen Umständen, nicht wohl etwas ganz Genugtuendes von mir erwarten können, und doch etwas zu hören wünschen, so nehmen Sie mit einzelnen Bemerkungen vorlieb, die auch nicht ganz ohne Wert sind, da sie ein unmittelbares Gefühl aussprechen werden. Dafür verspreche ich Ihnen, daß diesen ganzen Monat über die Unterhaltung über den Roman nie versiegen soll. Eine würdige und wahrhaft ästhetische Schätzung des ganzen Kunstwerks ist eine große Unternehmung. Ich werde ihr die nächsten 4 Monate ganz widmen, und mit Freuden. Ohnehin gehört es zu dem schönsten Glück meines Daseins, daß ich die Vollendung dieses Produkts erlebte, daß sie noch in die Periode meiner strebenden Kräfte fällt, daß ich aus dieser reinen Quelle noch schöpfen kann; und das schöne Verhältnis, das unter uns ist, macht es mir zu einer gewissen Religion, Ihre Sache hierin zu der meinigen zu machen, alles was in mir Realität ist, zu dem reinsten Spiegel des Geistes auszubilden, der in dieser Hülle lebt, und so, in einem höheren Sinne des Worts, den Namen Ihres Freundes zu verdienen. Wie lebhaft habe ich bei dieser Gelegenheit erfahren, daß das Vortreffliche eine Macht ist, daß es auf selbstsüchtige Gemüter auch nur als eine Macht wirken kann, daß es, dem Vortrefflichen gegenüber keine Freiheit gibt als die Liebe.

Ich kann Ihnen nicht beschreiben, wie sehr mich die Wahrheit, das schöne Leben, die einfache Fülle dieses Werks bewegte. Die Bewegung ist zwar noch unruhiger als sie sein wird, wenn ich mich desselben ganz bemächtigt habe, und das wird dann eine wichtige Krise meines Geistes sein; sie ist aber doch der Effekt des Schönen, nur des Schönen, und die Unruhe rührt bloß davon her, weil der Verstand die Empfindung noch nicht hat einholen können. Ich verstehe Sie nun ganz, wenn Sie sagten, daß es eigentlich das Schöne, das Wahre sei, was Sie, oft bis zu Tränen, rühren könne. Ruhig und tief, klar und doch unbegreiflich wie die Natur, so wirkt es und so steht es da, und alles, auch das kleinste Nebenwerk, zeigt die schöne Gleichheit des Gemüts, aus welchem alles geflossen ist.

Aber ich kann diesen Eindrücken noch keine Sprache geben, auch will ich jetzt nur bei dem achten Buche stehenbleiben. Wie ist es Ihnen gelungen, den großen so weit auseinandergeworfenen Kreis und Schauplatz von Personen und Begebenheiten wieder so eng zusammenzurücken. Es steht da wie ein schönes Planetensystem, alles gehört zusammen, und nur die italienischen Figuren knüpfen, wie Kometengestalten, und auch so schauerlich wie diese, das System an ein entferntes und größeres an. Auch laufen alle diese Gestalten, sowie auch Mariane und Aurelie, völlig wieder aus dem Systeme heraus und lösen sich als fremdartige Wesen davon ab, nachdem sie bloß dazu gedient haben, eine poetische Bewegung darin hervorzubringen. Wie schön gedacht ist es, daß Sie das praktisch Ungeheure, das furchtbar Pathetische im Schicksal Mignons und des Harfenspielers von dem theoretisch Ungeheuern, von den Mißgeburten des Verstandes ableiten, so daß der reinen und gesunden Natur nichts dadurch aufgebürdet wird. Nur im Schoß des dummen Aberglaubens werden diese monstrosen Schicksale ausgeheckt, die Mignon und den Harfenspieler verfolgen. Selbst Aurelia wird nur durch ihre Unnatur, durch ihre Mannweiblichkeit zerstört. Gegen Marianen allein möchte ich Sie eines poetischen Eigennutzes beschuldigen. Fast möchte ich sagen, daß sie dem Roman zum Opfer geworden, da sie der Natur nach zu retten war. Um *sie* werden daher immer noch bittere Tränen fließen, wenn man sich bei den drei andern gern von dem Individuum ab zu der Idee des Ganzen wendet.

Wilhelms Verirrung zu Theresen ist trefflich gedacht, motiviert, behandelt und noch trefflicher benutzt. Manchen Leser wird sie anfangs recht erschrecken, denn Theresen verspreche ich wenig Gönner; desto schöner reißen Sie ihn aber aus seiner Unruhe. Ich wüßte nicht, wie dieses falsche Verhältnis zärter, feiner, edler hätte gelöst werden können. Wie würden sich die Richardsons und alle andern gefallen haben, eine Szene daraus zu machen, und über dem Auskramen von delikaten Sentiments recht undelikat gewesen sein. Nur Ein kleines Bedenken hab ich dabei. Theresens mutige und entschlossene Widersetzlichkeit gegen die Partei, welche ihr ihren Bräutigam rauben will, selbst bei der erneuerten Möglichkeit Lotharn zu besitzen, ist ganz in der

Natur, und trefflich; auch daß Wilhelm einen tiefen Unwillen und einen gewissen Schmerz über die Neckerei der Menschen und des Schicksals zeigt, finde ich sehr gegründet – nur, deucht mir, sollte er den Verlust eines Glücks weniger tief beklagen, das schon angefangen hatte, keines mehr für ihn zu sein. In Nataliens Nähe müßte ihm, scheint mir, seine wiedererlangte Freiheit ein höheres Gut sein, als er zeigt. Ich fühle wohl die Komplikation dieses Zustands und was die Delikatesse forderte, aber auf der andern Seite beleidigt es einigermaßen die Delikatesse gegen Natalien, daß er noch imstand ist, ihr gegenüber den Verlust einer Therese zu beklagen!

Eins, was ich in der Verknüpfung der Begebenheiten auch besonders bewundre, ist der große Vorteil, den Sie von jenem falschen Verhältnis Wilhelms zu Theresen zu ziehen gewußt haben, um das wahre und gewünschte Ziel, Nataliens und Wilhelms Verbindung, zu beschleunigen. Auf keinem andern Weg hätte dieses so schön und natürlich geschehen können, als gerade auf dem eingeschlagenen, der davon zu entfernen drohte. Jetzt kann es mit höchster Ungeduld und Reinheit ausgesprochen werden, daß W. und Natalie füreinander gehören, und die Briefe Theresens an Natalien leiten es auf das schönste ein. Solche Erfindungen sind von der ersten Schönheit, denn sie vereinigen alles, was nur gewünscht werden kann, ja was ganz unvereinbar scheinet, sie verwickeln und enthalten schon die Auflösung in sich, sie beunruhigen und führen zur Ruhe, sie erreichen das Ziel, indem sie davon mit Gewalt zu entfernen scheinen.

Mignons Tod, so vorbereitet er ist, wirkt sehr gewaltig und tief, ja so tief, daß es manchem vorkommen wird, Sie verlassen denselben zu schnell. Dies war beim ersten Lesen meine sehr stark markierte Empfindung; beim zweiten, wo die Überraschung nicht mehr war, empfand ich es weniger, fürchte aber doch, daß Sie hier um eines Haares Breite zu weit gegangen sein möchten. Mignon hat gerade vor dieser Katastrophe angefangen weiblicher, weicher zu erscheinen und dadurch mehr durch sich selbst zu interessieren; die abstoßende Fremdartigkeit dieser Natur hatte nachgelassen, mit der nachlassenden Kraft hatte sich jene Heftigkeit in etwas verloren, die von ihr zurückschreckte. Besonders schmelzte das letzte Lied das Herz zu der tiefsten Rührung. Es fällt da-

her auf, wenn unmittelbar nach dem angreifenden Auftritt ihres Todes der Arzt eine Spekulation auf ihren Leichnam macht, und das lebendige Wesen, die Person so schnell vergessen kann, um sie nur als das Werkzeug eines artistischen Versuches zu betrachten; ebenso fällt es auf, daß Wilhelm, der doch die Ursache ihres Todes ist und es auch weiß, in diesem Augenblick für jene Instrumententasche Augen hat, und in Erinnerungen vergangener Szenen sich verlieren kann, da die Gegenwart ihn doch so ganz besitzen sollte.
Sollten Sie in diesem Falle auch vor der Natur ganz recht behalten, so zweifle ich, ob Sie auch gegen die «sentimentalischen» Foderungen der Leser es behalten werden, und deswegen möchte ich Ihnen raten – um die Aufnahme einer an sich so herrlich vorbereiteten und durchgeführten Szene bei dem Leser durch nichts zu stören – einige Rücksicht darauf zu nehmen.
Sonst finde ich alles, was Sie mit Mignon, lebend und tot, vornehmen, ganz außerordentlich schön. Besonders qualifiziert sich dieses reine und poetische Wesen so trefflich zu diesem poetischen Leichenbegängnis. In seiner isolierten Gestalt, seiner geheimnisvollen Existenz, seiner Reinheit und Unschuld repräsentiert es die Stufe des Alters auf der es steht so rein, es kann zu der reinsten Wehmut und zu einer wahr menschlichen Trauer bewegen, weil sich nichts als die Menschheit in ihm darstellte. Was bei jedem andern Individuum unstatthaft – ja in gewissem Sinne empörend sein würde, wird hier erhaben und edel.
Gern hätte ich die Erscheinung des Marchese in der Familie noch durch etwas anders als durch seine Kunstliebhaberei motiviert gesehen. Er ist gar zu unentbehrlich zur Entwicklung, und die *Notdurft* seiner Dazwischenkunft könnte leicht stärker als die innere Notwendigkeit derselben in die Augen fallen. Sie haben durch die Organisation des übrigen Ganzen den Leser selbst verwöhnt und ihn zu strengeren Foderungen berechtigt, als man bei Romanen gewöhnlich mitbringen darf. Wäre nicht aus diesem Marchese eine alte Bekanntschaft des Lothario oder des Oheims zu machen und seine Herreise selbst mehr ins Ganze zu verflechten.
Die Katastrophe so wie die ganze Geschichte des Harfenspielers erregt das höchste Interesse. Wie vortrefflich ich es finde, daß Sie diese ungeheuren Schicksale von frommen

Fratzen ableiten, habe ich oben schon erwähnt. Der Einfall des Beichtvaters, eine leichte Schuld ins Ungeheure zu malen, um ein schweres Verbrechen, das er aus Menschlichkeit verschweigt, dadurch abbüßen zu lassen, ist himmlisch in seiner Art, und ein würdiger Repräsentant dieser ganzen Denkungsweise. Vielleicht werden Sie Speratens Geschichte noch ein klein wenig ins kürzere ziehen, da sie in den Schluß fällt, wo man ungeduldiger zum Ziele eilt.
Daß der Harfner der Vater Mignons ist, und daß Sie selbst dieses eigentlich nicht aussprechen, es dem Leser gar nicht hinschieben, macht nur desto mehr Effekt. Man macht diese Betrachtung nun selbst, erinnert sich, wie nahe sich diese zwei geheimnisvollen Naturen lebten, und blickt in eine unergründliche Tiefe des Schicksals hinab.
Aber nichts mehr für heute. Meine Frau legt noch ein Brieflein bei und sagt Ihnen ihre Empfindungen bei dem achten Buche.
Leben Sie jetzt wohl, mein geliebter, mein verehrter Freund. Wie rührt es mich, wenn ich denke, daß was wir sonst nur in der weiten Ferne eines begünstigten Altertums suchen und kaum finden, mir in Ihnen so nahe ist. Wundern Sie sich nicht mehr, wenn es so wenige gibt, die Sie zu verstehen fähig und würdig sind. Die bewundernswürdige Natur, Wahrheit und Leichtigkeit Ihrer Schilderungen entfernt bei dem gemeinen Volk der Beurteiler allen Gedanken an die Schwierigkeit, an die Größe der Kunst, und bei denen, die dem Künstler zu folgen imstande sein könnten, die auf die Mittel wodurch er wirkt, aufmerksam sind, wirkt die genialische Kraft, welche sie hier handeln sehen, so feindlich und vernichtend, bringt ihr bedürftiges Selbst so sehr ins Gedränge, daß sie es mit Gewalt von sich stoßen, aber im Herzen und nur de mauvaise grace Ihnen gewiß am lebhaftesten huldigen.

Brief an Johann Wolfgang Goethe

Jena, 5. Juli 1796

Jetzt da ich das Ganze des Romans mehr im Auge habe, kann ich nicht genug sagen, wie glücklich der Charakter des Helden von Ihnen gewählt worden ist, wenn sich so etwas wählen ließe. Kein anderer hätte sich so gut zu einem *Träger* der Begebenheiten geschickt, und wenn ich auch ganz davon abstrahiere, daß nur an einem solchen Charakter das Problem aufgeworfen und aufgelöst werden konnte, so hätte schon zur bloßen *Darstellung* des Ganzen kein anderer so gut gepaßt. Nicht nur der *Gegenstand* verlangte ihn, auch der *Leser* brauchte ihn. Sein Hang zum Reflektieren hält den Leser im raschesten Laufe der Handlung still, und nötigt ihn immer vor- und rückwärts zu sehen und über alles was sich ereignet zu denken. Er sammelt sozusagen den Geist, den Sinn, den innern Gehalt von allem ein, was um ihn herum vorgeht, verwandelt jedes dunkle Gefühl in einen Begriff und Gedanken, spricht jedes einzelne in einer allgemeineren Formel aus, legt uns von allem die Bedeutung näher, und indem er dadurch seinen eigenen Charakter erfüllt, erfüllt er zugleich aufs vollkommenste den Zweck des Ganzen.

Der Stand und die äußre Lage, aus der Sie ihn wählten, macht ihn dazu besonders geschickt. Eine gewisse Welt ist ihm nun ganz neu, er wird lebhafter davon frappiert und während daß er beschäftigt ist, sich dieselbe zu assimilieren, führt er auch uns in das Innere derselben und zeigt uns, was darin Reales für den Menschen enthalten ist. In ihm wohnt ein reines und moralisches Bild der Menschheit, an diesem prüft er jede äußere Erscheinung derselben, und indem von der einen Seite die Erfahrung seine schwankenden Ideen mehr bestimmen hilft, rektifiziert eben diese Idee, diese innere Empfindung gegenseitig wieder die Erfahrung. Auf diese Art hilft Ihnen dieser Charakter wunderbar, in allen vorkommenden Fällen und Verhältnissen, das rein Menschliche aufzufinden und zusammenzulesen. Sein Gemüt ist zwar ein treuer, aber doch kein bloß passiver Spiegel der Welt, und obgleich seine Phantasie auf sein Sehen Einfluß hat, so ist dieses doch nur idealistisch, nicht phantastisch, poetisch aber nicht schwärmerisch; es liegt dabei keine Willkür der spielenden Einbildungskraft, sondern eine schöne moralische Freiheit zum Grunde.

Überaus wahr und treffend schildert ihn seine Unzufriedenheit mit sich selbst, wenn er Theresen seine Lebensgeschichte aufsetzt. Sein Wert liegt in seinem Gemüt, nicht in seinen Wirkungen, in seinem Streben, nicht in seinem Handeln; daher muß ihm sein Leben, sobald er einem andern

davon Rechenschaft geben will, so gehaltleer vorkommen. Dagegen kann eine Therese und ähnliche Charaktere ihren Wert immer in barer Münze aufzählen, immer durch ein äußres Objekt dokumentieren. Daß Sie aber Theresen einen Sinn, eine Gerechtigkeit für jene höhere Natur geben, ist wieder ein sehr schöner und zarter Charakterzug; in ihrer klaren Seele muß sich auch das, was sie nicht in sich hat, abspiegeln können, dadurch erheben Sie sie auf einmal über alle jene bornierte Naturen, die über ihr dürftiges Selbst auch in der Vorstellung nicht hinaus können. Daß endlich ein Gemüt wie Theresens an eine ihr selbst so fremde Vorstellungs- und Empfindungsweise glaubt, daß sie das Herz, welches derselben fähig ist, liebt und achtet, ist zugleich ein schöner Beweis für die objektive Realität derselben, der jeden Leser dieser Stelle erfreuen muß.
Es hat mich auch in dem 8ten Buche sehr gefreut, daß Wilhelm anfängt, sich jenen imposanten Autoritäten, Jarno und d. Abbé, gegenüber mehr zu fühlen. Auch dies ist ein Beweis, daß er seine Lehrjahre ziemlich zurückgelegt hat, und Jarno antwortet bei dieser Gelegenheit ganz aus meiner Seele: «Sie sind bitter, das ist recht schön und gut, wenn Sie nur erst einmal recht böse werden, so wird es noch besser sein.» – Ich gestehe, daß es mir ohne diesen Beweis von Selbstgefühl bei unserm Helden peinlich sein würde, ihn mir mit dieser Klasse so eng verbunden zu denken, wie nachher durch die Verbindung mit Natalien geschieht. Bei dem lebhaften Gefühl für die Vorzüge des Adels und bei dem ehrlichen Mißtrauen gegen sich selbst und seinen Stand, das er bei so vielen Gelegenheiten an den Tag legt, scheint er nicht ganz qualifiziert zu sein, in diesen Verhältnissen eine vollkommene Freiheit behaupten zu können, und selbst noch jetzt, da Sie ihn mutiger und selbstständiger zeigen, kann man sich einer gewissen Sorge um ihn nicht erwehren. Wird er den Bürger je vergessen können, und muß er das nicht, wenn sich sein Schicksal vollkommen schön entwickeln soll? Ich fürchte, er wird ihn nie ganz vergessen; er hat mir zuviel darüber reflektiert; er wird, was er einmal so bestimmt außer sich sah, nie vollkommen in sich hinein bringen können. Lotharios vornehmes Wesen wird ihn, so wie Nataliens doppelte Würde des Standes und des Herzens, immer in einer gewissen Inferiorität erhalten.

Denke ich mir ihn zugleich als den Schwager des Grafen, der das Vornehme seines Standes auch durch gar nichts Ästhetisches mildert, vielmehr durch Pedanterie noch recht heraussetzt, so kann mir zuweilen bange für ihn werden.
Es ist übrigens sehr schön, daß Sie, bei aller gebührenden Achtung für gewisse äußere positive Formen, sobald es auf etwas rein Menschliches ankommt, Geburt und Stand in ihre völlige Nullität zurückweisen und zwar, wie billig, ohne auch nur ein Wort darüber zu verlieren. Aber was ich für eine offenbare Schönheit halte, werden Sie schwerlich allgemein gebilliget sehen. Manchem wird es wunderbar vorkommen, daß ein Roman, der so gar nichts *«Sansculottisches»* hat, vielmehr an manchen Stellen der Aristokratie das Wort zu reden scheint, mit drei Heuraten endigt, die alle drei Mißheuraten sind. Da ich an der Entwicklung selbst nichts anders wünsche als es ist, und doch den wahren Geist des Werkes auch in Kleinigkeiten und Zufälligkeiten nicht gerne verkannt sehe, so gebe ich Ihnen zu bedenken, ob der falschen Beurteilung nicht noch durch ein paar Worte «in Lotharios Munde» zu begegnen wäre. Ich sage in Lotharios Munde, denn dieser ist der aristokratischte Charakter, er findet bei den Lesern aus seiner Klasse am meisten Glauben, bei ihm fällt die Mesalliance auch am stärksten auf; zugleich gäbe dieses eine Gelegenheit, die nicht so oft vorkommt, Lotharios vollendeten Charakter zu zeigen. Ich meine auch nicht, daß dieses bei der Gelegenheit selbst geschehen sollte, auf welche der Leser es anzuwenden hat; desto besser vielmehr, wenn es unabhängig von jeder Anwendung und nicht als Regel für einen einzelnen Fall, aus seiner Natur herausgesprochen wird.
Was Lothario betrifft, so könnte zwar gesagt werden, daß Theresens illegitime und bürgerliche Abkunft ein Familiengeheimnis sei; aber desto schlimmer, dürften alsdann manche sagen, so muß er die Welt hintergehen, um seinen Kindern die Vorteile seines Standes zuzuwenden. Sie werden selbst am besten wissen, wieviel oder wie wenig Rücksicht auf diese Armseligkeiten zu nehmen sein möchte.
Für heute nichts weiter. Sie haben nun allerlei durcheinander von mir gehört und werden noch manches hören, wie ich voraussehe; möchte etwas darunter sein, was Ihnen dienlich ist! Leben Sie wohl und heiter.

Friedrich Hölderlin

Aus «Hyperion»

So kam ich unter die Deutschen. Ich foderte nicht viel und war gefaßt, noch weniger zu finden. Demütig kam ich, wie der heimatlose blinde Oedipus zum Tore von Athen, wo ihn der Götterhain empfing; und schöne Seelen ihm begegneten –

Wie anders ging es mir!

Barbaren von alters her, durch Fleiß und Wissenschaft und selbst durch Religion barbarischer geworden, tiefunfähig jedes göttlichen Gefühls, verdorben bis ins Mark zum Glück der heiligen Grazien, in jedem Grad der Übertreibung und der Ärmlichkeit beleidigend für jede gutgeartete Seele, dumpf und harmonielos, wie die Scherben eines weggeworfenen Gefäßes – das, mein Bellarmin! waren meine Tröster.

Es ist ein hartes Wort und dennoch sag ich's, weil es Wahrheit ist: ich kann kein Volk mir denken, das zerrißner wäre, wie die Deutschen. Handwerker siehst du, aber keine Menschen, Denker, aber keine Menschen, Priester, aber keine Menschen, Herrn und Knechte, Jungen und gesetzte Leute, aber keine Menschen – ist das nicht, wie ein Schlachtfeld, wo Hände und Arme und alle Glieder zerstückelt untereinanderliegen, indessen das vergoßne Lebensblut im Sande zerrinnt?

Ein jeder treibt das Seine, wirst du sagen, und ich sag es auch. Nur muß er es mit ganzer Seele treiben, muß nicht jede Kraft in sich ersticken, wenn sie nicht gerade sich zu seinem Titel paßt, muß nicht mit dieser kargen Angst, buchstäblich heuchlerisch das, was er heißt, nur sein, mit Ernst, mit Liebe muß er das sein, was er ist, so lebt ein Geist in seinem Tun, und ist er in ein Fach gedrückt, wo gar der Geist nicht leben darf, so stoß er's mit Verachtung weg und lerne pflügen! Deine Deutschen aber bleiben gerne beim Notwendigsten, und darum ist bei ihnen auch so viele Stümperarbeit und so wenig Freies, Echterfreuliches. Doch das wäre zu verschmerzen, müßten solche Menschen nur nicht fühllos sein für alles schöne Leben, ruhte nur nicht überall der Fluch der gottverlaßnen Unnatur auf solchem Volke. –

Die Tugenden der Alten sei'n nur glänzende Fehler, sagt'

einmal, ich weiß nicht, welche böse Zunge; und es sind doch selber ihre Fehler Tugenden, denn da noch lebt' ein kindlicher, ein schöner Geist, und ohne Seele war von allem, was sie taten, nichts getan. Die Tugenden der Deutschen aber sind ein glänzend Übel und nichts weiter; denn Notwerk sind sie nur, aus feiger Angst, mit Sklavenmühe, dem wüsten Herzen abgedrungen, und lassen trostlos jede reine Seele, die von Schönem gern sich nährt, ach! die verwöhnt vom heiligen Zusammenklang in edleren Naturen, den Mißlaut nicht erträgt, der schreiend ist in all der toten Ordnung dieser Menschen.

Ich sage dir: es ist nichts Heiliges, was nicht entheiligt, nicht zum ärmlichen Behelf herabgewürdigt ist bei diesem Volk, und was selbst unter Wilden göttlichrein sich meist erhält, das treiben diese allberechnenden Barbaren, wie man so ein Handwerk treibt, und können es nicht anders, denn wo einmal ein menschlich Wesen abgerichtet ist, da dient es seinem Zweck, da sucht es seinen Nutzen, es schwärmt nicht mehr, bewahre Gott! es bleibt gesetzt, und wenn es feiert und wenn es liebt und wenn es betet und selber, wenn des Frühlings holdes Fest, wenn die Versöhnungszeit der Welt die Sorgen alle löst, und Unschuld zaubert in ein schuldig Herz, wenn von der Sonne warmem Strahle berauscht, der Sklave seine Ketten froh vergißt und von der gottbeseelten Luft besänftiget, die Menschenfeinde friedlich, wie die Kinder, sind – wenn selbst die Raupe sich beflügelt und die Biene schwärmt, so bleibt der Deutsche doch in seinem Fach und kümmert sich nicht viel ums Wetter!

Aber du wirst richten, heilige Natur! Denn, wenn sie nur bescheiden wären, diese Menschen, zum Gesetze nicht sich machten für die Bessern unter ihnen! wenn sie nur nicht lästerten, was sie nicht sind, und möchten sie doch lästern, wenn sie nur das Göttliche nicht höhnten! –

Oder ist nicht göttlich, was ihr höhnt und seellos nennt? Ist besser, denn euer Geschwätz, die Luft nicht, die ihr trinkt? der Sonne Strahlen, sind sie edler nicht, denn all ihr Klugen? der Erde Quellen und der Morgentau erfrischen euern Hain; könnt ihr auch das? ach! töten könnt ihr, aber nicht lebendig machen, wenn es die Liebe nicht tut, die nicht von euch ist, die ihr nicht erfunden. Ihr sorgt und sinnt, dem Schicksal zu entlaufen und begreift es nicht, wenn eure

Kinderkunst nichts hilft; indessen wandelt harmlos droben das Gestirn. Ihr entwürdiget, ihr zerreißt, wo sie euch duldet, die geduldige Natur, doch lebt sie fort, in unendlicher Jugend, und ihren Herbst und ihren Frühling könnt ihr nicht vertreiben, ihren Äther, den verderbt ihr nicht.
O göttlich muß sie sein, weil ihr zerstören dürft, und dennoch sie nicht altert und trotz euch schön das Schöne bleibt! –
Es ist auch herzzerreißend, wenn man eure Dichter, eure Künstler sieht, und alle, die den Genius noch achten, die das Schöne lieben und es pflegen. Die Guten! Sie leben in der Welt, wie Fremdlinge im eigenen Hause, sie sind so recht, wie der Dulder Ulyß, da er in Bettlersgestalt an seiner Türe saß, indes die unverschämten Freier im Saale lärmten und fragten, wer hat uns den Landläufer gebracht?
Voll Lieb und Geist und Hoffnung wachsen seine Musenjünglinge dem deutschen Volk heran; du siehst sie sieben Jahre später, und sie wandeln, wie die Schatten, still und kalt, sind, wie ein Boden, den der Feind mit Salz besäete, daß er nimmer einen Grashalm treibt; und wenn sie sprechen, wehe dem! der sie versteht, der in der stürmenden Titanenkraft, wie in ihren Proteuskünsten den Verzweiflungskampf nur sieht, den ihr gestörter schöner Geist mit den Barbaren kämpft, mit denen er zu tun hat.
Es ist auf Erden alles unvollkommen, ist das alte Lied der Deutschen. Wenn doch einmal diesen Gottverlaßnen einer sagte, daß bei ihnen nur so unvollkommen alles ist, weil sie nichts Reines unverdorben, nichts Heiliges unbetastet lassen mit den plumpen Händen, daß bei ihnen nichts gedeiht, weil sie die Wurzel des Gedeihns, die göttliche Natur nicht achten, daß bei ihnen eigentlich das Leben schal und sorgenschwer und übervoll von kalter stummer Zwietracht ist, weil sie den Genius verschmähn, der Kraft und Adel in ein menschlich Tun, und Heiterkeit ins Leiden und Lieb und Brüderschaft den Städten und den Häusern bringt.
Und darum fürchten sie auch den Tod so sehr, und leiden, um des Austernlebens willen, alle Schmach, weil Höhers sie nicht kennen, als ihr Machwerk, das sie sich gestoppelt.
O Bellarmin! wo ein Volk das Schöne liebt, wo es den Genius in seinen Künstlern ehrt, da weht, wie Lebensluft, ein

allgemeiner Geist, da öffnet sich der scheue Sinn, der Eigendünkel schmilzt, und fromm und groß sind alle Herzen und Helden gebiert die Begeisterung. Die Heimat aller Menschen ist bei solchem Volk und gerne mag der Fremde sich verweilen. Wo aber so beleidigt wird die göttliche Natur und ihre Künstler, ach! da ist des Lebens beste Lust hinweg, und jeder andre Stern ist besser, denn die Erde. Wüster immer, öder werden da die Menschen, die doch alle schöngeboren sind; der Knechtsinn wächst, mit ihm der grobe Mut, der Rausch wächst mit den Sorgen, und mit der Üppigkeit der Hunger und die Nahrungsangst; zum Fluche wird der Segen jedes Jahrs und alle Götter fliehn.
Und wehe dem Fremdling, der aus Liebe wandert, und zu solchem Volke kömmt, und dreifach wehe dem, der, so wie ich, von großem Schmerz getrieben, ein Bettler meiner Art, zu solchem Volke kömmt! –
Genug! du kennst mich, wirst es gut aufnehmen, Bellarmin! Ich sprach in deinem Namen auch, ich sprach für alle, die in diesem Lande sind und leiden, wie ich dort gelitten.

Der Gott der Jugend

Gehn dir im Dämmerlichte,
Wenn in der Sommernacht
Für selige Gesichte
Dein liebend Auge wacht,
Noch oft der Freunde Manen
Und, wie der Sterne Chor,
Die Geister der Titanen
Des Altertums empor;

Wird da, wo sich im Schönen
Das Göttliche verhüllt,
Noch oft das tiefe Sehnen
Der Liebe dir gestillt;
Belohnt des Herzens Mühen
Der Ruhe Vorgefühl,
Und tönt von Melodien
Der Seele Saitenspiel;

So such im stillsten Tale
Den blütenreichsten Hain,
Und gieß aus goldner Schale
Den frohen Opferwein!
Noch lächelt unveraltet
Des Herzens Frühling dir,
Der Gott der Jugend waltet
Noch über dir und mir.

Wie unter Tiburs Bäumen,
Wenn da der Dichter saß,
Und unter Götterträumen
Der Jahre Flucht vergaß,
Wenn ihn die Ulme kühlte,
Und wenn sie stolz und froh
Um Silberblüten spielte,
Die Flut des Anio;

Und wie um Platons Hallen,
Wenn durch der Haine Grün,
Begrüßt von Nachtigallen,
Der Stern der Liebe schien,
Wenn alle Lüfte schliefen,
Und, sanft bewegt vom Schwan,
Cephissus durch Oliven
Und Myrtensträuche rann;

So schön ist's noch hienieden!
Auch unser Herz erfuhr
Das Leben und den Frieden
Der freundlichen Natur;
Noch blüht des Himmels Schöne,
Noch mischen brüderlich
In unsers Herzens Töne
Des Frühlings Laute sich.

Drum such im stillsten Tale
Den düftereichsten Hain,
Und gieß aus goldner Schale
Den frohen Opferwein,
Noch lächelt unveraltet

Das Bild der Erde dir,
Der Gott der Jugend waltet
Noch über dir und mir.

Hyperions Schicksalslied

Ihr wandelt droben im Licht
  Auf weichem Boden, selige Genien!
    Glänzende Götterlüfte
      Rühren euch leicht,
        Wie die Finger der Künstlerin
          Heilige Saiten.

Schicksallos, wie der schlafende
  Säugling, atmen die Himmlischen;
    Keusch bewahrt
      In bescheidener Knospe,
        Blühet ewig
          Ihnen der Geist,
            Und die seligen Augen
              Blicken in stiller
                Ewiger Klarheit.

Doch uns ist gegeben,
  Auf keiner Stätte zu ruhn,
    Es schwinden, es fallen
      Die leidenden Menschen
        Blindlings von einer
          Stunde zur andern,
            Wie Wasser von Klippe
              Zu Klippe geworfen,
                Jahr lang ins Ungewisse hinab.

Ermunterung

Zweite Fassung

Echo des Himmels! heiliges Herz! warum,
Warum verstummst du unter den Lebenden,
Schläfst, freies! von den Götterlosen
Ewig hinab in die Nacht verwiesen?

Wacht denn, wie vormals, nimmer des Äthers Licht?
Und blüht die alte Mutter, die Erde nicht?
Und übt der Geist nicht da und dort, nicht
Lächelnd die Liebe das Recht noch immer?

Nur du nicht mehr! doch mahnen die Himmlischen,
Und stillebildend weht, wie ein kahl Gefild,
Der Othem der Natur dich an, der
Alleserheiternde, seelenvolle.

O Hoffnung! bald, bald singen die Haine nicht
Des Lebens Lob allein, denn es ist die Zeit,
Daß aus der Menschen Munde sie, die
Schönere Seele sich neuverkündet,

Dann liebender im Bunde mit Sterblichen
Das Element sich bildet, und dann erst reich,
Bei frommer Kinder Dank, der Erde
Brust, die unendliche, sich entfaltet

Und unsre Tage wieder, wie Blumen, sind,
Wo sie, des Himmels Sonne sich ausgeteilt
Im stillen Wechsel sieht und wieder
Froh in den Frohen das Licht sich findet,

Und er, der sprachlos waltet und unbekannt
Zukünftiges bereitet, der Gott, der Geist
Im Menschenwort, am schönen Tage
Kommenden Jahren, wie einst, sich ausspricht.

Mein Eigentum

In seiner Fülle ruhet der Herbsttag nun,
Geläutert ist die Traub und der Hain ist rot
Vom Obst, wenn schon der holden Blüten
Manche der Erde zum Danke fielen.

Und rings im Felde, wo ich den Pfad hinaus
Den stillen wandle, ist den Zufriedenen
Ihr Gut gereift und viel der frohen
Mühe gewähret der Reichtum ihnen.

Vom Himmel blicket zu den Geschäftigen
Durch ihre Bäume milde das Licht herab,
Die Freude teilend, denn es wuchs durch
Hände der Menschen allein die Frucht nicht.

Und leuchtest du, o Goldnes, auch mir, und wehst
Auch du mir wieder, Lüftchen, als segnetest
Du eine Freude mir, wie einst, und
Irrst, wie um Glückliche, mir am Busen?

Einst war ich's, doch wie Rosen, vergänglich war
Das fromme Leben, ach! und es mahnen noch,
Die blühend mir geblieben sind, die
Holden Gestirne zu oft mich dessen.

Beglückt, wer, ruhig liebend ein frommes Weib,
Am eignen Herd in rühmlicher Heimat lebt,
Es leuchtet über festem Boden
Schöner dem sicheren Mann sein Himmel.

Denn, wie die Pflanze, wurzelt auf eignem Grund
Sie nicht, verglüht die Seele des Sterblichen,
Der mit dem Tageslichte nur, ein
Armer, auf heiliger Erde wandelt.

Zu mächtig ach! ihr himmlischen Höhen zieht
Ihr mich empor, bei Stürmen, am heitern Tag
Fühl ich verzehrend euch im Busen
Wechseln, ihr wandelnden Götterkräfte.

Doch heute laß mich stille den trauten Pfad
Zum Haine gehn, dem golden die Wipfel schmückt
Sein sterbend Laub, und kränzt auch mir die
Stirne, ihr holden Erinnerungen!

Und daß mir auch zu retten mein sterblich Herz,
Wie andern eine bleibende Stätte sei,
Und heimatlos die Seele mir nicht
Über das Leben hinweg sich sehne,

Sei du, Gesang, mein freundlich Asyl! sei du
Beglückender! mit sorgender Liebe mir
Gepflegt, der Garten, wo ich, wandelnd
Unter den Blüten, den immerjungen,

In sichrer Einfalt wohne, wenn draußen mir
Mit ihren Wellen allen die mächtge Zeit
Die Wandelbare fern rauscht und die
Stillere Sonne mein Wirken fördert.

Ihr segnet gütig über den Sterblichen
Ihr Himmelskräfte! jedem sein Eigentum,
O segnet meines auch und daß zu
Frühe die Parze den Traum nicht ende.

Gesang des Deutschen

O heilig Herz der Völker, o Vaterland!
Allduldend, gleich der schweigenden Mutter Erd,
Und allverkannt, wenn schon aus deiner
Tiefe die Fremden ihr Bestes haben!

Sie ernten den Gedanken, den Geist von dir,
Sie pflücken gern die Traube, doch höhnen sie
Dich, ungestalte Rebe! daß du
Schwankend den Boden und wild umirrest.

Du Land des hohen ernsteren Genius!
Du Land der Liebe! bin ich der deine schon,
Oft zürnt ich weinend, daß du immer
Blöde die eigene Seele leugnest.

Doch magst du manches Schöne nicht bergen mir;
Oft stand ich überschauend das holde Grün,
Den weiten Garten hoch in deinen
Lüften auf hellem Gebirg und sah dich.

An deinen Strömen ging ich und dachte dich,
Indes die Töne schüchtern die Nachtigall
Auf schwanker Weide sang, und still auf
Dämmerndem Grunde die Welle weilte.

Und an den Ufern sah ich die Städte blühn,
Die Edlen, wo der Fleiß in der Werkstatt schweigt,
Die Wissenschaft, wo deine Sonne
Milde dem Künstler zum Ernste leuchtet.

Kennst du Minervas Kinder? sie wählten sich
Den Ölbaum früh zum Lieblinge; kennst du sie?
Noch lebt, noch waltet der Athener
Seele, die sinnende, still bei Menschen,

Wenn Platons frommer Garten auch schon nicht mehr
Am alten Strome grünt und der dürftge Mann
Die Heldenasche pflügt, und scheu der
Vogel der Nacht auf der Säule trauert.

O heilger Wald! o Attika! traf Er doch
Mit seinem furchtbarn Strahle dich auch, so bald,
Und eilten sie, die dich belebt, die
Flammen entbunden zum Äther über?

Doch, wie der Frühling, wandelt der Genius
Von Land zu Land. Und wir? ist denn Einer auch
Von unsern Jünglingen, der nicht ein
Ahnden, ein Rätsel der Brust, verschwiege?

Den deutschen Frauen danket! sie haben uns
Der Götterbilder freundlichen Geist bewahrt,
Und täglich sühnt der holde klare
Friede das böse Gewirre wieder.

Wo sind jetzt Dichter, denen der Gott es gab,
Wie unsern Alten, freudig und fromm zu sein,
Wo Weise, wie die unsre sind? die
Kalten und Kühnen, die Unbestechbarn!

Nun! sei gegrüßt in deinem Adel, mein Vaterland,
Mit neuem Namen, reifeste Frucht der Zeit!
Du letzte und du erste aller
Musen, Urania, sei gegrüßt mir!

Noch säumst und schweigst du, sinnest ein freudig Werk,
Das von dir zeuge, sinnest ein neu Gebild,
Das einzig, wie du selber, das aus
Liebe geboren und gut, wie du, sei –

Wo ist dein Delos, wo dein Olympia,
Daß wir uns alle finden am höchsten Fest? –
Doch wie errät der Sohn, was du den
Deinen, Unsterbliche, längst bereitest?

An die Parzen

Nur Einen Sommer gönnt, ihr Gewaltigen!
Und einen Herbst zu reifem Gesange mir,
Daß williger mein Herz, vom süßen
Spiele gesättiget, dann mir sterbe.

Die Seele, der im Leben ihr göttlich Recht
Nicht ward, sie ruht auch drunten im Orkus nicht;
Doch ist mir einst das Heilige, das am
Herzen mir liegt, das Gedicht gelungen,

Willkommen dann, o Stille der Schattenwelt!
Zufrieden bin ich, wenn auch mein Saitenspiel
Mich nicht hinab geleitet; Einmal
Lebt ich, wie Götter, und mehr bedarf's nicht.

Hälfte des Lebens

Mit gelben Birnen hänget
Und voll mit wilden Rosen
Das Land in den See,
Ihr holden Schwäne,
Und trunken von Küssen
Tunkt ihr das Haupt
Ins heilignüchterne Wasser.

Weh mir, wo nehm ich, wenn
Es Winter ist, die Blumen, und wo
Den Sonnenschein,
Und Schatten der Erde?
Die Mauern stehn
Sprachlos und kalt, im Winde
Klirren die Fahnen.

Ludwig van Beethoven

Das Heiligenstädter Testament

FÜR MEINE BRÜDER CARL UND ... BEETHOVEN

O ihr Menschen die ihr mich für Feindseelig, störrisch oder Misanthropisch haltet oder erkläret, wie unrecht thut ihr mir, ihr wißt nicht die geheime ursache von dem, was euch so scheinet, mein Hertz und mein Sinn waren von Kindheit an für das zarte Gefühl des Wohlwollens, selbst große Handlungen zu verrichten datzu war ich immer aufgelegt, aber bedenket nur daß seit 6 Jahren ein heilloser Zustand mich befallen, durch unvernünftige aerzte verschlimmert, von jahr zu jahr in der Hoffnung gebessert zu werden, betrogen, endlich zu dem Überblick eines dauernden Übels (dessen Heilung vieleicht jahre dauern oder gar unmöglich ist) gezwungen, mit einem feurigen lebhaften Temperament geboren selbst empfänglich für die Zerstreuungen der Gesellschaft, mußte ich früh mich absondern, einsam mein

Leben zubringen, wollte ich auch zuweilen mich einmal über alles das hinaussezen, o wie hart wurde ich durch die verdoppelte traurige Erfahrung meines schlechten Gehörs dann zurückgestoßen, und doch war's mir noch nicht möglich den Menschen zu sagen: sprecht lauter, schreyt, denn ich bin taub, ach wie wär es möglich daß ich dann die Schwäche eines Sinnes angeben sollte, der bey mir in einem vollkommenern Grade als bey anderen seyn sollte, einen Sinn, den ich einst in der größten Vollkommenheit besaß, in einer Vollkommenheit, wie ihn wenige von meinem Fache gewiß haben noch gehabt haben – o ich kann es nicht, drum verzeiht, wenn ihr mich da zurückweichen sehen werdet, wo ich mich gerne unter euch mischte, doppelt wehe tut mir mein unglück, indem ich dabey verkannt werden muß, für mich darf Erholung in menschlicher Gesellschaft, feinere Unterredungen, wechselseitige Ergießungen nicht statt haben, ganz allein fast nur so viel, als es die höchste Nothwendigkeit fordert, darf ich mich in gesellschaft einlassen, wie ein Verbannter muß ich leben, nahe ich mich einer Gesellschaft, so überfällt mich eine heiße ängstlichkeit, indem ich befürchte in Gefahr gesezt zu werden, meinen Zustand merken zu lassen, so war es denn auch dieses halbe Jahr, was ich auf dem Lande zubrachte, von meinem vernünftigen Arzte aufgefordert, so viel als möglich mein Gehör zu schonen, kamm er fast meiner jetzigen natürlichen Disposizion entgegen, obschon, vom Triebe zur Gesellschaft manchmal hingerissen, ich mich dazu verleiten ließ, aber welche Demüthigung wenn jemand neben mir stund und von weitem eine flöte hörte und ich nichts hörte oder jemand den hirten singen hörte, und ich auch nichts hörte, solche Ereignisse brachten mich nahe an Verzweiflung, es fehlte wenig, und ich endigte selbst mein Leben – nur sie die Kunst, sie hielt mich zurück, ach es dünkte mir unmöglich, die Welt eher zu verlassen, bis ich das alles hervorgebracht, wozu ich mich aufgelegt fühlte, und so fristete ich dieses elende Leben – wahrhaft elend, einen so reizbaren Körper, daß eine etwas schnelle Verändrung mich aus dem Besten Zustande in den schlechtesten versezen kann – Geduld – so heißt es, Sie muß ich nun zur führerin wählen, ich habe es – dauernd hoffe ich soll mein Entschluß seyn, auszuharren, bis es den unerbittlichen Parzen gefällt, den Faden zu brechen, vielleicht geht's besser, vielleicht nicht, ich bin gefaßt – schon in meinem 28ten jahre gezwungen Philosoph zu werden, es ist nicht leicht, für den Künstler schwerer als für irgend jemand – Gottheit du siehst herab auf mein inneres, du kennst es, du weißt, daß menschenliebe und neigung zum wohlthun drin hausen. O Menschen, wenn ihr einst dieses leset, so denkt, daß ihr mir unrecht gethan, und der unglückliche, er tröste sich, einen seines gleichen zu finden, der trotz allen Hindernissen der Natur, doch noch alles gethan, was in seinem Vermögen stand, um in die Reihe würdiger Künstler und Menschen aufgenommen zu werden – ihr meine Brüder Carl und ... sobald ich tod bin und professor schmid lebt noch, so bittet ihn in meinem Namen, daß er meine Krankheit beschreibe, und dieses hier geschriebene Blatt füget ihr dieser meiner Krankengeschichte bey, damit wenigstens so viel als möglich die Welt nach meinem Tode mit mir versöhnt werde – Zugleich erkläre ich euch beyde hier für die Erben des kleinen Vermögens, (wenn man es so nennen kann) von mir, theilt es redlich, und vertragt und helft euch einander, was ihr mir zuwidergethan, das wist ihr, war euch schon längst verziehen, dir Bruder Carl danke ich noch ins besondre für deine in dieser letztern spätern Zeit mir bewiesene Anhänglichkeit. Mein Wunsch ist, daß euch ein besseres, sorgenloseres Leben, als mir, werde, empfehlt euren Kindern Tugend, sie nur allein kann glücklich machen, nicht Geld, ich spreche aus Erfahrung, sie war es die mich selbst im Elende gehoben, ihr danke ich nebst meiner Kunst, daß ich durch keinen selbstmord mein Leben endigte – lebt wohl und liebt euch, – allen Freunden danke ich, besonders Fürst Lichnowsky und Professor Schmidt. – Die Instrumente von Fürst L. wünsche ich, daß sie doch mögen aufbewahrt werden bey einem von euch, doch entstehe des wegen kein Streit unter euch, sobald sie euch aber zu was nützlicherm dienen können, so verkauft sie nur, wie froh bin ich, wenn ich auch noch unter meinem Grabe euch nützen kann – so wär's geschehen – mit freude eil ich dem Tode entgegen – kömmt er früher als ich Gelegenheit gehabt habe, noch alle meine Kunst-Fähigkeiten zu entfalten, so wird er mir trotz meinem Harten Schicksal doch noch zu frühe kommen, und ich würde ihn wohl später wünschen – doch auch dann bin ich zufrieden, befreyt er mich nicht von einem endlosen Leidenden Zustande? – komm wann du willst, ich gehe dir muthig entgegen – lebt wohl und vergeßt mich nicht ganz im Tode, ich habe es um euch verdient, indem ich in meinem Leben oft an euch gedacht, euch glücklich zu machen, seyd es –

Ludwig van Beethoven

Heiglnstadt am 6ten October 1802.

Johann Peter Hebel

Unverhofftes Wiedersehen

In Falun in Schweden küßte vor guten fünfzig Jahren und mehr ein junger Bergmann seine junge hübsche Braut und sagte zu ihr: «Auf Sankt Luciä wird unsere Liebe von des Priesters Hand gesegnet. Dann sind wir Mann und Weib und bauen uns ein eigenes Nestlein.» – «Und Friede und Liebe soll darin wohnen», sagte die schöne Braut mit holdem Lächeln; «denn du bist mein Einziges und Alles, und ohne dich möchte ich lieber im Grab sein, als an einem andern Ort.» Als sie aber vor St. Luciä der Pfarrer zum zweitenmal in der Kirche ausgerufen hatte: *«So nun jemand Hindernisse wüßte anzuzeigen, warum diese Personen nicht möchten ehelich zusammenkommen»,* da meldete sich der *Tod.* Denn als der Jüngling den andern Morgen in seiner schwarzen Bergmannskleidung an ihrem Haus vorbeiging – der Bergmann hat sein Totenkleid immer an –, da klopfte er zwar noch einmal an ihrem Fenster und sagte ihr guten Morgen, aber keinen guten Abend mehr. Er kam nimmer aus dem Bergwerk zurück, und sie saumte vergeblich selbigen Morgen ein schwarzes Halstuch mit rotem Rand für ihn zum Hochzeittag; sondern als er nimmer kam, legte sie es weg und weinte um ihn und vergaß ihn nie.

Unterdessen wurde die Stadt Lissabon in Portugal durch ein Erdbeben zerstört, und der Siebenjährige Krieg ging vorüber, und Kaiser Franz der Erste starb, und der Jesuitenorden wurde aufgehoben und Polen geteilt, und die Kaiserin

Maria Theresia starb, und der Struensee wurde hingerichtet; Amerika wurde frei, und die vereinigte französische und spanische Macht konnte Gibraltar nicht erobern. Die Türken schlossen den General Stein in der Veteraner Höhle in Ungarn ein, und der Kaiser Joseph starb auch. Der König Gustav von Schweden eroberte Russisch-Finnland, und die Französische Revolution und der lange Krieg fing an, und der Kaiser Leopold der Zweite ging auch ins Grab. Napoleon eroberte Preußen, und die Engländer bombardierten Kopenhagen, und die Ackerleute säeten und schnitten. Der Müller mahlte, und die Schmiede hämmerten, und die Bergleute gruben nach den Metalladern in ihrer unterirdischen Werkstatt. Als aber die Bergleute in Falun im Jahr 1809 etwas vor oder nach Johannis zwischen zwei Schachten eine Öffnung durchgraben wollten, gute dreihundert Ellen tief unter dem Boden, gruben sie aus dem Schutt und Vitriolwasser den Leichnam eines Jünglings heraus, der ganz mit Eisenvitriol durchdrungen, sonst aber unverwest und unverändert war, also daß man seine Gesichtszüge und sein Alter noch völlig erkennen konnte, als wenn er erst vor einer Stunde gestorben oder ein wenig eingeschlafen wäre an der Arbeit. Als man ihn aber zutag ausgefördert hatte, Vater und Mutter, Gefreundte und Bekannte waren schon lange tot; kein Mensch wollte den schlafenden Jüngling kennen oder etwas von seinem Unglück wissen, bis die ehemalige Verlobte des Bergmanns kam, der eines Tages auf die Schicht gegangen war und nimmer zurückkehrte. Grau und zusammengeschrumpft kam sie an einer Krücke an den Platz und erkannte ihren Bräutigam; und mehr mit freudigem Entzücken als mit Schmerz sank sie auf die geliebte Leiche nieder, und erst als sie sich von einer langen heftigen Bewegung des Gemütes erholt hatte: «Es ist mein Verlobter», sagte sie endlich, «um den ich fünfzig Jahre lang getrauert hatte, und den mich Gott noch einmal sehen läßt vor meinem Ende. Acht Tage vor der Hochzeit ist er unter die Erde gegangen und nimmer heraufgekommen.» Da wurden die Gemüter aller Umstehenden von Wehmut und Tränen ergriffen, als sie sahen die ehemalige Braut jetzt in der Gestalt des hingewelkten kraftlosen Alters und den Bräutigam noch in seiner jugendlichen Schöne, und wie in ihrer Brust nach fünfzig Jahren die Flamme der jugendlichen

Liebe noch einmal erwachte; aber er öffnete den Mund nimmer zum Lächeln oder die Augen zum Wiedererkennen; und wie sie ihn endlich von den Bergleuten in ihr Stüblein tragen ließ, als die einzige, die ihm angehöre und ein Recht an ihn habe, bis sein Grab gerüstet sei auf dem Kirchhof. Den andern Tag, als das Grab gerüstet war auf dem Kirchhof und ihn die Bergleute holten, schloß sie ein Kästlein auf, legte sie ihm das schwarzseidene Halstuch mit roten Streifen um und begleitete ihn alsdann in ihrem Sonntagsgewand, als wenn es ihr Hochzeittag und nicht der Tag seiner Beerdigung wäre. Denn als man ihn auf dem Kirchhof ins Grab legte, sagte sie: «Schlafe nun wohl. Noch einen Tag oder zehn im kühlen Hochzeitbett, und laß dir die Zeit nicht lang werden. Ich habe nur noch ein wenig zu tun und komme bald, und bald wird's wieder Tag. Was die Erde einmal wiedergegeben hat, wird sie zum zweitenmal auch nicht behalten», sagte sie, als sie fortging und noch einmal umschaute.

Heinrich von Kleist

Über das Marionettentheater

Als ich den Winter 1801 in M… zubrachte, traf ich daselbst eines Abends, in einem öffentlichen Garten, den Hrn. C. an, der seit kurzem, in dieser Stadt, als erster Tänzer der Oper, angestellt war, und bei dem Publiko außerordentliches Glück machte.
Ich sagte ihm, daß ich erstaunt gewesen wäre, ihn schon mehreremal in einem Marionettentheater zu finden, das auf dem Markte zusammengezimmert worden war, und den Pöbel, durch kleine dramatische Burlesken, mit Gesang und Tanz durchwebt, belustigte.
Er versicherte mir, daß ihm die Pantomimik dieser Puppen viel Vergnügen machte, und ließ nicht undeutlich merken, daß ein Tänzer, der sich ausbilden wolle, mancherlei von ihnen lernen könne.
Da diese Äußerung mir, durch die Art, wie er sie vor-

brachte, mehr, als ein bloßer Einfall schien, so ließ ich mich bei ihm nieder, um ihn über die Gründe, auf die er eine so sonderbare Behauptung stützen könne, näher zu vernehmen.

Er fragte mich, ob ich nicht, in der Tat, einige Bewegungen der Puppen, besonders der kleineren, im Tanz sehr graziös gefunden hatte.

Diesen Umstand konnt ich nicht leugnen. Eine Gruppe von vier Bauern, die nach einem raschen Takt die Ronde tanzte, hätte von Teniers nicht hübscher gemalt werden können.

Ich erkundigte mich nach dem Mechanismus dieser Figuren, und wie es möglich wäre, die einzelnen Glieder derselben und ihre Punkte, ohne Myriaden von Fäden an den Fingern zu haben, so zu regieren, als es der Rhythmus der Bewegungen, oder der Tanz, erfordere?

Er antwortete, daß ich mir nicht vorstellen müsse, als ob jedes Glied einzeln, während der verschiedenen Momente des Tanzes, von dem Maschinisten gestellt und gezogen würde.

Jede Bewegung, sagte er, hätte einen Schwerpunkt; es wäre genug, diesen, in dem Innern der Figur, zu regieren; die Glieder, welche nichts als Pendel wären, folgten, ohne irgendein Zutun, auf eine mechanische Weise von selbst.

Er setzte hinzu, daß diese Bewegung sehr einfach wäre; daß jedesmal, wenn der Schwerpunkt in einer *graden Linie* bewegt wird, die Glieder schon *Kurven* beschrieben; und daß oft, auf eine bloß zufällige Weise erschüttert, das Ganze schon in eine Art von rhythmische Bewegung käme, die dem Tanz ähnlich wäre.

Dieses Bemerkung schien mir zuerst einiges Licht über das Vergnügen zu werfen, das er in dem Theater der Marionetten zu finden vorgegeben hatte. Inzwischen ahndete ich bei weitem die Folgerungen noch nicht, die er späterhin daraus ziehen würde.

Ich fragte ihn, ob er glaubte, daß der Maschinist, der diese Puppen regierte, selbst ein Tänzer sein, oder wenigstens einen Begriff vom Schönen im Tanz haben müsse?

Er erwiderte, daß wenn ein Geschäft, von seiner mechanischen Seite, leicht sei, daraus noch nicht folge, daß es ganz ohne Empfindung betrieben werden könne.

Die Linie, die der Schwerpunkt zu beschreiben hat, wäre zwar sehr einfach, und, wie er glaube, in den meisten Fällen, gerad. In Fällen, wo sie krumm sei, scheine das Gesetz ihrer Krümmung wenigstens von der ersten oder höchstens zweiten Ordnung; und auch in diesem letzten Fall nur elliptisch, welche Form der Bewegung den Spitzen des menschlichen Körpers (wegen der Gelenke) überhaupt die natürliche sei, und also dem Maschinisten keine große Kunst koste, zu verzeichnen.

Dagegen wäre diese Linie wieder, von einer andern Seite, etwas sehr Geheimnisvolles. Denn sie wäre nichts anders, als der *Weg der Seele des Tänzers*; und er zweifle, daß sie anders gefunden werden könne, als dadurch, daß sich der Maschinist in den Schwerpunkt der Marionette versetzt, d. h. mit andern Worten, *tanzt*.

Ich erwiderte, daß man mir das Geschäft desselben als etwas ziemlich Geistloses vorgestellt hätte: etwa was das Drehen einer Kurbel sei, die eine Leier spielt.

«Keineswegs», antwortete er. «Vielmehr verhalten sich die Bewegungen seiner Finger zur Bewegung der daran befestigten Puppen ziemlich künstlich, etwa wie Zahlen zu ihren Logarithmen oder die Asymptote zur Hyperbel.»

Inzwischen glaube er, daß auch dieser letzte Bruch von Geist, von dem er gesprochen, aus den Marionetten entfernt werden, daß ihr Tanz gänzlich ins Reich mechanischer Kräfte hinübergespielt, und vermittelst einer Kurbel, so wie ich es mir gedacht, hervorgebracht werden könne.

Ich äußerte meine Verwunderung zu sehen, welcher Aufmerksamkeit er diese, für den Haufen erfundene, Spielart einer schönen Kunst würdige. Nicht bloß, daß er sie einer höheren Entwicklung für fähig halte: er scheine sich sogar selbst damit zu beschäftigen.

Er lächelte, und sagte, er getraue sich zu behaupten, daß wenn ihm ein Mechanikus, nach den Forderungen, die er an ihn zu machen dächte, eine Marionette bauen wollte, er vermittelst derselben einen Tanz darstellen würde, den weder er, noch irgendein anderer geschickter Tänzer seiner Zeit, Vestris selbst nicht ausgenommen, zu erreichen imstande wäre.

«Haben Sie», fragte er, da ich den Blick schweigend zur Erde schlug: «haben Sie von jenen mechanischen Beinen gehört, welche englische Künstler für Unglückliche verfertigen, die ihre Schenkel verloren haben?»

Ich sagte, nein: dergleichen wäre mir nie vor Augen gekommen.
«Es tut mir leid», erwiderte er; «denn wenn ich Ihnen sage, daß diese Unglücklichen damit tanzen, so fürchte ich fast, Sie werden es mir nicht glauben. – Was sag ich, tanzen? Der Kreis ihrer Bewegungen ist zwar beschränkt; doch diejenigen, die ihnen zu Gebote stehen, vollziehen sich mit einer Ruhe, Leichtigkeit und Anmut, die jedes denkende Gemüt in Erstaunen setzen.»
Ich äußerte, scherzend, daß er ja, auf diese Weise, seinen Mann gefunden habe. Denn derjenige Künstler, der einen so merkwürdigen Schenkel zu bauen imstande sei, würde ihm unzweifelhaft auch eine ganze Marionette, seinen Forderungen gemäß, zusammensetzen können.
«Wie», fragte ich, da er seinerseits ein wenig betreten zur Erde sah: «wie sind denn diese Forderungen, die Sie an die Kunstfertigkeit desselben zu machen gedenken, bestellt?»
«Nichts», antwortete er, «was sich nicht auch schon hier fände: Ebenmaß, Beweglichkeit, Leichtigkeit – nur alles in einem höheren Grade; und besonders eine naturgemäßere Anordnung der Schwerpunkte.»
«Und der Vorteil, den diese Puppe vor lebendigen Tänzern voraushaben würde?»
«Der Vorteil? Zuvörderst ein negativer, mein vortrefflicher Freund, nämlich dieser, daß sie sich niemals *zierte*. – Denn Ziererei erscheint, wie Sie wissen, wenn sich die Seele (vis motrix) in irgendeinem andern Punkte befindet, als in dem Schwerpunkt der Bewegung. Da der Maschinist nun schlechthin, vermittelst des Drahtes oder Fadens, keinen andern Punkt in seiner Gewalt hat, als diesen: so sind alle übrigen Glieder, was sie sein sollen, tot, reine Pendel, und folgen dem bloßen Gesetz der Schwere; eine vortreffliche Eigenschaft, die man vergebens bei dem größesten Teil unsrer Tänzer sucht.
Sehen Sie nur die P... an», fuhr er fort, «wenn sie die Daphne spielt, und sich, verfolgt vom Apoll, nach ihm umsieht; die Seele sitzt ihr in den Wirbeln des Kreuzes; sie beugt sich, als ob sie brechen wollte, wie eine Najade aus der Schule Bernins. Sehen Sie den jungen F... an, wenn er, als Paris, unter den drei Göttinnen steht, und der Venus

den Apfel überreicht: die Seele sitzt ihm gar (es ist ein Schrecken, es zu sehen) im Ellenbogen.
Solche Mißgriffe», setzte er abbrechend hinzu, «sind unvermeidlich, seitdem wir von dem Baum der Erkenntnis gegessen haben. Doch das Paradies ist verriegelt und der Cherub hinter uns; wir müssen die Reise um die Welt machen, und sehen, ob es vielleicht von hinten irgendwo wieder offen ist.»
Ich lachte. – Allerdings, dachte ich, kann der Geist nicht irren, da, wo keiner vorhanden ist. Doch ich bemerkte, daß er noch mehr auf dem Herzen hatte, und bat ihn, fortzufahren.
«Zudem», sprach er, «haben diese Puppen den Vorteil, daß sie *antigrav* sind. Von der Tätigkeit der Materie, dieser dem Tanze entgegenstrebendsten aller Eigenschaften, wissen sie nichts: weil die Kraft, die sie in die Lüfte erhebt, größer ist, als jene, die sie an die Erde fesselt. Was würde unsre gute G... darum geben, wenn sie sechzig Pfund leichter wäre, oder ein Gewicht von dieser Größe ihr, bei ihren Entrechats und Pirouetten, zu Hülfe käme? Die Puppen brauchen den Boden nur, wie die Elfen, um ihn zu *streifen*, und den Schwung der Glieder, durch die augenblickliche Hemmung, neu zu beleben; wir brauchen ihn, um darauf zu *ruhen*, und uns von der Anstrengung des Tanzes zu erholen: ein Moment, der offenbar selber kein Tanz ist, und mit dem sich weiter nichts anfangen läßt, als ihn möglichst verschwinden zu machen.»
Ich sagte, daß, so geschickt er auch die Sache seiner Paradoxe führe, er mich doch nimmermehr glauben machen würde, daß in einem mechanischen Gliedermann mehr Anmut enthalten sein könne, als in dem Bau des menschlichen Körpers.
Er versetzte, daß es dem Menschen schlechthin unmöglich wäre, den Gliedermann darin auch nur zu erreichen. Nur ein Gott könne sich, auf diesem Felde, mit der Materie messen; und hier sei der Punkt, wo die beiden Enden der ringförmigen Welt ineinandergriffen.
Ich erstaunte immer mehr, und wußte nicht, was ich zu so sonderbaren Behauptungen sagen sollte.
Es scheine, versetzte er, indem er eine Prise Tabak nahm, daß ich das dritte Kapitel vom ersten Buch Moses nicht mit

Aufmerksamkeit gelesen; und wer diese erste Periode aller menschlichen Bildung nicht kennt, mit dem könne man nicht füglich über die folgenden, um wieviel weniger über die letzte, sprechen.

Ich sagte, daß ich gar wohl wüßte, welche Unordnungen, in der natürlichen Grazie des Menschen, das Bewußtsein anrichtet. Ein junger Mann von meiner Bekanntschaft hätte, durch eine bloße Bemerkung, gleichsam vor meinen Augen, seine Unschuld verloren, und das Paradies derselben, trotz aller ersinnlichen Bemühungen, nachher niemals wiedergefunden. – Doch, welche Folgerungen, setzte ich hinzu, können Sie daraus ziehen?

Er fragte mich, welch einen Vorfall ich meine?

Ich badete mich, erzählte ich, vor etwa drei Jahren, mit einem jungen Mann, über dessen Bildung damals eine wunderbare Anmut verbreitet war. Er mochte ohngefähr in seinem sechzehnten Jahre stehn, und nur ganz von fern ließen sich, von der Gunst der Frauen herbeigerufen, die ersten Spuren von Eitelkeit erblicken. Es traf sich, daß wir grade kurz zuvor in Paris den Jüngling gesehen hatten, der sich einen Splitter aus dem Fuße zieht; der Abguß der Statue ist bekannt und befindet sich in den meisten deutschen Sammlungen. Ein Blick, den er in dem Augenblick, da er den Fuß auf den Schemel setzte, um ihn abzutrocknen, in einen großen Spiegel warf, erinnerte ihn daran; er lächelte und sagte mir, welch eine Entdeckung er gemacht habe. In der Tat hatte ich, in eben diesem Augenblick, dieselbe gemacht; doch sei es, um die Sicherheit der Grazie, die ihm beiwohnte, zu prüfen, sei es, um seiner Eitelkeit ein wenig heilsam zu begegnen: ich lachte und erwiderte – er sähe wohl Geister! Er errötete, und hob den Fuß zum zweitenmal, um es mir zu zeigen; doch der Versuch, wie sich leicht hätte voraussehen lassen, mißglückte. Er hob verwirrt den Fuß zum dritten und vierten, er hob ihn wohl noch zehnmal: umsonst! er war außerstand, dieselbe Bewegung wieder hervorzubringen – was sag ich? die Bewegungen, die er machte, hatten ein so komisches Element, daß ich Mühe hatte, das Gelächter zurückzuhalten. –

Von diesem Tage, gleichsam von diesem Augenblick an, ging eine unbegreifliche Veränderung mit dem jungen Menschen vor. Er fing an, tagelang vor dem Spiegel zu stehen; und immer ein Reiz nach dem anderen verließ ihn. Eine unsichtbare und unbegreifliche Gewalt schien sich, wie ein eisernes Netz, um das freie Spiel seiner Gebärden zu legen, und als ein Jahr verflossen war, war keine Spur mehr von der Lieblichkeit in ihm zu entdecken, die die Augen der Menschen sonst, die ihn umringten, ergötzt hatte. Noch jetzt lebt jemand, der ein Zeuge jenes sonderbaren und unglücklichen Vorfalls war, und ihn, Wort für Wort, wie ich ihn erzählt, bestätigen könnte. –

«Bei dieser Gelegenheit», sagte Herr C... freundlich, «muß ich Ihnen eine andere Geschichte erzählen, von der Sie leicht begreifen werden, wie sie hierher gehört.

Ich befand mich, auf meiner Reise nach Rußland, auf einem Landgut des Hrn. von G..., eines livländischen Edelmanns, dessen Söhne sich eben damals stark im Fechten übten. Besonders der ältere, der eben von der Universität zurückgekommen war, machte den Virtuosen, und bot mir, da ich eines Morgens auf seinem Zimmer war, ein Rapier an. Wir fochten; doch es traf sich, daß ich ihm überlegen war; Leidenschaft kam dazu, ihn zu verwirren; fast jeder Stoß, den ich führte, traf, und sein Rapier flog zuletzt in den Winkel. Halb scherzend, halb empfindlich, sagte er, indem er das Rapier aufhob, daß er seinen Meister gefunden habe: doch alles auf der Welt finde den seinen, und fortan wolle er mich zu dem meinigen führen. Die Brüder lachten laut auf, und riefen: ‹Fort, fort! In den Holzstall herab!› und damit nahmen sie mich bei der Hand und führten mich zu einem Bären, den Hr. v. G., ihr Vater, auf dem Hofe auferziehen ließ.

Der Bär stand, als ich erstaunt vor ihn trat, auf den Hinterfüßen, mit dem Rücken an einem Pfahl gelehnt, an welchem er angeschlossen war, die rechte Tatze schlagfertig erhoben, und sah mir ins Auge: das war seine Fechterpositur. Ich wußte nicht, ob ich träumte, da ich mich einem solchen Gegner gegenüber sah; doch: ‹stoßen Sie! stoßen Sie!› sagte Hr. v. G...., ‹und versuchen Sie, ob Sie ihm eins beibringen können!› Ich fiel, da ich mich ein wenig von meinem Erstaunen erholt hatte, mit dem Rapier auf ihn aus; der Bär machte eine ganz kurze Bewegung mit der Tatze und parierte den Stoß. Ich versuchte ihn durch Finten zu verführen; der Bär rührte sich nicht. Ich fiel wieder, mit einer augenblicklichen Gewandtheit, auf ihn aus, eines Menschen Brust würde ich ohnfehlbar getroffen haben: der Bär machte eine ganz kurze Bewegung mit der Tatze und parierte den Stoß. Jetzt war ich fast in dem Fall des jungen Hr. v. G… Der Ernst des Bären kam hinzu, mir die Fassung zu rauben, Stöße und Finten wechselten sich, mir triefte der Schweiß: umsonst! Nicht bloß, das der Bär, wie der erste Fechter der Welt, alle meine Stöße parierte; auf Finten (was ihm kein Fechter der Welt nachmacht) ging er gar nicht einmal ein: Aug in Auge, als ob er meine Seele darin lesen könnte, stand er, die Tatze schlagfertig erhoben, und wenn meine Stöße nicht ernsthaft gemeint waren, so rührte er sich nicht.

Glauben Sie diese Geschichte?»

«Vollkommen!» rief ich, mit freudigem Beifall; «jedwedem Fremden, so wahrscheinlich ist sie: um wieviel mehr Ihnen!»

«Nun, mein vortrefflicher Freund», sagte Herr C…, «so sind Sie im Besitz von allem, was nötig ist, um mich zu begreifen. Wir sehen, daß in dem Maße, als, in der organischen Welt, die Reflexion dunkler und schwächer wird, die Grazie darin immer strahlender und herrschender hervortritt. – Doch so, wie sich der Durchschnitt zweier Linien, auf der einen Seite eines Punkts, nach dem Durchgang durch das Unendliche, plötzlich wieder auf der andern Seite einfindet, oder das Bild des Hohlspiegels, nachdem es sich in das Unendliche entfernt hat, plötzlich wieder dicht vor uns tritt: so findet sich auch, wenn die Erkenntnis gleichsam durch ein Unendliches gegangen ist, die Grazie wieder ein; so, daß sie, zu gleicher Zeit, in demjenigen menschlichen Körperbau am reinsten erscheint, der entweder gar keins, oder ein unendliches Bewußtsein hat, d. h. in dem Gliedermann, oder in dem Gott.»

«Mithin», sagte ich ein wenig zerstreut, «müßten wir wieder von dem Baum der Erkenntnis essen, um in den Stand der Unschuld zurückzufallen?»

«Allerdings», antwortete er; «das ist das letzte Kapitel von der Geschichte der Welt.» –

Anekdote aus dem letzten preußischen Kriege

In einem bei Jena liegenden Dorf, erzählte mir, auf einer Reise nach Frankfurt, der Gastwirt, daß sich mehrere Stunden nach der Schlacht, um die Zeit, da das Dorf schon ganz von der Armee des Prinzen von Hohenlohe verlassen und von Franzosen, die es für besetzt gehalten, umringt gewesen wäre, ein einzelner preußischer Reiter darin gezeigt hätte; und versicherte mir, daß wenn alle Soldaten, die an diesem Tage mitgefochten, so tapfer gewesen wären, wie dieser, die Franzosen hätten geschlagen werden müssen, wären sie auch noch dreimal stärker gewesen, als sie in der Tat waren. Dieser Kerl, sprach der Wirt, sprengte, ganz von Staub bedeckt, vor meinen Gasthof, und rief: «Herr Wirt!» und da ich frage: was gibt's? «ein Glas Branntewein!» antwortet er, indem er sein Schwert in die Scheide wirft: «mich dürstet.» Gott im Himmel! sag ich: will Er machen, Freund, daß Er wegkömmt? Die Franzosen sind ja dicht vor dem Dorf! «Ei, was!» spricht er, indem er dem Pferde den Zügel über den Hals legt. «Ich habe den ganzen Tag nichts genossen!» Nun Er ist, glaub ich, vom Satan besessen –! He! Liese! rief ich, und schaff ihm eine Flasche Danziger herbei, und sage: da! und will ihm die ganze Flasche in die Hand drücken, damit er nur reite. «Ach, was!» spricht er, indem er die Flasche wegstößt, und sich den Hut abnimmt: «wo soll ich mit dem Quark hin?» Und: «schenk Er ein!» spricht er, indem er sich den Schweiß von der Stirn abtrocknet: «denn ich habe keine Zeit!» Nun Er ist ein Kind des Todes, sag ich. Da! sag ich, und schenk ihm ein; da! trink Er und reit Er! Wohl mag's Ihm bekommen! «Noch eins!» spricht der Kerl; während die Schüsse schon von allen Seiten ins Dorf prasseln. Ich sage: noch eins? Plagt Ihn –! «Noch eins!» spricht er, und streckt mir das Glas hin – «Und gut gemessen», spricht er, indem er sich den Bart wischt, und sich vom Pferde herab schneuzt: «denn es wird bar bezahlt!» Ei, mein Seel, so wollt ich doch, daß Ihn –! Da! sag ich, und schenk ihm noch, wie er verlangt, ein zweites, und schenk ihm, da er getrunken, noch ein drittes ein, und frage: ist Er nun zufrieden? «Ach!» – schüttelt sich der Kerl. «Der Schnaps ist gut! – Na!» spricht er, und setzt sich den Hut auf: «was bin ich schuldig?» Nichts! nichts! versetz ich. Pack Er sich, ins Teufelsnamen; die Franzosen ziehen augenblicklich ins Dorf! «Na!» sagt er, indem er in seinen Stiefel greift: «so soll's Ihm Gott lohnen.» Und holt, aus dem Stiefel, einen Pfeifenstummel hervor, und spricht, nachdem er den Kopf ausgeblasen: «schaff Er mir Feuer!» Feuer? sag ich: plagt Ihn –? «Feuer, ja!» spricht er: «denn ich will mir eine Pfeife Tabak anmachen.» Ei, den Kerl reiten Legionen –! He, Liese! ruf ich das Mädchen, und während der Kerl sich die Pfeife stopft, schafft das Mensch ihm Feuer. «Na!» sagt der Kerl, die Pfeife, die er sich angeschmaucht, im Maul: «nun sollen doch die Franzosen die Schwerenot kriegen!» Und damit, indem er sich den Hut in die Augen drückt, und zum Zügel greift, wendet er das Pferd und zieht von Leder. Ein Mordkerl! sag ich; ein verfluchter, verwetterter Galgenstrick! Will Er sich ins Henkers Namen scheren, wo Er hingehört? Drei Chasseurs – sieht Er nicht? halten ja schon vor dem Tor! «Ei was!» spricht er, indem er ausspuckt; und faßt die drei Kerls blitzend ins Auge. «Wenn ihrer zehen wären, ich fürcht mich nicht.» Und in dem Augenblick reiten auch die drei Franzosen schon ins Dorf. «Bassa Manelka!» ruft der Kerl, und gibt seinem Pferde die Sporen und sprengt auf sie ein; sprengt, so wahr Gott lebt, auf sie ein, und greift sie, als ob er das ganze Hohenlohische Korps hinter sich hätte, an; dergestalt, daß, da die Chausseurs, ungewiß, ob nicht noch mehr Deutsche im Dorf sein mögen, einen Augenblick, wider ihre Gewohnheit, stutzen, er, mein Seel, ehe man noch eine Hand umkehrt, alle drei vom Sattel haut, die Pferde, die auf dem Platz herumlaufen, aufgreift, damit bei mir vorbeisprengt, und «Bassa Teremtetem!» ruft, und: «Sieht Er wohl, Herr Wirt?» und «Adies!» und «auf Wiedersehn!» und: «hoho! hoho! hoho!» – – So einen Kerl, sprach der Wirt, habe ich zeit meines Lebens nicht gesehen.

Unwahrscheinliche Wahrhaftigkeiten

«Drei Geschichten», sagte ein alter Offizier in einer Gesellschaft, «sind von der Art, daß ich ihnen zwar selbst vollkommenen Glauben beimesse, gleichwohl aber Gefahr liefe, für einen Windbeutel gehalten zu werden, wenn ich sie erzählen wollte. Denn die Leute fordern, als erste Bedingung, von der Wahrheit, daß sie wahrscheinlich sei; und doch ist die Wahrscheinlichkeit, wie die Erfahrung lehrt, nicht immer auf seiten der Wahrheit.»

«Erzählen Sie», riefen einige Mitglieder, «erzählen Sie!» – denn man kannte den Offizier als einen heitern und schätzenswürdigen Mann, der sich der Lüge niemals schuldig machte.

Der Offizier sagte lachend, er wolle der Gesellschaft den Gefallen tun; erklärte aber noch einmal im voraus, daß er auf den Glauben derselben, in diesem besonderen Fall, keinen Anspruch mache.

Die Gesellschaft dagegen sagte ihm denselben im voraus zu; sie forderte ihn nur auf, zu reden, und horchte.

«Auf einem Marsch 1792 in der Rheinkampagne», begann der Offizier, «bemerkte ich, nach einem Gefecht, das wir mit dem Feinde gehabt hatten, einen Soldaten, der stramm, mit Gewehr und Gepäck, in Reih und Glied ging, obschon er einen Schuß mitten durch die Brust hatte; wenigstens sah man das Loch vorn im Riemen der Patrontasche, wo die Kugel eingeschlagen hatte, und hinten ein anderes im Rock, wo sie wieder herausgegangen war. Die Offiziere, die ihren Augen bei diesem seltsamen Anblick nicht trauten, forderten ihn zu wiederholten Malen auf, hinter die Front zu treten und sich verbinden zu lassen; aber der Mensch versicherte, daß er gar keine Schmerzen habe, und bat, ihn, um dieses Prellschusses willen, wie er es nannte, nicht von dem Regiment zu entfernen. Abends, da wir ins Lager gerückt waren, untersuchte der herbeigerufene Chirurgus seine Wunde; und fand, daß die Kugel vom Brustknochen, den sie nicht Kraft genug gehabt, zu durchschlagen, zurückgeprellt, zwischen der Rippe und der Haut, welche auf elastische Weise nachgegeben, um den ganzen Leib herumgeglitscht, und hinten, da sie sich am Ende des Rückgrats gestoßen, zu ihrer ersten senkrechten Richtung zurückgekehrt, und aus der Haut wieder hervorgebrochen war. Auch zog diese kleine Fleischwunde dem Kranken nichts als ein Wundfieber zu: und wenige Tage verflossen, so stand er wieder in Reih und Glied.»

«Wie?» fragten einige Mitglieder der Gesellschaft betroffen, und glaubten, sie hätten nicht recht gehört.
«Die Kugel? Um den ganzen Leib herum? Im Kreise?» – – Die Gesellschaft hatte Mühe, ein Gelächter zu unterdrükken.
«Das war die erste Geschichte», sagte der Offizier, indem er eine Prise Tabak nahm, und schwieg.
«Beim Himmel!» platzte ein Landedelmann los: «da haben Sie recht; diese Geschichte ist von der Art, daß man sie nicht glaubt!»
«Elf Jahre darauf», sprach der Offizier, «im Jahr 1803, befand ich mich, mit einem Freunde, in dem Flecken Königstein in Sachsen, in dessen Nähe, wie bekannt, etwa auf eine halbe Stunde, am Rande des äußerst steilen, vielleicht dreihundert Fuß hohen, Elbufers, ein beträchtlicher Steinbruch ist. Die Arbeiter pflegen, bei großen Blöcken, wenn sie mit Werkzeugen nicht mehr hinzukommen können, feste Körper, besonders Pfeifenstiele, in den Riß zu werfen, und überlassen der, keilförmig wirkenden, Gewalt dieser kleinen Körper das Geschäft, den Block völlig von dem Felsen abzulösen. Es traf sich, daß, eben um diese Zeit, ein ungeheurer, mehrere tausend Kubikfuß messender, Block zum Fall auf die Fläche des Elbufers, in den Steinbruch, bereit war; und da dieser Augenblick, wegen des sonderbar im Gebirge widerhallenden Donners, und mancher andern, aus der Erschütterung des Erdreichs hervorgehender Erscheinungen, die man nicht berechnen kann, merkwürdig ist: so begaben, unter vielen andern Einwohnern der Stadt, auch wir uns, mein Freund und ich, täglich abends nach dem Steinbruch hinaus, um den Moment, da der Block fallen würde, zu erhaschen. Der Block fiel aber in der Mittagsstunde, da wir eben, im Gasthof zu Königstein, an der Tafel saßen; und erst um 5 Uhr gegen Abend hatten wir Zeit, hinauszuspazieren, und uns nach den Umständen, unter denen er gefallen war, zu erkundigen. Was aber war die Wirkung dieses seines Falls gewesen? Zuvörderst muß man wissen, daß, zwischen der Felswand des Steinbruchs und dem Bette der Elbe, noch ein beträchtlicher, etwa 50 Fuß in der Breite haltender Erdstrich befindlich war; dergestalt, daß der Block (welches hier wichtig ist) nicht unmittelbar ins Wasser der Elbe, sondern auf die sandige Fläche dieses Erd-

strichs gefallen war. Ein Elbkahn, meine Herren, das war die Wirkung dieses Falls gewesen, war, durch den Druck der Luft, der dadurch verursacht worden, aufs Trockne gesetzt worden; ein Kahn, der, etwa 60 Fuß lang und 30 breit, schwer mit Holz beladen, am andern, entgegengesetzten, Ufer der Elbe lag: diese Augen haben ihn im Sande – was sag ich? sie haben, am anderen Tage, noch die Arbeiter gesehen, welche, mit Hebeln und Walzen, bemüht waren, ihn wieder flott zu machen, und ihn, vom Ufer herab, wieder ins Wasser zu schaffen. Es ist wahrscheinlich, daß die ganze Elbe (die Oberfläche derselben) einen Augenblick ausgetreten, auf das andere flache Ufer übergeschwappt und den Kahn, als einen festen Körper, daselbst zurückgelassen; etwa wie, auf dem Rande eines flachen Gefäßes, ein Stück Holz zurückbleibt, wenn das Wasser, auf welchem es schwimmt, erschüttert wird.»
«Und der Block», fragte die Gesellschaft, «fiel nicht ins Wasser der Elbe?»
Der Offizier wiederholte: «Nein!»
«Seltsam!» rief die Gesellschaft.
Der Landedelmann meinte, daß er die Geschichten, die seinen Satz belegen sollten, gut zu wählen wüßte.
«Die dritte Geschichte», fuhr der Offizier fort, «trug sich zu, im Freiheitskriege der Niederländer, bei der Belagerung von Antwerpen durch den Herzog von Parma. Der Herzog hatte die Schelde, vermittelst einer Schiffsbrücke, gesperrt, und die Antwerpner arbeiteten ihrerseits, unter Anleitung eines geschickten Italieners, daran, dieselbe durch Brander, die sie gegen die Brücke losließen, in die Luft zu sprengen. In dem Augenblick, meine Herren, da die Fahrzeuge die Schelde herab, gegen die Brücke, anschwimmen, steht, das merken Sie wohl, ein Fahnenjunker, auf dem linken Ufer der Schelde, dicht neben dem Herzog von Parma; jetzt, verstehen Sie, jetzt geschieht die Explosion: und der Junker, Haut und Haar, samt Fahne und Gepäck, und ohne daß ihm das mindeste auf dieser Reise zugestoßen, steht auf dem rechten. Und die Schelde ist hier, wie Sie wissen werden, einen kleinen Kanonenschuß breit.
Haben Sie verstanden?»
«Himmel, Tod und Teufel!» rief der Landedelmann.

«Dixi!» sprach der Offizier, nahm Stock und Hut und ging weg.
«Herr Hauptmann!» riefen die andern lachend: «Herr Hauptmann!» – Sie wollten wenigstens die Quelle dieser abenteuerlichen Geschichte, die er für wahr ausgab, wissen.
«Lassen Sie ihn», sprach ein Mitglied der Gesellschaft; «die Geschichte steht in dem Anhang zu Schillers Geschichte vom Abfall der vereinigten Niederlande; und der Verf. bemerkt ausdrücklich, daß ein Dichter von diesem Faktum keinen Gebrauch machen könne, der Geschichtschreiber aber, wegen der Unverwerflichkeit der Quellen und der Übereinstimmung der Zeugnisse, genötigt sei, dasselbe aufzunehmen.»

Matthias Claudius

Kriegslied

's ist Krieg! 's ist Krieg! O Gottes Engel wehre,
Und rede du darein!
's ist leider Krieg – und ich begehre
Nicht schuld daran zu sein!

Was sollt ich machen, wenn im Schlaf mit Grämen
Und blutig, bleich und blaß,
Die Geister der Erschlagnen zu mir kämen,
Und vor mir weinten, was?

Wenn wackre Männer, die sich Ehre suchten,
Verstümmelt und halb tot
Im Staub sich vor mir wälzten, und mir fluchten
In ihrer Todesnot?

Wenn tausend tausend Väter, Mütter, Bräute,
So glücklich vor dem Krieg,
Nun alle elend, alle arme Leute,
Wehklagten über mich?

Wenn Hunger, böse Seuch und ihre Nöten
Freund, Freund und Feind ins Grab
Versammleten, und mir zu Ehren krähten
Von einer Leich herab?

Was hülf mir Kron und Land und Gold und Ehre?
Die könnten mich nicht freun!
's ist leider Krieg – und ich begehre
Nicht schuld daran zu sein!

Abendlied

Der Mond ist aufgegangen,
Die goldnen Sternlein prangen
Am Himmel hell und klar;
Der Wald steht schwarz und schweiget,
Und aus den Wiesen steiget
Der weiße Nebel wunderbar.

Wie ist die Welt so stille,
Und in der Dämmrung Hülle
So traulich und so hold!
Als eine stille Kammer,
Wo ihr des Tages Jammer
Verschlafen und vergessen sollt.

Seht ihr den Mond dort stehen? –
Er ist nur halb zu sehen,
Und ist doch rund und schön!
So sind wohl manche Sachen,
Die wir getrost belachen,
Weil unsre Augen sie nicht sehn.

Wir stolze Menschenkinder
Sind eitel arme Sünder,
Und wissen gar nicht viel;
Wir spinnen Luftgespinste,
Und suchen viele Künste,
Und kommen weiter von dem Ziel.

Gott, laß uns *dein* Heil schauen,
Auf nichts Vergänglichs trauen,
Nicht Eitelkeit uns freun!
Laß uns einfältig werden,
Und vor dir hier auf Erden
Wie Kinder fromm und fröhlich sein!

Wollst endlich sonder Grämen
Aus dieser Welt uns nehmen
Durch einen sanften Tod!
Und, wenn du uns genommen,
Laß uns in Himmel kommen,
Du unser Herr und unser Gott!

So legt euch denn, ihr Brüder,
In Gottes Namen nieder;
Kalt ist der Abendhauch.
Verschon uns, Gott! mit Strafen,
Und laß uns ruhig schlafen!
Und unsern kranken Nachbar auch!

Die Geschichte von Goliath und David, in Reime bracht

War einst ein Riese Goliath
Gar ein gefährlich Mann!
Er hatte Tressen auf dem Hut
Mit einem Klunker dran,
Und einen Rock von Drap d'argent
Und alles so nach advenant.

An seinen Schnurrbart sah man nur
Mit Gräsen und mit Graus,
Und dabei sah er von Natur
Pur wie der – aus.
Sein Sarraß war, man glaubt es kaum,
So groß schier als ein Weberbaum.

Er hatte Knochen wie ein Gaul,
Und eine freche Stirn,
Und ein entsetzlich großes Maul,

Und nur ein kleines Hirn;
Gab jedem einen Rippenstoß,
Und flunkerte und prahlte groß.

So kam er alle Tage her,
Und sprach Israel Hohn.
«Wer ist der Mann? Wer wagt's mit mir?
Sei Vater oder Sohn,
Er komme her der Lumpenhund,
Ich bax'n nieder auf den Grund.»

Da kam in seinem Schäferrock
Ein Jüngling zart und fein;
Er hatte nichts als seinen Stock,
Als Schleuder und den Stein,
Und sprach: «Du hast viel Stolz und Wehr,
Ich komm im Namen Gottes her.»

Und damit schleudert' er auf ihn,
Und traf die Stirne gar;
Da fiel der große Esel hin
So lang und dick er war.
Und David haut' in guter Ruh
Ihm nun den Kopf noch ab dazu.

*

Trau nicht auf deinen Tressenhut,
Noch auf den Klunker dran!
Ein großes Maul es auch nicht tut:
Das lern vom langen Mann;
Und von dem kleinen lerne wohl:
Wie man mit Ehren fechten soll.

Clemens Brentano

Der Spinnerin Nachtlied

Es sang vor langen Jahren
Wohl auch die Nachtigall,
Das war wohl süßer Schall,
Da wir zusammen waren.

Ich sing und kann nicht weinen,
Und spinne so allein
Den Faden klar und rein,
Solang der Mond wird scheinen.

Als wir zusammen waren,
Da sang die Nachtigall,
Nun mahnet mich ihr Schall,
Daß du von mir gefahren.

Sooft der Mond mag scheinen,
Denk ich wohl dein allein,
Mein Herz ist klar und rein,
Gott wolle uns vereinen.

Seit du von mir gefahren,
Singt stets die Nachtigall,
Ich denk bei ihrem Schall,
Wie wir zusammen waren.

Gott wolle uns vereinen,
Hier spinn ich so allein,
Der Mond scheint klar und rein,
Ich sing und möchte weinen.

Säusle liebe Mirte

Säusle liebe Mirte,
Wie still ist's in der Welt,
Der Mond, der Sternenhirte
Auf klarem Himmelsfeld,
Treibt schon die Wolkenschafe
Zum Born des Lichtes hin:
Schlaf, mein Freund, o schlafe,
Bis ich wieder bei dir bin.

Säusle liebe Mirte
Und träum im Sternenschein.
Die Turteltaube girrte

Auch ihre Brut schon ein.
Still ziehn die Wolkenschafe
Zum Born des Lichtes hin,
Schlaf, mein Freund, o schlafe,
Bis ich wieder bei dir bin.

Hörst du wie die Brunnen rauschen

Hörst du wie die Brunnen rauschen,
Hörst du wie die Grille zirpt?
Stille, stille, laß uns lauschen,
Selig, wer in Träumen stirbt.
Selig, wen die Wolken wiegen,
Wem der Mond ein Schlaflied singt,
O wie selig kann der fliegen,
Dem der Traum den Flügel schwingt,
Daß an blauer Himmelsdecke
Sterne er wie Blumen pflückt:
Schlafe, träume, flieg, ich wecke
Bald dich auf und bin beglückt.

Wie klinget die Welle!

Wie klinget die Welle!
Wie wehet ein Wind!
O selige Schwelle!
Wo wir geboren sind.

Du himmlische Bläue!
Du irdisches Grün!
Voll Lieb und voll Treue,
Wie wird mein Herz so kühn!

Wie Reben sich ranken
Mit innigem Trieb,
So meine Gedanken
Habt hier alles lieb.

Da hebt sich kein Wehen,
Da regt sich kein Blatt,
Ich kann draus verstehen,
Wie lieb man mich hat.

Ihr himmlischen Fernen!
Wie seid ihr mir nah;
Ich griff nach den Sternen
Hier aus der Wiege ja.

Treib nieder und nieder
Du herrlicher Rhein!
Du kömmst mir ja wieder,
Läßt nie mich allein.

Meine Mühle ist brochen,
Und klappert nicht mehr,
Mein Herz hör ich pochen
Als wenn's die Mühle wär.

O Vater! wie bange
War mir es nach dir,
Horch meinem Gesange,
Dein Sohn ist wieder hier.

Du spiegelst und gleitest
Im mondlichen Glanz,
Die Arme du breitest,
Empfange meinen Kranz.

Georg Philipp Schmidt von Lübeck

Des Fremdlings Abendlied

Ich komme vom Gebirge her,
Es ruft das Tal, es rauscht das Meer;
Ich wandle still und wenig froh,
Und immer fragt der Seufzer: Wo?

Die Sonne dünkt mich hier so kalt,
Die Blüte welk, das Leben alt,
Und was sie reden, tauber Schall;
Ich bin ein Fremdling überall.

Wo bist du, mein Gelobtes Land,
Gesucht, geahnt und nie gekannt?
Das Land, das Land, so hoffnungsgrün,
Das Land, wo meine Rosen blühn?

Wo meine Träume wandeln gehn,
Wo meine Toten auferstehn;
Das Land, das meine Sprache spricht
Und alles hat, was mir gebricht?

Ich wandle still und wenig froh,
Und immer fragt der Seufzer: Wo?
Es bringt die Luft den Hauch zurück:
Da, wo du nicht bist, blüht das Glück.

Karoline von Günderode

Ein apokalyptisches Fragment

Ich stand auf einem hohen Fels im Mittelmeer, und vor mir war der Ost, und hinter mir der West, und der Wind ruhte auf der See.
Da sank die Sonne, und kaum war sie verhüllt im Niedergang, so stieg im Aufgang das Morgenrot wieder empor, und Morgen, Mittag, Abend und Nacht jagten sich, in schwindelnder Eile, um den Bogen des Himmels.
Erstaunt sah ich sie sich drehen in wilden Kreisen; mein Puls floh nicht schneller, meine Gedanken bewegten sich nicht rascher, und die Zeit in mir ging den gewohnten Gang, indes sie außer mir, sich nach neuem Gesetz bewegte.
Ich wollte mich hinstürzen in das Morgenrot, oder mich tauchen in die Schatten der Nacht, um mit in ihre Eile gezogen zu werden, und nicht so langsam zu leben; da ich sie aber immer betrachtete, ward ich sehr müde und entschlief.

Da sah ich ein weites Meer vor mir, das von keinem Ufer umgeben war, weder im Ost noch Süd noch West, noch Nord: kein Windstoß bewegte die Wellen, aber die unermeßliche See bewegte sich doch in ihren Tiefen, wie von innern Gärungen bewegt.

Und mancherlei Gestalten stiegen herauf, aus dem Schoß des tiefen Meeres, und Nebel stiegen empor und wurden Wolken, und die Wolken senkten sich, und berührten in zuckenden Blitzen die gebärenden Wogen.

Und immer mannigfaltigere Gestalten entstiegen der Tiefe, aber mich ergriffen Schwindel und eine sonderbare Bangigkeit, meine Gedanken wurden hiehin und dorthin getrieben, wie eine Fackel vom Sturmwind, bis meine Erinnerung erlosch.

Da ich aber wieder erwachte, und von mir zu wissen anfing, wußte ich nicht, wie lange ich geschlafen hatte, ob es Jahrhunderte oder Minuten waren; denn ob ich gleich dumpfe und verworrene Träume gehabt hatte, so war mir doch nichts begegnet, was mich an die Zeit erinnert hätte.

Aber es war ein dunkles Gefühl in mir, als habe ich geruht im Schoße dieses Meeres und sei ihm entstiegen, wie die andern Gestalten. Und ich schien mir ein Tropfen Tau, und bewegte mich lustig hin und wider in der Luft, und freute mich, daß die Sonne sich in mir spiegle, und die Sterne mich beschauten.

Ich ließ mich von den Lüften in raschen Zügen dahintragen, ich gesellte mich zum Abendrot, und zu des Regenbogens siebenfarbigen Tropfen, ich reihte mich mit meinen Gespielen um den Mond wenn er sich bergen wollte, und begleitete seine Bahn.

Die Vergangenheit war mir dahin! ich gehörte nur der Gegenwart. Aber eine Sehnsucht war in mir, die ihren Gegenstand nicht kannte, ich suchte immer, aber jedes Gefundene war nicht das Gesuchte, und sehnend trieb ich mich umher im Unendlichen.

Einst ward ich gewahr, daß alle die Wesen, die aus dem Meere gestiegen waren, wieder zu ihm zurückkehrten, und sich in wechselnden Formen wieder erzeugten. Mich befremdete diese Erscheinung; denn ich hatte von keinem Ende gewußt. Da dachte ich, meine Sehnsucht sei auch, zurückzukehren, zu der Quelle des Lebens.

Und da ich dies dachte, und fast lebendiger fühlte, als all mein Bewußtsein, ward plötzlich mein Gemüt wie mit betäubenden Nebeln umgeben. Aber sie schwanden bald, ich schien mir nicht mehr ich, und doch mehr als sonst ich, meine Grenzen konnte ich nicht mehr finden, mein Bewußtsein hatte sie überschritten, es war größer, anders, und doch fühlte ich mich in ihm.
Erlöset war ich von den engen Schranken meines Wesens, und kein einzler Tropfen mehr, ich war allem wiedergegeben, und alles gehörte mir an, ich dachte, und fühlte, wogte im Meer, glänzte in der Sonne, kreiste mit den Sternen; ich fühlte mich in allem, und genoß alles in mir.
Drum, wer Ohren hat zu hören, der höre! Es ist nicht zwei, nicht drei, nicht tausende, es ist Eins und alles; es ist nicht Körper und Geist geschieden, daß das eine der Zeit, das andere der Ewigkeit angehöre, es ist Eins, gehört sich selbst, und ist Zeit und Ewigkeit zugleich, und sichtbar, und unsichtbar, bleibend im Wandel, ein unendliches Leben.

Wilhelm Heinrich Wackenroder

Ehrengedächtnis unsers ehrwürdigen Ahnherrn Albrecht Dürers

Von einem kunstliebenden Klosterbruder

Nürnberg! du vormals weltberühmte Stadt! Wie gerne durchwanderte ich deine krummen Gassen; mit welcher kindlichen Liebe betrachtete ich deine altväterischen Häuser und Kirchen, denen die feste Spur von unsrer alten vaterländischen Kunst eingedrückt ist! Wie innig lieb ich die Bildungen jener Zeit, die eine so derbe, kräftige und wahre Sprache führen! Wie ziehen sie mich zurück in jenes graue Jahrhundert, da du, Nürnberg, die lebendigwimmelnde Schule der vaterländischen Kunst warst, und ein recht fruchtbarer, überfließender Kunstgeist in deinen Mauern lebte und webte: – da Meister Hans Sachs und Adam Kraft, der Bildhauer, und vor allen, Albrecht Dürer mit seinem Freunde, Wilibaldus Pirckheimer, und so viel andre hochgelobte Ehrenmänner noch lebten! Wie oft hab ich mich in jene Zeit zurückgewünscht! Wie oft ist sie in meinen Gedanken wieder von neuem vor mir hervorgegangen, wenn ich in deinen ehrwürdigen Büchersälen, Nürnberg, in einem engen Winkel, beim Dämmerlicht der kleinen, rundscheibigen Fenster saß, und über den Folianten des wakkern Hans Sachs, oder über anderem alten, gelben, wurmgefressenen Papier brütete; – oder wenn ich unter den kühnen Gewölben deiner düstern Kirchen wandelte, wo der Tag durch buntbemalte Fenster all das Bildwerk und die Malereien der alten Zeit wunderbar beleuchtet! – –

Ihr wundert euch wieder, und sehet mich an, ihr Engherzigen und Kleingläubigen! O ich kenne sie ja, die Myrtenwälder Italiens, – ich kenne sie ja, die himmlische Glut in den begeisterten Männern des beglückten Südens: – was ruft ihr mich hin, wo immer Gedanken meiner Seele wohnen, wo die Heimat der schönsten Stunden meines Lebens ist! – ihr, die ihr überall Grenzen sehet, wo keine sind! Liegt Rom und Deutschland nicht auf einer Erde? Hat der himmlische Vater nicht Wege von Norden nach Süden, wie von Westen nach Osten über den Erdkreis geführt? Ist ein Menschenleben zu kurz? Sind die Alpen unübersteiglich? – Nun so muß auch mehr als eine Liebe in der Brust des Menschen wohnen können. – –

Aber jetzt wandelt mein trauernder Geist auf der geweiheten Stätte vor deinen Mauern, Nürnberg; auf dem Gottesakker, wo die Gebeine Albrecht Dürers ruhen, der einst die Zierde von Deutschland, ja von Europa war. Sie ruhen, von wenigen besucht, unter zahllosen Grabsteinen, deren jeder mit einem ehernen Bildwerk, als dem Gepräge der alten Kunst, bezeichnet ist, und zwischen denen sich hohe Sonnenblumen in Menge erheben, welche den Gottesacker zu einem lieblichen Garten machen. So ruhen die vergessenen Gebeine unsers alten Albrecht Dürers, um dessentwillen es mir lieb ist, daß ich ein Deutscher bin.

Wenigen muß es gegeben sein, die Seele in deinen Bildern so zu verstehen, und das Eigne und Besondere darin mit solcher Innigkeit zu genießen, als der Himmel es mir vor vielen andern vergönnt zu haben scheinet; denn ich sehe mich um, und finde wenige, die mit so herzlicher Liebe, mit solcher Verehrung vor dir verweilten, als ich.

Ist es nicht, als wenn die Figuren in diesen deinen Bildern wirkliche Menschen wären, welche zusammen redeten? Ein jeglicher ist so eigentümlich gestempelt, daß man ihn aus einem großen Haufen herauskennen würde; ein jeglicher so aus der Mitte der Natur genommen, daß er ganz und gar seinen Zweck erfüllt. Keiner ist mit halber Seele da, wie man es öfters bei sehr zierlichen Bildern neuerer Meister sagen möchte; jeder ist im vollen Leben ergriffen, und so auf die Tafel hingestellt. Wer klagen soll, klagt; wer zürnen soll, zürnt; und wer beten soll, betet. Alle Figuren reden, und reden laut und vernehmlich. Kein Arm bewegt sich unnütz, oder bloß zum Augenspiel und zur Füllung des Raums; alle Glieder, alles spricht uns gleichsam mit Macht an, daß wir den Sinn und die Seele des Ganzen recht fest im Gemüte fassen. Wir glauben alles, was der kunstreiche Mann uns darstellt; und es verwischt sich nie aus unserm Gedächtnis.

Wie ist's, daß mir die heutigen Künstler unsers Vaterlands so anders erscheinen, als jene preiswürdigen Männer der alten Zeit, und du vornehmlich, mein geliebter Dürer? Wie ist's, daß es mir vorkommt, als wenn ihr alle die Malerkunst weit ernsthafter, wichtiger und würdiger gehandhabt hättet als diese zierlichen Künstler unsrer Tage? Mich dünkt, ich sehe euch, wie ihr nachdenkend vor eurem angefangenen Bilde stehet, – wie die Vorstellung, die ihr sichtbar machen wollt, ganz lebendig eurer Seele vorschwebt, – wie ihr bedächtig überlegt, welche Mienen und welche Stellungen den Zuschauer wohl am stärksten und sichersten ergreifen, und seine Seele beim Ansehen am mächtigsten bewegen möchten, – und wie ihr dann, mit inniger Teilnahme und freundlichem Ernst, die eurer lebendigen Einbildung befreundeten Wesen, auf die Tafel treu und langsam auftraget. – Aber die Neueren scheinen gar nicht zu wollen, daß man ernsthaft an dem, was sie uns vorstellen, teilnehmen solle; sie arbeiten für vornehme Herren, welche von der Kunst nicht gerührt und veredelt, sondern aufs höchste geblendet und gekitzelt sein wollen; sie bestreben sich, ihr Gemälde zu einem Probestück von recht vielen lieblichen und täuschenden Farben zu machen; sie prüfen ihren Witz in Ausstreuung des Lichtes und Schattens; – aber die Menschenfiguren scheinen öfters bloß um der Farben und um

des Lichtes willen, wahrlich ich möchte sagen, als ein notwendiges Übel im Bilde zu stehen.
Wehe muß ich rufen über unser Zeitalter, daß es die Kunst so bloß als ein leichtsinniges Spielwerk der Sinne übt, da sie doch wahrlich etwas sehr Ernsthaftes und Erhabenes ist. Achtet man den Menschen nicht mehr, daß man ihn in der Kunst vernachlässigt, und artige Farben und allerhand Künstlichkeit mit Lichtern, der Betrachtung würdiger findet? –
In den Schriften des von unserm Albrecht sehr hochgeschätzten und verteidigten Martin Luthers, worin ich, wie ich nicht ungern gestehe, einiges aus Wißbegier wohl gelesen habe, und in welchen viel Gutes verborgen sein mag, habe ich über die Wichtigkeit der Kunst eine merkwürdige Stelle gefunden, die mir jetzt lebhaft ins Gemüt kommt. Denn es behauptet dieser Mann irgendwo ganz dreist und ausdrücklich: daß nächst der Theologie, unter allen Wissenschaften und Künsten des menschlichen Geistes, die Musik den ersten Platz einnehme. Und ich muß offenherzig bekennen, daß dieser kühne Ausspruch meine Blicke sehr auf den ausgezeichneten Mann hingerichtet hat. Denn die Seele, aus welcher ein solcher Ausspruch kommen konnte, mußte für die Kunst grade diejenige tiefe Verehrung empfinden, welche, ich weiß nicht woher, in so wenigen Gemütern wohnt, und welche, nach meinem Bedünken, doch so sehr natürlich und so bedeutend ist.
Wenn nun die Kunst (ich meine, ihr Haupt- und wesentlicher Teil) wirklich von solcher Wichtigkeit ist; so ist es sehr unwürdig und leichtsinnig, sich von den sprechenden und lehrreichen Menschenfiguren unsers alten Albrecht Dürers hinwegzuwenden, weil sie nicht mit der gleißenden äußeren Schönheit, welche die heutige Welt für das Einzige und Höchste in der Kunst hält, ausgestattet sind. Es verrät nicht ein ganz gesundes und reines Gemüt, wenn sich jemand vor einer geistlichen Betrachtung, welche an sich triftig und eindringend ist, die Ohren zuhält, weil der Redner seine Worte nicht in zierlicher Ordnung stellet, oder weil er eine üble, fremde Aussprache, oder ein schlechtes Spiel mit Händen an sich hat. Hindern mich aber dergleichen Gedanken, diese äußere, und sozusagen bloß körperliche Schönheit der Kunst, wo ich sie finde, nach Verdienst zu schätzen und zu bewundern?

Auch wird dir das, mein geliebter Albrecht Dürer, als ein grober Verstoß angerechnet, daß du deine Menschenfiguren nur so bequem nebeneinander hinstellst, ohne sie künstlich durcheinander zu verschränken, daß sie ein methodisches Gruppo bilden. Ich liebe dich in dieser deiner unbefangenen Einfalt, und hefte mein Auge unwillkürlich zuerst auf die Seele und tiefe Bedeutung deiner Menschen, ohne daß mir dergleichen Tadelsucht nur in den Sinn kommt. Viele Personen aber scheinen von derselben, wie von einem bösen, quälenden Geiste, so geplagt, daß sie dadurch zu verachten und zu verhöhnen angereizt werden, ehe sie ruhig betrachten können – und am allerwenigsten über die Schranken der Gegenwart sich in die Vorzeit hinüberzusetzen vermögen. Gern will ich euch zugeben, ihr eifrigen Neulinge, daß ein junger Schüler jetzt klüger und gelehrter von Farben, Licht und Zusammenfügung der Figuren reden mag, als der alte Dürer es verstand; spricht aber sein eigener Geist aus dem Knaben, oder nicht vielmehr die Kunstweisheit und Erfahrung der vergangenen Zeiten? Die eigentliche, innere Seele der Kunst fassen nur einzelne auserwählte Geister auf einmal, mag auch schon die Führung des Pinsels noch sehr mangelhaft sein; alle die Außenwerke der Kunst hingegen werden nach und nach, durch Erfindung, Übung und Nachdenken zur Vollkommenheit gebracht. Es ist aber eine schnöde und betrauernswerte Eitelkeit, die das Verdienst der Zeiten ihrem eigenen schwachen Haupte zur Krone aufsetzt und ihre Nichtigkeit unter erborgtem Glanze verstecken will. Hinweg, ihr weisen Knaben, von dem alten Künstler von Nürnberg! – und daß keiner verspottend ihn zu richten sich vermesse, der noch kindisch darüber naserümpfen kann, daß er nicht Tizian und Correggio zu Lehrmeistern hatte, oder, daß man zu seiner Zeit so seltsam altfränkische Kleidung trug!
Denn auch um deswillen wollen die heutigen Lehrer ihn, sowie manchen andern guten Maler seines Jahrhunderts, nicht schön und edel nennen, weil sie die Geschichte aller Völker und wohl selbst die geistlichen Historien unserer Religion in die Tracht ihrer Zeiten kleiden. Allein ich denke dabei, wie doch ein jeder Künstler, der die Wesen vergangener Jahrhunderte durch seine Brust gehen läßt, sie mit dem Geist und Atem seines Alters beleben muß; und

wie es doch billig und natürlich ist, daß die Schöpfungskraft des Menschen alles Fremde und Entfernte, und also auch selbst die himmlischen Wesen, sich liebend nahebringt und in die wohlbekannten und geliebten Formen seiner Welt und seines Gesichtskreises hüllt.

Als Albrecht den Pinsel führte, da war der Deutsche auf dem Völkerschauplatz unsers Weltteils noch ein eigentümlicher und ausgezeichneter Charakter von festem Bestand; und seinen Bildern ist nicht nur in Gesichtsbildung und im ganzen Äußeren, sondern auch im inneren Geiste, dieses ernsthafte, gerade und kräftige Wesen des deutschen Charakters treu und deutlich eingeprägt. In unsern Zeiten ist dieser festbestimmte deutsche Charakter, und ebenso die deutsche Kunst, verlorengegangen. Der junge Deutsche lernt die Sprachen aller Völker Europas und soll prüfend und richtend aus dem Geiste aller Nationen Nahrung ziehen; – und der Schüler der Kunst wird belehrt, wie er den Ausdruck Raffaels, und die Farben der venezianischen Schule, und die Wahrheit der Niederländer, und das Zauberlicht des Correggio, alles zusammen nachahmen, und auf diesem Wege zur alles übertreffenden Vollkommenheit gelangen solle. – O traurige Afterweisheit! O blinder Glaube des Zeitalters, daß man jede Art der Schönheit, und jedes Vorzügliche aller großen Künstler der Erde, zusammensetzen, und durch das Betrachten aller, und das Erbetteln von ihren mannigfachen großen Gaben, ihrer aller Geist in sich vereinigen, und sie alle besiegen könne! – Die Periode der eigenen Kraft ist vorüber, man will durch ärmliches Nachahmen und klügelndes Zusammensetzen das versagende Talent erzwingen, und kalte, geleckte, charakterlose Werke sind die Frucht. – Die deutsche Kunst war ein frommer Jüngling in den Ringmauern einer kleinen Stadt unter Blutsfreunden häuslich erzogen; – nun sie älter ist, ist sie zum allgemeinen Weltmanne geworden, der mit den kleinstädtischen Sitten zugleich sein Gefühl und sein eigentümliches Gepräge von der Seele weggewischt hat.

Ich möchte um alles nicht, daß der zauberhafte Correggio, oder der prächtige Paolo Veronese, oder der gewaltige Buonarotti ebenso gemalt hätten als Raffael. Und eben auch stimme ich keineswegs in die Redensarten derer mit ein, welche sprechen: «Hätte Albrecht Dürer nur in Rom eine

Zeitlang gehauset, und die echte Schönheit und das Idealische vom Raffael abgelernt, so wäre er ein großer Maler geworden; man muß ihn bedauern, und sich nur wundern, wie er es in seiner Lage noch so weit gebracht hat.» Ich finde hier nichts zu bedauern, sondern freue mich, daß das Schicksal dem deutschen Boden an diesem Manne einen echt-vaterländischen Maler gegönnt hat. Er würde nicht er selber geblieben sein; sein Blut war kein italienisches Blut. Er war für das Idealische und die erhabene Hoheit eines Raffaels nicht geboren; er hatte daran seine Lust, uns die Menschen zu zeigen, wie sie um ihn herum wirklich waren, und es ist ihm gar trefflich gelungen.

Dennoch aber fiel es mir, als ich in meinen jüngern Jahren die ersten Gemälde vom Raffael sowohl als von dir, mein geliebter Dürer, in einer herrlichen Bildergalerie sah, wunderbar in den Sinn, wie unter allen andern Malern, die ich kannte, diese beiden eine ganz besonders nahe Verwandtschaft zu meinem Herzen hätten. Bei beiden gefiel es mir so sehr, daß sie so einfach und grade, ohne die zierlichen Umschweife anderer Maler, uns die Menschheit in voller Seele so klar und deutlich vor Augen stellen. Allein ich getraute mich damals nicht, meine Meinung jemandem zu entdecken, weil ich glaubte, daß jeder mich verlachen würde, und wohl wußte, daß die mehresten in dem alten deutschen Maler nichts als etwas sehr Steifes und Trockenes erkennen. Ich war indes an dem Tage, da ich jene Bildergalerie gesehen hatte, so voll von diesem neuen Gedanken, daß ich damit einschlief, und mir in der Nacht ein entzückendes Traumgesicht vorkam, welches mich noch fester in meinem Glauben bestärkte. Es dünkte mich nämlich, als wenn ich, nach Mitternacht, von dem Gemach des Schlosses, worin ich schlief, durch die dunklen Säle des Gebäudes, ganz allein mit einer Fackel nach der Bildergalerie zuginge. Als ich an die Tür kam, hörte ich drinnen ein leises Gemurmel; – ich öffnete sie, – und plötzlich fuhr ich zurück, denn der ganze große Saal war von einem seltsamen Lichte erleuchtet, und vor mehreren Gemälden standen ihre ehrwürdigen Meister in leibhafter Gestalt da, und in ihrer alten Tracht, wie ich sie in Bildnissen gesehen hatte. Einer von ihnen, den ich nicht kannte, sagte mir, daß sie manche Nacht vom Himmel herunterstiegen, und hier und dort auf Erden in Bildersälen bei der nächtlichen Stille umherwankten, und die noch immer geliebten Werke ihrer Hand betrachteten. Viele italienische Maler erkannt ich; von Niederländern sah ich sehr wenige. Ehrfurchtsvoll ging ich zwischen ihnen durch; – und siehe! da standen, abgesondert von allen, Raffael und Albrecht Dürer Hand in Hand leibhaftig vor meinen Augen und sahen in freundlicher Ruhe schweigend ihre beisammenhängenden Gemälde an. Den göttlichen Raffael anzureden hatte ich nicht den Mut; eine heimliche ehrerbietige Furcht verschloß mir die Lippen. Aber meinen Albrecht wollte ich soeben begrüßen, und meine Liebe vor ihm ausschütten; – allein in dem Augenblick verwirrte sich mit einem Getöse alles vor meinen Augen, und ich erwachte mit heftiger Bewegung.

Dieses Traumgesicht hatte meinem Gemüt innige Freude gemacht, und diese ward noch vollkommener, als ich bald nachher in dem alten Vasari las, wie die beiden herrlichen Künstler auch bei ihren Lebzeiten wirklich, ohne sich zu kennen, durch ihre Werke, Freunde gewesen, und wie die redlichen und treuen Arbeiten des alten Deutschen vom Raffael mit Wohlgefallen angesehen wären, und er sie seiner Liebe nicht unwert geachtet hätte.

Das aber kann ich freilich nicht verschweigen, daß mir nachher bei den Werken der beiden Maler immer so wie in jenem Traum zumute war, daß ich nämlich bei denen des Albrecht Dürer wohl manchmal mich daran versuchte, ihr echtes Verdienst jemandem zu erklären, und über ihre Vortrefflichkeiten mich in Worte auszubreiten wagte; bei den Werken Raffaels aber immer von der himmlischen Schönheit so erfüllt und bedrängt ward, daß ich nicht wohl darüber reden noch jemandem deutlich auseinandersetzen konnte, woraus mir überall das Göttliche hervorleuchte.

Aber ich will jetzt meine Blicke von dir nicht abwenden, mein Albrecht. Vergleichung ist ein gefährlicher Feind des Genusses; auch die höchste Schönheit der Kunst übt nur dann, wie sie soll, ihre volle Gewalt an uns aus, wenn unser Auge nicht zugleich seitwärts auf andere Schönheit blickt. Der Himmel hat seine Gaben unter die großen Künstler der Erde so verteilet, daß wir durchaus genötiget werden, vor einem jeglichen stillezustehen und jeglichem seinen Anteil unsrer Verehrung zu opfern.

Nicht bloß unter italienischem Himmel, unter majestätischen Kuppeln und korinthischen Säulen; – auch unter Spitzgewölben, kraus verzierten Gebäuden und gotischen Türmen wächst wahre Kunst hervor.
Friede sei mit deinen Gebeinen, mein Albrecht Dürer! und möchtest du wissen, wie ich dich liebhabe, und hören, wie ich unter der heutigen, dir fremden Welt der Herold deines Namens bin. – Gesegnet sei mir deine goldene Zeit, Nürnberg! die einzige Zeit, da Deutschland eine eigene vaterländische Kunst zu haben sich rühmen konnte. – Aber die schönen Zeitalter ziehen über die Erde hinweg und verschwinden, wie glänzende Wolken über das Gewölbe des Himmels wegziehn. Sie sind vorüber, und ihrer wird nicht gedacht; nur wenige rufen sie aus innerer Liebe in ihr Gemüt zurück, aus bestäubten Büchern und bleibenden Werken der Kunst.

Novalis

Über Kunst und Literatur

Die Poesie ist das echt absolut Reelle. Dies ist der Kern meiner Philosophie. Je poetischer, je wahrer.

Tadle nichts Menschliches. Alles ist gut nur nicht überall, nur nicht immer, nur nicht für alle. So mit der Kritik. Bei Beurteilung von Gedichten z. B. nehme man sich in acht mehr zu tadeln, als streng genommen, eigentlicher *Kunstfehler*, Mißton in jeder Verbindung ist. Man weise möglichst genau jedem Gedichte seinen Bezirk an und dies wird Kritik genug für den Wahn ihrer Verfasser sein. Denn nur in dieser Hinsicht sind Gedichte zu beurteilen, ob sie einen weiten oder engen, einen nahen oder entlegnen, einen finstren oder hellen, einen hellen oder dunkeln, erhabnen oder niedrigen Standort haben wollen. So schreibt Schiller für wenige, Goethe für viele. Man ist heutzutage zu wenig darauf bedacht gewesen die Leser anzuweisen, wie das Gedicht gelesen werden muß – unter welchen Umständen es allein gefallen kann. Jedes Gedicht hat seine Verhältnisse zu den mancherlei Lesern und den vielfachen Umständen – Es hat seine eigne Umgebung, seine eigne Welt, seinen eignen Gott.

Wie der Maler mit ganz andern Augen, als der gemeine Mensch die sichtbaren Gegenstände sieht – so erfährt auch der Dichter die Begebenheiten der äußren und innern Welt auf eine sehr verschiedne Weise vom gewöhnlichen Menschen. Nirgends aber ist es auffallender, daß es nur der Geist ist, der die Gegenstände, die Veränderungen des Stoffs poetisiert, und daß das Schöne, der Gegenstand der Kunst uns nicht gegeben wird oder in den Erscheinungen schon fertig liegt – als in der Musik. Alle Töne, die die Natur hervorbringt sind rauh – und geistlos – nur der musikalischen Seele dünkt oft das Rauschen des Waldes – das Pfeifen des Windes, der Gesang der Nachtigall, das Plätschern des Bachs melodisch und bedeutsam. Der Musiker nimmt das Wesen seiner Kunst aus sich – auch nicht der leiseste Verdacht von Nachahmung kann ihn treffen. Dem Maler scheint die sichtbare Natur überall vorzuarbeiten – durchaus sein unerreichbares Muster zu sein – Eigentlich ist aber die Kunst des Malers so unabhängig, so ganz a priori entstanden, als die Kunst des Musikers. Der Maler bedient sich nur einer unendlich schwereren *Zeichensprache*, als der Musiker – der Maler malt eigentlich mit dem Auge – Seine Kunst ist die Kunst regelmäßig, und schön zu sehn. Sehn ist hier ganz aktiv – durchaus bildende Tätigkeit. Sein Bild ist nur seine Chiffer – sein Ausdruck – sein Werkzeug der Reproduktion. Man vergleiche mit dieser künstlichen Chiffer – die *Note*. Die mannigfaltige Bewegung der Finger, der Füße und des Mundes dürfte der Musiker noch eher dem Bilde des Malers entgegenstellen. Der Musiker hört eigentlich auch aktive – Er hört heraus. Freilich ist dieser umgekehrte Gebrauch der Sinne den meisten ein Geheimnis, aber jeder Künstler wird es sich mehr oder minder deutlich bewußt sein. Fast jeder Mensch ist in geringen Grad schon Künstler – Er sieht in der Tat heraus und nicht herein – Er fühlt heraus und nicht herein. Der Hauptunterschied ist der: der Künstler hat den Keim des selbstbildenden Lebens in seinen Organen belebt – die Reizbarkeit derselben *für den Geist* erhöht und ist mithin imstande Ideen

nach Belieben – ohne äußre Sollizitation – durch sie heraus zu strömen – sie, als Werkzeuge, zu *beliebigen* Modifikationen der wirklichen Welt zu gebrauchen – dahingegen sie beim Nichtkünstler nur durch Hinzutritt einer äußren Sollizitation ansprechen und der Geist, wie die träge Materie, unter den Grundgesetzen der Mechanik, daß alle Veränderungen eine äußre Ursache voraussetzen und Wirkung und Gegenwirkung einander jederzeit gleich sein müssen, zu stehn, oder sich diesem Zwang zu unterwerfen scheint. Tröstlich ist es wenigstens zu wissen, daß dieses mechanische Verhalten dem Geiste unnatürlich und wie alle geistige Unnatur, *zeitlich* sei.
Gänzlich richtet sich indes auch bei dem gemeinsten Menschen, der Geist nach den Gesetzen der Mechanik nicht – und es wäre daher auch bei jedem möglich diese höhere Anlage und Fähigkeit des Organs auszubilden.
Um aber auf die Unterschiede der Malerei und Musik zurückzukommen, so ist gleich das auffallend, daß bei der Musik Chiffer, Werkzeug und Stoff getrennt, bei der Malerei aber Eins sind und eben deshalb bei ihr jedes in abstracto so unvollkommen erscheint. So viel, dünkt mich, werde daraus gewiß, daß die Malerei bei weiten *schwieriger*, als die Musik, sei. Daß sie eine Stufe gleichsam dem Heiligtume des Geistes näher, und daher, wenn ich so sagen darf, edler, als die Musik sei, ließe sich wohl gerade aus dem gewöhnlichen enkomischen Argumente der Lobredner der Musik folgern, daß die Musik viel stärkere und allgemeinere Wirkung tue. Diese physische Größe dürfte nicht der Maßstab der intellektuellen Höhe der Künste sein, und eher kontraindizieren. Musik kennen und haben schon die Tiere – von Malerei haben sie aber keine Idee. Die schönste Gegend, das reizendste Bild werden sie eigentlich nicht sehn. Ein gemalter Gegenstand aus dem Kreise ihrer Bekanntschaft betrügt sie nur – Aber, als Bild, haben sie keine Empfindung daran.
Ein guter Schauspieler ist in der Tat ein plastisches und poetisches Instrument. Eine Oper, ein Ballett sind in der Tat plastisch poetische Konzerte – gemeinschaftliche Kunstwerke mehrerer plastischer Instrumente. (Tätiger Sinn des Gefühls. *Poesie.*)

Alles Vollendete spricht sich nicht allein – es spricht eine ganze (mit)verwandte Welt aus. Daher schwebt um das Vollendete jeder Art der Schleier der ewigen Jungfrau – den die leiseste Berührung in magischen Duft auflöst, der zum Wolkenwagen des Sehers wird. Es ist nicht die Antike allein die wir sehn – Sie ist der Himmel, das Fernrohr – und der Fixstern zugleich – und mithin eine echte Offenbarung einer höheren Welt.
Man glaube nur auch nicht allzu steif, daß die Antike und das Vollendete *gemacht* sei – Gemacht, was wir so gemacht nennen. Sie sind so gemacht, wie die Geliebte, durch das verabredete Zeichen des Freundes in der Nacht – wie der Funken durch die Berührung der Leiter – oder der Stern durch die Bewegung im Auge. Gerade so, wie der Stern im *Fernrohr* erscheint und dasselbe durchdringt – eben so eine *himmlische Gestalt* in der Marmorfigur. (Poetische Theorie der Fernröhre – der Stern etc. ist ein spontanes – das Fernrohr oder Auge ein rezeptives Lichtwesen.)
Mit jedem Zuge der Vollendung spricht das Werk vom Meister ab in mehr, als Raumfernen – und so sieht mit dem letzten Zuge der Meister, sein vorgebliches Werk durch eine Gedankenkluft von sich getrennt – deren Weite er selbst kaum faßt – und über die nur die Einbildungskraft, wie der Schatten des Riesen Intelligenz, zu setzen vermag. In dem Augenblicke, als es ganz Sein werden sollte, ward es mehr, als er, sein Schöpfer – er zum unwissenden Organ und Eigentum einer höhern Macht. Der Künstler gehört dem Werke und nicht das Werk dem Künstler.

Goethe ist ganz praktischer Dichter. Er ist in seinen Werken – was der Engländer in seinen Waren ist – höchst einfach, nett, bequem und dauerhaft. Er hat in der deutschen Literatur das getan, was Wedgwood in der englischen Kunstwelt getan hat – Er hat, wie die Engländer, einen natürlich ökonomischen und einen durch Verstand erworbenen edeln Geschmack. Beides verträgt sich sehr gut und hat eine nahe Verwandtschaft, in *chemischen* Sinn. In seinen physikalischen Studien wird es recht klar, daß es seine Neigung ist eher etwas Unbedeutendes ganz fertig zu machen – ihm die höchste Politur und Bequemlichkeit zu geben, als eine Welt anzufangen und etwas zu tun, wovon man vorauswissen kann, daß man es nicht vollkommen ausführen wird, daß es gewiß ungeschickt bleibt, und daß man es nie darin zu einer meisterhaften Fertigkeit bringt. Auch in diesem Felde wählt er einen romantischen oder sonst artig verschlungnen Gegenstand. Seine Betrachtungen des Lichts, der Verwandlung der Pflanzen und der Insekten sind Bestätigungen und zugleich die überzeugendsten Beweise, daß auch der vollkommne Lehrvortrag in das Gebiet des Künstlers gehört. Auch dürfte man im gewissen Sinn mit Recht behaupten, daß Goethe der erste Physiker seiner Zeit sei – und in der Tat Epoche in der Geschichte der Physik mache. Vom Umfang der Kenntnisse kann hier nicht die Rede sein, so wenig auch Entdeckungen den Rang des Naturforschers bestimmen dürften. Hier kommt es darauf an, ob man die Natur, wie ein Künstler die Antike, betrachtet – denn ist die Natur etwas anders, als eine lebende Antike. Natur und Natureinsicht entstehn zugleich, wie Antike, und Antikenkenntnis; denn man irrt sehr, wenn man glaubt, daß es Antiken gibt. Erst jetzt fängt die Antike an zu entstehen. Sie wird unter den Augen und der Seele des Künstlers. Die Reste des Altertums sind nur die spezifischen Reize zur Bildung der Antike. Nicht mit Händen wird die Antike gemacht. Der Geist bringt sie durch das Auge hervor – und der gehaune Stein ist nur der Körper, der erst durch sie Bedeutung erhält, und zur Erscheinung derselben wird. Wie der Physiker Goethe sich zu den übrigen Physikern verhält, so der Dichter zu den übrigen Dichtern. An Umfang, Mannigfaltigkeit und Tiefsinn wird er hie und da übertroffen, aber an Bildungskunst, wer dürfte sich ihm gleichstellen? Bei ihm ist alles Tat – wie bei andern alles Tendenz nur ist. Er macht wirklich etwas, während andre nur etwas möglich – oder notwendig machen. Notwendige und mögliche Schöpfer sind wir alle – aber wie wenig wirkliche. Der Philosoph der Schule würde dies vielleicht aktiven Empirismus nennen. Wir wollen uns begnügen Goethens Künstlertalent zu betrachten und noch einen Blick auf seinen Verstand werfen. An ihm kann man die Gabe zu abstrahieren in einem neuen Lichte kennenlernen. Er abstrahiert mit einer seltnen Genauigkeit, aber nie ohne das Objekt zugleich zu konstruieren, dem die Abstraktion entspricht. Dies ist nichts, als angewandte Philosophie – und so fänden wir ihn am Ende zu unserm nicht geringen Erstaunen auch als anwendenden, praktischen Philosophen, wie denn jeder echte Künstler von jeher nichts anders war. Auch der *reine* Philosoph wird praktisch sein, wenngleich der anwendende Philosoph sich nicht mit reiner Philosophie abzugeben braucht – denn dies ist eine Kunst für sich. (Goethens Meister.) Der Sitz der eigentlichen Kunst ist lediglich im Verstande. Dieser konstruiert nach einem eigentümlichen Begriff. Fantasie, Witz und Urteilskraft werden nur von ihm requiriert. So ist Wilhelm Meister ganz ein Kunstprodukt – ein Werk des Verstandes. Aus diesem Gesichtspunkt sieht man manche sehr mittelmäßige Werke im Kunstsaal – hingegen die meisten vortrefflich geachteten Schriften davon ausgeschlossen. Die Italiener und Spanier haben bei weiten häufigeres Kunsttalent, als wir. Auch selbst den Franzosen fehlt's nicht daran – die Engländer haben schon weit weniger und ähneln hierin uns, die ebenfalls äußerst selten *Kunsttalent* besitzen – wenngleich unter allen Nationen am reichhaltigsten und besten mit jenen Fähigkeiten versehn sind – die der Verstand bei seinen Werken anstellt. Dieser Überfluß an Kunstrequisiten macht freilich die wenigen Künstler unter uns so einzig – so hervorragend, und wir können sichre Rechnung machen, daß unter uns die herrlichsten Kunstwerke entstehn werden, denn in energischer Universalität kann keine Nation gegen uns auftreten. Wenn ich die neuesten Freunde der Literatur des Altertums recht verstehe, so haben sie mit ihrer Foderung, die klassischen Schriftsteller nachzuahmen nichts anders im Sinn, als uns zu Künstlern zu bilden – Kunsttalent in uns zu erwecken. Keine moderne Nation hat den Kunstverstand in so hohen Grad gehabt, als die Alten. Alles ist bei ihnen Kunstwerk – aber vielleicht dürfte man nicht zu viel sagen, wenn man annähme, daß sie es erst für uns sind, oder werden können. Der klassischen Literatur geht es, wie der Antike; sie ist uns eigentlich nicht gegeben – sie ist nicht vorhanden – sondern sie soll von uns erst hervorgebracht werden. Durch fleißiges und geistvolles Studium der Alten entsteht erst eine klassische Literatur für uns – die die Alten selbst nicht hatten. Die Alten würden sich eine umgekehrte Aufgabe nehmen müssen – denn der bloße Künstler ist ein einseitiger, beschränkter Mensch. An Strenge steht Goethe wohl den Alten nach – aber er übertrifft sie an Gehalt – welches Verdienst jedoch nicht das seinige ist. Sein Meister kommt ihnen nah genug – denn wie sehr ist er Roman schlechtweg, ohne Beiwort – und wie viel ist das in dieser Zeit! Goethe wird und muß übertroffen werden – aber nur wie die Alten übertroffen werden können, an Gehalt und Kraft, an Mannigfaltigkeit und Tiefsinn – als Künstler eigentlich nicht – oder doch nur um sehr wenig, denn seine Richtigkeit und Strenge ist vielleicht schon musterhafter, als es scheint.

Über Wilhelm Meister. Gespräch, Beschreibung und Reflexion wechseln im Meister miteinander ab. Das Gespräch ist der vorwaltende Bestandteil. Am wenigsten kommt die bloße Reflexion vor. Oft ist die Erzählung und Reflexion verwebt – oft die Beschreibung und das Gespräch. Das Gespräch bereitet die Erzählung vor – meistens aber die Erzählung das Gespräch. *Schilderung* der Charaktere, oder Raisonnement über die Charaktere wechselt mit Tatsachen ab. So ist das ganze Raisonnement von Tatsachen begleitet – die dasselbe bestätigen, widerlegen, oder beides nur zum Schein tun.
Der Text ist nie übereilt – Tatsachen und Meinungen werden beide genau bestimmt in der gehörigen Folge vorgetragen. Die retardierende Natur des Romans zeigt sich vorzüglich im Stil. Die Philosophie und Moral des Romans sind *romantisch*. Das Gemeinste wird wie das Wichtigste, mit romantischer Ironie angesehn und dargestellt. Die *Verweilung* ist überall dieselbe. Die Akzente sind nicht logisch sondern (metrisch und) melodisch – wodurch eben jene wunderbare romantische Ordnung entsteht – die keinen Bedacht

(Über die Metrik der Alten – ihre Akzente.)
(Akzente sind höhere Vokale.)

auf Rang und Wert, Erstheit und Letztheit – Größe und Kleinheit nimmt. Die Beiwörter gehören zur Umständlichkeit – in ihrer geschickten Auswahl und ihrer ökonomischen Verteilung zeigt sich der poetische Takt. Ihre Auswahl wird durch die Idee des Dichterwerks bestimmt.
Das erste Buch im Meister zeigt, wie angenehm sich auch gemeine, alltägliche Begebenheiten hören lassen, wenn sie gefällig moduliert vorgetragen werden, wenn sie in eine ge-

bildete, geläufige Sprache, einfach gekleidet mäßigen Schritts vorübergehn. Ein ähnliches Vergnügen gewährt ein Nachmittag unterwegs im Schoß einer Familie zugebracht, die ohne ausgezeichnete Menschen in sich zu schließen, ohne eine ausgesucht reizende Umgebung zu haben – doch durch die Nettigkeit und Ordnung ihres Hauswesens, durch die zusammenstimmende Tätigkeit ihrer mäßigen Talente und Einsichten und die zweckmäßige Benutzung und Ausfüllung ihrer Sphäre und Zeit ein gern zurückgerufenes Andenken hinterläßt.

Gegen Wilhelm Meisters Lehrjahre. Es ist im Grunde ein fatales und albernes Buch – so prätentiös und pretiös – undichterisch im höchsten Grade, was den Geist betrifft – so poetisch auch die Darstellung ist. Es ist eine Satyre auf die Poesie, Religion etc. Aus Stroh und Hobelspänen ein wohlschmeckendes Gericht, ein Götterbild zusammengesetzt. Hinten wird alles Farce. Die ökonomische Natur ist die wahre – *übrig bleibende.*
Goethe hat auf alle Fälle einen widerstrebenden Stoff behandelt. *Poetische Maschinerie.*
Friedrich verdrängt Meister von der Philine und drängt ihn zur Natalie hin.
Die Bekenntnisse sind eine Beruhigung des Lesers – nach dem Feuer, Wahnsinn und wilden Erscheinungen der ersten Hälfte des dritten Teils.
Das viele Intrigieren und Schwatzen und Repräsentieren am Schluß des 4ten Buchs verrät das vornehme Schloß und das Weiberregiment – und erregt eine ärgerliche Peinlichkeit.
Der Abbé ist ein fataler Kerl, dessen geheime Oberaufsicht lästig und lächerlich wird. Der Turm in Lotharios *Schlosse* ist ein großer Widerspruch mit *demselben.*
Die Freude, daß es nun aus ist, empfindet man am Schlusse im vollen Maße.
Das Ganze ist ein nobilitierter Roman.
Wilhelm Meisters Lehrjahre, oder die Wallfahrt nach dem Adelsdiplom.
Wilhelm Meister ist eigentlich ein Candide, gegen die Poesie gerichtet.
Die Poesie ist der Arlequin in der ganzen Farce. Im Grunde kommt der Adel dadurch schlecht weg, daß er ihn zur Poe-

sie rechnet, und die Poesie, daß er sie vom Adel repräsentieren läßt.
Er macht die Musen zu Komödiantinnen, anstatt die Komödiantinnen zu Musen zu machen. Es ist ordentlich tragisch, daß er den Shakespeare in diese Gesellschaft bringt.
Aventuriers, Komödianten, Mätressen, Krämer und Philister sind die Bestandteile des Romans. Wer ihn recht zu Herzen nimmt, liest keinen Roman mehr.
Der Held retardiert das Eindringen des Evangeliums der Ökonomie. Marionettentheater im Anfang. Der Schluß ist, wie die letzten Stunden im Park der schönen Lili.
Wilhelm Meisters Lehrjahre sind gewissermaßen durchaus *prosaisch* – und modern. Das Romantische geht darin zugrunde – auch die Naturpoesie, das Wunderbare – Er handelt bloß von gewöhnlichen *menschlichen* Dingen – die Natur und der Mystizism sind ganz vergessen. Er ist eine poetisierte bürgerliche und häusliche Geschichte. Das Wunderbare darin wird ausdrücklich, als Poesie und Schwärmerei, behandelt. Künstlerischer Atheismus ist der Geist des Buchs.
Sehr viel Ökonomie – mit prosaischen, wohlfeilen Stoff ein poetischer Effekt erreicht.

MUSIK. Die Konsonanten sind die Fingersetzungen und ihre Folge und Abwechselung gehört zur *Applikatur*. Die Vokale sind die tönenden Saiten, oder *Luftstäbe*. Die Lunge ist der *bewegte Bogen*.
Die mehreren Saiten auf einem Instrument sind nur zur Bequemlichkeit – es sind Abbreviaturen. Es ist eigentlich nur *Eine Saite*. Die Orgeln sind Nachahmungen der Saiteninstrumente. Über den *charakterisierenden* Ton der Saite – der Grund dieser Individualität – Masse – *Länge* – Dicke etc. Über die *Mittönungen*. Tonreihe jedes Saitenstrichs. *Dauer des Strichs – Ansetzpunkt des Bogens*. Steg. Bau *des Instruments*. Harmonika. Euphonie. Über den Glockenton. Theorie des Harmonikaspielens. Die tastierte Harmonika.
Warum die Wellen und Ströme des Wassers nicht *tönen*? Akustizität der Luft. *Schwingungen einer mit Elektrizität geladenen Glocke*.
Über die allgemeine *Sprache* der Musik. Der Geist wird frei, *unbestimmt* angeregt – das tut ihm so wohl – das dünkt ihm so bekannt, so vaterländisch – er ist auf diese kurzen Augen-

blicke in seiner indischen Heimat. Alles Liebe – und Gute, Zukunft und Vergangenheit regt sich in ihm – Hoffnung und Sehnsucht. Versuch *bestimmt* durch die Musik zu sprechen. Unsre Sprache – sie war zu Anfang viel musikalischer und hat sich nur nachgerade so prosaisiert – so *enttönt*. Es ist jetzt mehr *Schallen* geworden – *Laut*, wenn man dieses schöne Wort so erniedrigen will. Sie muß wieder *Gesang* werden. Die *Konsonanten* verwandeln den *Ton in Schall.*

MUSIKALISCHE MATHEMATIK. Hat die Musik nicht etwas von der Kombinatorischen Analysis und umgekehrt. Zahlenharmonien – Zahlenakustik – gehört zur Kombinatorischen Analysis.
Die Zähler sind die mathematischen Vokale – alle Zahlen sind *Zähler*.
Die Kombinatorische Analysis führt auf das Zahlenfantasieren – und lehrt die *Zahlenkompositionskunst* – den mathematischen Generalbaß. (Pythagoras, Leibniz.) Die Sprache ist ein musikalisches Ideeninstrument. Der Dichter, Rhetor und Philosoph *spielen* und komponieren grammatisch. Eine Fuge ist durchaus *logisch* oder wissenschaftlich – Sie kann auch poetisch behandelt werden.
Der Generalbaß enthält die musikalische Algeber und Analysis. Die Kombinatorische Analysis ist die kritische Algeber und Analysis – und die musikalische Kompositionslehre verhält sich zum *Generalbaß* wie die Kombinatorische Analysis zur einfachen Analysis.
Manche mathematische Aufgabe läßt sich nicht einzeln, sondern nur in Verbindung mit andern – aus einem höhern Gesichtspunkte – durch eine kombinatorische Operation bloß auflösen.

Achim von Arnim

Mir ist zu licht zum Schlafen

Mir ist zu licht zum Schlafen,
Der Tag bricht in die Nacht,
Die Seele ruht im Hafen,
Ich bin so froh verwacht.

Ich hauchte meine Seele
Im ersten Kusse aus,
Was ist's, daß ich mich quäle,
Ob sie auch fand ein Haus.

Sie hat es wohl gefunden,
Auf ihren Lippen schön,
O welche selge Stunden,
Wie ist mir so geschehn.

Was soll ich nun noch sehen,
Ach alles ist in ihr,
Was fühlen, was erflehen,
Es ward ja alles mir.

Ich habe was zu sinnen,
Ich hab, was mich beglückt,
In allen meinen Sinnen
Bin ich von ihr entzückt.

Franz Grillparzer

Rede am Grabe Beethovens

Indem wir hier an dem Grabe dieses Verblichenen stehen, sind wir gleichsam die Repräsentanten einer ganzen Nation, des deutschen gesamten Volkes, trauernd über den Fall der einen, hochgefeierten Hälfte dessen, was uns übrigblieb von dem dahingeschwundenen Glanz heimischer Kunst, vaterländischer Geistesblüte. Noch lebt zwar – und möge er lange leben! – der Held des Sanges in deutscher Sprach und Zunge; aber der letzte Meister des tönenden Liedes, der Tonkunst holder Mund, der Erbe und Erweiterer von Händel und Bachs, von Haydn und Mozarts unsterblichem Ruhme hat ausgelebt, und wir stehen weinend an den zerrissenen Saiten des verklungenen Spiels.
Des verklungenen Spiels! Laßt mich so ihn nennen! Denn ein Künstler war er, und was er war, war er nur durch die Kunst. Des Lebens Stacheln hatten ihn tief verwundet, und

wie der Schiffbrüchige das Ufer umklammert, so floh er in deinen Arm, o du des Guten und Wahren gleich herrliche Schwester, des Leides Trösterin, von Oben stammende Kunst! Fest hielt er an dir, und selbst als die Pforte geschlossen war, durch die du eingetreten bei ihm, und sprachst zu ihm; als er blind geworden war für deine Züge, durch sein taubes Ohr, trug er noch immer dein Bild im Herzen, und als er starb, lag's noch auf seiner Brust.
Ein Künstler war er, und wer steht auf neben ihm? Wie der Behemoth die Meere durchstürmt, durchflog er die Grenzen seiner Kunst. Vom Girren der Taube bis zum Rollen des Donners, von der spitzfindigsten Verwebung eigensinniger Kunstmittel, bis zu dem furchtbaren Punkte, wo das Gebildete übergeht in die regellose Willkür streitender Naturgewalten, alles hatte er durchmessen, alles erfaßt. Der nach ihm kommt, wird nicht fortsetzen, er wird *anfangen* müssen, denn sein Vorgänger hörte nur auf, wo die Kunst aufhört. Adelaide und Leonore, Feier der Helden von Vittoria! und des Meßopfers gläubiges Lied! Kinder ihr der drei- und viergeteilten Stimmen! Brausende Symphonie! «Freude schöner Götterfunken», du Schwanengesang! Muse des Liedes und des Saitenspiels! stellt euch rings um sein Grab, und bestreut's mit Lorbeern.
Ein Künstler war er, aber auch ein Mensch. Mensch in des Worts vollkommenster Bedeutung. Weil er von der Welt sich abschloß, nannten sie ihn feindselig und weil er der Empfindung aus dem Wege ging, gefühllos. Ach, wer sich *hart* weiß, der flieht nicht! Gerade das *Übermaß* der Empfindung weicht der Empfindung aus! – Wenn er die Welt floh, so war's, weil er in den Tiefen seines liebenden Gemütes keine Waffe fand, sich ihr zu widersetzen; wenn er sich den Menschen entzog, so geschah's, nachdem er ihnen alles gegeben und nichts zurückempfangen hatte. Er blieb einsam, weil er kein Zweites fand! – Aber bis zum Tode bewahrte er ein menschliches Herz allen Menschen, ein väterliches den Seinen, Gut und Blut aller Welt!
So war er, so starb er, so wird er leben für alle Zeiten.
Ihr aber, die ihr unserm Geleite gefolgt bis hieher, gebietet eurem Schmerz! Nicht verloren habt ihr ihn, ihr habt ihn gewonnen. Erst wenn die Pforte des Lebens hinter uns sich schließt, springen auf die Pforten zum Tempel der Unsterb-

lichkeit. Dort steht er nun bei den Großen aller Zeiten unantastbar, für immer. Darum scheidet, trauernd, aber gefaßt von seiner Ruhestätte, und wenn euch je im Leben wie der kommende Sturm die Gewalt seiner Schöpfungen übermannt, wenn eure Tränen fließen in der Mitte eines jetzt noch ungeborenen Geschlechts, so erinnert euch dieser Stunde und denkt: wir waren dabei, als sie ihn begruben, und als er starb, haben wir geweint.

Johann Gottlieb Fichte

Zum ewigen Frieden

EIN PHILOSOPHISCHER ENTWURF VON IMMANUEL KANT

Der Name des großen Verf., das Interesse für die gegenwärtigen und nächstkünftige politische Ereignisse, die Parteilichkeit für oder wider gewisse Beurteilungen derselben, die Begierde zu wissen, wie dieser große Mann sie ansehen möge, und wer weiß, welche Gründe noch – haben ohne Zweifel diese Schrift schon längst in die Hände aller, die die Lektüre lieben, gebracht, und unsre Anzeige käme für die meisten Leser dieses Journals wohl zu spät, wenn sie dieselben erst mit ihrer Existenz bekannt machen wollte. Aber gerade diese Beziehung derselben auf das Interesse des Tages, die Leichtigkeit und Annehmlichkeit des Vortrags, und die anspruchslose Weise, mit welcher die in ihr vorgetragnen erhabenen allumfassenden Ideen hingelegt werden, dürfte mehrere verleiten, derselben nicht die Wichtigkeit beizumessen, die sie unsers Erachtens hat, und die Hauptidee derselben für nicht viel mehr anzusehen, als für einen frommen Wunsch, einen unmaßgeblichen Vorschlag, einen schönen Traum, der allenfalls dazu dienen möge, menschenfreundliche Gemüter einige Augenblicke angenehm zu unterhalten. Es sei uns erlaubt, auf die entgegengesetzte Meinung aufmerksam zu machen, daß diese Hauptidee doch wohl noch etwas mehr sein möge, daß sich vielleicht von ihr ebenso streng, als von andern ursprünglichen Anlagen erweisen lasse, daß sie im Wesen der Vernunft liege, daß die Vernunft schlechthin ihre Realisation fodere, und daß sie sonach auch unter die zwar aufzuhaltenden, aber nicht zu vernichtenden Zwecke der Natur gehöre. Auch sei es uns erlaubt, anzumerken, daß diese Schrift, wenn auch nicht durchgängig die Gründe, doch zum wenigsten die Resultate der Kantischen Rechtsphilosophie vollständig enthält, und sonach auch in wissenschaftlicher Rücksicht äußerst wichtig ist.

Erster Abschnitt. Präliminarartikel zum ewigen Frieden unter Staaten. 1) «Es solle kein Friedensschluß für einen solchen gelten, der mit dem geheimen Vorbehalt des Stoffs zu einem künftigen Kriege gemacht worden»; in welchem der schon bekannte oder unbekannte Grund eines künftigen Krieges, nicht zugleich mit aufgehoben werde. Außerdem wäre kein Friede sondern nur ein Waffenstillstand geschlossen, sagt Kant. Es liegt im Begriff des *Friedens.* Durch ihn versetzen sich, glaubt Rez., die Kontrahierenden, so gewiß sie kontrahieren, überhaupt in ein rechtliches Verhältnis gegeneinander, und vertragen sich nicht nur über das bis jetzo streitige, sondern über alle Rechte, die zur Zeit des Friedensschlusses ein jeder sich zuschreibt. Wogegen nicht ausdrücklich Einspruch geschieht (wodurch aber der Friede aufgehoben würde), das gestehen die Parteien einander stillschweigend zu. 2) «Es solle kein für sich bestehender Staat (klein oder groß, das gelte hier gleichviel) von einem andern Staate durch Erbung, Tausch, Kauf oder Schenkung, erworben werden können»; – weil es, so wie die Verdingung der Truppen eines Staats an den andern, überhaupt gegen den Staatsvertrag laufe, wie *an sich* klar ist: In Beziehung auf den beabzweckten ewigen Frieden; weil dies eine notwendige Quelle vieler Kriege gewesen sei, und fortdauernd sein werde. 3) «Stehende Heere sollen mit der Zeit ganz aufhören»; – weil sie beständig mit Krieg drohen, und die Errichtung, Vermehrung, Erhaltung derselben oft selbst eine Ursache des Kriegs werde. 4) «Es sollen keine Staatsschulden in Beziehung auf äußere Staatshändel gemacht werden»; – als *Erleichterungsmittel der Kriege* zu verbieten, wie die stehenden Heere, – auch um des möglichen und zu seiner Zeit unvermeidlichen Staatsbankerotts willen. 5) «Kein Staat solle sich in die Verfassung und Regierung eines andern Staats gewalttätig einmischen»; – nicht etwa unter dem Vorwande des Skandals. Es sei allemal scandalum accentum, und die fremde Einmischung selbst ein großes Skandal. 6) «Es solle sich kein Staat im Kriege mit einem andern Feindseligkeiten erlauben, welche das wechselseitige Zutrauen im künftigen Frieden unmöglich machen müssen: als da sind, *Anstellung der Meuchelmörder, Giftmischer, Brechung der Kapitulation, Anstiftung des Verrats,* in dem bekriegten Staat» ec. ec. – weil dadurch der Friede unmöglich, und ein bellum internecinum herbeigeführt würde.

Beiläufig wird aufmerksam gemacht auf den Begriff einer lex permissiva. Sie ist nur möglich dadurch, daß das Gesetz auf gewisse Fälle nicht gehe, – woraus man, wie Rez. glaubt, hätte ersehen mögen, daß das Sittengesetz, dieser *kategorische* Imperativ, *nicht* die Quelle des Naturrechts sein könne, da er ohne Ausnahme und unbedingt gebietet: das letztere aber nur *Rechte* gibt, deren man sich bedienen kann, oder auch nicht. Es ist hier nicht der Ort, sich weiter darüber auszulassen.

Zweiter Abschnitt, welcher die Definitivartikel zum ewigen Frieden unter Staaten enthält. – Alles ist aufgebaut auf die Sätze, die Kant schon ehemals aufgestellt, die nicht geringen Anstoß erregt haben, und deren Prämissen auch hier nicht weiter als durch Winke angedeutet sind: *«Alle Menschen, die aufeinander wechselseitig einfließen können, müssen zu irgendeiner bürgerlichen Verfassung gehören.»* – «Jeder hat das Recht, den andern, den er dazu aufgefordert hat, feindlich zu behandeln; auch ohne daß derselbe ihn vorher beleidigt.» Es sei dem Rez. – der, bei seinen Untersuchungen über das Naturrecht, aus Prinzipien, die von den bis jetzt bekannten Kantischen unabhängig sind, auf diese und auf die tiefer unten folgende Kantische Resultate gekommen, und den Beweis derselben gefunden, auch sie öffentlich vorgetragen hat, ehe dieses Buch in seine Hände gekommen – erlaubt, einige Worte hinzuzusetzen, um vorläufig die Befremdung, die bei der herrschenden Denkart diese Sätze erregen müssen, ein wenig zu mildern. – Nur inwiefern Menschen in Beziehung aufeinander gedacht werden, kann von Rechten die Rede sein, und außer einer solchen Beziehung, die sich aber dem Mechanism des menschlichen Geistes zufolge von selbst und unvermerkt findet, weil die Menschen gar nicht isoliert sein können, und kein Mensch möglich ist, wenn nicht mehrere beieinander sind, ist ein Recht nichts. Wie können freie Wesen, als solche, beieinander bestehen? ist die oberste Rechtsfrage; und die Antwort darauf: wenn jeder seine Freiheit so beschränkt, daß neben ihr die der andern auch bestehen kann. Die Gültigkeit dieses Gesetzes ist sonach bedingt, durch den Begriff einer Gemeinschaft freier Wesen; sie fällt weg, wo diese nicht möglich ist, sie fällt weg gegen jeden, der in eine solche Gemeinschaft nicht paßt, und es paßt keiner hinein, der sich diesem Gesetze nicht unterwirft. Ein solcher hat mithin gar keine Rechte, er ist rechtlos. – Solange Menschen nebeneinander leben, ohne anders, als vermittelst der gegenseitigen Erkenntnis aufeinander einzufließen, ist es von beiden problematisch, ob sie jenem Gesetze sich im Herzen unterwerfen, oder nicht. Da jeder von dem andern ebensowohl das letztere annehmen kann, als das erstere, so kann er vor demselben nie sicher sein; auch schon darum nicht, weil der andere ebensowenig weiß, ob er sich dem Gesetze unterwerfe, und demzufolge Rechte habe, oder rechtlos sei. Es muß jedem Angelegenheit sein, dem andern seine Anerkenntnis des Rechtsgesetzes zu erklären, sich von seiner Seite die seinige von ihm zusichern, und, da keiner dem andern vertrauen kann, sie sich von ihm *garantieren* zu lassen, welches lediglich durch die Vereinigung mit einem gemeinen Wesen möglich ist, in welchem jeder durch Zwang verhindert wird, das Recht zu verletzen. Wer diesen Vorschlag nicht annimmt, erklärt dadurch, daß er dem Rechtsgesetz sich nicht unterwerfe, und wird völlig rechtlos.

«Alle rechtliche Verfassung ist sonach, nach Kant, in Absicht der Personen, die darin stehen, 1) die nach dem *Staatsbürgerrecht* der Menschen in einem Volk (jus civitatis); 2) nach dem *Völkerrecht* der Staaten im Verhältnis gegeneinander (jus gentium); 3) die nach dem *Weltbürgerrecht*, sofern Menschen und Staaten, in äußerem aufeinander einfließendem Verhältnis stehend, als Bürger eines allgemeinen Menschenstaats anzusehen sind (jus cosmopoliticum).»

Es gibt sonach, wie jeder daraus leicht folgern kann, nach Kants Lehre gar kein eigentliches Naturrecht, kein rechtliches Verhältnis der Menschen, außer unter einem positiven Gesetze, und einer Obrigkeit; und der Stand im Staate ist der einzige wahre Naturstand des Menschen: – alles Behauptungen, die sich unwidersprechlich dartun lassen, wenn man den Rechtsbegriff richtig deduziert.

Erster Definitivartikel. «Die bürgerliche Verfassung in jedem Staat soll republikanisch sein.» – Diese Verfassung sei die einzig rechtliche an sich, dem Staatsbürgerrechte nach, und führe den ewigen Frieden herbei, der durch das Völkerrecht gefodert werde: indem nicht zu erwarten sei, daß die Bürger über sich selbst die Drangsale des Krieges beschließen werden, die ein Monarch, ohne für sich das geringste dabei zu verlieren, so leicht über sie beschließt. Die *Republik* sei von der *Demokratie* wohl zu unterscheiden. Die letztere sei diejenige Verfassung, in welcher das Volk in eigner Person die exekutive Gewalt ausübt, mithin immer Richter in seiner eignen Sache ist, welches eine offenbar unrechtmäßige Regierungsform sei: der Republikanism diejenige, in welcher die legislative und exekutive Macht getrennt (ob nun die letztere an Eine Person, oder an mehrere übertragen), mithin das Repräsentationssystem eingeführt sei.

Dem Rez. hat diese vorgeschlagene Trennung der legislativen von der exekutiven Macht immer nicht bestimmt genug, wenigstens manchen Mißdeutungen ausgesetzt, geschienen. Er glaubt, daß diejenige Macht, die der exekutiven entgegenzusetzen ist, einer nähern Bestimmung fähig sei. Er hat, wenn es ihm erlaubt ist, seine Darstellung der Kantischen hinzuzufügen, die Sache so gefunden: – Das höchste Rechtsgesetz ist durch die reine Vernunft gegeben: Jeder beschränke seine Freiheit so, daß neben ihm alle übrigen auch frei sein können. *Wie weit* eines jeden Freiheit gehen solle, d. h. über das Eigentum im allerweitesten Sinne des Worts, müssen die Kontrahierenden sich vergleichen. Das Gesetz ist nur *formal, daß* jeder seine Freiheit beschränken soll, aber nicht *material, wie weit* sie jeder beschränken solle. Hierüber müssen sie sich vereinigen. Aber daß überhaupt jeder darüber etwas deklariere, fodert das Gesetz. Die höchste Formel für alle mögliche Strafgesetze ist durch reine Vernunft gleichfalls gegeben: jeder muß von seiner Freiheit gerade so viel wagen, als er die des andern zu beeinträchtigen versucht ist. Die Menge der Menschen, die sich im Staate vereinigen, der Bezirk, den sie einnehmen, und die Nahrungszweige, die sie bearbeiten, gibt also immer das positive Gesetz für den Staat, den sie errichten; und jeder kann ihnen ihr bestimmtes positives Gesetz aufstellen, dem man nur jene Data gibt. Alle, so wie sie in diesen bestimmten Staat treten wollen, sind verbunden, dieses bestimmte Gesetz anzuerkennen, und es bedarf da keiner Sammlung der Stimmen. Jeder hat nur zu sagen: ich will in diesen Staat treten; und er sagt damit alles. Die Gemeine darf das Zwangsrecht nicht unmittelbar durch sich selbst ausüben, denn sie würde dadurch Richter in ihrer eignen Sache, welches nie erlaubt ist. Sie muß sonach die Ausübung desselben, es sei einem einzelnen oder einem ganzen Corps übertragen, und wird durch diese Absonderung erst *Volk* (plebs). Dieses gewalthabende Corps kann zu nichts verbunden werden, als nur schlechtweg was Rechtens ist in Ausübung zu bringen. *Dafür ist es verantwortlich,* und die allgemeinen und besondern Anwendungen der Regel des Rechts auf bestimmte Fälle bleiben ihm sonach billigerweise überlassen. Es ist inappelabel; alle Privatpersonen sind ihm ohne Einschränkung unterworfen, und jede Widersetzlichkeit gegen dasselbe ist Rebellion. Wie es das Recht verwalte, darüber ist nur das Volk Richter, und es muß das Urteil hierüber sich schlechthin vorbehalten. Aber solange jenes Corps im Besitz seiner Gewalt ist, gibt es kein Volk, sondern nur einen Haufen von Untertanen; und kein einzelner kann sagen: das Volk soll sich als Volk erklären; ohne sich der Rebellion schuldig zu machen, und die exekutive Gewalt wird das nie sagen: das Volk könnte nur sich selbst konstituieren, aber es kann sich nicht konstituieren, wenn es nicht *ist.* Es müßte sonach der exekutiven Gewalt ein andrer Magistrat, ein *Ephorat* an die Seite gesetzt werden, der – sie nicht *richtete,* – aber, wo er Freiheit und Recht in Gefahr glaubte, immer auf seine eigne Verantwortung, *das Volk zum Gericht über sie beriefe.*

Zweiter Definitivartikel: «Das Völkerrecht solle auf einem *Föderalism* freier Staaten gegründet sein.» – Es gibt kein Völkerrecht zum Kriege. Recht ist Friede. Der Krieg ist überhaupt kein rechtlicher Zustand, wäre dieser zu erhalten, so wäre kein Krieg. – Wir begnügen uns auch nur mit Winken dies anzuzeigen, wie Kant. Es hat wohl nie eine ungereimtere Zusammensetzung gegeben, als die eines *Kriegsrechts.*

Es könne für Staaten, um in Beziehung aufeinander aus dem gesetzlosen Zustande des Krieges herauszugehen, kein anderes Mittel geben, als dasselbe, welches es für einzelne gibt, daß sie sich, so wie diese zu einem Bürgerstaate, sie zu einem Völkerstaate vereinigen, in welchem ihre Streitigkeiten untereinander nach positiven Gesetzen entschieden werden. – Dies ist allerdings die Entscheidung der reinen Vernunft, und der von Kant vorgeschlagene Völkerbund zur Erhaltung des Friedens ist lediglich ein Mittelzustand, durch welchen die Menschheit zu jenem großen Ziele wohl dürfte hindurchgehen müssen; so wie ohne Zweifel die Staaten auch erst durch Schutzbündnisse einzelner Personen unter sich entstanden sind.

Dritter Definitivartikel. «Das *Weltbürgerrecht* solle auf Bedingungen der allgemeinen *Hospitalität* eingeschränkt sein»; – d. h. auf das Recht jedes Menschen, um seiner bloßen Ankunft willen auf den Boden eines andern Staats, nicht feindselig behandelt zu werden; wozu nach den Grundsätzen des bloßen Staatsrechts der Staat allerdings das vollkommenste Recht hätte.

Zusatz. Von der Garantie des ewigen Friedens. – Wenn sich nun gleich zeigen läßt (wie es sich zeigen läßt), daß die Idee des ewigen Friedens, als Aufgabe, in der reinen Vernunft läge, wer steht uns denn dafür, daß sie mehr als ein bloßer Begriff werden, daß sie in der Sinnenwelt werde realisiert werden? Die Natur selbst, antwortet Kant, durch die nach ihrem Mechanism geordnete Verbindung der Dinge. Nach den drei Arten des rechtlichen Verhältnisses, hatte die Natur dreierlei Zwecke sich vorzusetzen.

Zuvörderst, nach dem Postulate des Staats-Bürgerrechts, den: die einzelnen zur Vereinigung in Staaten zu treiben. Würde auch nicht die innere Mißhelligkeit, so würde doch der Krieg von außen, der gleichfalls in dem Plane der Natur lag, die Menschen genötiget haben, ihre Macht zu vereinigen. Daß die Form dieser Vereinigung der allein recht- und vernunftmäßigen sich immer mehr nähere, dafür ist durch das Allgemeindrückende der Ungerechtigkeit und Gewalttätigkeit gesorgt, so daß die Menschen endlich durch ihren eignen Vorteil werden gezwungen werden, zu tun, was Rechtens ist.

Dann, nach dem Postulate eines Völkerrechts, den: die Völker voneinander abzusondern, welches durch die Verschiedenheit der Sprachen und Religionen befördert wurde, wodurch zwar anfangs der Krieg erzeugt, endlich aber doch durch das entstandene Gleichgewicht ein beständiger Friede hervorgebracht werden muß; wozu *drittens* der Handelsgeist, der auf den Eigennutz eine Sicherheit gründet, die das Weltbürgerrecht schwerlich hervorgebracht haben würde, beiträgt.

Es sei dem Rez. erlaubt zur Erläuterung hinzuzusetzen, wie er selbst die Sache ansieht. – Die allgemeine Unsicherheit, welche jede rechtswidrige Konstitution mit sich führt, ist allerdings so drückend, daß man glauben sollte, die Menschen müßten schon längst durch ihren eignen Vorteil, welcher allein die Triebfeder zur Errichtung einer rechtmäßigen Staatsverfassung sein kann, bewogen worden sein, eine solche zu errichten. Dies ist bisher nicht geschehen; die Vorteile der Unordnung müssen sonach noch immer die der Ordnung im allgemeinen überwiegen; ein beträchtlicher Teil der Menschen muß bei der allgemeinen Unordnung noch immer mehr gewinnen als verlieren, und denenjenigen, die nur verlieren, muß doch noch die Hoffnung übrig sein, auch zu gewinnen. So ist es. Unsere Staaten sind für Staaten insgesamt noch jung, die verschiedenen Stände und Familien haben sich im Verhältnis aufeinander noch wenig befestigt, und es bleibt allen die Hoffnung, durch Beraubung der andern sich zu bereichern; die Güter in unsern Staaten sind noch bei weitem nicht alle benutzt, und verteilt, und es gibt noch so vieles zu begehren, und zu okkupieren, und endlich, wenn auch zu Hause alles aufgezehrt sein sollte, eröffnet die Unterdrückung fremder Völker und Weltteile im Handel eine stets fließende, ergiebige Hülfsquelle. Solange es so bleibt, ist die Ungerechtigkeit bei weitem nicht drückend genug, als daß man auf die allgemeine Abschaffung derselben sollte rechnen können. Aber sobald der Mehrheit die sichere Erhaltung dessen, was sie hat, lieber wird, als der unsichere Erwerb dessen, was andere besitzen, tritt die recht- und vernunftmäßige Konstitution ein. Auf jenen Punkt nun muß es endlich in unsern Staaten kommen. Durch das fortgesetzte Drängen der Stände und der Familien untereinander müssen sie endlich in ein Gleichgewicht des Besitzes kommen, bei welchem jeder sich erträglich befindet. Durch die steigende Bevölkerung, und Kultur aller Nahrungszweige müssen endlich die

Reichtümer der Staaten entdeckt und verteilt werden; durch die Kultur fremder Völker und Weltteile müssen doch diese endlich auch auf den Punkt gelangen, wo sie sich nicht mehr im Handel bevorteilen, und in die Sklaverei wegführen lassen, so daß der letzte Preis der Raubsucht gleichfalls verschwinde. Zwei neue Phänomene in der Weltgeschichte bürgen für die Erreichung dieses Zwecks: der auf der andern Hemisphäre errichtete blühende Nordamerikanische Freistaat, von welchem aus sich notwendig Aufklärung und Freiheit über die bis jetzt unterdrückten Weltteile verbreiten muß; und die große Europäische Staaten-Republik, welche dem Einbruche barbarischer Völker in die Werkstätte der Kultur einen Damm setzt, den es in der alten Welt nicht gab, dadurch den Staaten ihre Fortdauer, und eben dadurch den einzelnen das nur mit der Zeit zu erringende Gleichgewicht in denselben garantiert. So läßt sich sicher erwarten, daß doch endlich Ein Volk das theoretisch so leicht zu lösende Problem der einzig rechtmäßigen Staatsverfassung in der Realität aufstellen; und durch den Anblick ihres Glücks andere Völker zur Nachahmung reizen werde. Auf diese Weise ist der Gang der Natur zur Hervorbringung einer guten Staatsverfassung angelegt: sobald aber diese realisiert ist, erfolgt unter den nach diesen Grundsätzen eingerichteten Staaten das Verhältnis des Völkerrechts, der ewige Friede von selbst, weil sie bei dem Kriege nur verlieren können: da hingegen vor Erreichung des ersten Zwecks an die Erreichung des zweiten nicht zu denken ist, indem ein Staat, der in seinem Innern ungerecht ist, notwendig auf Beraubung der Nachbarn ausgehen muß, um seinen ausgesognen alten Bürgern einige Erholung zu geben, und neue Hülfsquellen zu eröffnen.

Der Anhang *über die Mißhelligkeit zwischen der Moral und der Politik, in Beziehung auf den ewigen Frieden,* enthält eine Menge treffend gesagter Wahrheiten, deren reifliche Beherzigung jeder, dem Wahrheit und Geradheit am Herzen liegt, wünschen muß.

Caspar David Friedrich

Brief an den Akademie-Professor Schulz vom 8. 2. 1809

Lieber Professor! Sie verlangten in Ihrem letzten Briefe, daß ich Ihnen meine Gedanken über mein Altarbild mitteilen möchte; damalen stand es mir nicht zu Gebot. Aber statt dessen teilte ich Ihnen über ein ander Bild meine Gedanken mit. Jetzt aber bin ich durch den Aufsatz des Herrn von Ramdohr, der gegen mein Bild gerichtet ist, veranlaßt worden, meine Gedanken über das Altarbild aufzusetzen. Sie sind verwebt in eine kurze Gegenschrift gegen diesen Aufsatz. Ich habe den Aufsatz selber gemacht, wenn ich gleich als ein anderer auftrete, ich weiß eigentlich nicht, warum ich es getan. Mehrere haben mir schon geraten, es in Druck zu geben, und ich bin eigentlich auch nicht ganz abgeneigt, ich möchte zu dieser Entscheidung auch gerne Ihre Meinung wissen. Ich setze voraus, daß Sie den Aufsatz von Ramdohr gelesen haben; wo nicht, so bitte ich, ihn zuvor zu lesen, denn sonst möchte Ihnen der meinige gar wunderlich vorkommen.

Wäre das Bild des Malers Friedrich nach den durch Jahrhunderte geheiligten und anerkannten Regeln der Kunst verfertigt, das heißt mit anderen Worten: hätte Friedrich sich der Krücken der Kunst bedient, und nicht die Vermessenheit gehabt, auf eigenen Füßen gehen zu wollen, wahrlich der Herr Kammerherr von Ramdohr hätte sich nimmer aus seiner Ruhe stören lassen.

Wäre Friedrich auf der einmal gebahnten Straße einhergegangen, wo jeder Esel seinen Sack trägt, wo Hund und Katz der Sicherheit wegen wandelt, weil die berühmten Künstler der Vorzeit als Muster und Vorbilder für Jahrtausende da aufgestellt worden, wahrlich der Kammerherr von Ramdohr hätte geschwiegen. Nicht aber haben sie sich selbst als solche da aufgestellt, sondern anmaßende Kunstrichter haben sie uns als einzige untrügliche Richtschnur gegeben. Denn sehr wohl wußten jene achtungswerten Meister, daß die Wege, so zur Kunst führen, unendlich verschieden sind, daß die Kunst eigentlich der Mittelpunkt der Welt, der Mittelpunkt des höchsten geistigen Strebens ist und die Künstler im Kreise um diesen Punkt stehen. Und so kann es sich

leicht zutragen, daß zwei Künstler sich gerade entgegenkommen, während sie beide nach einem Punkte streben. Denn die Verschiedenheit des Standpunkts ist die Verschiedenheit der Gemüter, und sie können auf entgegengesetztem Wege beide ein Ziel erreichen. Nur die Beschränktheit herzloser Kunstrichter, durch deren Schriften schon so manches zarte Gemüt verdorben und erkaltet, können wähnen, daß nur ein einziger Weg zur Kunst führe, und zwar der von ihnen vorgeschlagene. Wäre das Bild von Friedrich ohne allen Wert, gewiß der Kammerherr hätte Friedrich freundschaftlich die Hand geboten und wäre nicht als sein Gegner aufgetreten. Das Gewöhnliche und Schlechte fällt von selbst, das etwaige Gute muß man stürzen.
Aber warum hat Friedrich auch nicht zuvor seine Ansicht von der Landschaftsmalerei dem Kammerherrn von Ramdohr mitgeteilt? Warum hat er diesen erleuchteten Kunstkenner nicht gefragt, ob er sie kenne oder nicht? Denn darin nun liegt auch schon die andere Frage samt der Antwort, ob er sie billige oder nicht. So nehme er denn auch hin, als Folge seines Eigensinnes, die Strafpredigt von Ramdohrs. Was nützt es, daß das Bild dem großen Haufen gefällt; gefällt's doch dem Herrn von Ramdohr nicht!
Wehe muß es einem Mann tun, wie dem Kammerherrn von Ramdohr, wenn er sieht: den Greuel der Zeit, das Vorgesicht herannahender Barbarei, schwarz wie die Nacht, trotzig einherschreitend, verachtend mit Füßen tretend alle Regeln, alle Ketten, alle Banden, womit man den Geist fesselte und auf der gebahnten Heerstraße erhalten will. Hängt der Kunstgeist unserer Zeit nicht mit törichtem, beweinenswertem Glauben an einem eingebildeten geistigen Wesen, was keine Grenzen kennt? Folgt er nicht mit kindlicher, fast kindischer Ergebung jeder heiligen Regung seines Gemütes? Huldigt er nicht mit blinder Hingebung jeder frommen Ahndung, als wäre dies unbedingt die reinste, lauterste Quelle der Kunst? ...
Die unbedingte Forderung des Kammerherrn von Ramdohr, daß eine Landschaft durchaus mehrere Plane darstellen muß, erkennt Friedrich nicht an. So erkennt Friedrich auch nicht an, daß nur das malerisch sei, wo immer die höchstmögliche Abwechslung von Form und Farbe ist; daß neben einer geraden notwendig eine krumme Linie stehen

muß; daß, während die eine Linie hüpfend zur Freude einlädt, die andere langsam traurig dahinschleicht, während sich die eine Linie allmählich ins Gebüsch verliert, die andere uns freundschaftlich Ramdohrs «Urania» hinhält, die dritte uns wohlmeinend Kunstregeln auftischt. Kurz, Friedrich ist ein abgesagter Feind des sogenannten Kontrastes. Sich durch Widersprüche aussprechen zu wollen, findet er verrückt (so nehmen ja die groben glatten Menschen den Kontrast). Jedes wahrhafte Kunstwerk muß nach seiner Meinung einen bestimmten Sinn aussprechen, das Gemüt des Beschauers entweder zur Freude oder zur Trauer, zur Schwermut oder zum Frohsinn bewegen, aber nicht alle Empfindungen, wie mit einem Quirl durcheinandergerührt, in sich vereinigen wollen. Eines muß das Kunstwerk nur sein wollen, und dieser eine Wille muß sich durchs Ganze führen, und jeder einzelne Teil desselben muß das Gepräge des Ganzen haben, und nicht wie viele Menschen sich hinter schmeichelnden Worten und heimtückischer Bosheit verstecken.
Kontrast, sprecht ihr, das ist die Regel aller Regeln, das Grundgesetz der Kunst, doch nur für euch, die ihr Kontrast vom Geist, nur Körper seid! Da paßt's!

E. T. A. Hoffmann

Beethovens Instrumental-Musik

Sollte, wenn von der Musik als einer selbständigen Kunst die Rede ist, nicht immer nur die Instrumental-Musik gemeint sein, welche, jede Hülfe, jede Beimischung einer andern Kunst (der Poesie) verschmähend, das eigentümliche, nur in ihr zu erkennende Wesen dieser Kunst rein ausspricht? – Sie ist die romantischste aller Künste, beinahe möchte man sagen, allein echt romantisch, denn nur das Unendliche ist ihr Vorwurf. – Orpheus' Lyra öffnete die Tore des Orkus. Die Musik schließt dem Menschen ein unbekanntes Reich auf, eine Welt, die nichts gemein hat mit der äußern Sinnenwelt, die ihn umgibt, und in der er alle *bestimmten* Gefühle zurückläßt, um sich einer unaussprechlichen Sehnsucht hinzugeben.

Habt ihr dies eigentümliche Wesen auch wohl nur geahnt, ihr armen Instrumentalkomponisten, die ihr euch mühsam abquältet, bestimmte Empfindungen, ja sogar Begebenheiten darzustellen? – Wie konnte es euch denn nur einfallen, die der Plastik geradezu entgegengesetzte Kunst plastisch zu behandeln? Eure Sonnaufgänge, eure Gewitter, eure Batailles des trois Empereurs usw. waren wohl gewiß gar lächerliche Verirrungen und sind wohlverdienterweise mit gänzlichem Vergessen bestraft.

In dem Gesange, wo die Poesie bestimmte Affekte durch Worte andeutet, wirkt die magische Kraft der Musik wie das wunderbare Elixier der Weisen, von dem etliche Tropfen jeden Trank köstlicher und herrlicher machen. Jede Leidenschaft – Liebe – Haß – Zorn – Verzweiflung etc., wie die Oper sie uns gibt, kleidet die Musik in den Purpurschimmer der Romantik, und selbst das im Leben Empfundene führt uns hinaus aus dem Leben in das Reich des Unendlichen.

So stark ist der Zauber der Musik, und immer mächtiger werdend mußte er jede Fessel einer andern Kunst zerreißen.

Gewiß nicht allein in der Erleichterung der Ausdrucksmittel (Vervollkommnung der Instrumente, größere Virtuosität der Spieler), sondern in dem tieferen, innigeren Erkennen des eigentümlichen Wesens der Musik liegt es, daß geniale Komponisten die Instrumental-Musik zu der jetzigen Höhe erhoben.

Mozart und Haydn, die Schöpfer der jetzigen Instrumental-Musik, zeigten uns zuerst die Kunst in ihrer vollen Glorie; wer sie da mit voller Liebe anschaute und eindrang in ihr innigstes Wesen, ist – Beethoven! – Die Instrumentalkompositionen aller drei Meister atmen einen gleichen romantischen Geist, welches in dem gleichen innigen Ergreifen des eigentümlichen Wesens der Kunst liegt; der Charakter ihrer Kompositionen unterscheidet sich jedoch merklich. – Der Ausdruck eines kindlichen, heitern Gemüts herrscht in Haydns Kompositionen. Seine Sinfonien führen uns in unabsehbare grüne Haine, in ein lustiges buntes Gewühl glücklicher Menschen. Jünglinge und Mädchen schweben in Reihentänzen vorüber; lachende Kinder, hinter Bäumen, hinter Rosenbüschen lauschend, werfen sich neckend mit Blumen. Ein Leben voll Liebe, voll Seligkeit wie vor der Sünde, in ewiger Jugend; kein Leiden, kein Schmerz, nur ein süßes

wehmütiges Verlangen nach der geliebten Gestalt, die in der Ferne im Glanz des Abendrotes daherschwebt, nicht näher kommt, nicht verschwindet, und solange sie da ist, wird es nicht Nacht, denn sie selbst ist das Abendrot, von dem Berg und Hain erglühen. – In die Tiefen des Geisterreichs führt uns Mozart. Furcht umfängt uns, aber ohne Marter ist sie mehr Ahnung des Unendlichen.
Liebe und Wehmut tönen in holden Geisterstimmen; die Nacht geht auf in hellem Purpurschimmer, und in unaussprechlicher Sehnsucht ziehen wir nach den Gestalten, die, freundlich uns in ihre Reihen winkend, in ewigem Sphärentanze durch die Wolken fliegen. (Mozarts Sinfonie in Es-Dur unter dem Namen des Schwanengesanges bekannt.)
So öffnet uns auch Beethovens Instrumental-Musik das Reich des Ungeheuern und Unermeßlichen. Glühende Strahlen schießen durch dieses Reiches tiefe Nacht, und wir werden Riesenschatten gewahr, die auf und ab wogen, enger und enger uns einschließen und *uns* vernichten, aber nicht den Schmerz der unendlichen Sehnsucht, in welcher jede Lust, die schnell in jauchzenden Tönen emporgestiegen, hinsinkt und untergeht, und nur in diesem Schmerz der Liebe, Hoffnung, Freude, in sich verzehrend, aber nicht zerstörend, unsere Brust mit einem vollstimmigen Zusammenklange aller Leidenschaften zersprengen will, leben wir fort und sind entzückte Geisterseher! –
Der romantische Geschmack ist selten, noch seltener das romantische Talent, daher gibt es wohl so wenige, die jene Lyra, deren Ton das wundervolle Reich des Romantischen aufschließt, anzuschlagen vermögen.
Haydn faßt das Menschliche im menschlichen Leben romantisch auf; er ist kommensurabler, faßlicher für die Mehrzahl.
Mozart nimmt mehr das Übermenschliche, das Wunderbare, welches im innern Geiste wohnt, in Anspruch.
Beethovens Musik bewegt die Hebel der Furcht, des Schauers, des Entsetzens, des Schmerzes und erweckt eben jene unendliche Sehnsucht, welche das Wesen der Romantik ist. Er ist daher ein rein romantischer Komponist, und mag es nicht daher kommen, daß ihm Vokalmusik, die den Charakter des unbestimmten Sehnens nicht zuläßt, sondern nur durch Worte bestimmte Affekte, als in dem Reiche des Unendlichen empfunden, darstellt, weniger gelingt?

Den musikalischen Pöbel drückt Beethovens mächtiger Genius; er will sich vergebens dagegen auflehnen. – Aber die weisen Richter, mit vornehmer Miene um sich schauend, versichern: man könne es ihnen als Männer von großem Verstande und tiefer Einsicht aufs Wort glauben, es fehle dem guten B. nicht im mindesten an einer sehr reichen, lebendigen Fantasie, aber er verstehe sie nicht zu zügeln! Da wäre denn nun von Auswahl und Formung der Gedanken gar nicht die Rede, sondern er werfe nach der sogenannten genialen Methode alles so hin, wie es ihm augenblicklich die im Feuer arbeitende Fantasie eingebe. Wie ist es aber, wenn nur *Eurem* schwachen Blick der innere tiefe Zusammenhang jeder Beethovenschen Komposition entgeht? Wenn es nur an *Euch* liegt, daß ihr des Meisters dem Geweihten verständliche Sprache nicht versteht, wenn Euch die Pforte des innersten Heiligtums verschlossen blieb? – In Wahrheit, der Meister, an Besonnenheit Haydn und Mozart ganz an die Seite zu stellen, trennt sein Ich von dem innern Reich der Töne und gebietet darüber als unumschränkter Herr. Ästhetische Meßkünstler haben oft im Shakespeare über gänzlichen Mangel innerer Einheit und inneren Zusammenhanges geklagt, indem dem tieferen Blick ein schöner Baum, Blätter, Blüten und Früchte aus einem Keim treibend, erwächst; so entfaltet sich auch nur durch ein sehr tiefes Eingehen in Beethovens Instrumental-Musik die hohe Besonnenheit, welche vom wahren Genie unzertrennlich ist und von dem Studium der Kunst genährt wird. Welches Instrumentalwerk Beethovens bestätigt dies alles wohl in höherm Grade als die über alle Maßen herrliche, tiefsinnige Sinfonie in c-Moll. Wie führt diese wundervolle Komposition in einem fort und fort steigenden Klimax den Zuhörer unwiderstehlich fort in das Geisterreich des Unendlichen. Nichts kann einfacher sein als der nur aus zwei Takten bestehende Hauptgedanke des ersten Allegros, der anfangs im Unisono dem Zuhörer nicht einmal die Tonart bestimmt. Den Charakter der ängstlichen, unruhvollen Sehnsucht, den dieser Satz in sich trägt, setzt das melodiöse Nebenthema nur noch mehr ins Klare! – Die Brust, von der Ahnung des Ungeheuern, Vernichtung Drohenden gepreßt und beängstet, scheint sich in schneidenden Lauten gewaltsam Luft machen zu wollen, aber bald zieht eine freundliche Gestalt glänzend daher und erleuchtet die tiefe grauenvolle Nacht. (Das liebliche Thema in G-Dur, das erst von dem Horn in Es-Dur berührt wurde.) – Wie einfach – noch einmal sei es gesagt – ist das Thema, das der Meister dem Ganzen zum Grunde legte, aber wie wundervoll reihen sich ihm alle Neben- und Zwischensätze durch ihr rhythmisches Verhältnis so an, daß sie nur dazu dienen, den Charakter des Allegros, den jenes Hauptthema nur andeutete, immer mehr und mehr zu entfalten. Alle Sätze sind kurz, beinahe alle nur aus zwei, drei Takten bestehend, und noch dazu verteilt in beständigem Wechsel der Blas- und Saiteninstrumente; man sollte glauben, daß aus solchen Elementen nur etwas Zerstückeltes, Unfaßbares entstehen könne, aber statt dessen ist es eben jene Einrichtung des Ganzen sowie die beständige aufeinanderfolgende Wiederholung der Sätze und einzelner Akkorde, die das Gefühl einer unnennbaren Sehnsucht bis zum höchsten Grade steigert. Ganz davon abgesehen, daß die kontrapunktische Behandlung von dem tiefen Studium der Kunst zeugt, so sind es auch die Zwischensätze, die beständigen Anspielungen auf das Hauptthema, welche dartun, wie der hohe Meister das Ganze mit allen den leidenschaftlichen Zügen im Geist auffaßte und durchdachte. – Tönt nicht wie eine holde Geisterstimme, die unsre Brust mit Hoffnung und Trost erfüllt, das liebliche Thema des Andante con moto in As-Dur? – Aber auch hier tritt der furchtbare Geist, der im Allegro das Gemüt ergriff und ängstete, jeden Augenblick drohend aus der Wetterwolke hervor, in die er verschwand, und vor seinen Blitzen entfliehen schnell die freundlichen Gestalten, die uns umgaben. – Was soll ich von der Menuett sagen? – Hört die eignen Modulationen, die Schlüsse in dem dominanten Akkorde Dur, den der Baß als Tonika des folgenden Themas in Moll aufgreift – das immer sich um einige Takte erweiternde Thema selbst! Ergreift Euch nicht wieder jene unruhvolle, unnennbare Sehnsucht, jene Ahnung des wunderbaren Geisterreichs, in welchem der Meister herrscht? Aber wie blendendes Sonnenlicht strahlt das prächtige Thema des Schlußsatzes in dem jauchzenden Jubel des ganzen Orchesters. – Welche wunderbare kontrapunktische Verschlingungen verknüpfen sich hier wieder zum Ganzen. Wohl mag manchem alles vorrüberrauschen wie eine geniale Rhapsodie, aber das Gemüt jedes sinnigen Zuhörers wird gewiß von einem Gefühl, das eben jene unnennbare ahnungsvolle Sehnsucht ist, tief und innig ergriffen, und bis zum Schlußakkord, ja noch in den Momenten nach demselben wird er nicht heraustreten können aus dem wunderbaren Geisterreiche, wo Schmerz und Lust, in Tönen gestaltet, ihn umfingen. – Die Sätze ihrer innern Einrichtung nach, ihre Ausführung, Instrumentierung, die Art, wie sie aneinandergereiht sind, alles arbeitet auf einen Punkt hinaus; aber vorzüglich die innige Verwandtschaft der Themas untereinander ist es, welche jene Einheit erzeugt, die nur allein vermag den Zuhörer in *einer* Stimmung festzuhalten. Oft wird diese Verwandtschaft dem Zuhörer klar, wenn er sie aus der Verbindung zweier Sätze heraushört oder in den zwei verschiedenen Sätzen gemeinen Grundbaß entdeckt, aber eine tiefere Verwandtschaft, die sich auf jene Art nicht dartut, spricht oft nur aus dem Geiste zum Geiste, und eben diese ist es, welche unter den Sätzen der beiden Allegros und der Menuett herrscht und die besonnene Genialität des Meisters herrlich verkündet. – Wie tief haben sich doch deine herrlichen Flügel-Kompositionen, du hoher Meister! meinem Gemüte eingeprägt; wie schal und nichtsbedeutend erscheint mir doch nun alles, was nicht dir, dem sinnigen Mozart und dem gewaltigen Genius Sebastian Bach angehört. – Mit welcher Lust empfing ich dein siebzigstes Werk, die beiden herrlichen Trios, denn ich wußte ja wohl, daß ich sie nach weniger Übung bald gar herrlich hören würde. Und so gut ist es mir ja denn heute abend geworden, so daß ich noch jetzt wie einer, der in den mit allerlei seltenen Bäumen, Gewächsen und wunderbaren Blumen umflochtenen Irrgängen eines fantastischen Parks wandelt und immer tiefer und tiefer hineingerät, nicht aus den wundervollen Wendungen und Verschlingungen deiner Trios herauszukommen vermag. Die holden Sirenen-Stimmen deiner in bunter Mannigfaltigkeit prangenden Sätze locken mich immer tiefer und tiefer hinein. – Die geistreiche Dame, die heute *mir*, dem Kapellmeister Kreisler, recht eigentlich zu Ehren das Trio Nro. I gar herrlich spielte, und vor deren Flügel ich noch sitze und schreibe, hat es mich recht deutlich einsehen lassen, wie nur das, was der *Geist* gibt, zu achten, alles übrige aber vom Übel ist. –

Eben jetzt habe ich auswendig einige frappante Ausweichungen der beiden Trios auf dem Flügel wiederholt. – Es ist doch wahr, der Flügel (Flügel-Pianoforte) bleibt ein mehr für die Harmonie als für die Melodie brauchbares Instrument. Der feinste Ausdruck, dessen das Instrument fähig ist, gibt der Melodie nicht das regsame Leben in tausend und tausend Nuancierungen, das der Bogen des Geigers, der Hauch des Bläsers hervorzubringen imstande ist. Der Spieler ringt vergebens mit der unüberwindlichen Schwierigkeit, die der Mechanism, der die Saiten durch einen Schlag vibrieren und ertönen läßt, ihm entgegensetzt. Dagegen gibt es (die noch immer weit beschränktere Harfe abgerechnet) wohl kein Instrument, das so wie der Flügel in vollgriffigen Akkorden das Reich der Harmonie umfaßt und seine Schätze in den wunderbarsten Formen und Gestalten dem Kenner entfaltet. Hat die Fantasie des Meisters ein ganzes Tongemälde mit reichen Gruppen, hellen Lichtern und tiefen Schattierungen ergriffen, so kann er es am Flügel ins Leben rufen, daß es aus der innern Welt farbigt und glänzend hervortritt. Die vollstimmige Partitur, dieses wahre musikalische Zauberbuch, das in seinen Zeichen alle Wunder der Tonkunst, den geheimnisvollen Chor der mannigfaltigsten Instrumente bewahrt, wird unter den Händen des Meisters am Flügel belebt, und ein in dieser Art gut und vollstimmig vorgetragenes Stück aus der Partitur möchte dem wohlgeratnen Kupferstich, der einem großen Gemälde entnommen, zu vergleichen sein. Zum Fantasieren, zum Vortragen aus der Partitur, zu einzelnen Sonaten, Akkorden usw. ist daher der Flügel vorzüglich geeignet, so wie nächstdem Trios, Quartetten, Quintetten etc., wo die gewöhnlichen Saiteninstrumente hinzutreten, schon deshalb ganz in das Reich der Flügel-Komposition gehören, weil, sind sie in der wahren Art, d. h. wirklich vierstimmig, fünfstimmig usw. komponiert, hier es ganz auf die harmonische Ausarbeitung ankommt, die das Hervortreten einzelner Instrumente in glänzenden Passagen von selbst ausschließt. –

Einen wahren Widerwillen hege ich gegen all die eigentlichen Flügel-Konzerte (Mozartsche und Beethovensche sind nicht sowohl Konzerte als Sinfonien mit obligatem Flügel). Hier soll die Virtuosität des einzelnen Spielers in Passagen

und im Ausdruck der Melodie geltend gemacht werden; der beste Spieler auf dem schönsten Instrumente strebt aber vergebens nach *dem,* was z. B. der Violinist mit leichter Mühe erringt.
Jedes Solo klingt nach dem vollen Tutti der Geiger und Bläser steif und matt, und man bewundert die Fertigkeit der Finger u. dergl., ohne daß das Gemüt recht angesprochen wird.
Wie hat doch der Meister den eigentümlichsten Geist des Instruments aufgefaßt und in der dafür geeignetsten Art gesorgt!
Ein einfaches aber fruchtbares, zu den verschiedensten kontrapunktischen Wendungen, Abkürzungen usw. taugliches, singbares Thema liegt jedem Satze zum Grunde, alle übrigen Nebenthemata und Figuren sind dem Hauptgedanken innig verwandt, so daß sich alles zur höchsten Einheit durch alle Instrumente verschlingt und ordnet. So ist die Struktur des Ganzen; aber in diesem künstlichen Bau wechseln in rastlosem Fluge die wunderbarsten Bilder, in denen Freude und Schmerz, Wehmut und Wonne neben- und ineinander hervortreten. Seltsame Gestalten beginnen einen luftigen Tanz, indem sie bald zu einem Lichtpunkt verschweben, bald funkelnd und blitzend auseinanderfahren und sich in mannigfachen Gruppen jagen und verfolgen; und mitten in diesem aufgeschlossenen Geisterreiche horcht die entzückte Seele der unbekannten Sprache zu und versteht alle die geheimsten Ahnungen, von denen sie ergriffen. –
Nur *der* Komponist drang wahrhaft in die Geheimnisse der Harmonie ein, der durch sie auf das Gemüt des Menschen zu wirken vermag; ihm sind die Zahlenproportionen, welche dem Grammatiker ohne Genius nur tote starre Rechenexempel bleiben, magische Präparate, denen er eine Zauberwelt entsteigen läßt.
Unerachtet der Gemütlichkeit, die vorzüglich in dem ersten Trio, selbst das wehmutsvolle Largo nicht ausgenommen, herrscht, bleibt doch der Beethovensche Genius ernst und feierlich. Es ist, als meinte der Meister, man könne von tiefen, geheimnisvollen Dingen, selbst wenn der Geist, mit ihnen innig vertraut, sich freudig und fröhlich erhoben fühlt, nie in gemeinen, sondern nur in erhabenen, herrlichen Worten reden; das Tanzstück der Isispriester kann nur ein hochjauchzender Hymnus sein.

Die Instrumental-Musik muß da, wo sie nur durch sich als Musik wirken und nicht vielleicht einem bestimmten dramatischen Zweck dienen soll, alles unbedeutend Spaßhafte, alle tändelnden Lazzi vermeiden. Es sucht das tiefe Gemüt für die Ahnungen der Freudigkeit, die herrlicher und schöner als hier in der beengten Welt, aus einem unbekannten Lande herübergekommen, ein inneres, wonnevolles Leben in der Brust entzündet, einen höheren Ausdruck, als ihn geringe Worte, die nur der befangenen irdischen Lust eigen, gewähren können. Schon dieser Ernst aller Beethovenschen Instrumental- und Flügel-Musik verbannt alle die halsbrechenden Passagen auf und ab mit beiden Händen, alle die seltsamen Sprünge, die possierlichen Capriccios, die hoch in die Luft gebauten Noten mit fünf- und sechsstrichigem Fundament, von denen die Flügel-Kompositionen neuester Art erfüllt sind. – Wenn von bloßer Fingerfertigkeit die Rede ist, haben die Flügel-Kompositionen des Meisters gar keine besondere Schwierigkeit, da die wenigen Läufe, Triolenfiguren u. d. m. wohl jeder geübte Spieler in der Hand haben muß; und doch ist ihr Vortrag bedingt recht schwer. Mancher sogenannte Virtuose verwirft des Meisters Flügel-Komposition, indem er dem Vorwurfe: sehr schwer! noch hinzufügt: und sehr undankbar! – Was nun die Schwierigkeit betrifft, so gehört zum richtigen, bequemen Vortrag Beethovenscher Komposition nichts Geringeres, als daß man ihn begreife, daß man tief in sein Wesen eindringe, daß man im Bewußtsein eigner Weihe es kühn wage, in den Kreis der magischen Erscheinungen zu treten, die sein mächtiger Zauber hervorruft. Wer diese Weihe nicht in sich fühlt, wer die heilige Musik nur als Spielerei, nur zum Zeitvertreib in leeren Stunden, zum augenblicklichen Reiz stumpfer Ohren oder zur eignen Ostentation tauglich betrachtet, der bleibe ja davon. Nur einem solchen steht auch der Vorwurf: und höchst undankbar! zu. Der echte Künstler lebt nur in dem Werke, das er in dem Sinne des Meisters aufgefaßt hat und nun vorträgt. Er verschmäht es, auf irgendeine Weise seine Persönlichkeit geltend zu machen, und all sein Dichten und Trachten geht nur dahin, alle die herrlichen, holdseligen Bilder und Erscheinungen, die der Meister mit magischer Gewalt in sein Werk verschloß, tausendfarbig glänzend ins rege Leben zu rufen, daß sie den

Menschen in lichten funkelnden Kreisen umfangen und seine Fantasie, sein innerstes Gemüt entzündend, ihn raschen Fluges in das ferne Geisterreich der Töne tragen.

Georg Wilhelm Friedrich Hegel

Anrede an seine Zuhörer bei Eröffnung seiner Vorlesungen in Berlin, am 22. Oktober 1818

Indem ich heute zum ersten Mal auf hiesiger Universität in dem Amte eines Lehrers der Philosophie auftrete, zu dem mich die Gnade Sr. Majestät des Königs berufen hat, erlauben Sie mir dies Vorwort darüber vorauszuschicken, daß ich es mir für besonders wünschenswert und erfreulich hielt, sowohl gerade in diesem Zeitpunkt, als auf hiesigem Standpunkt in ausgebreitetere akademische Wirksamkeit zu treten. Was den Zeitpunkt anbetrifft, so scheinen diejenigen Umstände eingetreten zu sein, unter denen sich die Philosophie wieder Aufmerksamkeit und Liebe versprechen darf, wo diese beinahe verstummte Wissenschaft ihre Stimme wieder erheben mag. Denn vor kurzem war es einesteils die Not der Zeit, welche den kleinen Interessen des täglichen Lebens eine so große Wichtigkeit gegeben, andererseits waren es die hohen Interessen der Wirklichkeit, das Interesse und die Kämpfe nur zunächst das politische Ganze des Volkslebens und des Staates wiederherzustellen und zu retten, welche alle Vermögen des Geistes, die Kräfte aller Stände, so wie die äußerlichen Mittel so sehr in Anspruch genommen, daß das innere Leben des Geistes nicht Ruhe gewinnen konnte. Der Weltgeist, in der Wirklichkeit so sehr beschäftigt und nach außen gerissen, war abgehalten sich nach innen und auf sich selbst zu kehren und in seiner eigentümlichen Heimat sich zu genießen. Nun nachdem dieser Strom der Wirklichkeit gebrochen und die deutsche Nation überhaupt ihre Nationalität, den Grund alles lebendigen Lebens, gerettet hat, so ist dann die Zeit eingetreten, daß in dem Staate, neben dem Regiment der wirklichen Welt, auch das freie Reich des Gedankens selbstständig emporblühe. Und überhaupt hat sich die

Macht des Geistes so weit geltend gemacht, daß es nur die Ideen sind und was Ideen gemäß ist, was sich jetzt erhalten kann, daß was gelten soll, vor der Einsicht und dem Gedanken sich rechtfertigen muß. Und es ist insbesondere dieser Staat, der mich nun in sich aufgenommen hat, welcher durch das geistige Übergewicht sich zu seinem Gewicht in der Wirklichkeit und im Politischen emporgehoben, sich an Macht und Selbständigkeit solchen Staaten gleichgestellt hat, welche ihm an äußeren Mitteln überlegen gewesen wären. Hier ist die Bildung und die Blüte der Wissenschaften eines der wesentlichen Momente im Staatsleben selbst. Auf hiesiger Universität, der Universität des Mittelpunkts, muß auch der Mittelpunkt aller Geistesbildung und aller Wissenschaft und Wahrheit, die Philosophie, ihre Stelle und vorzügliche Pflege finden. – Nicht nur ist es aber das geistige Leben überhaupt, welches ein Grundelement in der Existenz dieses Staates ausmacht, sondern näher hat jener große Kampf des Volkes im Verein mit seinem Fürsten, um Selbstständigkeit, um Vernichtung fremder gemütloser Tyrannei, und um Freiheit im Gemüte, seinen höhern Anfang genommen. Es ist die sittliche Macht des Geistes, welche sich in ihrer Energie gefühlt, ihr Panier aufgesteckt, und dies ihr Gefühl als Gewalt und Macht der Wirklichkeit geltend gemacht hat. Wir müssen es für unschätzbar achten, daß unsere Generation in diesem Gefühle gelebt, gehandelt und gewirkt hat, einem Gefühle, worin sich alles Rechtliche, Moralische und Religiöse konzentrierte. In solchem tiefen und allumfassenden Wirken erhebt sich der Geist in sich zu seiner Würde, die Flachheit des Lebens und die Schalheit der Interessen geht zugrunde und die Oberflächlichkeit der Einsicht und der Meinungen steht in ihrer Blöße da und verfliegt. Dieser tiefere Ernst, der in das Gemüt überhaupt gekommen ist, ist denn auch der wahrhafte Boden der Philosophie. Was der Philosophie entgegensteht, ist einerseits das Versenktsein in die Interessen der Not und des Tages, andererseits die Eitelkeit der Meinungen. Das Gemüt, von ihr eingenommen, läßt der Vernunft, als welche nicht das Eigene sucht, keinen Raum in sich. Diese Eitelkeit muß sich in ihrem Nichts verflüchtigen, wenn es dem Menschen zur Notwendigkeit geworden, sich um substantiellen Gehalt zu bemühen, wenn es so weit gediehen, daß nur ein solcher sich geltend machen kann. In solchem substantiellen Gehalt aber haben wir die Zeit gesehen, haben wir den Kern sich bilden sehen, dessen weitere Entwikkelung nach allen Seiten, der politischen, sittlichen, religiösen, wissenschaftlichen Seite, unserer Zeit anvertraut ist. Unser Beruf und Geschäft ist die Pflege der philosophischen Entwickelung der substantiellen Grundlage, die sich neu verjüngt und bekräftigt hat. Ihre Verjüngung, die ihre nächste Wirkung und Äußerung in der politischen Wirklichkeit zeigte, hat ihre weitere Erscheinung in dem größeren sittlichen und religiösen Ernste, in der Forderung von Gründlichkeit und Gediegenheit überhaupt, welche an alle Lebensverhältnisse ergangen ist. Der gediegenste Ernst ist an und für sich selbst der Ernst, die Wahrheit zu erkennen. Dies Bedürfnis, wodurch die geistige Natur sich von der bloß empfindenden und genießenden unterscheidet, ist eben deswegen das Tiefste des Geistes, es ist an sich allgemeines Bedürfnis. Der Ernst der Zeiten hat es teils tiefer aufgeregt, teils ist er ein näheres Eigentum des deutschen Geistes. Was die Auszeichnung des Deutschen in der Kultur der Philosophie betrifft, so zeigt nämlich der Zustand dieses Studiums und die Bedeutung dieses Namens bei den andern Nationen, daß der Name sich noch bei ihnen erhalten, aber seinen Sinn verändert hat und daß die Sache verkommen und verschwunden ist und zwar so, daß kaum eine Erinnerung und Ahndung von ihr zurückgeblieben ist. Diese Wissenschaft hat sich zu den Deutschen geflüchtet und lebt allein noch in ihnen fort. Uns ist die Bewahrung dieses heiligen Lichtes anvertraut und es ist unser Beruf, es zu pflegen und zu nähren und dafür zu sorgen, daß das Höchste, was der Mensch besitzen kann, das Selbstbewußtsein seines Wesens nicht erlösche und untergehe. Aber selbst in Deutschland ist die Flachheit der früheren Zeit vor seiner Wiedergeburt so weit gekommen, daß sie gefunden und bewiesen zu haben meinte und versicherte, es gebe keine Erkenntnis der Wahrheit; Gott, das Wesen der Welt und des Geistes, sei ein Unbegreifliches, Unfaßbares; der Geist müsse bei der Religion stehenbleiben und die Religion beim Glauben, Gefühl und Ahnden, ohne vernünftiges Wissen. Das Erkennen betreffe nicht die Natur des Absoluten, Gottes und dessen, was in Natur und Geist wahr und absolut ist, sondern vielmehr allein teils nur das Negative, daß nichts Wahres erkannt, sondern daß allein Unwahres, Zeitliches und Vergängliches gleichsam den Vorzug genieße erkannt zu werden, – teils was eigentlich darunter gehört, das Äußerliche, nämlich das Historische, die zufälligen Umstände, unter denen das angebliche Erkennen erschienen ist und eben solche Erkenntnis sei nur als etwas Historisches zu nehmen und nach jenen äußerlichen Seiten kritisch und gelehrt zu unternehmen, aus seinem Inhalt könne kein Ernst gemacht werden. Sie sind so weit gekommen als Pilatus, der römische Prokonsul; wie er Christus das Wort *Wahrheit* nennen hörte, erwiderte er dies mit der Frage: was ist Wahrheit? in dem Sinn als einer, der mit solchem Worte fertig sei und wisse, daß es keine Erkenntnis der Wahrheit gebe. So ist das, was von jeher für das Schmählichste und Unwürdigste gegolten hat, der Erkenntnis der Wahrheit zu entsagen, von unsern Zeiten zum höchsten Triumph des Geistes erhoben worden. Die Verzweiflung an der Vernunft war, wie es bis zu ihr gekommen war, noch mit Schmerz und Wehmut verknüpft, aber bald haben der religiöse und sittliche Leichtsinn und dann die Plattheit und Seichtigkeit des Wissens, welche sich Aufklärung nannte, frank und frei ihre Ohnmacht bekannt und ihren Hochmut in das gründliche Vergessen höherer Interessen gelegt; und zuletzt hat die sogenannte kritische Philosophie diesem Nichtwissen des Ewigen und Göttlichen ein gutes Gewissen gemacht, indem sie versichert, *bewiesen* zu haben, daß vom Ewigen und Göttlichen nichts gewußt werden könne. Diese vermeinte Erkenntnis hat sich sogar den Namen Philosophie angemaßt und nichts ist der Seichtigkeit des Wissens sowohl als des Charakters willkommner gewesen, nichts so bereitwillig von ihr ergriffen worden als diese Lehre der Unwissenheit, wodurch eben diese Seichtigkeit und Schalheit für das Vortreffliche, für das Ziel und Resultat alles intellektuellen Strebens ausgegeben worden ist. Das Wahre nicht zu wissen und nur Erscheinendes, Zeitliches und Zufälliges – nur das *Eitle* zu erkennen, diese *Eitelkeit* ist es, welche sich in der Philosophie breitgemacht hat und in unsern Zeiten noch breitmacht und das große Wort führt. Man kann wohl sagen, daß seitdem sich die Philosophie in Deutschland hervorzutun angefangen hat, es nie so schlecht um diese Wissenschaft ausgesehen hat, daß eine solche Ansicht, ein solches Verzichttun auf vernünftiges Erkennen, solche Anmaßung und solche Ausbreitung erlangt hätte, – eine Ansicht, welche noch von der vorhergehenden Periode sich herübergeschleppt hat, und welche mit dem gediegenern Gefühle, dem neuen substantiellen Geiste, so sehr in Widerspruch steht. Diese Morgenröte eines gediegenern Geistes begrüße ich, rufe ich an, mit ihm nur habe ich es zu tun, indem ich behaupte, daß die Philosophie Gehalt haben müsse und indem ich diesen Gehalt vor Ihnen entwickeln werde. Überhaupt aber rufe ich den Geist der Jugend dabei an: denn sie ist die schöne Zeit des Lebens, das noch nicht in dem System der beschränkten Zwecke der Not befangen und für sich der Freiheit einer interesselosen wissenschaftlichen Beschäftigung fähig ist; ebenso ist sie noch unbefangen von dem negativen Geiste der Eitelkeit, von dem Gehaltlosen eines bloß kritischen Bemühens. Ein noch gesundes Herz hat noch den Mut Wahrheit zu verlangen, und das Reich der Wahrheit ist es, in welchem die Philosophie zu Hause ist, welches sie erbaut und dessen wir durch ihr Studium teilhaftig werden. Was im Leben wahr, groß und göttlich ist, ist es durch die *Idee*; das Ziel der Philosophie ist, sie in ihrer wahrhaften Gestalt und Allgemeinheit zu erfassen. Die Natur ist darunter gebunden, die Vernunft nur mit Notwendigkeit zu vollbringen; aber das Reich des Geistes ist das Reich der Freiheit. Alles was das menschliche Leben zusammenhält, was Wert hat und gilt, ist geistiger Natur und dies Reich des Geistes existiert allein durch das Bewußtsein von Wahrheit und Recht, durch das Erfassen der Ideen.

Ich darf wünschen und hoffen, daß es mir gelingen werde, auf dem Wege, den wir betreten, Ihr Vertrauen zu gewinnen und zu verdienen. Zunächst aber darf ich nichts in Anspruch nehmen als dies, daß Sie Vertrauen zu der Wissenschaft, Glauben an die Vernunft, Vertrauen und Glauben zu sich selbst mitbringen. Der Mut der Wahrheit, Glauben an die Macht des Geistes ist die erste Bedingung des philosophischen Studiums; der Mensch soll sich selbst ehren und sich des Höchsten würdig achten. Von der Größe und Macht des Geistes kann er nicht groß genug denken. Das verschlossene Wesen des Universums hat keine Kraft in sich, welche dem Mute des Erkennens Widerstand leisten könnte, es muß sich vor ihm auftun und seinen Reichtum und seine Tiefen ihm vor Augen legen und zum Genusse bringen.

Jean Paul

Aus dem «Kampaner Tal»

Wir standen gerade vor einem Schlosse, worin, des Abendscheins ungeachtet, alle Fenster sich von Girandolen versilbern und (wenn es dunkler geworden) vergolden ließen. Oben über der italienischen Platteforme desselben hingen *zwei* Montgolfieren, die eine am westlichen, die andere am östlichen Ende, gefesselt im Äther. Ohne diese schönen Globen, in denen sich gleichsam die zwei herrlichen im Himmel, der Mond und die Sonne, wiederholten, hätt ich im Glanz höherer Szenen diese nähern kaum bemerkt.
O Teuerster, wie schön war die Stelle und die Zeit! Die Pyrenäen ruhten groß, halb in Nächte, halb in Tage gekleidet, um uns und bückten sich nicht, wie der veraltende Mensch, vor der Zeit, sondern erhoben sich ewig; und ich fühlte, warum die großen Alten die Gebirge für Giganten hielten. Die Häupter der Berge trugen Kränze und Ketten von Rosen aus Wolken gemacht; aber sooft sich Sterne aus dem leeren tiefen Äthermeer herausdrängten und aus den blauen Wellen glänzten, so erblichen Rosen an den Bergen und fielen ab. Nur das Mittagshorn schauete wie ein höherer Geist lange der tiefen einsamen Sonne nach und glühte entzückt. Ein tieferes Amphitheater aus blühenden Zitronenbäumen zog uns mit Wohlgerüchen auf die eingehüllte Erde zurück und machte aus ihr ein dunkles Paradies. Und Gione drang voll stillem Entzücken in ihre Lautensaiten, und Nadine sang den gleitenden Tönen leise nach. Und die Nachtigallen wachten in den Rosenhecken am Wasser auf und zogen mit den Tönen ihres kleinen Herzens tief in das große menschliche, und glimmende Johanniswürmchen schweiften um sie von Rose zu Rose, und im spiegelnden Wasser schwebten nur fliegende Goldkörner über gelbe Blumen. – Aber da wir gen Himmel sahen, schimmerten

schon alle seine Sterne, und die Gebirge trugen statt der Rosenketten ausgelöschte Regenbogen, und der Riese unter den Pyrenäen war statt der Rosen mit Sternen gekrönt. – – O mein Geliebter, mußte dann nicht jeder entzückten Seele sein, als falle von der gedrückten Brust die irdische Last, als gebe uns die Erde aus ihrem Mutterarm reif in die Vaterarme des unendlichen Genius – als sei das leichte Leben verweht? – Wir kamen uns wie Unsterbliche und erhabener vor, wir wähnten, das Sprechen über die Unsterblichkeit habe bei uns, wie bei jenen zwei edeln Menschen*, den Anfang der unsrigen bedeutet.
Plötzlich wurden wir von den vielfachen Armen eines harmonischen Stroms, der mit Lebenstönen durch das Lustschloß rauschte, gefasset und ins Leben zurückgeführt. Durch eine Musik in allen Zimmern wurde Gionen angesagt, wem dieses Schloß gehöre: sie drückte sanft und dankbar die Hand ihres Wilhelmi, und wir wurden alle erweicht, aber alle beglückt.
Allein der Sturm der neuen Freuden konnte, da wir in die glänzenden Zimmer traten, nicht die alten verwehen: wir konnten die große Nacht um uns noch nicht entbehren, wir stiegen auf die Platteforme heraus, um auf diesem kleinen Thron zu den höhern Thronen der Schöpfung unter dem unendlichen Thronhimmel näher aufzuschauen, wiewohl für die gerührte Seele Knien ein höheres Steigen gewesen wäre.
Droben standen Nachtviolen in einem Treibkasten, die Gionens Namen durch blühende Farben schrieben: ich dachte an die gefangnen Johanniswürmchen und Skolopender. Jene ließ ich als verworrene goldne Sternbilder auf die Rosenhecken hinunterfliegen, und mit den ausgegossenen Feuerwürmern setzte ich Gionens Namensblumen in schöne kalte Flammen.
Gione schauete sehnsüchtig zur östlichen Montgolfiere hinauf. Wilhelmi verstand sie. Ihr Geist war ebenso kühn als still, sie hatte schon viele Zauberhöhlen der Erde und die Zinnen der Alpen besucht: sie wollte mit der Kugel aufsteigen und in dieser herrlichen Nacht über diese herrliche Ge-

* Raffael starb, da er die Verklärung vollendet hatte; und der geniale Hamann starb mitten unter dem Drucke einer Abhandlung «über Verklärung und Entkörperung».

gend mitten im Himmel schweben; aber der Genuß der nächtlichen Aussicht war doch ihr Endzweck nicht allein. Wilhelmi fragte sie, wer sie begleiten sollte; sie bat nur um Einsamkeit. Die Breite und Tiefe der Barke unter dem Globen und ein Stuhl darin und die Seile, die ihn steigen und wiederkehren ließen, nahmen alle Gefahr hinweg.
Sie ging einsam wie eine Himmlische empor unter die Sterne – die Nacht und die Höhe warfen ein Gewölke über die aufziehende Gestalt – ein oberes Wehen wiegte diese blühende Aurora und deckte mit der schwankenden Göttin ein Sternbild ums andere zu – Plötzlich trat ihr fernes erhöhtes Angesicht in einen hellen überirdischen Glanz hinein; es stand leuchtend, wie das eines Engels, im Nachtblau gegen die Sterne erhoben! Wilhelmi und Karlson ergriff ein ungewöhnlicher Schauder, ihnen war, als sähen sie die Geliebte wieder von sich ziehen, vom Flügel des Todesengels getragen. Der Mond hinter der Erde, der seine Strahlen früher hinauf an die Sterne als herunter auf die Erdenblumen warf, hatte sie so himmlisch verklärt.
Als sie wieder zu uns kam, waren ihre Augen von gestillten Tränen rot – und sie war eben aufgestiegen, um in einer verhüllten Minute näher an den Sternen alte schwere Tränen einsam zu vergießen. O die Himmlische! sie lächelte sonderbar im Schlummer dieses Lebens über höhere Freuden, als die hiesigen sind, wie etwan schlafende Kinder lächeln, weil sie Engel sehen.
Jetzt wurde es mir unmöglich, meine Sehnsucht nach den Sternen und meine Bitte um das Einschiffen dahin zurückzuhalten. Ich erhielt von einer willigen Güte die westliche Kugel. Nadine, durch die Wiederkehr der unversehrten Schwester und durch den Teilnehmer der Gefahr verwegner, betrat mit ihrer gewöhnlichen auflodernden Wärme das Schiff, um das dürstende Herz an der majestätischen Unermeßlichkeit der Nacht zu laben. – –
– Und nun zogen uns die Sonnen empor. Die schwere Erde sank wie eine Vergangenheit zurück – Flügel, wie der Mensch in glücklichen Träumen bewegt, wiegten uns aufwärts – die erhabene Leere und Stille der Meere ruhte vor uns bis an die Sterne hin – wie wir stiegen, verlängerten sich die schwarzen Waldungen zu Gewitterwolken und die beschneieten beglänzten Gebirge zu lichten Schneewolken

– die auftreibende Kugel flog mit uns vor die stummen Blitze des Mondes, der wie ein Elysium unten im Himmel stand, und in der blauen Einöde wurden wir von einem gaukelnden Sturm gleichsam in die nähere schimmernde Welt des Mondes geblendet gewiegt ... und dann wurd es dem leichtern Herz, das hoch über dem schweren Dunstkreis schlug, als flatter es im Äther und sei aus der Erde gezogen, ohne die Hülle zurückzuwerfen. –

Plötzlich stockte unser Flug – wir blickten hinunter in das von der Tiefe und der Nacht verschlungene Tal, und nur die Lichter des Schlosses schimmerten zusammenfließend hinauf – eine westliche Wolke hing vor uns in Gestalt einer weißen Nebelbank, und ein schwarzer Adler glitt wie ein Todesengel von Morgen vorüber und durchschnitt die lichte Wolkensäule und suchte seinen Gipfel – und ein kaltes Wehen zog uns spielend gegen die Insel aus Dunst – das *Abendrot* war schon gegen Mitternacht unter der Erde fortgezogen und wandelte über das geliebte Frankreich als künftige *Aurora* ... O wie richtete sich der innere Mensch unter den Sternen auf und wie leicht wurde über der Erde das Herz ...

Ludwig Börne

Denkrede auf Jean Paul

Ein Stern ist untergegangen, und das Auge dieses Jahrhunderts wird sich schließen, bevor er wieder erscheint; denn in weiten Bahnen zieht der leuchtende Genius, und erst späte Enkel heißen freudig willkommen, von dem trauernde Väter einst weinend geschieden. Und eine Krone ist gefallen von dem Haupte eines Königs! Und ein Schwert ist gebrochen in der Hand eines Feldherrn; und ein hoher Priester ist gestorben! Wohl mögen wir den beweinen, der uns Ersatz gewesen und uns nun unersetzlich geworden. Jedem Lande ward für jedes trübe Entbehren irgendeine freundliche Vergütung. Der Norden ohne Herz hat seine eiserne Kraft; der kränkelnde Süden seine goldene Sonne; das finstere Spanien seinen Glauben; die darbenden Franzosen erquickt der spendende Witz, und Englands Nebel verklärt die Freiheit. *Wir* hatten Jean Paul, und wir haben ihn nicht mehr, und in ihm verloren wir, was wir nur in ihm besaßen: Kraft und Milde und Glauben und heitern Scherz und entfesselte Rede. Das ist der Stern, der untergegangen: der himmlische Glaube, der in dem Erloschenen uns geleuchtet. Das ist die Krone, die herabgefallen: die Krone der Liebe, die den beherrschte, der sie getragen, wie alle, die ihm untertan gewesen. Das ist das Schwert, das gebrochen: der Spott in scharfer Hand, vor dem Könige zittern und der blutleere Höflinge erröten macht. Und das ist der hohe Priester, der für uns gebetet im Tempel der Natur – er ist dahingeschieden, und unsere Andacht hat keinen Dolmetscher mehr. Wir wollen trauern um ihn, den wir verloren, und um die andern, die ihn nicht verloren. Nicht allen hat er gelebt! Aber eine Zeit wird kommen, da wird er allen geboren, und alle werden ihn beweinen. Er aber steht geduldig an der Pforte des zwanzigsten Jahrhunderts und wartet lächelnd, bis sein schleichend Volk ihm nachkomme. Dann führt er die Müden und Hungrigen ein in die Stadt seiner Liebe; er führt sie unter ein wirtliches Dach: die Vornehmen, verzärtelten Geschmacks, in den Palast des hohen Albano; die Unverwöhnten aber in seines Siebenkäs enge Stube, wo die geschäftige Lenette am Herde waltet und der heiße beißende Wirt mit Pfefferkörnern deutsche Schüsseln würzt. Jahrhunderte ziehen hinab, die Jahreszeiten rollen vorüber, es wechselt die Witterung des Glücks; die Stufen des Alters steigen auf und steigen nieder. Nichts ist dauernd als der Wechsel, nichts beständig als der Tod. Jeder Schlag des Herzens schlägt uns eine Wunde, und das Leben wäre ein ewiges Verbluten, wenn nicht die Dichtkunst wäre. Sie gewährt uns, was uns die Natur versagt: eine goldene Zeit, die nicht rostet, einen Frühling, der nicht abblüht, wolkenloses Glück und ewige Jugend. Der Dichter ist der Tröster der Menschheit; er ist es, wenn der Himmel selbst ihn bevollmächtigt, wenn ihm Gott sein Siegel auf die Stirne gedrückt und wenn er nicht um schnöden Botenlohn die himmlische Botschaft bringt. So war Jean Paul. Er sang nicht in den Palästen der Großen, er scherzte nicht mit seiner Leier an den Tischen der Reichen. Er war der Dichter der Niedergebornen, er war der Sänger der Armen, und wo Betrübte weinten, da vernahm man die süßen Töne seiner Harfe. Mögen wir der stolzen Glocke, die an seltenen Festtagen majestätisch schallt, unsere Ehrfurcht zollen – unsere Liebe wird der vertrauten Uhr, die jeden Pulsschlag unsers Herzens begleitet, die jede Viertelstunde unserer Freude nachtönt und alle unsere Schmerzen Minute nach Minute von uns nimmt.

In den Ländern werden nur die Städte gezählt; in den Städten nur die Türme, Tempel und Paläste, in den Häusern ihre Herren; im Volke die Kameradschaften; in diesen ihre Anführer. Vor allen Jahreszeiten wird der Frühling geliebkost; der Wanderer staunt breite Wege und Ströme und Alpen an; und was die Menge bewundert, preisen die gefälligen Dichter. Jean Paul war kein Schmeichler der Menge, kein Diener der Gewohnheit. Durch enge, verwachsene Pfade suchte er das verschmähte Dörfchen auf. Er zählte im Volke die Menschen, in den Städten die Dächer und unter jedem Dache jedes Herz. Alle Jahreszeiten blühten ihm, sie brachten ihm *alle* Früchte. Auch der ärmste Dichter, und schlotterte ihm nur *eine* Saite noch auf seiner kümmerlichen Leier, hat die Feiertage der ersten Liebe besungen. Jean Paul wartet diese heilige Flamme, bis sie mit dem Tode verlischt. Bei jeder goldenen Hochzeit ist er der trauende Priester, der die alten Herzen noch einmal aneinanderlegt und die zitternden Hände zum letzten Male paart, bevor der Tod sie trennt. Durch Nebel und Stürme und über gefrorne Bäche dringt er in das eingeschneite Häuschen eines Dorfschulmeisters, die Christnachtfreuden seiner Kinder zu teilen. Mit vollen Klängen besingt er die königliche Lust auf den Wonneinseln des Lago Maggiore; aber mit leisern und wärmern Tönen das enge Glück eines deutschen Jubelseniors und die Freuden eines schwedischen Pfarrers.

Für die Freiheit des Denkens kämpfte Jean Paul mit andern; im Kampfe für die Freiheit des Fühlens steht er allein. Seltsame, wunderliche Menschen, die wir sind! Fast sorglicher noch als unsern Haß suchen wir unsere Liebe zu verbergen, und wir fliehen so ängstlich den Schein der Güte, als wir unter Dieben den Schein des Reichtums meiden. Wie oft geschieht es, daß wir auf dem Markte des täglichen Treibens oder in den Sälen alltäglichen Geschwätzes all den wichtigen, volljährigen Dingen, die hier getrieben, dort besprochen werden, erlogene Aufmerksamkeit schenken! Wir scheinen gelassen und sind bewegt, scheinen ernst und sind weich, scheinen wach und sind von süßer Lust gewiegt, gehen bedächtigen Schrittes, und unser Herz taumelt von Erinnerung zu Erinnerung, und wir wandeln mit breitem Fuße zwischen den Blumenbeeten unserer Kindheit und erheben uns auf den Flügeln der Phantasie zu den roten Abendwolken unsrer hinabgesunkenen Jugend. Wie ängstlich lauschest du dann umher, ob kein Auge dich ertappt, ob kein Ohr die stillen Seufzer deiner Brust vernommen! Dann tritt Jean Paul nahe an dich heran und sagt dir leise und lächelnd: «Ich kenne dich!» Du verbirgst deine Freuden, weil sie dir zu kindlich scheinen für die Teilnahme der Würdigen; du verheimlichst deine Schmerzen, weil sie dir zu klein dünken für das Mitleid. Jean Paul findet dich auf und deine verstohlene Lust und spricht: «Komm, spiele mit mir!» Er schleicht sich in die Kammer, wo du einsam weinest, wirft sich an dein Herz und sagt: «Ich komme, mit dir zu weinen!» Schlummert und träumt irgendeine kindliche Neigung in deiner Brust, und sie erwacht, steht Jean Paul vor ihrer Wiege, und vielleicht waren es nur seine Lieder, die dein Herz in solchen Schlaf und in solche Träume gelullt. Nicht wie andere es getan, spürt er nach den verborgenen Einöden im menschlichen Herzen, er sucht darin die versteckten Paradiese auf. Er löset die Rinde von der verhärteten Brust und zeigt den weichen Bast darunter; und in der Asche eines ausgebrannten Herzens findet er den letzten, halbtoten Funken und facht ihn zur hellen Liebesflamme an. Darin hat er seinem Volke wohlgetan, darin war er sein Retter! Es gab eine Zeit, wo kein deutscher Jüngling, wenn er liebte, zu sagen wagte: «Ich liebe dich.» Zünftig und bescheiden, wie er war, sagte er: «Wir lieben dich, Mädchen!» Hinangezogen am Spalier der Staatsmauer, hinaufgerankt an der Stange des Herkommens, hatte er verlernt, seinen eignen Wurzeln zu trauen. Jean Paul munterte die blöden Herzen auf; er zuerst wagte das jedem Deutschen so grause Wort *Ich* auszusprechen, und wenn die Freiheit nicht darin besteht, daß man ohne Gesetze lebe, sondern daß jeder sein eigner Gesetzgeber sei, so war es Jean Paul, der für unsere Enkel die Saat der deutschen Freiheit ausgestreut.

Jean Paul war der Dichter der Liebe auf die schönste und erhabenste Weise, wie man dieses Wort nur deuten mag.

Einst in seiner Jugend hatte er folgenden Eid geschworen: «Großer Genius der Liebe! ich achte dein heiliges Herz, in welcher toten oder lebenden Sprache, mit welcher Zunge, mit der feurigen Engelszunge oder mit einer schweren, es auch spreche, und will dich nie verkennen, du magst wohnen im engen Alpental oder in der Schottenhütte, mitten im Glanze der Welt; und du magst den Menschen Frühlinge schenken oder hohe Irrtümer oder einen kleinen Wunsch oder ihnen alles, alles nehmen!» Er hat den Eid geschworen, und er hat ihn gehalten bis in den Tod. Doch was ist Liebe ohne Gerechtigkeit? Die Milde des Räubers, der dem einen schenkt, was er dem andern genommen. Jean Paul war auch ein Priester des Rechts. Die Liebe war ihm eine heilige Flamme und das Recht der Altar, auf dem sie brannte, und nur reine Opfer brachte er ihr. Er war ein sittlicher Sänger. Nie schmückte er häßliche Sünde mit den Blumen seiner Worte aus; nie bedeckte er eine unedle Regung mit dem Golde seiner Reden. Er hätte es vermocht, wenn er gewollt; auch er hätte vermocht, mit seinem mächtigen Zauber dem frommen Tadler ein Lächeln abzuschmeicheln; aber er hat es nicht getan. Er stritt für Wahrheit, für Recht, für Freiheit und Glauben, und nie deckte bei ihm die Flagge eines mächtigen Namens sündlich-heilloses Gut, es den Ungläubigen zuzuführen.
Die Trostbedürftigen zu trösten und als befruchtender Himmel dürstende Seelen zu erquicken – dazu allein ward der Dichter nicht gesendet. Er soll auch der Richter der Menschheit sein und Blitz und Sturm, die eine Erde voll Dunst und Moder reinigen. Jean Paul war ein Donnergott, wenn er zürnte, eine blutige Geißel, wenn er strafte; wenn er verhöhnte, hatte er einen guten Zahn. Wer seinen Spott zu fürchten hatte, mochte ihn fliehen; ihn zu verlachen, wenn er ihm begegnete, war keiner frech genug. Trat der Riese Hochmut ihm noch so keck entgegen, seine Schleuder traf ihn gewiß! Verkroch sich die Schlauheit in ihrer dunkelsten Höhle, er legte Feuer daran, und der betäubte Betrüger mußte sich selbst überliefern. Sein Geschoß war gut, sein Auge besser, seine Hand war sicher. Er übte sie gern, seinen Witz hinter Höfe und hinter Deutschland hetzend. Nicht nach der Beute der Jagd gelüstete ihm, er wollte nur fromm die Felder des Bürgers und des Land-

manns Äcker vor Verwüstungen schützen. Von der Feder manches Raubvogels, von dem Geweihe und der Klaue manch erlegten Wildes könnten wir erzählen; doch lassen wir uns zu keinen Jagdgeschichten verlocken in dieser sehr guten Hegezeit, wo schon strafbar gefunden und bestraft wird, nur die Büchse von der Wand herabzuholen.

Freiheit und Gleichheit lehrt der Humor und das Christentum – beide vergebens. Auch Jean Paul hätte vergebens gelehrt und gesungen, wäre nicht das Recht ein liebes Bild des toten Besitzes und die Hoffnung eine Schmeichlerin des Mangels. Jean Paul hat gut gemalt, er hat uns zart geschmeichelt. Der Humor ist keine Gabe des Geistes, er ist eine Gabe des Herzens, er ist die Tugend selbst, wie ein reichbegabtes Herz sie lehrend übt, weil es sie nicht übend lehren darf. Der Humorist ist der Hofnarr des Königs der Tiere in einer schlechten Zeit, wo die Wahrheit nicht tönen darf wie eine heilige Glocke, wo man ihr nur Schellengeläute vergibt, weil man es verachtet, weil man es belächelt. Der Humorist löst die Binde von den Füßen des Saturns, setzt dem Sklaven den Hut des Herrn auf und verkündigt das saturnalische Fest, wo der Geist das Herz bedient und das Herz den Geist verspottet. Einst war eine schönere Zeit, wo man den Humor nicht kannte, weil man nicht die Trauer und nicht die Sehnsucht kannte. Das Leben war ein olympisches Spiel, wo jeder durfte seine Kraft und Hurtigkeit erproben. Der Schwäche war nur das Ziel versperrt, nicht der Weg; der Preis verweigert, nicht der Kampf. Jean Paul war der Jeremias seines gefangenen Volkes. Die Klage ist verstummt, das Leid ist geblieben. Denn jene falschen Propheten wollen wir nicht hören, die ihn begleitet und ihm nachgefolgt; und nur aus Liebe zu dem geliebten Toten wollen wir seiner kranken Nachahmer mit mehr nicht als mit wenigen Worten gedenken. Sie dünken sich frei, weil sie mit ihren Ketten rasseln; kühn, weil sie in ihrem Gefängnisse toben, und freimütig, weil sie ihre Kerkermeister schelten. Sie springen vom Kopfe zum Herzen, vom Herzen zum Kopfe – sie sind hier oder dort; aber der Abgrund ist geblieben; sie verstanden keine Brücke über die Trennungen des Lebens zu bauen. Verrenkung ist ihnen Gewandtheit der Glieder, Verzerrung Ausdruck des Gesichts, sie klappern prahlend mit Blechpfennigen, als wenn es Goldstücke wären, und wirft ihnen ja einmal der Schiffbruch des Zufalls irgendein Kleinod zu, wissen sie es nicht schicklich zu gebrauchen, und man sieht sie, gleich jenem Häuptling der Wilden, ein Ludwigskreuz am Ohrläppchen tragen.

Die Bewunderung preist, die Liebe ist stumm. Nicht preisen wollen wir Jean Paul, wir wollen ihn beweinen! Der lüsterne Gast vergißt über das Mahl den Wirt, der herzlose Kunstfreund den Künstler über sein Werk. Zwar wird als Dankbarer gelobt, wer von der genossenen Wohltat erzählt; aber der Dankbarste ist, der die Wohltat vergißt, sich nur des Wohltäters zu erinnern. So wollen wir des seligen Geistes liebend gedenken, nicht der Arbeiten und Werke, womit er unsere Bewunderung verdient. Und wollten wir anders, wir vermöchten es nicht. Man kann Jean Pauls Werke zählen, nicht sie schätzen. Die Schätze, die er hinterlassen, sind nicht alle gemünztes Gold, das man nur einzurollen braucht. Wir finden Barren von Gold und Silber, Kleinodien, nackte Edelsteine, Schaumünzen, die der Gewürzkrämer als Bezahlung abweist; aufgespeicherte, ungemahlne Brotfrucht und Äcker genug, worauf noch die spätesten Enkel ernten werden. Solcher Reichtum hat manches Urteil arm gemacht. Fülle hat man Überladung gescholten, Freigebigkeit als Verschwendung! Weil er so viel Gold besaß als andere Zinn, hat man als Prunksucht getadelt, daß er täglich aus goldenen Gefäßen aß und trank. Hat aber Jean Paul doch hierin gefehlt, wer hat seinen Irrtum verschuldet? Wenn große Reichtümer durch viele Geschlechter einer Familie herab erben, dann führt die Gewohnheit zur Mäßigkeit des Genusses; die Fülle wird geordnet; alles an schickliche Orte gestellt und um jeden Glanz der Vorhang des Geschmacks gezogen. Der Arme aber, den das Glück überrascht, dem es die nackten Wände zauberschnell mit hohen Pfeilerspiegeln bedeckt, dem der Gott des Weins plötzlich die leeren Fässer füllt – der taumelt von Gemach zu Gemach, der berauscht sich im Becher der Freude, teilt unbesonnen mit vollen Händen aus und blendet, weil er ist geblendet. Ein solcher Emporkömmling war Jean Paul; er hatte von seinem Volke nicht geerbt. Der Himmel schenkte ihm seine Gunst; das Glück stürzte gutgelaunt sein Füllhorn um und überschüttete ihn mit Blumen und Früchten; die Erde gab ihm ihre verborgenen Schätze. Er sah und zeigte sie

gerne! Doch was der Neid der Mitlebenden belächelt, darüber lachen froh die Erben. Gold bleibt Gold, auch in der Erzstufe, nur von wenigen erkannt, und die Fassung der Edelsteine erhöht ihren Preis, nicht ihren Wert.
So war Jean Paul! – Fragt ihr: wo er geboren, wo er gelebt, wo seine Asche ruhe? Vom Himmel ist er gekommen, auf der Erde hat er gewohnt, unser Herz ist sein Grab. Wollt ihr hören von den Tagen seiner Kindheit, von den Träumen seiner Jugend, von seinen männlichen Jahren? Fragt den Knaben Gustav; fragt den Jüngling Albano und den wakkern Schoppe. Sucht ihr seine Hoffnungen? Im Kampanertale findet ihr sie. Kein Held, kein Dichter hat von seinem Leben so treue Kunde aufgezeichnet, als Jean Paul es getan. Der Geist ist entschwunden, das Wort ist geblieben! Er ist zurückgekehrt in seine Heimat; und in welchem Himmel er auch wandere, auf welchem Sterne er auch wohne, er wird in seiner Verklärung seine traute Erde nicht vergessen, nicht seine lieben Menschen, die mit ihm gespielt und geweint und geliebt und geduldet wie er.

Ludwig Tieck

Über Shakespeare

Indem ich ein längst begonnenes Werk nach vielen Jahren wieder vornehme, um endlich eine Arbeit zu beendigen, die mich einen großen Teil meines Lebens mit fast ausschließlicher Vorliebe beschäftigt hat, fühle ich das Bedürfnis um so deutlicher, in der Darstellung und Entwickelung der Werke dieses großen Dichters einen tiefen Zusammenhang mit der Vorzeit und seiner Nachwelt zu begründen, damit die Art seines Geistes, sein Individuum, sowie seine Kunst mit richtigem Maßstabe könne gemessen werden. Es ist nicht zu bezweifeln, daß Engländer und Deutsche nicht manche treffende Bemerkung, manche reichhaltige Anschauung oder große Begeisterung zu eigenen Werken den Gedichten Shakespeares entschöpft haben, aber die Behauptung, daß bis jetzt noch keiner ihn und sein Leben, seine Zeit und Vorzeit, seine Kunst und Bildung, im Streit

oder Einklang mit seinem eigentümlichen Charakter, in seinem ganzen Umfange gefühlt oder dargestellt habe, ist gewiß nicht zu gewagt, da wir sonst schon längst mehr über ihn unterrichtet, über das Wesen des Dramas selber aufgeklärt, sowie über die verschiedenen Perioden seiner Kunst und Bildung nicht mehr so sehr im Zweifel sein müßten. Darf ein Studium von vielen Jahren, das sich aus verschiedenen Standpunkten und nach mannigfaltigen Richtungen wiederholte und erneuerte, Bekanntschaft mit den Zeitgenossen des Dichters einigermaßen berechtigen, diese Lücke über die Erkenntnis der merkwürdigsten Erscheinung der neuern Zeit auszufüllen, so kann der Verfasser mit einer Art von Vertrauen seine Arbeit beginnen. Sieht er aber zurück auf die Masse von Verwirrung und Widerspruch, die in ältern wie neuern Tagen die Kritik und die Erklärung der Dichter und der Kunst veranlaßt haben, bedenkt er die geringe Ausbeute an wirklich gediegenem Gute, und wie sich nach jeder Bestrebung die Zweifel von neuem erheben, wirft er sein Auge auf die Uneinigkeit, die selbst unter den Gleichgesinntesten herrscht, so ist er in der Stimmung, seiner Arbeit auch keinen günstigern Erfolg zu versprechen, und seine aufgewandte Mühe möchte ihm dann fast unnütz erscheinen. Da es aber nicht zu tadeln ist, wenn jeder nach seinen besten Kräften die edelsten Erscheinungen der Menschheit zu würdigen sucht, den Eifer der Besten zu erheben und zu stärken, so läßt auch der Verfasser alle jene Bedenklichkeiten fahren, die so oft seine Arbeit unterbrochen haben, um wohlwollenden Lesern, die sich für seinen Dichter interessieren, die Ansichten, Untersuchungen und ihre Resultate zur Prüfung vorzulegen, welche er auf seinem Wege glaubt gewonnen zu haben.
Jeder Leser von Gefühl, indem er den Shakespeare aufgeschlagen hat, ist hingerissen, entzückt und geblendet worden von der Kraft der Darstellung, von dem Reichtum der Gedanken und Bilder, von den richtigen Zeichnungen der Charaktere, vorzüglich aber von der tragischen Kraft, seltsam angezogen und oft ebenso zurückgestoßen von dem Hang des Dichters zum Seltsamen und Bizarren. Ein höherer Standpunkt zeigt sich demjenigen, dem sich die tiefe Künstlichkeit, die große, verständige Absicht des Dichters offenbart; im Kontrast mit gleichzeitigen, oder spätern

Dichtern, oder gar mit der französischen Bühne zeigt sich die Größe des Dichters noch glänzender. Will der kritische Leser die Gesetze der Täuschung, die richtigen Motive, die Konsequenz der Charaktere, und das Befolgen dieser unsichtbaren wahren Kunstregeln im Gegensatz jener konventionellen, willkürlichen und durch Mißverständnis aus den Alten entwickelten Regeln sich deutlich machen, so läßt sich schwerlich ein Dichter entdecken, der mehr und triftigere Belege, als Shakespeare, lieferte, der viele, ja die meisten seiner Werke wie mit in der Absicht scheint geschrieben zu haben, daß sie die Entwickelungen der tiefsinnigsten Kunstansichten nicht nur zulassen, sondern selbst notwendig machen. Ist der Kritiker lange genug in dieser Region einheimisch gewesen, so will er auch in den absichtlichsten Kunstwerken, in welchen der Dichter seiner persönlichen Bekanntschaft wie auf ewig zu entfliehen scheint, die Eigentümlichkeiten des Menschen wiederfinden. Je größer der Reiz seiner Werke war, um so sehnlicher wünscht er von seinem eigenen Charakter, von seinem Schicksal, von dem Wechsel seiner Leidenschaften oder Gesinnungen etwas zu erfahren. Er will entdecken, was in den Werken ausdrücklich ihm angehört, was zufällig aus Gewohnheit oder Stimmung seiner Zeit mit eingeflossen ist, wo er Original, wo er Nachahmer war, in welchem Werke er am stärksten oder schwächsten ist, und zugleich was ihre sonderbare Verschiedenheit bewirkt hat. Er fühlt endlich deutlich, daß aus diesen Ansichten, wenn sie errungen sind, sich eine höhere Würdigung des Künstlers und seiner Werke, zugleich mit dem Wesen seiner Kunst und der Poesie überhaupt mit mehr Sicherheit müsse gründen lassen; denn aus verschiedenen historischen Untersuchungen und Entwickelungen dieser Art müssen in Zukunft die philosophischen sich leichter und unbezweifelter ergeben. Wir mußten über unsere Erde irren, bevor Amerika entdeckt war, und so trägt jeder, der einen einzelnen Gegenstand gründlich durchzuarbeiten vermag, zur Kenntnis des ganzen Gebietes der Poesie und Kunst bei. Wir haben früher zu oft allgemeine Grundsätze auf die Produkte der Kunst anwenden wollen, oft ohne zu bedenken, ob das Werk selbst in jenen Untersuchungen, die das Resultat gegeben haben, konnte geahndet werden. Die historische Entwickelung kann nur dann gefährlich werden, wenn der Kritiker selbst in seinem Gegenstande zu sehr befangen ist, und diese Befangenheit irrigerweise, wie freilich schon oft geschehen ist, für Begeisterung nimmt.

Unter diesen geschilderten Lesern sieht die erste Klasse, wegen der frischen Neuheit des Gegenstandes, oft sehr richtig. Sie sehen wie im Fluge die sonderbarsten Szenen in einer seltsamen Beleuchtung, gleichsam Berg, Tal, Wald und blumige Ebene in der schnellsten Abwechselung, scheinbar ohne Harmonie und Zusammenhang. Die kühne Zusammenstellung heterogener Massen verwirrt, aber entzückt den natürlichen Sinn, und aus dieser Begeisterung haben die meisten Nachahmer Shakespeares ihren Gesang angestimmt. In jener schönen Zeit der deutschen Literatur namentlich, in welcher mit Goethes Jugend ein frischer Morgen hereinbrach, hat der Brite als Stellvertreter dessen, was man Natur nannte, hauptsächlich gegen Künstlichkeit, die ermüdet hatte, weil sie unnatürlich war, gegen Flachheit und Unbedeutendheit als erregende Kraft wirken müssen. Viele dieser deutschen Bewunderer haben uns freilich auch statt der gepriesenen Natur ein Cento, ja oft eine Quintessenz aus den furchtbarsten Ingredienzien der auffallendsten Meisterwerke des großen Engländers geliefert, da ihnen besonders, aus Mangel an Kenntnis der Sprache, in einer sonst löblichen prosaischen Übersetzung, alles ohne Perspektive, ohne Licht und Schatten gezeigt wurde, und ihr ungewöhnter, unkünstlicher Sinn diese Mängel gerade für Vorzüge hielt. Es ist gewiß, daß wenn wir damals schon eine Schlegelsche Übersetzung hätten besitzen oder würdigen können, eine Menge vormals gefeierter poetischer Produkte gar nicht erschienen wäre, und unser Publikum früher zum Bewußtsein der Kunst und Harmonie gekommen wäre.

Die zweite Klasse der Leser hat sich erst seit einigen Jahren bedeutend vermehrt. Früher war Lessing gewissermaßen der einzige, der es versucht, ein Kunstwerk aus sich selbst zu erklären, da vor ihm auch die Besten nur von einzelnen Schönheiten oder einzelnen Fehlern zu sagen wußten: doch ist seine Kritik auch in der Regel mehr polemisch, und Shakespeare diente ihm mehr zum Gegensatz der französischen Bühne. Auf diesem seitdem mehr betretenen Wege läßt sich mit Scharfsinn und Vorliebe aus Shakespeares

Werk eine vollständige Ästhetik des Schauspiels entwikkeln, Beispiele lassen sich für alle Regeln finden, und jeder Versuch dieser Art, wie z. B. Richardsons Charakteristik und viele ähnliche englische und deutsche Zergliederungen werden ihren Wert behalten, und oft zum Verständnis des Dichters beitragen. Nur ist hierbei zweierlei zu besorgen. Erstlich kann das zergliedernde Auge sehr leicht, indem es den feinern Zusammenhang und Bau entdecken will, den größern übersehen, und darüber vergessen, zuzeiten bei jener ersten Periode der scheinbaren Unbekanntschaft wieder in die Schule zu gehen. Denn eine empfängliche Natur wird, von der Gewalt dieser Dichtungen angeregt, oft als Uneingeweihter richtiger sehen können und tiefer fühlen, als jener studierende Kenner, wenn er auf halbem Wege stehenbleibt; vorzüglich, wenn sich ihm irgendein System vor oder während des Studiums angebildet hat, das er aus seinem Dichter bestätigen will. Oder dieser kritische Leser wird auch wohl zweitens, indem er tiefe Absichtlichkeit erst aus dem Dichter kennenlernt, diesem selbst zu enge Grenzen stecken, ihm nicht Absicht und Plan genug zutrauen, und den Weisesten mit seinen eigenen Waffen schlagen wollen. Dieses ist unserm großen Dichter bei seiner vortrefflichen Zergliederung des Hamlet begegnet: er scheint mir wirklich am Ende nach meisterhaften Entwickelungen den Hamlet im Hamlet zu verlieren.
Kam diese Verirrung wohl nicht großenteils daher, daß Goethe sich des dritten Standpunkts noch nicht genug bemeistert hatte? Denn von hieraus läßt sich doch nur erst übersehen, was Shakespeare wollte und nicht wollte, was er vermochte und wo ihm sein Talent versagte. Ist hier eine Überzeugung errungen, so läßt sich erst aus dem Reichtum seines Geistes ein Blick in die Kraft und Kunst seiner Vorgänger und Nachfolger tun, und endlich mit sicherer Hand die Grenze ziehen, wo das Dramatische, Täuschende, Rührende, oder Schöne aufhöre und aufhören müsse, diese hohe Psychologia vera, die man, ohne daß man geradezu wußte, wie viel man suchte, von früher Zeit bis auf unsere Tage als einen Stein der Weisen hat entdecken wollen, und die Franzosen und die Anhänger ihrer Regeln gefunden zu haben meinen, ohne nur zu wissen, wovon die Rede war. Aber auch abgesehn von diesem höchsten Standpunkt, den

ganz zu erklimmen immer nur Wunsch bleiben wird, ist nun noch wenig geschehen, um Shakespeare recht in seinem innern Wesen zu begreifen, das Zufällige und Notwendige in seinen Werken zu sondern. Die Engländer haben sich bemüht, seine Werke zu klassifizieren und chronologisch zu ordnen, Sitten seiner Zeit, Stellen aus andern Büchern aufzufinden und zu erklären, die Beschaffenheit des Theaters sowie die Moden im Publikum deutlich zu machen, aber alle diese Bemühungen, die weiter unten gewürdigt werden sollen, geben uns wenigstens kein deutliches Bild des Dichters.
Alle Werke eines Schriftstellers wachsen wieder zu einem Werke zusammen. Man kann ihn im Zusammenhange mit seiner Zeit, mit der Geschichte seines Landes, ja nicht nur den Gang und die Veränderungen der Poesie, der Sitten, des Glaubens seines Vaterlandes, sondern selbst die Bildungsgeschichte der ganzen andern Welt als Erscheinungen an einem Individuum betrachten, und es wird also nur darauf ankommen, wie viel Raums aus der Vorzeit man nötig findet, um die merkwürdigste Erscheinung der neuern Tage zu erklären und zu begreifen. Wir wünschen nur, daß der Leser unsern Liebling merkwürdig genug finden möge, um uns gleich gern zu den allgemeinen Betrachtungen wie bis in die genauen Details zu folgen, die sonst leicht, ohne die Vorliebe des Verfassers zu teilen, zu entfernt oder zu kleinlich scheinen möchten.

Joseph von Eichendorff

Zwielicht

Dämmrung will die Flügel spreiten,
Schaurig rühren sich die Bäume,
Wolken ziehn wie schwere Träume –
Was will dieses Graun bedeuten?

Hast ein Reh du lieb vor andern,
Laß es nicht alleine grasen,
Jäger ziehn im Wald und blasen,
Stimmen hin und wieder wandern.

Hast du einen Freund hienieden,
Trau ihm nicht zu dieser Stunde,
Freundlich wohl mit Aug und Munde,
Sinnt er Krieg im tück'schen Frieden.

Was heut müde gehet unter,
Hebt sich morgen neugeboren.
Manches bleibt in Nacht verloren –
Hüte dich, bleib wach und munter!

Der Riese

Es saß ein Mann gefangen
Auf einem hohen Turm,
Die Wetterfähnlein klangen
Gar seltsam in den Sturm.

Und draußen hört' er ringen
Verworrner Ströme Gang,
Dazwischen Vöglein singen
Und heller Waffen Klang.

Ein Liedlein scholl gar lustig:
Heisa, solang Gott will!
Und wilder Menge Tosen;
Dann wieder totenstill.

So tausend Stimmen irren,
Wie Wind im Meere gehn,
Sich teilen und verwirren,
Er konnte nichts verstehn.

Doch spürt' er, wer ihn grüße,
Mit Schaudern und mit Lust,
Es rührt' ihm wie ein Riese
Das Leben an die Brust.

Der alte Garten

Kaiserkron und Päonien rot,
Die müssen verzaubert sein,
Denn Vater und Mutter sind lange tot,
Was blühn sie hier so allein?

Der Springbrunn plaudert noch immerfort
Von der alten schönen Zeit,
Eine Frau sitzt eingeschlafen dort,
Ihre Locken bedecken ihr Kleid.

Sie hat eine Laute in der Hand,
Als ob sie im Schlafe spricht,
Mir ist, als hätt ich sie sonst gekannt –
Still, geh vorbei und weck sie nicht!

Und wenn es dunkelt das Tal entlang,
Streift sie die Saiten sacht,
Da gibt's einen wunderbaren Klang
Durch den Garten die ganze Nacht.

Mondnacht

Es war, als hätt der Himmel
Die Erde still geküßt,
Daß sie im Blütenschimmer
Von ihm nun träumen müßt.

Die Luft ging durch die Felder,
Die Ähren wogten sacht,
Es rauschten leis die Wälder,
So sternklar war die Nacht.

Und meine Seele spannte
Weit ihre Flügel aus,
Flog durch die stillen Lande,
Als flöge sie nach Haus.

Der Einsiedler

Komm, Trost der Welt, du stille Nacht!
Wie steigst du von den Bergen sacht,
Die Lüfte alle schlafen,
Ein Schiffer nur noch, wandermüd,
Singt übers Meer sein Abendlied
Zu Gottes Lob im Hafen.

Die Jahre wie die Wolken gehn
Und lassen mich hier einsam stehn,
Die Welt hat mich vergessen,
Da tratst du wunderbar zu mir,
Wenn ich beim Waldesrauschen hier
Gedankenvoll gesessen.

O Trost der Welt, du stille Nacht!
Der Tag hat mich so müd gemacht,
Das weite Meer schon dunkelt,
Laß ausruhn mich von Lust und Not,
Bis daß das ewge Morgenrot
Den stillen Wald durchfunkelt.

Sehnsucht

Es schienen so golden die Sterne,
Am Fenster ich einsam stand
Und hörte aus weiter Ferne
Ein Posthorn im stillen Land.
Das Herz mir im Leib entbrennte,
Da hab ich mir heimlich gedacht:
Ach, wer da mitreisen könnte
In der prächtigen Sommernacht!

Zwei junge Gesellen gingen
Vorüber am Bergeshang,
Ich hörte im Wandern sie singen
Die stille Gegend entlang:
Von schwindelnden Felsenschlüften,

Wo die Wälder rauschen so sacht,
Von Quellen, die von den Klüften
Sich stürzen in die Waldesnacht.

Sie sangen von Marmorbildern,
Von Gärten, die überm Gestein
In dämmernden Lauben verwildern,
Palästen im Mondenschein,
Wo die Mädchen am Fenster lauschen,
Wann der Lauten Klang erwacht
Und die Brunnen verschlafen rauschen
In der prächtigen Sommernacht. –

Eldorado

Es ist von Klang und Düften
Ein wunderbarer Ort,
Umrankt von stillen Klüften,
Wir alle spielten dort.

Wir alle sind verirret,
Seitdem so weit hinaus,
Unkraut die Welt verwirret,
Findt keiner mehr nach Haus.

Doch manchmal taucht's aus Träumen,
Als läg es weit im Meer,
Und früh noch in den Bäumen
Rauscht's wie ein Grüßen her.

Ich hört den Gruß verfliegen,
Ich folgt ihm über Land,
Und hatte mich verstiegen
Auf hoher Felsenwand.

Mein Herz ward mir so munter,
Weit hinten alle Not,
Als ginge jenseits unter
Die Welt in Morgenrot.

Der Wind spielt' in den Locken,
Da blitzt' es drunten weit,
Und ich erkannt erschrocken
Die alte Einsamkeit.

Nun jeden Morgenschimmer
Steig ich ins Blütenmeer,
Bis ich Glückselger nimmer
Von dorten wiederkehr.

Wilhelm Müller

Der Lindenbaum

Am Brunnen vor dem Tore
Da steht ein Lindenbaum:
Ich träumt in seinem Schatten
So manchen süßen Traum.

Ich schnitt in seine Rinde
So manches liebe Wort;
Es zog in Freud und Leide
Zu ihm mich immer fort.

Ich mußt auch heute wandern
Vorbei in tiefer Nacht,
Da hab ich noch im Dunkel
Die Augen zugemacht.

Und seine Zweige rauschten,
Als riefen sie mir zu:
Komm her zu mir, Geselle,
Hier findst du deine Ruh!

Die kalten Winde bliesen
Mir grad ins Angesicht,
Der Hut flog mir vom Kopfe,
Ich wendete mich nicht.

Nun bin ich manche Stunde
Entfernt von jenem Ort,
Und immer hör ich's rauschen:
Du fändest Ruhe dort!

Der Wegweiser

Was vermeid ich denn die Wege,
Wo die andren Wandrer gehn,
Suche mir versteckte Stege
Durch verschneite Felsenhöhn?

Habe ja doch nichts begangen,
Daß ich Menschen sollte scheun –
Welch ein törichtes Verlangen
Treibt mich in die Wüstenein?

Weiser stehen auf den Straßen,
Weisen auf die Städte zu,
Und ich wandre sonder Maßen,
Ohne Ruh, und suche Ruh.

Einen Weiser seh ich stehen
Unverrückt vor meinem Blick;
Eine Straße muß ich gehen,
Die noch keiner ging zurück.

August von Platen

Es liegt an eines Menschen Schmerz

Es liegt an eines Menschen Schmerz, an eines Menschen Wunde nichts,
Es kehrt an das, was Kranke quält, sich ewig der Gesunde nichts,
Und wäre nicht das Leben kurz, das stets der Mensch vom Menschen erbt,

So gäb's Beklagenswerteres auf diesem weiten Runde nichts.
Einförmig stellt Natur sich her, doch tausendförmig ist ihr Tod,
Es fragt die Welt nach meinem Ziel, nach deiner letzten Stunde nichts.
Und wer sich willig nicht ergibt dem ehrnen Lose, das ihm dräut,
Der zürnt ins Grab sich rettungslos und fühlt in dessen Schlunde nichts.
Dies wissen alle, doch vergißt es jeder gerne jeden Tag.
So komme denn, in diesem Sinn, hinfort aus meinem Munde nichts!
Vergeßt, daß euch die Welt betrügt, und daß ihr Wunsch nur Wünsche zeugt,
Laßt eurer Liebe nichts entgehn, entschlüpfen eurer Kunde nichts!
Es hoffe jeder, daß die Zeit ihm gebe, was sie keinem gab,
Denn jeder sucht ein All zu sein und jeder ist im Grunde nichts.

Wie rafft ich mich auf

Wie rafft ich mich auf in der Nacht, in der Nacht,
Und fühlte mich fürder gezogen,
Die Gassen verließ ich, vom Wächter bewacht,
Durchwandelte sacht
In der Nacht, in der Nacht,
Das Tor mit dem gotischen Bogen.

Der Mühlbach rauschte durch felsigen Schacht,
Ich lehnte mich über die Brücke,
Tief unter mir nahm ich der Wogen in acht,
Die wallten so sacht
In der Nacht, in der Nacht,
Doch wallte nicht eine zurücke.

Es drehte sich oben, unzählig entfacht,
Melodischer Wandel der Sterne,
Mit ihnen der Mond in beruhigter Pracht,
Sie funkelten sacht
In der Nacht, in der Nacht,
Durch täuschend entlegene Ferne.

Ich blickte hinauf in der Nacht, in der Nacht,
Ich blickte hinunter aufs neue:
O wehe, wie hast du die Tage verbracht!
Nun stille du sacht
In der Nacht, in der Nacht,
Im pochenden Herzen die Reue!

Tristan

Wer die Schönheit angeschaut mit Augen,
Ist dem Tode schon anheimgegeben,
Wird für keinen Dienst auf Erden taugen,
Und doch wird er vor dem Tode beben,
Wer die Schönheit angeschaut mit Augen!

Ewig währt für ihn der Schmerz der Liebe,
Denn ein Tor nur kann auf Erden hoffen,
Zu genügen einem solchen Triebe:
Wen der Pfeil des Schönen je getroffen,
Ewig währt für ihn der Schmerz der Liebe!

Ach, er möchte wie ein Quell versiechen,
Jedem Hauch der Luft ein Gift entsaugen
Und den Tod aus jeder Blume riechen:
Wer die Schönheit angeschaut mit Augen,
Ach, er möchte wie ein Quell versiechen!

Wilhelm Grimm

Bericht über das Deutsche Wörterbuch

Meine Herren, ich erlaube mir Ihre Aufmerksamkeit für kurze Zeit auf eine Sache zu lenken, die an sich Ihrer Betrachtung nicht unwürdig ist: da sie aber zugleich als eine persönliche Angelegenheit erscheint, so muß ich im voraus um Ihre Nachsicht bitten. Vor mehreren Jahren haben wir beide, mein Bruder und ich, die Ankündigung eines deutschen Wörterbuchs erlassen. Man hat uns eine Teilnahme gezeigt, die schmeichelhaft war, selbst dann, wenn sie einige Ungeduld über die noch nicht eingetretene Erfüllung zeigte, oder wenn man, irre ich nicht, von Berlin aus, wo man leicht Erkundigung einziehen konnte, in öffentlichen Blättern anzeigte, daß der erste Teil des Werks bereits der Presse übergeben sei. Ja es ist schon an die Buchhandlung das Begehren gestellt worden, den dreißigsten Bogen zu senden, was natürlich schon neunundzwanzig bereits gedruckte voraussetzt. Es sollte mir lieb sein, wenn dem so wäre. Allein ein Werk dieser Art bedarf langer und mühsamer Vorarbeiten, deren Beendigung nicht erzwungen werden kann. Das Wörterbuch soll die deutsche Sprache umfassen, wie sie sich in drei Jahrhunderten ausgebildet hat: es beginnt mit Luther und schließt mit Goethe. Zwei solche Männer, welche, wie die Sonne dieses Jahrs den edlen Wein, die deutsche Sprache beides feurig und lieblich gemacht haben, stehen mit Recht an dem Eingang und Ausgang. Die Werke der Schriftsteller, die zwischen beiden aufgetreten sind, waren sorgfältig auszuziehen, nichts Bedeutendes sollte zurückbleiben. Ich brauche nicht zu sagen, daß die Kräfte zweier, zumal wenn sie über die Mitte des Lebens längst hinweggeschritten sind, nicht zureichen, diesen Schatz zu heben, kaum zu bewegen: aber ganz Deutschland (auch hier machte das nördliche und südliche keinen Unterschied) hat uns treuen Beistand, manchmal mit Aufopferung geleistet; oft ist er uns da, wo wir ihn nicht erwarteten, angeboten, nur selten, wo wir ihn erwarteten, versagt worden. Ich kann die Zahl der Männer von den Schweizerbergen bis zu der Ostsee, von dem Rhein bis zur Oder, welche an der Arbeit teilgenommen haben, nicht genau angeben, aber sie ist beträchtlich: selbst unter den Mitgliedern dieser glänzenden Versammlung erblicke ich einige von ihnen und kann unsern Dank öffentlich aussprechen. In Luther gewann die deutsche Sprache, nachdem sie von der früheren, kaum wieder erreichbaren Höhe herabgestiegen war, wieder das Gefühl ihrer angebornen Kraft. Aus Luthers Jahrhundert war was sich nur erreichen ließ zu benutzen. Hernach hat der Dreißigjährige Krieg Deutschland und sein geistiges Leben verödet; gleichmäßig welkte die Sprache und die Blätter fielen einzeln von den Ästen; was sich in dieser Zeit irgend auszeichnete, mußte berücksichtigt werden. Im Anfang des achtzehnten Jahrhunderts hing trübes Gewölk über dem alten Baum, dessen Lebenskraft zu schwinden schien. Mit Anmaßung, zunächst unter Gottsched, erhob sich die Grammatik und gedachte der Sprache aufzuhelfen. Aber eine Grammatik, die sich nicht auf geschichtliche Erforschung gründete, sondern die Gesetze eines oberflächlichen Verstandes der Sprache aufnötigen wollte, würde selbst bei minderer Beschränktheit unfähig gewesen sein, den rechten Weg zu finden. Ein solches Gebäude schwankt hin und her, die Sprache gewinnt durch ein willkürliches Gesetz eine gewisse Gleichförmigkeit und scheinbare Sicherheit, aber die innere Quelle beginnt zu versiegen, und das trockene Gerüst fällt schnell zusammen. Für diese Zeit war nur eine Auswahl zulässig: daß wir das Richtige getroffen haben, dürfen wir hoffen, aber das Urteil steht andern zu. Unserm Vaterland ist mehrmals ein Retter erschienen, der seine Geschicke wieder aufwärts lenkte: so erschien Goethe auch der Sprache als ein neues Gestirn, Goethe, der dieser Stadt angehört, dessen Standbild, das seine schönen und edlen Züge bewahrt, ich ohne Bewegung nicht betrachte, der in die Tiefen der menschlichen Seele hinab, zu ihren Höhen hinauf geblickt hat und über den eigenen Lorbeerkranz, der in seiner Hand ruht, hinweg schaut. Der Stab, mit dem er an den Felsen schlug, ließ eine frische Quelle über die dürren Triften strömen; sie begannen wieder zu grünen und die Frühlingsblumen der Dichtung zeigten sich aufs neue. Es ist nicht zu erschöpfen, was er für die Erhebung und Läuterung der Sprache getan hat, nicht mühsam suchend, sondern dem unmittelbaren Drange folgend; der Geist des deutschen Volkes, der sich am klarsten in der Sprache bewährt, hatte bei ihm seine volle Freiheit wieder gefunden. Was sonst hervorragende Männer, wie Wieland, Herder, Schiller in dieser Beziehung gewirkt haben, erscheint ihm gegenüber von geringem Belang; Lessing stand, was die Behandlung der Sprache betrifft, ihm am nächsten, aber niemand hat ihn bis jetzt erreicht, geschweige übertroffen. Goethe ist also für die letzte Periode, der sein langes Leben eine glückliche Ausdehnung gegeben hat, der Mittelpunkt des deutschen Wörterbuchs. Wenn die Auszüge aus den Werken der Zeitgenossen, die seinem Anstoß bewußt oder unbewußt folgten, völlig beendigt sind, und dieses Stück unseres Weges wird bald zurückgelegt sein, so kann erst das eigentliche Werk, ich meine die Anordnung und Verarbeitung des gesammelten Stoffes, beginnen. Dann wird sich zeigen, ob wir imstande sind, dem Ziel, das uns vorschwebt, nahe zu kommen: dann vermögen wir der Teilnahme, die sich oft geäußert, und dem Beistand, den man uns geleistet hat, einen würdigen Dank zu bringen.

Meine Herren, wenn ein Franzose unsicher ist über den Begriff eines Wortes, wenn er nicht weiß, ob es überhaupt in der Schriftsprache zulässig ist, wenn er fürchtet, einen orthographischen Fehler zu machen, so holt er sein Gesetzbuch herbei, ich meine das Wörterbuch der Akademie. Er schlägt nach und findet eine Entscheidung, welche, um mich juristisch auszudrücken, kein Gericht wieder umstoßen darf, mit andern Worten, er schreibt korrekt und ist gegen jeden Tadel gesichert. Welch ein glücklicher Zustand! so scheint es wenigstens, die Sprache zeigt sich in letzter Vollendung, niemand kann ihr etwas anhaben, niemand hat etwas mehr von ihr zu fordern, sie legt, wenn sie weiterschreitet, nur reines Gold in ihre Schatzkammern. Aber die Rückseite des glänzenden Bildes gewährt einen ganz andern Anblick, man kann sagen, einen traurigen. Napoleon drückte sich vortrefflich aus, scharf, bestimmt, wie es die französische Sprache vermag, er schlug den Nagel auf den Kopf, das wird ein jeder eingestehen, auch wer ihn so wenig liebt als ich: aber er schrieb erbärmlich. Auf St. Helena fragte er den Vertrauten Las Cases, der seine Mitteilungen auffaßte, ob er Orthographie verstände, und fügte verächtlich hinzu, das sei das Geschäft derer, die sich zu dieser Arbeit handwerksmäßig hergäben. In der Tat, selbst geistig ausgezeichnete Männer, zumeist Schriftstellerinnen, deren sich dort nicht wenige geltend machen, wissen nicht richtig zu schreiben, sie übergeben die Handschrift jenen Handlangern, die das Unzulässige streichen, das Fehlerhafte bessern, die Orthographie berichtigen, kurz die Sprache auf gesetzlichen Fuß bringen. Jetzt erst wird das Buch gedruckt und die Welt erfährt nichts von dem Zustand, der dahinter besteht und allein der wahre ist. Diese Einrichtung hat etwas Bequemes und sorgt für den äußern Anstand, ja man könnte in Versuchung geraten, der verwahrlosten, hingesudelten Sprache, die bei uns oft genug in ihrer Blöße sich zeigt, eine solche polizeiliche Aufsicht zu wünschen. Aber die natürliche Freiheit, die keine Fesseln duldet, hat sich in Frankreich gegen jene Allgewalt schon aufgelehnt. Es gibt eine Partei, welche die Aussprüche des Wörterbuchs der Akademie nicht mehr anerkennt und ihre Sprache nach eigenem Belieben bildet, nicht bloß frei, kühn und keck, auch rücksichtslos und gewaltsam; man kokettiert in der Bildung neuer Wörter, wie in dem Gebrauch der bekannten. Dies ist die Gefahr, welche jede Rückwirkung gegen übergroße Spannung mit sich führt, und es wird noch zweifelhaft sein, was dieses plötzliche Umstürzen der alten Grenzpfähle herbeiführt, größern Vorteil oder größern Nachteil. So steht es nicht bei uns, und ich glaube, wir dürfen sagen zu unserm Glück. Unsere Schriftsprache kennt keine Gesetzgebung, keine richterliche Entscheidung über das, was zulässig und was auszustoßen ist, sie reinigt sich selbst, erfrischt sich und zieht Nahrung aus dem Boden, in dem sie wurzelt. Hier wirken die vielfachen Mundarten, welche der Rede eine so reiche Mannigfaltigkeit gewähren, auf das wohltätigste. Jede hat ihre eigentümlichen Vorzüge: wie munter und scherzhaft drückt sich der Süddeutsche aus! Geht der größte Reiz von Hebels alemannischen Gedichten nicht verloren, wenn man sie in das vornehmere Hochdeutsch übersetzt? Zwischen den Kehllauten des Schweizers dringt das Naive seiner Worte um so lebhafter hervor; welche vertrauliche Redseligkeit und anmutige Umständlichkeit herrscht in der Sprache der Niedersachsen! Ich berühre nur die auffallendsten Gegensätze, denn untereinander würden diese Stämme oft sich gar nicht verstehen, während dazwischen liegende Mischungen und Abstufungen sie wieder verbinden. Unsere Schriftsprache schwebt über dieser Mannigfaltigkeit, sie zieht Nahrung aus den Mundarten und wirkt, wenn auch langsam, wieder auf sie zurück. Dieses Verhältnis ist alt, ein hochdeutscher Dichter des dreizehnten Jahrhunderts wünscht schon, daß sein Gedicht von der Donau bis Bremen gelesen werde; die Schriftsprache ist also das Gemeinsame, das alle Stämme verbindet, und gibt den höheren Klang an zu der Sprache des täglichen Verkehrs. Weil die scharfe Sonderung, wie sie das Gesetzbuch der französischen Akademie fordert, nicht besteht, so pflegen unsere Schriftsteller, und grade die vorzüglichern, die Mundart ihrer Heimat, wenn sie das Bedürfnis darauf leitet, einzumischen, so hat z. B. Voß häufig Wörter und Wendungen des Niederdeutschen hervorgezogen. Niemand verargt ihnen das, dringen sie damit nicht immer durch, so ist das kein Verlust. Goethe hat mit dem richtigsten Gefühl, wie der Augenblick drängte, die ihm angeborne Mundart benutzt und mehr daraus in die Höhe gehoben, als irgendein anderer. Auch seine Aussprache, zumal in vertraulicher Rede, war noch danach gefärbt, und als sich jemand beklagte, daß man ihm den Anflug seiner südlichen Mundart in Norddeutschland zum Vorwurf gemacht habe, hörte ich ihn scherzhaft erwidern: «Man soll sich sein Recht nicht nehmen lassen, der Bär brummt nach der Höhle, in der er geboren ist.» Und soll man den Vorteil aufgeben, den der Wechsel der höhern, geläuterten Rede und der heimischen Mundart, wie ihn verschiedene Stimmungen fordern, natürlichen Menschen gewährt?

Sie sehen, meine Herren, wo ich hinauswill, welches Ziel ich dem Wörterbuch stecke. Sollen wir eingreifen in den Sprachschatz, den die Schriften dreier Jahrhunderte bewahren? entscheiden, was beizubehalten, was zu verwerfen ist? sollen wir, was die Mundarten zugetragen haben, wieder hinausweisen? den Stamm von den Wurzeln ablösen? Nein, wir wollen der Sprache nicht die Quelle verschütten, aus der sie sich immer wieder erquickt, wir wollen kein Gesetzbuch machen, das eine starre Abgrenzung der Form und des Begriffs liefert und die nie rastende Beweglichkeit der Sprache zu zerstören sucht. Wir wollen die Sprache darstellen, wie sie sich selbst in dem Lauf von drei Jahrhunderten dargestellt hat, aber wir schöpfen nur aus denen, in welchen sie sich lebendig offenbart. Sollen wir zusammenscharren, was nur aufzutreiben ist, wie Campe und andere gewollt haben? was aus den Winkeln, wo das Gewürm der Literatur hockt, sich an das Tageslicht gewagt hat? Unser Werk wird, wenn Sie mir den Ausdruck erlauben, eine Naturgeschichte der einzelnen Wörter enthalten. Jedem, in welchem sich das Gefühl für die Sprache rein erhalten hat, bleibt das Recht, den Inhalt eines Worts zu erweitern oder zusammenzuziehen, der Fortbildung wird keine Grenze gesetzt, aber sie muß auf dem rechten Weg bleiben. Die französische Sprache neigt dahin, einen logisch bestimmten, vorsichtig beschränkten Begriff eines jeden Wortes zu gewinnen, das entspricht der Natur des französischen Volks und gewährt eine gewisse Bequemlichkeit, zumal denen, deren Geist dürftig geblieben ist, sie reden immer noch besser als sie denken; aber in diesem Zustande steigt der Saft in dem Stamm nur träge und langsam auf. Ich hoffe, es wird dem deutschen Wörterbuch gelingen, durch eine Reihe ausgewählter Belege darzutun, welcher Sinn in dem Wort eingeschlossen ist, wie er immer verschieden hervorbricht, anders gerichtet, anders beleuchtet, aber nie völlig erschöpft wird; der volle Gehalt läßt sich durch keine Definition erklären. Gewiß, das Wort hat eine organische Form, die nicht in die Gewalt des einzelnen gegeben ist, wiederum aber, der Geist ist es allein, der das Wort erfüllt und der Form erst Geltung verschafft; es gibt ebensowenig ein buchstäbliches Verständnis, als der Geist ohne das Wort sein Dasein kundzutun vermag. Wie wäre die Erscheinung sonst zu erklären, daß einzelne Wörter in dem Fortschritt der Zeit ihre Bedeutung nicht bloß erweitert oder eingeengt, sondern ganz aufgegeben haben und zu der entgegengesetzten übergegangen sind?

Es würde ungeschickt sein, wenn ich hier von der innern Einrichtung des Wörterbuchs oder von der Weise reden wollte, mit der wir den kaum zu überschauenden Stoff zu bewältigen gedenken; man darf auf glücklichen Takt bei der Ausarbeitung eines solchen Werks, das mehr als eine Schwierigkeit zu besiegen hat, zwar hoffen, doch ihn nicht vorausverkündigen. Aber glauben Sie nicht, das Wörterbuch werde, weil es sich der geschichtlichen Umwandlung der Sprache unterwirft, deshalb auch lässig oder nachsichtig sich erweisen. Es wird tadeln, was sich unberechtigt eingedrängt hat, selbst wenn es muß geduldet werden; geduldet, weil in jeder Sprache einzelne Zweige verwachsen und verkrüppelt sind, die sich nicht mehr gerad ziehen lassen. Eben weil es die Freiheit nicht allein, sondern auch die Notwendigkeit anerkennt und das Gesetz will, aber nur das aus der Natur hervorgegangene, so wird es gegen eine andere Richtung kämpfen, die zwar früher hier und da zum Vorschein gekommen ist, aber erst in der letzten Zeit auf eine unerträgliche Weise sich breitgemacht hat. Ich meine zunächst die Anmaßung, mit welcher einzelne sich berechtigt glauben, die Sprache zu bessern und nach ihrem Verstand einzurichten. Kleine Geister haben es gewagt, das Messer zu ergreifen und in das frische Fleisch einzuschneiden. Ich will nur das traurige Andenken an Wolke und Radlof erneuern, die mit Eifer und Fleiß, aber mit beispiellosem Unverstand die natürliche Gestalt der Sprache zerstören wollten. Noch immer spuken sie fort, zwar minder gewaltsam, aber desto gefährlicher; man lebt in dem Wahn, ein jeder dürfe, wie es ihn gelüste, mit der Sprache umspringen und ihr seine geistlosen Einfälle aufdrängen, sobald sie etwa logischen Schein haben oder sich irgendeine Analogie dafür anführen läßt; ja, auch ohne eine solche Entschuldigung wirft man ihr Schutt und Schlacken dieser Art auf den Weg. Nur ein paar Beispiele, wie sie mir gerade einfallen. Ich habe lesen müssen und zwar gedruckt von «mehrmaligen ausstreckenden Hinzureimungen», was hinzugefügte Verse eines Gedichtes bedeuten soll. Da ist nicht von der Verstoßung der Gemahlin, sondern von dem «Verstoß» die Rede oder von der «Treugestalt» eines Mannes. Was «augenstecherische, meerwerferische Zusicherungen» sein sollten, habe ich vergessen. Ich will die Gelegenheit benutzen, noch einiger Zusammensetzungen (es sind auch nur Beispiele) zu gedenken, die eben jetzt mit der Anmaßung auftreten, als liege darin eine Bereicherung und ein Fortschritt der Sprache. Man nennt «selbstredend» was sich von selbst versteht, als wäre es gut Deutsch, wenn man sagte: «Der Stumme schwieg selbstredend still.» Selbstredend ist nur, wer bei seiner Rede sich selbst vertritt und keines andern bedarf, wie selbstständig, wer auf eigenen

Füßen, nicht aber gleich einem Korkmännchen von selbst steht. Wie wohl nach dieser schönen Erfindung ein Selbstdenker zu erklären wäre? er könnte sich jede Anstrengung beim Denken ersparen, wie der Selbsttätige beim Handeln. Was Gegenwart heißt, weiß ein jeder, aber «Jetztzeit», übelklingend und schwer auszusprechen, soll bedeutungsvoller sein, warum nicht auch «Nunzeit» oder «Nochzeit»? es wäre ebenso zulässig, ebenso sinnreich. Wer nicht fühlt, wie abgeschmackt «Zweckessen» lautet, der ist nicht zu bessern. Alle diese neugeschaffenen Mißgestalten springen wie Dickbäuche und Kielkröpfe zwischen schön gegliederten Menschen umher. Will sich die Sprache aus ihrem Altertum durch Wiederaufnahme einzelner Wörter stärken, so habe ich nichts dagegen, aber es muß mit Einsicht und Maß geschehen, nur wenn man fühlt, daß das Welkgewordene noch Kraft hat, sich wieder aufzurichten, mag man es versuchen; in das völlig Abgetrocknete dringt kein neues Leben; wen aber die Erforschung der alten Sprache nicht dazu berechtigt, der tut klug, sich an das zu halten, was die Gegenwart bietet. Glaubt sich doch jeder befugt, auch die Orthographie zu meistern, die, wie verderbt sie ist, doch nur durch Einsicht in das geschichtliche Verhältnis der einzelnen Laute allmählich kann gereinigt werden. Zu diesem kecken Vordrängen macht die Furchtsamkeit einen seltsamen Gegensatz, mit welcher man sich scheut, die großen Buchstaben aufzugeben (es ist das Natürlichste von der Welt und geschichtlich wohlbegründet): man erschrickt davor wie vor einer Umwälzung der bestehenden Ordnung.
Ein Redner vor mir hat mit Recht behauptet, die Wissenschaft suche nicht sich selbst allein, sie sei vorhanden, um den Geist des ganzen Volks (ich begreife alle Stände darunter) zu erheben und auf seinem Wege zu fördern. Möge daher das Wörterbuch nicht bloß die Forschung begünstigen, sondern auch imstande sein, das Gefühl für das Leben der Sprache zu erfrischen. Luther hat gesagt, die Sprache sei die Scheide, in welcher der Stahl des Gedankens stecke: die Scheide ist schlotterig geworden, Nebel und Dünste setzen sich mit Rostflecken auf den Glanz. Jede gesunde Sprache ist bildlich, auch der zarteste Gedanke verlangt einen sichtbaren Leib. In der letzten Bildungsstufe hat sich eine überwiegende Neigung zu abstrakten Ausdrücken gezeigt: nicht

zum Vorteil, denn das abstrakte Wort schließt sich nicht fest an den Gedanken: es läßt eine Leere dazwischen und läuft Gefahr, inhaltlos zu werden. Man nimmt den Mund voll und sagt wenig, manchmal gar nichts. Die Knochen erweichen, das Antlitz wird bleich und bleifarbig. Könnte das Wörterbuch dahin wirken, daß die sinnliche Rede, der bildliche Ausdruck (ich meine nicht die von allen Händen abgegriffenen Gleichnisse) selbst auf die Gefahr, derb oder ekkig zu erscheinen, wieder in ihr Recht gesetzt werde! – «Damit der Bezug übersinnlicher Anschauungen auf die Wirklichkeit sichtbarer Wesenheiten vergegenwärtigt werde», würden jene hinzusetzen, die sich darin gefallen, den Kern der Sprache zu verflüchtigen, die nur grau in grau malen wollen.

Ich will noch *eine* Saite anschlagen. Wir geben uns der Hoffnung hin, daß das Wörterbuch den Sinn für Reinheit der Sprache wieder erwecke, der in unserer Zeit völlig abgestorben scheint. Keine andere Sprache befindet sich, von dieser Seite betrachtet, in einem so erbarmungswürdigen Zustand. Das bleibt wahr, wenn man auch zugibt, daß abgeleitete wie die romanischen und gemischte wie die englische der Gefahr weniger ausgesetzt sind, ihren Ursprung und ihre Würde zu vergessen. Ich muß andeuten, wie ich das verstehe. Kein Volk, wenigstens kein europäisches, scheidet sich streng von dem andern und setzt geistigen Berührungen Grenzpfähle entgegen, wie man den Waren und Erzeugnissen des Bodens tut. Sobald aber Völker sich äußerlich nähern, so erfahren auch ihre Sprachen eine notwendige Wechselwirkung. Wer kennt nicht den Zusammenhang jener beiden Stämme, bei welchen unsere Bildung wurzelt, denen wir Unsägliches verdanken, mehr als wir uns in jedem Augenblick bewußt sind? ich meine natürlich die Griechen und Römer. Ich will nicht berühren, daß die Völker, die man die kaukasischen nennt, Gemeinsames genug, ja unbezweifelte Spuren einer untergegangenen Ursprache bewahren: ich rede nur von der sicheren Wahrnehmung, daß sie eine Anzahl Wörter voneinander geborgt und aufgenommen haben. Das mußte geschehen und war ein Gewinn. Daheim nicht ausgebildete oder gar nicht vorhandene Begriffe holt man von andern und nimmt das Wort dafür mit: könnten wir z. B. auskommen, wenn wir «Idee»

wieder wegweisen sollten? Schon das Althochdeutsche hat sich dieses Rechts bedient, nur mit richtigem Gefühl die fremde Form der einheimischen angenähert. Hat doch die romanische Sprache in Gallien anfänglich mehr aus der deutschen geborgt, als die deutsche aus ihr. Manche von den Römern empfangene Wörter, wie etwa «Frucht, Tisch, Kampf» sind zu uns so völlig übergegangen, daß wohl mancher überrascht wird, wenn er von fremdem Ursprung hört. Reden wir von «dichten», so empfinden wir schon den Hauch des Geistes, jenes geheimnisreiche Schaffen der Seele: es ist nichts als das lateinische dictare, das zu dieser Würde sich erhoben hat. Aber auch Wörter, deren fremde Abkunft offen liegt, müssen geduldet werden: die Wissenschaften, Künste und Gewerbe bedürfen technischer Ausdrücke, die einen scharfbegrenzten, voraus verabredeten Begriff unverändert festhalten sollen. Versucht man eine Übersetzung, so klingt sie hölzern und lächerlich. Kann jemand bei «Befehl» an den grammatischen Imperativ denken, bei «Einzahl» an den Singularis, bei «Mittelwort» an das Participium, bei «Geschlechtswort» an Artikel? Ob wohl ein Pedant schon pedantisch genug gewesen ist, für das fremde Wort, das ihn allein genau bezeichnet, ein einheimisches zu erfinden? Einem Humorist wird es nicht in den Sinn kommen sich zu übersetzen: wie wäre es möglich, die in allen Farben glänzenden Strahlen seines Geistes frei spielen zu lassen ohne das Recht, auch nach dem fremden Ausdruck zu greifen: das Anmutigste und Heiterste müßte ungesagt bleiben. Auch im Ernst zwingt uns die Not zum Borgen. Wissen wir Germanisten uns doch keinen erschöpfenden deutschen Namen zu geben.
Hat es bisher den Schein gehabt, als wollte ich der Einmischung des Fremden das Wort reden, so ist doch gerade das Gegenteil meine Absicht; ich wollte nur nicht das Kind mit dem Bade ausschütten. Was ich eben verteidigt habe, ist so sehr in der Natur der Sache begründet, daß der steifleinene Purismus, der sich manchmal aufrichten will, immer wieder zu Boden fällt. Aber gefährlich im höchsten Grad ist der Mißbrauch, der in unserer Zeit alles Maß übersteigt; ich kann mich nicht stark genug dagegen ausdrücken. Alle Tore sperrt man auf, um die ausländischen Geschöpfe herdenweise einzutreiben. Das Korn unsrer edlen Sprache liegt in

Spreu und Wust: wer die Schaufel hätte, um es über die Tenne zu werfen! Wie oft habe ich ein wohlgebildetes Gesicht, ja die geistreichsten Züge von solchen Blattern entstellt gesehen. Öffnet man das erste Buch, ich sage nicht ein schlechtes, so schwirrt das Ungeziefer zahllos vor unsern Augen. Da liest man von «Amplifikationen, Kollektionen, Konstruktionen, Publikationen und Manipulationen», da ist die Rede von «Divergenz, Retizenz, Omnipotenz, Kohärenz, Tendenz und Tendenzprozessen», von «Lokalisierung», von «nobler Natur» und «prolifiquer Behandlung», von «sozialen Konglomeraten» oder von «futilem Raisonnement». Die Verhältnisse sollen nicht zart, sie müssen «delikat» sein; wir werden nicht davon bewegt, sondern «affiziert»: das Leben versumpft nicht, es «stagniert». Ungleichartig versteht niemand, aber gewiß «heterogen»: das Jahrzehnt nimmt an Gewicht zu, wenn es «Dezennium» heißt. Das alles ist auf wenigen Blättern zu finden, und immer bot die Muttersprache das natürlichste, eindringlichste Wort. Und gar wenn Dürftigkeit des Geistes dahintersteckt! Die arme Seele borgt von den Philosophen ein paar technische Ausdrücke, sie spricht vom «Objektiven und Subjektiven», von der «Spekulation und Intelligenz» oder gar von dem «Absoluten», das alle anderen Gedanken verschlingt. Es ekelt mich an, weitere Beispiele aufzusuchen. Diesen traurigen Verfall mag stumpfe Gleichgültigkeit gegen den hohen Wert der Sprache, die ein Volk noch zusammen hält, wenn andere Stützen brechen, mangelndes Gefühl von ihrer innern Kraft, manchmal auch die Neigung, vornehmer zu erscheinen, herbeigeführt haben: Gewohnheit und Trägheit halten die Unsitte fest und lassen das Verderbnis immer weiter um sich greifen. Man weiß nicht mehr, daß man sündigt. Habe ich doch, ich muß es sagen, an dieser Stelle, von den geehrten Rednern dieser Versammlung, welchen Glanz und Ruhm des Vaterlands am Herzen liegt, mehr fremde Worte gehört als sich ertragen lassen, sogar von denen, welche gegen die Anwendung des römischen Rechts und dessen Sprache sich so stark erklärt haben. Über Nacht läßt sich das Unkraut nicht ausreißen, wir müssen zunächst trachten, daß es nicht weiter hinauf wuchere und der edlen Pflanze Sonne und Luft raube.

Das war es, meine Herren, was ich Ihnen bei Gelegenheit

des deutschen Wörterbuchs sagen wollte: ich schließe mit dem Wunsch, daß es bei Ihnen eine gute Stätte finden möge.

Annette von Droste-Hülshoff

Im Grase

Süße Ruh, süßer Taumel im Gras,
Von des Krautes Arom umhaucht,
Tiefe Flut, tief, tief trunkne Flut,
Wenn die Wolke am Azure verraucht,
Wenn aufs müde schwimmende Haupt
Süßes Lachen gaukelt herab,
Liebe Stimme säuselt und träuft
Wie die Lindenblüt auf ein Grab.

Wenn im Busen die Toten dann,
Jede Leiche sich streckt und regt,
Leise, leise den Odem zieht,
Die geschloßne Wimper bewegt,
Tote Liebe, tote Lust, tote Zeit,
All die Schätze, im Schutt verwühlt,
Sich berühren mit schüchternem Klang
Gleich den Glöckchen, vom Winde umspielt.

Stunden, flüchtger ihr als der Kuß
Eines Strahls auf den trauernden See,
Als des ziehnden Vogels Lied,
Das mir niederperlt aus der Höh,
Als des schillernden Käfers Blitz,
Wenn den Sonnenpfad er durcheilt,
Als der flüchtge Druck einer Hand,
Die zum letzten Male verweilt.

Dennoch, Himmel, immer mir nur
Dieses eine nur: für das Lied
Jedes freien Vogels im Blau

Eine Seele, die mit ihm zieht,
Nur für jeden kärglichen Strahl
Meinen farbig schillernden Saum,
Jeder warmen Hand meinen Druck
Und für jedes Glück einen Traum.

Das Spiegelbild

Schaust du mich an aus dem Kristall,
Mit deiner Augen Nebelball,
Kometen gleich die im Verbleichen;
Mit Zügen, worin wunderlich
Zwei Seelen wie Spione sich
Umschleichen, ja, dann flüstre ich:
Phantom, du bist nicht meinesgleichen!

Bist nur entschlüpft der Träume Hut,
Zu eisen mir das warme Blut,
Die dunkle Locke mir zu blassen:
Und dennoch, dämmerndes Gesicht,
Drin seltsam spielt ein Doppellicht,
Trätest du vor, ich weiß es nicht,
Würd ich dich lieben oder hassen?

Zu deiner Stirne Herrscherthron,
Wo die Gedanken leisten Fron
Wie Knechte, würd ich schüchtern blicken;
Doch von des Auges kaltem Glast,
Voll toten Lichts, gebrochen fast,
Gespenstig, würd, ein scheuer Gast,
Weit, weit ich meinen Schemel rücken.

Und was den Mund umspielt so lind,
So weich und hülflos wie ein Kind,
Das möcht in treue Hut ich bergen;
Und wieder, wenn er höhnend spielt,
Wie von gespanntem Bogen zielt,
Wenn leis es durch die Züge wühlt,
Dann möcht ich fliehen wie vor Schergen.

Es ist gewiß, du bist nicht ich,
Ein fremdes Dasein, dem ich mich
Wie Moses nahe, unbeschuhet,
Voll Kräfte die mir nicht bewußt,
Voll fremden Leides, fremder Lust;
Gnade mir Gott, wenn in der Brust
Mir schlummernd deine Seele ruhet!

Und dennoch fühl ich, wie verwandt,
Zu deinen Schauern mich gebannt,
Und Liebe muß der Furcht sich einen.
Ja, trätest aus Kristalles Rund,
Phantom, du lebend auf den Grund,
Nur leise zittern würd ich, und
Mich dünkt – ich würde um dich weinen!

Durchwachte Nacht

Wie sank die Sonne glüh und schwer!
Und aus versengter Welle dann
Wie wirbelte der Nebel Heer,
Die sternenlose Nacht heran!
– Ich höre ferne Schritte gehn, –
Die Uhr schlägt zehn.

Noch ist nicht alles Leben eingenickt,
Der Schlafgemächer letzte Türen knarren,
Vorsichtig in der Rinne Bauch gedrückt
Schlüpft noch der Iltis an des Giebels Sparren,
Die schlummertrunkne Färse murrend nickt,
Und fern im Stalle dröhnt des Rosses Scharren,
Sein müdes Schnauben, bis, vom Mohn getränkt,
Es schlaff die regungslose Flanke senkt.

Betäubend gleitet Fliederhauch
Durch meines Fensters offnen Spalt,
Und an der Scheibe grauem Rauch
Der Zweige wimmelnd Neigen wallt.
Matt bin ich, matt wie die Natur! –
Elf schlägt die Uhr.

O wunderliches Schlummerwachen, bist
Der zartren Nerve Fluch du oder Segen? –
's ist eine Nacht vom Taue wach geküßt,
Das Dunkel fühl ich kühl wie feinen Regen
An meine Wangen gleiten, das Gerüst
Des Vorhangs, scheint sich schaukelnd zu bewegen,
Und dort das Wappen an der Decke Gips,
Schwimmt sachte mit dem Schlängeln des Polyps.

Wie mir das Blut im Hirne zuckt!
Am Söller geht Geknister um,
Im Pulte raschelt es und ruckt
Als drehe sich der Schlüssel um,
Und – horch! der Seiger hat gewacht,
's ist Mitternacht.

War das ein Geisterlaut? so schwach und leicht
Wie kaum berührten Glases schwirrend Klingen,
Und wieder, wie verhaltnes Weinen, steigt
Ein langer Klageton aus den Syringen,
Gedämpfter, süßer nun, wie tränenfeucht
Und selig kämpft verschämter Liebe Ringen;
O Nachtigall, das ist kein wacher Sang,
Ist nur im Traum gelöster Seele Drang.

Da kollert's nieder vom Gestein!
Des Turmes morsche Trümmer fällt,
Das Käuzlein knackt und hustet drein.
Ein jäher Windesodem schwellt
Gezweig und Kronenschmuck des Hains;
– Die Uhr schlägt eins –

Und drunten das Gewölke rollt und klimmt;
Gleich einer Lampe aus dem Hünenmale
Hervor des Mondes Silbergondel schwimmt,
Verzitternd auf der Gasse blauem Stahle,
An jedem Fliederblatt ein Fünkchen glimmt,
Und hell gezeichnet von dem blassen Strahle
Legt auf mein Lager sich des Fensters Bild,
Vom schwanken Laubgewimmel überhüllt.

Jetzt möcht ich schlafen, schlafen gleich,
Entschlafen unterm Mondeshauch,
Umspielt vom flüsternden Gezweig,
Im Blute Funken, Funk im Strauch,
Und mir im Ohre Melodei;
– Die Uhr schlägt zwei. –

Und immer heller wird der süße Klang,
Das liebe Lachen, es beginnt zu ziehen,
Gleich Bildern von Daguerre, die Deck entlang,
Die aufwärts steigen mit des Pfeiles Fliehen;
Mir ist als seh ich lichter Locken Hang,
Gleich Feuerwürmern seh ich Augen glühen,
Dann werden feucht sie, werden blau und lind,
Und mir zu Füßen sitzt ein schönes Kind.

Es sieht empor, so froh gespannt,
Die Seele strömend aus dem Blick,
Nun hebt es gaukelnd seine Hand,
Nun zieht es lachend sie zurück,
Und – horch! des Hahnes erster Schrei!
– Die Uhr schlägt drei. –

Wie bin ich aufgeschreckt – o süßes Bild
Du bist dahin, zerflossen mit dem Dunkel!
Die unerfreulich graue Dämmrung quillt,
Verloschen ist des Flieders Taugefunkel,
Verrostet steht des Mondes Silberschild,
Im Walde gleitet ängstliches Gemunkel,
Und meine Schwalbe an des Frieses Saum
Zirpt leise, leise auf im schweren Traum.

Der Tauben Schwärme kreisen scheu,
Wie trunken, in des Hofes Rund,
Und wieder gellt des Hahnes Schrei,
Auf seiner Streue rückt der Hund,
Und langsam knarrt des Stalles Tür,
– Die Uhr schlägt vier –

Da flammt's im Osten auf – o Morgenglut!
Sie steigt, sie steigt, und mit dem ersten Strahle
Strömt Wald und Heide vor Gesangesflut,

Das Leben quillt aus schäumendem Pokale,
Es klirrt die Sense, flattert Falkenbrut,
Im nahen Forste schmettern Jagdsignale,
Und wie ein Gletscher, sinkt der Träume Land
Zerrinnend in des Horizontes Brand.

Adelbert von Chamisso

An die Apostolischen

1

Ev. Matth. c. 24

Ja, überhand nimmt Ungerechtigkeit,
Und Not, Empörung, Haß, Verrat befährden.
Die falschen Christi wollen sich gebärden
Als mit dem Unrecht, nicht dem Recht im Streit.

Bald aber, nach der Trübsal dieser Zeit,
Wird den Geschlechtern allen auf der Erden
Des Menschen Zeichen offenbaret werden
Mit großer Kraft und hoher Herrlichkeit.

Vom Feigenbaume lernt! An seinen Zweigen
Erkennet ihr des Sommers Anbeginn,
Wann steigt der Saft und Blätter schon sich zeigen.

Wo habt ihr, blöde Toren, doch den Sinn?
Ihr seht den Saft in alle Zweige steigen
Und leugnet euch den Sommer immerhin!

2

Ev. Matth. c. 15-23

Senkt sich die Sonn in klarer Herrlichkeit,
So sagt ihr: Morgen wird das Wetter gut;
Und hüllt der Morgen sich in trübe Glut,
Urteilt ihr: ein Gewitter ist nicht weit.

Könnet ihr denn nicht die Zeichen dieser Zeit
Auch deuten, wie ihr doch den Himmel tut?
Ihr Heuchler, Pharisäer, Otterbrut,
Wohl hat von euch Jesajas prophezeit:

«Es spricht der Herr: ‹Dieweil ich es erfahren,
Daß, wenn sie mich bekennen mit dem Munde,
Sie mit dem Herzen ferne von mir sind,

Will seltsam ich mit diesem Volk verfahren,
Daß seiner Weisen Weisheit geh zugrunde
Und seiner Klugen Klugheit werde blind.›»

3

SCHILLER

Ihr wollt zurück uns führen zu den Tagen
Charakterloser Minderjährigkeit?
Ihr hängt umsonst an der Vergangenheit,
Ihr werdet nicht die Zukunft unterschlagen.

Es ist ein eitel, ein vergeblich Wagen,
Zu greifen ins bewegte Rad der Zeit;
Der Morgen graut, verscheucht die Dunkelheit,
Und leuchtend stürzt hervor der Sonnenwagen.

Die, blind und taub, ihr Augen habt und Ohren,
Nicht Stimmen hören wollt, nicht Zeichen sehen,
Ich zittre nur für euch, ihr blöden Toren!

Denn Gottes Ratschluß wird dennoch bestehen,
Die Frucht der Zeit zu ihrer Zeit geboren
Und das, was an der Zeit ist, doch geschehen.

4

Die öffentliche Meinung schreit und klagt:
Ihr habt von mir erborget eure Kraft;
Durch mich geschah, was Großes ihr geschafft,
Durch mich gelang, was siegreich ihr gewagt.

Und nun ich euch erhöht, wollt ihr als Magd
Mich züchtigen mit Ruten und mit Haft?
Ihr schämt euch flüchtiger Genossenschaft
Und habt mir, eurer Herrin, widersagt?

Und doch, ihr hörtet meine Donner rollen,
Und der Koloß der Zeit war schon zerstoben,
Von dessen Joch ich kam euch zu erlösen. –

Ihr Seifenblasen, die mein Hauch geschwollen
Und flüchtgen Schimmers meine Huld gehoben,
Ihr eitle Seifenblasen – seid gewesen!

5

Wer hat zum Schreier also dich bedungen?
Es möchten Lieder besser dir gedeihen,
Welchen auch gern das Ohr die meisten leihen;
Hast du nicht sonst von Lieb und Wein gesungen?

Könnt ich aus ehrner Brust doch tausend Zungen
Mit Hauch beleben, alle wollt ich weihen,
Gellend das *eine* alte Lied zu schreien,
Bis in verschloßnen Ohren es erklungen!

Es ist hoch an der Zeit, sie aufzuschrecken,
Die taumelnd um den Rand des Abgrunds wallen,
Ob schlafend nicht, dennoch nicht zu erwecken;

Oh, muß die schwache Stimme so verhallen!
Es drohet euch der Sturz, mir bloß das Schrecken; –
Ein Vogel schwingt sich auf, wo Eichen fallen.

Tragische Geschichte

’s war einer, dem’s zu Herzen ging,
Daß ihm der Zopf so hinten hing,
Er wollt es anders haben.

So denkt er denn: «Wie fang ich's an?
Ich dreh mich um, so ist's getan –»
Der Zopf, der hängt ihm hinten.

Da hat er flink sich umgedreht,
Und wie es stund, es annoch steht –
Der Zopf, der hängt ihm hinten.

Da dreht er schnell sich anders 'rum,
's wird aber noch nicht besser drum –
Der Zopf, der hängt ihm hinten.

Er dreht sich links, er dreht sich rechts,
Es tut nichts Guts, es tut nichts Schlechts –
Der Zopf, der hängt ihm hinten.

Er dreht sich wie ein Kreisel fort,
Es hilft zu nichts, in einem Wort –
Der Zopf, der hängt ihm hinten.

Und seht, er dreht sich immer noch
Und denkt: «Es hilft am Ende doch –»
Der Zopf, der hängt ihm hinten.

Georg Büchner

Der Hessische Landbote

Erste Botschaft

Darmstadt, im Juli 1834.

Vorbericht

Dieses Blatt soll dem hessischen Lande die Wahrheit melden, aber wer die Wahrheit sagt, wird gehenkt; ja sogar der, welcher die Wahrheit liest, wird durch meineidige Richter vielleicht gestraft. Darum haben die, welchen dies Blatt zukommt, folgendes zu beobachten:

1. Sie müssen das Blatt sorgfältig außerhalb ihres Hauses vor der Polizei verwahren;

2. sie dürfen es nur an treue Freunde mitteilen;
3. denen, welchen sie nicht trauen wie sich selbst, dürfen sie es nur heimlich hinlegen;
4. würde das Blatt dennoch bei einem gefunden, der es gelesen hat, so muß er gestehen, daß er es eben dem Kreisrat habe bringen wollen;
5. wer das Blatt nicht gelesen hat, wenn man es bei ihm findet, der ist natürlich ohne Schuld.

Friede den Hütten! Krieg den Palästen!
Im Jahre 1834 siehet es aus, als würde die Bibel Lügen gestraft. Es sieht aus, als hätte Gott die Bauern und Handwerker am fünften Tage und die Fürsten und Vornehmen am sechsten gemacht, und als hätte der Herr zu diesen gesagt: «Herrschet über alles Getier, das auf Erden kriecht», und hätte die Bauern und Bürger zum Gewürm gezählt. Das Leben der *Vornehmen* ist ein langer Sonntag: sie wohnen in schönen Häusern, sie tragen zierliche Kleider, sie haben feiste Gesichter und reden eine eigne Sprache; das Volk aber liegt vor ihnen wie Dünger auf dem Acker. Der Bauer geht hinter dem Pflug, der *Vornehme* aber geht hinter ihm und dem Pflug und treibt ihn mit den Ochsen am Pflug, er nimmt das Korn und läßt ihm die Stoppeln. Das Leben des Bauern ist ein langer Werktag; Fremde verzehren seine Äkker vor seinen Augen, sein Leib ist eine Schwiele, sein Schweiß ist das Salz auf dem Tische des *Vornehmen.*
Im Großherzogtum Hessen sind 718373 Einwohner, die geben an den Staat jährlich an 6363436 Gulden, als

1. Direkte Steuern	2128131 Fl.
2. Indirekte Steuern	2478264 Fl.
3. Domänen	1547394 Fl.
4. Regalien	46938 Fl.
5. Geldstrafen	98511 Fl.
6. Verschiedene Quellen	64198 Fl.
	6363436 Fl.

Dies Geld ist der Blutzehnte, der vom Leib des Volkes genommen wird. An 700000 Menschen schwitzen, stöhnen und hungern dafür. Im Namen des Staates wird es erpreßt, die Presser berufen sich auf die Regierung, und die Regierung sagt, das sei nötig, die Ordnung im Staat zu erhalten.

Was ist denn nun das für gewaltiges Ding: der Staat? Wohnt eine Anzahl Menschen in einem Land und es sind Verordnungen oder Gesetze vorhanden, nach denen jeder sich richten muß, so sagt man, sie bilden einen Staat. Der Staat also sind *alle*; die Ordner im Staate sind die Gesetze, durch welche das Wohl *aller* gesichert wird und die aus dem Wohl *aller* hervorgehen sollen. – Seht nun, was man in dem Großherzogtum aus dem Staat gemacht hat; seht, was es heißt: die Ordnung im Staate erhalten! 700000 Menschen bezahlen dafür 6 Millionen, d. h. sie werden zu Ackergäulen und Pflugstieren gemacht, damit sie in Ordnung leben. In Ordnung leben heißt hungern und geschunden werden.
Wer sind denn die, welche diese Ordnung gemacht haben und die wachen, diese Ordnung zu erhalten? Das ist die Großherzogliche Regierung. Die Regierung wird gebildet von dem Großherzog und seinen obersten Beamten. Die andern Beamten sind Männer, die von der Regierung berufen werden, um jene Ordnung in Kraft zu erhalten. Ihre Anzahl ist Legion: Staatsräte und Regierungsräte, Landräte und Kreisräte, geistliche Räte und Schulräte, Finanzräte und Forsträte usw. mit allem ihrem Heer von Sekretären usw. Das Volk ist ihre Herde, sie sind seine Hirten, Melker und Schinder; sie haben die Häute der Bauern an, der Raub der Armen ist in ihrem Hause; die Tränen der Witwen und Waisen sind das Schmalz auf ihren Gesichtern; sie herrschen frei und ermahnen das Volk zur Knechtschaft. Ihnen gebt ihr 6000000 Fl. Abgaben; sie haben dafür die Mühe, euch zu regieren; d. h. sich von euch füttern zu lassen und euch eure Menschen- und Bürgerrechte zu rauben. Sehet, was die Ernte eures Schweißes ist!
Für das Ministerium des Innern und der Gerechtigkeitspflege werden bezahlt 1110607 Gulden. Dafür habt ihr einen Wust von Gesetzen, zusammengehäuft aus willkürlichen Verordnungen aller Jahrhunderte, meist geschrieben in einer fremden Sprache. Der Unsinn aller vorigen Geschlechter hat sich darin auf euch vererbt, der Druck, unter dem sie erlagen, sich auf euch fortgewälzt. Das Gesetz ist das Eigentum einer unbedeutenden Klasse von *Vornehmen* und Gelehrten, die sich durch ihr eignes Machwerk die Herrschaft zuspricht. Diese Gerechtigkeit ist nur ein Mittel, euch in Ordnung zu halten, damit man euch bequemer

schinde; sie spricht nach Gesetzen, die ihr nicht versteht, nach Grundsätzen, von denen ihr nichts wißt, Urteile, von denen ihr nichts begreift. Unbestechlich ist sie, weil sie sich gerade teuer genug bezahlen läßt, um keine Bestechung zu brauchen. Aber die meisten ihrer Diener sind der Regierung mit Haut und Haar verkauft. Ihre Ruhestühle stehen auf einem Geldhaufen von 461373 Gulden (so viel betragen die Ausgaben für die Gerichtshöfe und die Kriminalkosten). Die Fräcke, Stöcke und Säbel ihrer unverletzlichen Diener sind mit dem Silber von 197502 Gulden beschlagen (so viel kostet die Polizei überhaupt, die Gendarmerie usw.). Die Justiz ist in Deutschland seit Jahrhunderten die Hure der deutschen Fürsten. Jeden Schritt zu ihr müßt ihr mit Silber pflastern, und mit Armut und Erniedrigung erkauft ihr ihre Sprüche. Denkt an das Stempelpapier, denkt an euer Bücken in den Amtsstuben und euer Wachestehen vor denselben. Denkt an die Sporteln für Schreiber und Gerichtsdiener. Ihr dürft euern Nachbar verklagen, der euch eine Kartoffel stiehlt; aber klagt einmal über den Diebstahl, der von Staats wegen unter dem Namen Abgabe und Steuern jeden Tag an eurem Eigentum begangen wird; damit eine Legion unnützer Beamten sich von eurem Schweiße mästen; klagt einmal, daß ihr der Willkür einiger Fettwänste überlassen seid und daß diese Willkür Gesetz heißt, klagt, daß ihr die Ackergäule des Staates seid, klagt über eure verlorne Menschenrechte: wo sind die Gerichtshöfe, die eure Klage annehmen, wo die Richter, die Recht sprächen? – Die Ketten eurer Vogelsberger Mitbürger, die man nach Rockenburg schleppte, werden euch Antwort geben.

Und will endlich ein Richter oder ein andrer Beamte von den wenigen, welchen das Recht und das gemeine Wohl lieber ist als ihr Bauch und der Mammon, ein Volksrat und kein Volksschinder sein, so wird er von den obersten Räten des Fürsten selber geschunden.

Für das Ministerium der Finanzen 1551502 Fl.

Damit werden die Finanzräte, Obereinnehmer, Steuerboten, die Untererheber besoldet. Dafür wird der Ertrag eurer Äcker berechnet und eure Köpfe gezählt. Der Boden unter euren Füßen, der Bissen zwischen euren Zähnen ist besteuert. Dafür sitzen die Herren in Fräcken beisammen, und das Volk steht nackt und gebückt vor ihnen; sie legen die Hände an seine Lenden und Schultern und rechnen aus,

wie viel es noch tragen kann, und wenn sie barmherzig sind, so geschieht es nur, wie man ein Vieh schont, das man nicht so sehr angreifen will.
Für das Militär wird bezahlt 914820 Gulden.
Dafür kriegen eure Söhne einen bunten Rock auf den Leib, ein Gewehr oder eine Trommel auf die Schulter und dürfen jeden Herbst einmal blind schießen und erzählen, wie die Herren vom Hof und die ungeratenen Buben vom Adel allen Kindern ehrlicher Leute vorgehen und mit ihnen in den breiten Straßen der Städte herumziehen mit Trommeln und Trompeten. Für jene 900000 Gulden müssen eure Söhne den Tyrannen schwören und Wache halten an ihren Palästen. Mit ihren Trommeln übertäuben sie eure Seufzer, mit ihren Kolben zerschmettern sie euch den Schädel, wenn ihr zu denken wagt, daß ihr freie Menschen seid. Sie sind die gesetzlichen Mörder, welche die gesetzlichen Räuber schützen; denkt an Södel! Eure Brüder, eure Kinder waren dort Bruder- und Vatermörder.
Für die Pensionen 480000 Gulden.
Dafür werden die Beamten aufs Polster gelegt, wenn sie eine gewisse Zeit dem Staate treu gedient haben, d. h. wenn sie eifrige Handlanger bei der regelmäßig eingerichteten Schinderei gewesen, die man Ordnung und Gesetz heißt.
Für das Staatsministerium und den Staatsrat 174600 Gulden. Die größten Schurken stehen wohl jetzt allerwärts in Deutschland den Fürsten am nächsten, wenigstens im Großherzogtum. Kommt ja ein ehrlicher Mann in einen Staatsrat, so wird er ausgestoßen. Könnte aber auch ein ehrlicher Mann jetzo Minister sein oder bleiben, so wäre er, wie die Sachen stehen in Deutschland, nur eine Drahtpuppe, an der die fürstliche Puppe zieht; und an dem fürstlichen Popanz zieht wieder ein Kammerdiener oder ein Kutscher oder seine Frau und ihr Günstling oder sein Halbbruder – oder alle zusammen.
In Deutschland stehet es jetzt, wie der Prophet Micha schreibt, Kap. 7, V. 3 und 4: «Die Gewaltigen raten nach ihrem Mutwillen, Schaden zu tun, und drehen es, wie sie es wollen. Der Beste unter ihnen ist wie ein Dorn, und der Redlichste wie eine Hecke.» Ihr müßt die Dörner und Hecken teuer bezahlen! denn ihr müßt ferner für das großherzogliche Haus und den Hofstaat 827772 Gulden bezahlen.

Die Anstalten, die Leute, von denen ich bis jetzt gesprochen, sind nur Werkzeuge, sind nur Diener. Sie tun nichts in ihrem Namen, unter der Ernennung zu ihrem Amt steht ein L., das bedeutet *Ludwig* von Gottes Gnaden, und sie sprechen mit Ehrfurcht: «Im Namen des Großherzogs.» Dies ist ihr Feldgeschrei, wenn sie euer Gerät versteigern, euer Vieh wegtreiben, euch in den Kerker werfen. Im Namen des Großherzogs sagen sie, und der Mensch, den sie so nennen, heißt: unverletzlich, heilig, souverän, königliche Hoheit. Aber tretet zu dem Menschenkinde und blickt durch seinen Fürstenmantel. Es ißt, wenn es hungert, und schläft, wenn sein Auge dunkel wird. Sehet, es kroch so nackt und weich in die Welt wie ihr und wird so hart und steif hinausgetragen wie ihr, und doch hat es seinen Fuß auf eurem Nacken, hat 700000 Menschen an seinem Pflug, hat Minister, die verantwortlich sind für das, was es tut, hat Gewalt über euer Eigentum durch die Steuern, die es ausschreibt, über euer Leben durch die Gesetze, die es macht, es hat adliche Herrn und Damen um sich, die man Hofstaat heißt, und seine göttliche Gewalt vererbt sich auf seine Kinder mit Weibern, welche aus ebenso übermenschlichen Geschlechtern sind.
Wehe über euch Götzendiener! – Ihr seid wie die Heiden, die das Krokodil anbeten, von dem sie zerrissen werden. Ihr setzt ihm eine Krone auf, aber es ist eine Dornenkrone, die ihr euch selbst in den Kopf drückt; ihr gebt ihm ein Zepter in die Hand, aber es ist eine Rute, womit ihr gezüchtigt werdet; ihr setzt ihn auf euern Thron, aber es ist ein Marterstuhl für euch und eure Kinder. Der Fürst ist der Kopf des Blutigels, der über euch hinkriecht, die Minister sind seine Zähne und die Beamten sein Schwanz. Die hungrigen Mägen aller vornehmen Herren, denen er die hohen Stellen verteilt, sind Schröpfköpfe, die er dem Lande setzt. Das L., was unter seinen Verordnungen steht, ist das Malzeichen des Tieres, das die Götzendiener unserer Zeit anbeten. Der Fürstenmantel ist der Teppich, auf dem sich die Herren und Damen vom Adel und Hofe in ihrer Geilheit übereinander wälzen – mit Orden und Bändern dekken sie ihre Geschwüre, und mit kostbaren Gewändern bekleiden sie ihre aussätzigen Leiber. Die Töchter des Volks sind ihre Mägde und Huren, die Söhne des Volks ihre Lakaien und Soldaten. Seht einmal nach Darmstadt und seht,

wie die Herren sich für euer Geld dort lustig machen, und erzählt dann euern hungernden Weibern und Kindern, daß ihr Brot an fremden Bäuchen herrlich angeschlagen sei, erzählt ihnen von den schönen Kleidern, die in ihrem Schweiß gefärbt, und von den zierlichen Bändern, die aus den Schwielen ihrer Hände geschnitten sind, erzählt von den stattlichen Häusern, die aus den Knochen des Volks gebaut sind; und dazu kriecht in eure rauchigen Hütten und bückt euch auf euren steinichten Äckern, damit eure Kinder auch einmal hingehen können, wenn ein Erbprinz mit einer Erbprinzessin für einen andern Erbprinzen Rat schaffen will, und durch die geöffneten Glastüren das Tischtuch sehen, wovon die Herren speisen, und die Lampen riechen, aus denen man mit dem Fett der Bauern illuminiert.

Das alles duldet ihr, weil euch Schurken sagen: diese Regierung sei von Gott. Diese Regierung ist nicht von Gott, sondern vom Vater der Lügen. Diese deutschen Fürsten sind keine rechtmäßige Obrigkeit, sondern die rechtmäßige Obrigkeit, den deutschen Kaiser, der vormals vom Volke frei gewählt wurde, haben sie seit Jahrhunderten verachtet und endlich gar verraten. Aus Verrat und Meineid, und nicht aus der Wahl des Volkes, ist die Gewalt der deutschen Fürsten hervorgegangen, und darum ist ihr Wesen und Tun von Gott verflucht! ihre Weisheit ist Trug, ihre Gerechtigkeit ist Schinderei. Sie zertreten das Land und zerschlagen die Person des Elenden. Ihr lästert Gott, wenn ihr einen dieser Fürsten einen Gesalbten des Herrn nennt, d. h. Gott habe die Teufel gesalbt und zu Fürsten über die deutsche Erde gesetzt. Deutschland, unser liebes Vaterland, haben diese Fürsten zerrissen, den Kaiser, den unsere freien Voreltern wählten, haben diese Fürsten verraten, und nun fordern diese Verräter und Menschenquäler Treue von euch! – Doch das Reich der Finsternis neiget sich zum Ende. Über ein kleines, und Deutschland, das jetzt die Fürsten schinden, wird als ein Freistaat mit einer vom Volk gewählten Obrigkeit wieder auferstehn. Die Heilige Schrift sagt: «Gebet dem Kaiser, was des Kaisers ist.» Was ist aber dieser Fürsten, der Verräter? – Das Teil von Judas!

Für die Landstände 16000 Gulden.

Im Jahr 1789 war das Volk in Frankreich müde, länger die Schindmähre seines Königs zu sein. Es erhob sich und berief Männer, denen es vertraute, und die Männer traten zusammen und sagten, ein König sei ein Mensch wie ein anderer auch, er sei nur der erste Diener im Staat, er müsse

sich vor dem Volk verantworten, und wenn er sein Amt schlecht verwalte, könne er zur Strafe gezogen werden. Dann erklärten sie die Rechte des Menschen: «Keiner erbt vor dem andern mit der Geburt ein Recht oder einen Titel, keiner erwirbt mit dem Eigentum ein Recht vor dem andern. Die höchste Gewalt ist in dem Willen aller oder der Mehrzahl. Dieser Wille ist das Gesetz, er tut sich kund durch die Landstände oder die Vertreter des Volks, sie werden von allen gewählt, und jeder kann gewählt werden; diese Gewählten sprechen den Willen ihrer Wähler aus, und so entspricht der Wille der Mehrzahl unter ihnen dem Willen der Mehrzahl unter dem Volke; der König hat nur für die Ausübung der von ihnen erlassenen Gesetze zu sorgen.» Der König schwur, dieser Verfassung treu zu sein; er wurde aber meineidig an dem Volke, und das Volk richtete ihn, wie es einem Verräter geziemt. Dann schafften die Franzosen die erbliche Königswürde ab und wählten frei eine neue Obrigkeit, wozu jedes Volk nach der Vernunft und der Heiligen Schrift das Recht hat. Die Männer, die über die Vollziehung der Gesetze wachen sollten, wurden von der Versammlung der Volksvertreter ernannt, sie bildeten die neue Obrigkeit. Sie waren Regierung und Gesetzgeber vom Volk gewählt, und Frankreich war ein Freistaat.
Die übrigen Könige aber entsetzten sich vor der Gewalt des französischen Volkes; sie dachten, sie könnten alle über der ersten Königsleiche den Hals brechen und ihre mißhandelten Untertanen möchten bei dem Freiheitsruf der Franken erwachen. Mit gewaltigem Kriegsgerät und reisigem Zeug stürzten sie von allen Seiten auf Frankreich, und ein großer Teil der Adligen und *Vornehmen* im Lande stand auf und schlug sich zu dem Feind. Da ergrimmte das Volk und erhob sich in seiner Kraft. Es erdrückte die Verräter und zerschmetterte die Söldner der Könige. Die junge Freiheit wuchs im Blut der Tyrannen, und vor ihrer Stimme bebten die Throne und jauchzten die Völker. Aber die Franzosen verkauften selbst ihre junge Freiheit für den Ruhm, den ihnen Napoleon darbot, und erhoben ihn auf den Kaiserthron. – Da ließ der Allmächtige das Heer des Kaisers in Rußland erfrieren und züchtigte Frankreich durch die Knute der Kosaken und gab den Franzosen die dickwanstigen Bourbonen wieder zu Königen, damit Frankreich sich be-

kehre vom Götzendienst der erblichen Königsherrschaft und dem Gotte diene, der die Menschen frei und gleich geschaffen. Aber als die Zeit seiner Strafe verflossen war und tapfere Männer im Julius 1830 den meineidigen König Karl den Zehnten aus dem Lande jagten, da wendete dennoch das befreite Frankreich sich abermals zur halberblichen Königsherrschaft und band sich in dem Heuchler Louis Philipp eine neue Zuchtrute auf. In Deutschland und ganz Europa aber war große Freude, als der zehnte Karl vom Thron gestürzt ward, und die unterdrückten deutschen Länder rüsteten sich zum Kampf für die Freiheit. Da ratschlagten die Fürsten, wie sie dem Grimm des Volkes entgehen sollten, und die listigen unter ihnen sagten: Laßt uns einen Teil unserer Gewalt abgeben, daß wir das übrige behalten. Und sie traten vor das Volk und sprachen: Wir wollen euch die Freiheit schenken, um die ihr kämpfen wollt. Und zitternd vor Furcht warfen sie einige Brocken hin und sprachen von ihrer Gnade. Das Volk traute ihnen leider und legte sich zur Ruhe. – Und so ward Deutschland betrogen wie Frankreich.
Denn was sind diese Verfassungen in Deutschland? Nichts als leeres Stroh, woraus die Fürsten die Körner für sich herausgeklopft haben. Was sind unsere Landtage? Nichts als langsame Fuhrwerke, die man einmal oder zweimal wohl der Raubgier der Fürsten und ihrer Minister in den Weg schieben, woraus man aber nimmermehr eine feste Burg für die deutsche Freiheit bauen kann. Was sind unsere Wahlgesetze? Nichts als Verletzungen der Bürger- und Menschenrechte der meisten Deutschen. Denkt an das Wahlgesetz im Großherzogtum, wonach keiner gewählt werden kann, der nicht hochbegütert ist, wie rechtschaffen und gutgesinnt er auch sei, wohl aber der *Grolmann*, der euch um die zwei Millionen bestehlen wollte. *Denkt an die Verfassung des Großherzogtums. – Nach den Artikeln derselben ist der Großherzog unverletzlich, heilig und unverantwortlich. Seine Würde ist erblich in seiner Familie, er hat das Recht, Krieg zu führen, und ausschließliche Verfügung über das Militär. Er beruft die Landstände, vertagt sie oder löst sie auf. Die Stände dürfen keinen Gesetzesvorschlag machen, sondern sie müssen um das Gesetz bitten, und dem Gutdünken des Fürsten bleibt es unbedingt überlassen, es zu geben oder zu verweigern. Er bleibt im Besitz einer fast unumschränkten Gewalt, nur darf er keine neuen Gesetze machen und keine neuen Steuern aus-*

schreiben ohne Zustimmung der Stände. Aber teils kehrt er sich nicht an diese Zustimmung, teils genügen ihm die alten Gesetze, die das Werk der Fürstengewalt sind, und er bedarf darum keiner neuen Gesetze. Eine solche Verfassung ist ein elend jämmerlich Ding. Was ist von Ständen zu erwarten, die an eine solche Verfassung gebunden sind? Wenn unter den Gewählten auch keine Volksverräter und feige Memmen wären, wenn sie aus lauter entschlossenen Volksfreunden bestünden?! Was ist von Ständen zu erwarten, die kaum die elenden Fetzen einer armseligen Verfassung zu verteidigen vermögen! – Der einzige Widerstand, den sie zu leisten vermochten, war die Verweigerung der zwei Millionen Gulden, die sich der Großherzog von dem überschuldeten Volke wollte schenken lassen zur Bezahlung seiner Schulden. – Hätten aber auch die Landstände des Großherzogtums genügende Rechte, und hätte das Großherzogtum, aber nur das Großherzogtum allein, eine wahrhafte Verfassung, so würde die Herrlichkeit doch bald zu Ende sein. Die Raubgeier in Wien und Berlin würden ihre Henkerskrallen ausstrecken und die kleine Freiheit mit Rumpf und Stumpf ausrotten. Das ganze deutsche Volk muß sich die Freiheit erringen. Und diese Zeit, geliebte Mitbürger, ist nicht ferne. – Der Herr hat das schöne deutsche Land, das viele Jahrhunderte das herrlichste Reich der Erde war, in die Hände der fremden und einheimischen Schinder gegeben, weil das Herz des deutschen Volkes von der Freiheit und Gleichheit seiner Voreltern und von der Furcht des Herrn abgefallen war, weil ihr dem Götzendienste der vielen Herrlein, Kleinherzoge und Däumlings-Könige euch ergeben hattet.

Der Herr, der den Stecken des fremden Treibers Napoleon zerbrochen hat, wird auch die Götzenbilder unserer einheimischen Tyrannen zerbrechen durch die Hände des Volks. Wohl glänzen diese Götzenbilder von Gold und Edelsteinen, von Orden und Ehrenzeichen, aber in ihrem Innern stirbt der Wurm nicht, und ihre Füße sind von Lehm. – Gott wird euch Kraft geben, ihre Füße zu zerschmeißen, sobald ihr euch bekehret von dem Irrtum eures Wandels und die Wahrheit erkennet: daß nur ein Gott ist und keine Götter neben ihm, die sich Hoheiten und Allerhöchste, heilig und unverantwortlich nennen lassen, daß Gott alle Menschen frei und gleich in ihren Rechten schuf, und daß keine Obrigkeit von Gott zum Segen verordnet ist als die, welche auf das Vertrauen des Volkes sich gründet und vom Volke ausdrücklich oder stillschweigend erwählt ist! daß dagegen die Obrigkeit, die Gewalt, aber kein Recht über ein Volk hat, nur also *von Gott ist, wie der Teufel auch von Gott ist, und daß der Gehor-*

sam gegen eine solche Teufelsobrigkeit nur so lange gilt, bis ihre Teufelsgewalt gebrochen werden kann! – daß der Gott, der ein Volk durch eine *Sprache zu* einem *Leibe vereinigte, die Gewaltigen, die es zerfleischen und vierteilen oder gar in dreißig Stücke zerreißen, als Volksmörder und Tyrannen hier zeitlich und dort ewiglich strafen wird, denn die Schrift sagt: was Gott vereinigt hat, soll der Mensch nicht trennen! und daß der Allmächtige, der aus der Einöde ein Paradies schaffen kann, auch ein Land des Jammers und des Elends wieder in ein Paradies umschaffen kann, wie unser teuerwertes Deutschland war, bis seine Fürsten es zerfleischten und schunden.*

Weil das deutsche Reich morsch und faul war und die Deutschen von Gott und von der Freiheit abgefallen waren, hat Gott das Reich zu Trümmern gehen lassen, um es zu einem Freistaat zu verjüngen. Er hat eine Zeitlang den Satansengeln Gewalt gegeben, daß sie Deutschland mit Fäusten schlugen, er hat den Gewaltigen und Fürsten, die in der Finsternis herrschen, den bösen Geistern unter dem Himmel (Ephes. 6), Gewalt gegeben, daß sie Bürger und Bauern peinigten und ihr Blut aussaugten und ihren Mutwillen trieben mit allen, die Recht und Freiheit mehr lieben als Unrecht und Knechtschaft. – Aber ihr Maß ist voll!

Sehet an das von Gott gezeichnete Scheusal, den König Ludwig von Bayern, den Gotteslästerer, der redliche Männer vor seinem Bilde niederzuknien zwingt und die, welche die Wahrheit bezeugen, durch meineidige Richter zum Kerker verurteilen läßt! das Schwein, das sich in allen Lasterpfützen von Italien wälzte, den Wolf, der sich für seinen Baals-Hofstaat für immer jährlich fünf Millionen durch meineidige Landstände verwilligen läßt, und fragt dann: «Ist das eine Obrigkeit von Gott, zum Segen verordnet?»

Ha! du wärst Obrigkeit von Gott?
Gott spendet Segen aus;
Du raubst, du schindest, kerkerst ein,
Du nicht von Gott, Tyrann!

Ich sage euch: sein und seiner Mitfürsten Maß ist voll. Gott, der Deutschland um seiner Sünden willen geschlagen hat durch diese Fürsten, wird es wieder heilen. «Er wird die Hecken und Dörner niederreißen und auf einem Haufen verbrennen.» Jesaias 27,4. So wenig der Höcker noch wächset, womit Gott diesen König Ludwig gezeichnet hat, so wenig werden die Schandtaten dieser Fürsten noch wachsen können. Ihr Maß ist voll. Der Herr wird ihre Körper zer-

schmeißen, und in Deutschland wird dann Leben und Kraft als Segen der Freiheit wieder erblühen. Zu einem großen Leichenfelde haben die Fürsten die deutsche Erde gemacht, wie Ezechiel im 37. Kapitel beschreibt: «Der Herr führte mich auf ein weites Feld, das voller Gebeine lag, und siehe, sie waren sehr verdorrt.» Aber wie lautet des Herrn Wort zu den verdorrten Gebeinen: «Siehe, ich will euch Adern geben und Fleisch lassen über euch wachsen, und euch mit Haut überziehen, und will euch Odem geben, daß ihr wieder lebendig werdet, und sollt erfahren, daß Ich der Herr bin.» Und des Herrn Wort wird auch an Deutschland sich wahrhaftig beweisen, wie der Prophet spricht: «Siehe, es rauschte und regte sich, und die Gebeine kamen wieder zusammen, ein jegliches zu seinem Gebein. – Da kam Odem in sie, und sie wurden wieder lebendig und richteten sich auf ihre Füße, und ihrer war ein sehr groß Heer.» Wie der Prophet schreibet, also stand es bisher in Deutschland: eure Gebeine sind verdorrt, denn die Ordnung, in der ihr lebt, ist eitel Schinderei.
Sechs Millionen bezahlt ihr im Großherzogtum einer Handvoll Leute, deren Willkür euer Leben und Eigentum überlassen ist, und die anderen in dem zerrissenen Deutschland gleich also. Ihr seid nichts, ihr habt nichts! Ihr seid rechtlos. Ihr müsset geben, was eure unersättlichen Presser fordern, und tragen, was sie euch aufbürden. *So weit ein Tyrann blicket – und Deutschland hat deren wohl dreißig –, verdorret Land und Volk. Aber wie der Prophet schreibet, so wird es bald stehen in Deutschland: der Tag der Auferstehung wird nicht säumen. In dem Leichenfelde wird sich's regen und wird rauschen, und der Neubelebten wird ein großes Heer sein.*
Hebt die Augen auf und zählt das Häuflein eurer Presser, die nur stark sind durch das Blut, das sie euch aussaugen, und durch eure Arme, die ihr ihnen willenlos leihet. Ihrer sind vielleicht 10000 im Großherzogtum und eurer sind es 700000, und also verhält sich die Zahl des Volkes zu seinen Pressern auch im übrigen Deutschland. Wohl drohen sie mit dem Rüstzeug und den Reisigen der Könige, aber ich sage euch: Wer das Schwert erhebt gegen das Volk, der wird durch das Schwert des Volkes umkommen. Deutschland ist jetzt ein Leichenfeld, bald wird es ein Paradies sein. Das deutsche Volk ist *ein* Leib, ihr seid ein Glied dieses Leibes. Es ist einerlei, wo die Scheinleiche zu zucken anfängt. Wann der Herr euch seine Zeichen gibt durch die Männer, durch welche er die Völker aus der Dienstbarkeit zur Frei-

heit führt, dann erhebet euch, und der ganze Leib wird mit euch auferstehen.
Ihr bücktet euch lange Jahre in den Dornäckern der Knechtschaft, dann schwitzt ihr einen Sommer im Weinberge der Freiheit und werdet frei sein bis ins tausendste Glied.
Ihr wühltet ein langes Leben die Erde auf, dann wühlt ihr euren Tyrannen ein Grab. Ihr bautet die Zwingburgen, dann stürzt ihr sie und bauet der Freiheit Haus. Dann könnt ihr eure Kinder frei taufen mit dem Wasser des Lebens. Und bis der Herr euch ruft durch seine Boten und Zeichen, wachet und rüstet euch im Geiste und betet ihr selbst und lehrt eure Kinder beten: «Herr, zerbrich den Stecken unserer Treiber und laß dein Reich zu uns kommen – das Reich der Gerechtigkeit. Amen.»

Georg Herwegh

Ein Verschollener

Wir haben uns schon mehrfach und kräftig zugunsten aller jungen Geister ausgesprochen, die im Dienste des Jahrhunderts handeln und die Interessen und Fragen der Gegenwart mit Kopf und Herzen ergreifen, und, wenn nicht lösen, doch nach Kräften neues Licht über dieselben zu verbreiten sich bestreben. Der marmorne Ruhm unserer deutschen Klassiker ist gesichert für lange, vielleicht für ewige Zeiten; mögen einige Stubengelehrte sie beharrlich bald vom Standpunkte des Christentums, bald von dem des Heidentums aus betrachten und ihnen darnach ihre Stelle anweisen – sie werden ihrer Unsterblichkeit dadurch weder Vorschub leisten, noch Abbruch tun. Ein Journal, glaubten wir und glauben dies bis heute, habe es vorzüglich mit dem lebenden Geschlechte zu tun; wie eine Pflanze der Wärme des Sonnenlichts, so bedürfe der *werdende* Dichter der Liebe seines Volks, um heranzugedeihen zu dessen Freude und Trost.
Und doch will ich heute einen Schatten, einen edlen Schatten heraufbeschwören, den wir unverantwortlicherweise beinahe ganz vergessen haben. So nachdrücklich ich stets die Teilnahme der Nation für ihre lebenden Genien verlangt

habe, so weit war ich immerdar von der irrigen Meinung entfernt, als ob ein echter Dichter je aufhören könnte, der Dichter *der Zeit* zu sein. Das Göttliche ist immer an der Zeit.

Was haben wir einem *Langbein*, einem *Blumenhagen*, einem *Blumauer*, einem *Rabener* zu danken? Was will die Poesie *Gellerts* im neunzehnten Jahrhundert? Was wir zu sagen haben, sagen wir frei und blank heraus; wozu die Umständlichkeit der Fabel? Fabeln passen für Kinder und Unmündige; der Vater aller Fabeldichter, *Aesop*, war ein *Sklave*.

Wir kennen seit *Sterne* und *Jean Paul* den Humor, und haben in den letzten Jahren im komischen Romane Treffliches geleistet – was soll uns die schale Kost der *Rabener*schen Satyren? Das heißt doch die Zopfzeit mit Gewalt wieder an die Tagesordnung bringen und das Publikum von allem Interesse an der Gegenwart mit böslicher Absicht entwöhnen!

Das Geschlecht der literarischen Proletarier, die ihre Namen vor solche Gesamtausgaben abgestandener Autoren setzen, d. h. dieselben aufs neue abdrucken lassen und die Korrektur besorgen, ist unsterblich. Der Buchhändler kommt alsdann hinterher mit einer Anzeige, die so pompös und auf den Unverstand berechnet ist, daß das Publikum am Ende betrogen werden *muß*. Und keine Stimme will sich gegen diese traurige Industrie, diesen literarischen Kleinhandel erheben?

Was müssen unsere westlichen Nachbarn von uns denken, wenn sie unsere Journale zur Hand nehmen und die Buchhändler-Annoncen lesen? Sie könnten wahrlich glauben, *Schiller* sei ein *Buchbinder* gewesen, wenn ewig und ewig von Schiller*formaten* die Rede ist! Mich wundert, daß nicht auch schon von den Schriften des Herrn *Gentz* oder von *Hallers* *«Restauration der Staatswissenschaften»* eine ähnliche Ausgabe erschienen, damit die preiswürdigen Ideen dieser herrlichen Köpfe so wohlfeil als möglich Eigentum des deutschen Volkes werden! Doch – wer weiß, ob nicht in irgendeinem Winkel Deutschlands im Augenblicke, da ich dies schreibe, eine solche vorbereitet wird?

Es hat etwas Beängstigendes – dieses Totengräberwesen im gegenwärtigen deutschen Buchhandel, dieses fortwährende Spekulieren auf die Vergangenheit; allein man darf das Tröstliche daran nicht übersehen, wie schon früher angedeutet worden. Das Tröstliche daran ist eben die Hoffnung

auf einen baldigen Abschluß mit der Zeit vor der Juliusrevolution, die Verbreitung allgemeinerer Bildung und ein Endurteil über den Wert und Unwert dieses oder jenes Schriftstellers aus dem Munde des Volkes selbst.
Will man einmal die ganze Vergangenheit neu auflegen, so möge man nur bei diesem Geschäfte gewissenhafter zu Werke gehen, als es bis jetzt geschehen ist. *Waiblinger* ist soeben die Ehre einer Gesamtausgabe (von *Canitz* besorgt) widerfahren. Warum wird sein Ideal und Vorbild so beharrlich vernachlässigt? Warum führt *Cotta* nicht in würdiger Ausstattung den Dichter *Hölderlin* uns ins schwache Gedächtnis zurück?
Hölderlin! von *ihm* wollte ich schreiben, und das Herz pocht mir schon, wenn ich an ihn denke! – – –
Hölderlin, der eigentlichste Dichter der Jugend, dem Deutschland eine große Schuld abzutragen hat, weil er an Deutschland zugrunde gegangen ist. Aus unsern jämmerlichen Zuständen, ehe noch unsere Schmach voll wurde, hat er sich in die heilige Nacht des Wahnsinns gerettet, er, der berufen war, uns voranzuschreiten, und uns ein Schlachtlied zu singen. Ach! er hat sich umsonst gewünscht zu *fallen am Opferhügel, zu bluten des Herzens Blut fürs Vaterland!* Tatlos schmachtet er hin an den Ufern des heimatlichen Stroms, den er so oft verherrlichte; während ich mich berausche in seinen Liedern, hat er vielleicht vergessen, daß er jemals eines gedichtet.
Es ist rührend mit anzusehen, welche Anhänglichkeit die akademische Jugend dem wahnsinnigen Dichter in Tübingen bewahrt hat; mehr als Neugierde mag es sein, wenn sie zu dem 70jährigen Greisen wallfahrt, der ihr nichts mehr bieten kann, als einige übelgegriffene Akkorde auf einem elenden Klaviere.
«Was die Jugend glaubt, ist ewig», sagt einmal *Börne*, und dieser Ausspruch findet seine Wahrheit an *Hölderlin*. Obgleich bald vier Dezennien vorübergerauscht sind, seit der Verfasser des *«Hyperion»* sein letztes Lied gedichtet, zünden die großen Worte desselben noch so mächtig in den jugendlichen Gemütern, als ob sie erst gestern gesprochen worden wären. Wenig dichterische Köpfe sind in Schwaben, die *Hölderlin* nicht ein paar Strophen geweiht, oder in seiner Nähe ein paar Stunden verlebt hätten.

Er hat auch wohl für die mit dem Altertum sich beschäftigende Jugend mehr Wert, als der größte Philolog. Er wollte uns das Schönste aus jenen klassischen Zeiten erobern, den *freien*, großen Sinn.
Mit solchen unbequemen Anforderungen fand er natürlich im Anfange dieses Jahrhunderts keinen großen Anklang. Was Wunder, wenn er dann zürnend ausruft:
«Es ist herzzerreißend, wenn man eure Künstler, eure Dichter sieht, und alle, die den Genius noch achten, die das Schöne lieben und pflegen! Die Guten! Sie leben in der Welt, wie Fremdlinge im eigenen Hause, sie sind so recht wie der Dulder Ulyß, da er in Bettlersgestalt an seiner Türe saß, indes die unverschämten Freier im Saale lärmten und fragten, wer hat uns den Landstreicher gebracht?»
Oder an einer andern Stelle:
«Voll Lieb und Geist wachsen seine Musenjünglinge dem deutschen Volke heran; du siehst sie sieben Jahre später, und sie wandeln wie die Schatten, still und kalt, sind wie ein Boden, den der Feind mit Salz besäet, daß er nimmer einen Grashalm treibt, und wenn sie sprechen, wehe dem! der sie versteht, der in der stürmenden Titanenkraft, wie in ihren Proteuskünsten den Verzweiflungskampf nur sieht, den ihr zerstörter schöner Geist mit den Barbaren kämpft, mit denen er es zu tun hat.»
Hölderlin wußte, wie groß die Welt einst war, und konnte es nicht verschmerzen, daß sie so klein geworden sei. Es war ihm ringsum zu wild, zu bange, es trümmerte und wankte, wohin er blickte. (Gedichte – S. 44.) Er mußte wandern von Fremden zu Fremden und die freie Erde mußte ihm leider statt *Vaterlands* dienen (S. 67). Aber

nimmer vergaß er dich,
So fern er wandert', schöner Main –
Und nicht des Neckars Gestade.

Er ist mit Leib und Seele ein Deutscher geblieben und hat trotz allem unserem Elend die Hoffnung nie aufgegeben. Er begriff, daß

Mit ihrem heilgem Wetterschlage,
Mit Unerbittlichkeit vollbringt
Die *Not* an Einem großen Tage,
Was kaum Jahrhunderten gelingt;

Und wenn in ihren Ungewittern
Selbst ein Elysium vergeht,
Und Welten ihrem Donner zittern,
Was groß und göttlich ist, besteht.

Ist hier mehr als *Rabener*? Mehr als *Blumenhagen*? – – Träume dich hin zu deinem Plato, *«Echo des Himmels, heiliges Herz»*, träume dich hin in den Schatten der Platanen, zu den Blumen des Ilissus – aber eine glückliche Hand möge unserer Jugend die Zeugnisse deines Geistes sammeln, daß sie sich von neuem daran erbaue, wenn die dunkle Wolke der Gegenwart drückend über ihrem Haupte lastet. Wir haben so viel Zeit für das Unzeitgemäßeste, und bedenken uns wegen der Minute, die wir einem so himmlischen Genius weihen wollen?

Heinrich Heine

Doktrin

Schlage die Trommel und fürchte
dich nicht,
Und küsse die Marketenderin!
Das ist die ganze Wissenschaft,
Das ist der Bücher tiefster Sinn.

Trommle die Leute aus dem Schlaf,
Trommle Reveille mit Jugendkraft,
Marschiere trommelnd immer voran,
Das ist die ganze Wissenschaft.

Das ist die Hegelsche Philosophie,
Das ist der Bücher tiefster Sinn!
Ich hab sie begriffen, weil ich gescheit,
Und weil ich ein guter Tambour bin.

An einen politischen Dichter

Du singst, wie einst Tyrtäus sang,
Von Heldenmut beseelet,
Doch hast du schlecht dein Publikum
Und deine Zeit gewählet.

Beifällig horchen sie dir zwar,
Und loben, schier begeistert:
Wie edel dein Gedankenflug,
Wie du die Form bemeistert.

Sie pflegen auch beim Glase Wein
Ein Vivat dir zu bringen,
Und manchen Schlachtgesang von dir
Lautbrüllend nachzusingen.

Der Knecht singt gern ein Freiheitslied
Des Abends in der Schenke:
Das fördert die Verdauungskraft,
Und würzet die Getränke.

Hymnus

Ich bin das Schwert, ich bin die Flamme.

Ich habe euch erleuchtet in der Dunkelheit, und als die Schlacht begann, focht ich voran, in der ersten Reihe.

Rund um mich her liegen die Leichen meiner Freunde, aber wir haben gesiegt. Wir haben gesiegt, aber rund umher liegen die Leichen meiner Freunde. In die jauchzenden Triumphgesänge tönen die Choräle der Totenfeier. Wir haben aber weder Zeit zur Freude noch zur Trauer. Aufs neue erklingen die Trommeten, es gilt neuen Kampf –

Ich bin das Schwert, ich bin die Flamme.

Erinnerung aus Krähwinkels Schreckenstagen

Wir, Bürgermeister und Senat,
Wir haben folgendes Mandat
Stadtväterlichst an alle Klassen
Der treuen Bürgerschaft erlassen.

«Ausländer, Fremde, sind es meist,
Die unter uns gesät den Geist
Der Rebellion. Dergleichen Sünder,
Gottlob! sind selten Landeskinder.

Auch Gottesleugner sind es meist;
Wer sich von seinem Gotte reißt,
Wird endlich auch abtrünnig werden
Von seinen irdischen Behörden.

Der Obrigkeit gehorchen, ist
Die erste Pflicht für Jud und Christ.
Es schließe jeder seine Bude,
Sobald es dunkelt, Christ und Jude.

Wo ihrer drei beisammenstehn,
Da soll man auseinandergehn.
Des Nachts soll niemand auf den Gassen
Sich ohne Leuchte sehen lassen.

Es liefre seine Waffen aus
Ein jeder in dem Gildenhaus;
Auch Munition von jeder Sorte
Wird deponiert am selben Orte.

Wer auf der Straße räsoniert,
Wird unverzüglich füsiliert;
Das Räsonieren durch Gebärden
Soll gleichfalls hart bestrafet werden.

Vertrauet eurem Magistrat,
Der fromm und liebend schützt den Staat
Durch huldreich hochwohlweises Walten;
Euch ziemt es, stets das Maul zu halten.»

Enfant Perdu

Verlorner Posten in dem Freiheitskriege,
Hielt ich seit dreißig Jahren treulich aus.
Ich kämpfe ohne Hoffnung, daß ich siege,
Ich wußte, nie komm ich gesund nach Haus.

Ich wachte Tag und Nacht – Ich konnt nicht schlafen,
Wie in dem Lagerzelt der Freunde Schar –
(Auch hielt das laute Schnarchen dieser Braven
Mich wach, wenn ich ein bißchen schlummrig war).

In jenen Nächten hat Langweil ergriffen
Mich oft, auch Furcht – (nur Narren fürchten nichts) –
Sie zu verscheuchen, hab ich dann gepfiffen
Die frechen Reime eines Spottgedichts.

Ja, wachsam stand ich, das Gewehr im Arme
Und nahte irgendein verdächtger Gauch,
So schoß ich gut und jagt ihm eine warme,
Brühwarme Kugel in den schnöden Bauch.

Mitunter freilich mocht es sich ereignen,
Daß solch ein schlechter Gauch gleichfalls sehr gut
Zu schießen wußte – ach, ich kann's nicht leugnen –
Die Wunden klaffen – es verströmt mein Blut.

Ein Posten ist vakant! – Die Wunden klaffen –
Der eine fällt, die andern rücken nach –
Doch fall ich unbesiegt, und meine Waffen
Sind nicht gebrochen – nur mein Herze brach.

Der Tod, das ist die kühle Nacht

Der Tod, das ist die kühle Nacht,
Das Leben ist der schwüle Tag.
Es dunkelt schon, mich schläfert,
Der Tag hat mich müd gemacht.

Über mein Bett erhebt sich ein Baum,
Drin singt die junge Nachtigall;
Sie singt von lauter Liebe,
Ich hör es sogar im Traum.

Brich aus in lauten Klagen

Brich aus in lauten Klagen,
Du düstres Martyrerlied,
Das ich so lang getragen
Im flammenstillen Gemüt!

Es dringt in alle Ohren,
Und durch die Ohren ins Herz;
Ich habe gewaltig beschworen
Den tausendjährigen Schmerz.

Es weinen die Großen und Kleinen,
Sogar die kalten Herrn,
Die Frauen und Blumen weinen,
Es weinen am Himmel die Stern.

Und alle die Tränen fließen
Nach Süden im stillen Verein,
Sie fließen und ergießen
Sich all in den Jordan hinein.

Vorrede zur französischen Ausgabe der «Lutetia»

Dieses Buch enthält eine Reihe von Briefen, welche ich während der Jahre 1840 bis 1843 für die Augsburger «Allgemeine Zeitung» schrieb. Aus wichtigen Gründen habe ich sie vor einigen Monaten als besonderes Werk bei Hoffmann und Campe in Hamburg unter dem Titel «Lutetia» herausgegeben, und nicht weniger wesentliche Motive bestimmen mich, diese Sammlung jetzt auch in französischer Sprache erscheinen zu lassen. Diese Gründe und Motive sind folgende: Da nämlich jene Briefe in der «Allgemeinen Zeitung» anonym erscheinen und mancherlei bedenkliche Streichungen und Umänderungen erlitten, so fürchtete ich, daß man sie nach meinem Tode in solcher verstümmelten Gestalt herausgeben oder vielleicht gar mit Berichten vermischen könnte, die meiner Feder gänzlich fremd sind. Ich zog es daher vor, um solchem postumen Mißgeschick zu entgehen, selbst eine gesichtete Ausgabe dieser Briefe zu veranstalten. Nachdem ich solchermaßen noch bei Lebzeiten wenigstens die gute Reputation meines Stils gerettet, hatte ich leider der Böswilligkeit eine Waffe geliefert, den guten Leumund meines Gedankens anzugreifen: die lükkenhafte Kenntnis der deutschen Sprache, welche selbst bei vielen der gebildetsten Franzosen gefunden wird, hat es einigen meiner Landsleute männlichen und weiblichen Geschlechts erlaubt, viele Personen glauben zu machen, ich hätte in meinem Buch «Lutetia» ganz Paris verunglimpft und Personen und Gegenstände, die den Franzosen sehr teuer sind, mit hämischen Späßen herabgewürdigt. Es war daher für mich ein Bedürfnis des Gemütes, in kürzester Frist eine französische Version meines Buches herauszugeben, und meine schönste und beste Freundin Lutetia kann jetzt selbst darüber urteilen, wie ich sie in dem Buche, dem ich ihren Namen erteilt, behandelt habe. Erregte ich hie und da durch einen rohen Ausdruck oder eine taktlose Mitteilung unbewußt ihre Unzufriedenheit, so darf sie es nicht einem Mangel an Sympathie, sondern nur einer mangelhaften Bildung und fehlendem Takt zuschreiben. Vergiß nicht, meine schöne Lutetia, meine Nationalität: Obgleich ich einer der bestgelecktesten unter meinen Landsleuten bin, so kann ich doch nicht ganz meine Natur verleugnen; so konnten dich die Liebkosungen meiner plumpen Bärentatzen zuweilen verletzen, und ich habe dir vielleicht manchen Pflasterstein auf den Kopf geschmissen, nur um dich vor Fliegen zu beschützen! Dazu kommt, daß ich in diesem Augenblick, wo ich ganz besonders krank bin, nicht viel Sorgfalt und Heiterkeit auf die Feile meines Stiles verwenden kann; offen gestanden ist die deutsche Version meines Buches sehr viel weniger struppig und ungepflegt als die fran-

zösische. In ersterer milderte der Stil überall die Herbheiten des Stoffes. Es ist hart, sehr hart, wenn man in so schlechtem Anzug einer eleganten Göttin an den Ufern der Seine seine Aufwartung machen muß, während man die schönsten Röcke und manche prachtvoll gestickte Weste daheim in der deutschen Kommode liegen hat.
Nein, teure Lutetia, ich habe dich nie schmähen wollen, und wenn dir böse Zungen das Gegenteil einreden möchten, so schenke dergleichen Verleumdungen keinen Glauben. Zweifle niemals, o meine Allerschönste, an der Aufrichtigkeit meiner Liebe, die durchaus uneigennützig ist. Du bist gewiß noch hübsch genug, um nicht fürchten zu müssen, daß du aus anderen Gründen als um deiner schönen Augen willen geliebt wirst.
Ich habe soeben erwähnt, daß die Briefe, die mein Buch «Lutetia» bilden, anonym in der Augsburger «Allgemeinen Zeitung» erschienen sind. Sie trugen allerdings eine Chiffre; aber diese bezeugte keineswegs eindeutig, daß ich der Verfasser war. Ich habe diesen Umstand in einer der deutschen Fassung meines Buches beigefügten Anmerkung im einzelnen erläutert und übernehme hier deren Hauptabschnitt:
«Die Redaktion der Augsburger ‹Allgemeinen Zeitung› pflegte meine Artikel ebenso wie die der anderen anonymen Mitarbeiter mit einer Chiffre zu kennzeichnen, um administrativen Bedürfnissen zu begegnen, um z. B. die Komptabilität zu erleichtern, keineswegs aber, um einem verehrungswürdigen Publiko, wie eine leicht erratbare Scharade, den Namen des Verfassers sub rosa zuzuflüstern. Da nur die Redaktion und nicht der eigentliche Verfasser für jeden anonymen Artikel verantwortlich bleibt; da die Redaktion gezwungen ist, das Journal, sowohl der tausendköpfigen Leserwelt als auch manchen ganz kopflosen Behörden gegenüber, zu vertreten; da sie mit unzähligen Hindernissen, materiellen und moralischen, täglich zu kämpfen hat: so muß ihr wohl die Erlaubnis anheimgestellt werden, jeden Artikel, den sie aufnimmt, ihren jedesmaligen Tagesbedürfnissen anzumodeln, nach Gutdünken durch Ausmerzen, Ausscheiden, Hinzufügen und Umänderungen jeder Art den Artikel druckbar zu machen, und gehe auch dabei die gute Gesinnung und der noch bessere Stil des Verfassers sehr bedenklich in die Krümpe. Ein in jeder Hinsicht

politischer Schriftsteller muß der Sache wegen, die er verficht, der rohen Notwendigkeit manche bittere Zugeständnisse machen. Es gibt obskure Winkelblätter genug, worin wir unser ganzes Herz mit allen seinen Zornbränden ausschütten könnten – aber sie haben nur ein sehr dürftiges und einflußloses Publikum, und es wäre ebensogut, als wenn wir in der Bierstube oder im Kaffeehause vor den respektiven Stammgästen schwadronierten, gleich andern großen Patrioten. Wir handeln weit klüger, wenn wir unsre Glut mäßigen und mit nüchternen Worten, wo nicht gar unter einer Maske, in einer Zeitung uns aussprechen, die mit Recht eine allgemeine Weltzeitung genannt wird und vielen hunderttausend Lesern in allen Landen belehrsam zu Händen kommt. Selbst in seiner trostlosen Verstümmlung kann hier das Wort gedeihlich wirken; die notdürftigste Andeutung wird zuweilen zu ersprießlicher Saat in unbekanntem Boden. Beseelte mich nicht dieser Gedanke, so hätte ich mir wahrlich nie die Selbsttortur angetan, für die ‹Allgemeine Zeitung› zu schreiben. Da ich von dem Treusinn und der Redlichkeit jenes innigst geliebten Jugendfreundes und Waffenbruders, der die Redaktion der Zeitung leitet, zu jeder Zeit unbedingt überzeugt war, so konnte ich mir auch wohl manche erschreckliche Nachqual der Umarbeitung und Verballhornung meiner Artikel gefallen lassen; – sah ich doch immer die ehrlichen Augen des Freundes, welcher dem Verwundeten zu sagen schien: Liege ich denn etwa auf Rosen?»

Indem ich die Briefe, die ich vor geraumer Zeit anonym erscheinen ließ, jetzt unter meinem eignen Namen herausgebe, bin ich wohl berechtigt, bei dieser Gelegenheit das beneficium inventarii in Anspruch zu nehmen, wie bei einer bedenklichen Erbschaft. Von der Billigkeit des Lesers erwarte ich, daß er sowohl die örtlichen als die zeitlichen Schwierigkeiten beachte, mit welchen der Verfasser zu kämpfen hatte, als er jene Briefe zuerst drucken ließ. Für die Wahrheit dessen, was ich sagte, übernehme ich die volle Verantwortung, nicht aber für die Art und Weise, wie ich die Dinge sagte. Wer sich an das bloße Wort hält, dem wird es leicht werden, wenn er danach sucht, in meinen Berichten eine Menge von Widersprüchen und Leichtsinnigkeiten oder gar einen scheinbaren Mangel an ehrlicher Überzeugung herauszuklauben. Wer aber den Geist meiner Worte auffaßt, wird darin die strengste Einheit der Ansichten und eine unwandelbare Liebe für die Sache der Menschheit, für die demokratischen Ideen der Revolution, überall erblikken. Die örtlichen Schwierigkeiten, die ich eben erwähnt, beruhten auf der Zensur, und zwar auf einer doppelten Zensur; denn diejenige, welche die Redaktion der «Allgemeinen Zeitung» ausübte, war noch beengender als die offizielle Zensur der bayrischen Staatsbehörde. Ich mußte das Schiff meines Gedankens oft mit Flaggen bewimpeln, deren Embleme nicht eben der rechte Ausdruck meiner politischen oder sozialen Gesinnung waren. Aber den publizistischen Freibeuter kümmerte es wenig, von welcher Farbe der Lappen war, der am Mastbaum seines Fahrzeugs hing und womit die Winde ihr luftiges Spiel trieben: ich dachte nur an die gute Ladung, die ich an Bord hatte und in den Hafen der öffentlichen Meinung hineinschmuggeln wollte. Ich kann mich rühmen, bei diesen Unternehmungen recht oft Erfolg gehabt zu haben, und man darf mich nicht an dem Mittel mäkeln, das ich zuweilen anwandte, um den Zweck zu erreichen. Die Traditionen der «Allgemeinen Zeitung» kennend, wußte ich zum Beispiel, daß sie es sich immer zur Aufgabe gestellt hatte, alle Fakta der Zeit nicht bloß zur schnellsten Kenntnis des Publikums zu bringen, sondern sie auch in ihren Blättern vollständig, gleichsam wie in einem Weltarchiv, einzuregistrieren. Ich mußte daher ständig darauf bedacht sein, alles, was ich der Öffentlichkeit beibringen wollte, das Ereignis sowohl als meine Ansicht darüber, kurz alles, was ich dachte und fühlte, in die Form des Faktums zu kleiden; und in dieser Absicht zögerte ich nicht, oft fremden Personen meine Privatmeinung in den Mund zu legen oder gar parabolisch zu verfahren. Meine Briefe enthalten daher viel Historietten und Arabesken, deren Symbolik nicht jedem verständlich ist und die dem oberflächlichen Leser als kleinliche Anekdotenkrämerei und Klatsch erscheinen konnte. Bei diesem Bestreben, stets die Form des Faktums walten zu lassen, kam es mir auch darauf an, eine Tonart zu finden, die es möglich machte, das Verfänglichste zu referieren. Die probateste Tonart war aber die Indifferenz, und ich bediente mich ihrer ohne Skrupel. Indirekt ließ sich auch manches Nützliche kundgeben und manche heilsame Zurechtweisung er-

teilen. Die Republikaner, welche sich über Mangel an gutem Willen von meiner Seite beklagen, haben übersehen, wie ich in Fällen, wo es not tat, zwanzig Jahre lang in allen meinen Berichten sie ernsthaft genug vertrat und in meinem Buche «Lutetia» ihre moralische Überlegenheit klar hervortreten ließ, indem ich fortwährend den gemeinen und lächerlichen Übermut und die vollkommene Nichtigkeit der herrschenden Bourgeoisie bloßstellte. Sie sind so schwer von Begriffen, diese braven Republikaner, von welchen ich übrigens früherhin eine weit bessere Meinung hegte. In Hinsicht auf die Intelligenz glaubte ich, ihre Beschränktheit sei nur Verstellung, die Republik spiele die Rolle eines Junius Brutus, um durch den Schein der Einfältigkeit das Königtum sorgloser und unvorsichtiger zu machen und es so einst in die Falle zu locken. Aber nach der Februarrevolution erkannte ich meinen Irrtum, ich sah, daß die Republikaner wirklich ehrliche Leute waren, die sich nicht verstellen konnten und wirklich das waren, wonach sie aussahen.
Waren die Republikaner ein bedenkliches Thema für den Korrespondenten der «Allgemeinen Zeitung», so waren es noch in höherm Grade die Sozialisten oder, um das Schrecknis bei seinem rechten Namen zu nennen, die Kommunisten. Und dennoch gelang es mir, dieses Thema in der «Allgemeinen Zeitung» zu besprechen. Gar manchen Brief unterdrückte die Redaktion der Zeitung, die sich des alten Sprichworts erinnerte: «Man soll den Teufel nicht an die Wand malen.» Aber nicht alle meine Mitteilungen durfte sie vertuschen, und, wie gesagt, es gelang, in ihren vorsichtigen Spalten ein Thema zur Sprache zu bringen, von dessen fürchterlicher Bedeutung in jener Zeit noch niemand eine Ahnung hatte. Ich malte den Teufel an die Wand meiner Zeitung, oder, wie eine geistreiche Persönlichkeit sich ausdrückte, ich machte ihm eine gute Reklame. Die Kommunisten, die vereinzelt in allen Landen verbreitet, ohne bestimmtes Bewußtsein ihrer gemeinsamen Bestrebungen, erfuhren durch die «Allgemeine Zeitung», daß sie wirklich existierten, erfuhren auch bei solcher Gelegenheit ihren wirklichen Namen, der manchem dieser armen Findelkinder der alten Gesellschaft ganz unbekannt war. Durch die «Allgemeine Zeitung» erhielten die zerstreuten Kommunistengemeinden authentische Nachrichten über die unauf-

hörlichen Fortschritte ihrer Sache; sie vernahmen zu ihrer großen Verwunderung, daß sie keineswegs ein schwaches Häuflein, sondern die stärkste aller Parteien waren; daß ihr Tag zwar noch nicht gekommen, daß aber ruhiges Warten kein Zeitverlust sei für Leute, denen die Zukunft gehört. Dieses Geständnis, daß den Kommunisten die Zukunft gehört, machte ich im Tone der größten Angst und Besorgnis, und ach! das war keineswegs eine Maske! In der Tat, nur mit Grauen und Schrecken denke ich an die Zeit, wo jene dunklen Bilderstürmer zur Herrschaft gelangen werden: mit ihren rohen Fäusten zerschlagen sie alsdann erbarmungslos alle Marmorbilder der Schönheit, die meinem Herzen so teuer sind; sie zertrümmern alle jene Spielzeuge und phantastischen Schnurrpfeifereien der Kunst, die dem Poeten so lieb waren; sie hacken mir meine Lorbeerwälder um und pflanzen darauf Kartoffeln; die Lilien, welche nicht spannen und arbeiteten und doch so schön gekleidet waren wie König Salomon in all seinem Glanz, werden ausgerauft aus dem Boden der Gesellschaft, wenn sie nicht etwa zur Spindel greifen wollen; den Rosen, den müßigen Nachtigallbräuten, geht es nicht besser; die Nachtigallen, die unnützen Sänger, werden fortgejagt, und ach! mein «Buch der Lieder» wird der Krautkrämer zu Tüten verwenden, um Kaffee oder Schnupftabak darin zu schütten für die alten Weiber der Zukunft. Ach! das sehe ich alles voraus, und eine unsägliche Betrübnis ergreift mich, wenn ich an den Untergang denke, womit das siegreiche Proletariat meine Gedichte bedroht, die mit der ganzen alten romantischen Weltordnung vergehen werden. Und dennoch, ich gestehe es freimütig, übt ebendieser Kommunismus, so feindlich er allen meinen Interessen und Neigungen ist, auf mein Gemüt einen Zauber, dessen ich mich nicht erwehren kann; in meiner Brust sprechen zwei Stimmen zu seinen Gunsten, zwei Stimmen, die sich nicht zum Schweigen bringen lassen, die vielleicht nur diabolische Einflüsterungen sind – aber ich bin nun einmal davon besessen, und keine exorzierende Gewalt kann sie bezwingen.

Denn die erste dieser Stimmen ist die der Logik. «Der Teufel ist ein Logiker!» sagt Dante. Ein schrecklicher Syllogismus behext mich, und kann ich der Prämisse nicht widersprechen: «daß alle Menschen das Recht haben zu essen»,

so muß ich mich auch allen Folgerungen fügen. Wenn ich daran denke, so laufe ich Gefahr, den Verstand zu verlieren, alle Dämonen der Wahrheit tanzen triumphierend um mich her, und am Ende ergreift eine verzweiflungsvolle Großmut mein Herz, wo ich ausrufe: Sie ist seit langem gerichtet, verurteilt, diese alte Gesellschaft. Mag geschehen, was recht ist! Mag sie zerbrochen werden, diese alte Welt, wo die Unschuld zugrunde ging, wo die Selbstsucht gedieh, wo der Mensch vom Menschen ausgebeutet wurde! Mögen sie vollständig zerstört werden, diese übertünchten Gräber, in denen die Lüge und die Ungerechtigkeit hausten! Und gesegnet sei der Krautkrämer, der einst aus meinen Gedichten Tüten verfertigt, worin er Kaffee und Schnupftabak schüttet für die armen alten Mütterchen, die in unsrer heutigen Welt der Ungerechtigkeit vielleicht eine solche Labung entbehren mußten – fiat justitia, pereat mundus!
Die zweite der beiden zwingenden Stimmen, die mich behexen, ist noch gewaltiger und noch infernalischer als die erste, denn sie ist die des Hasses, des Hasses, den ich einer Partei widme, deren furchtbarster Gegner der Kommunismus und die aus diesem Grunde unser gemeinsamer Feind ist. Ich rede von der Partei der sogenannten Vertreter der Nationalität in Deutschland, von jenen falschen Patrioten, deren Vaterlandsliebe nur in einem blödsinnigen Widerwillen gegen das Ausland und die Nachbarvölker besteht und die namentlich gegen Frankreich täglich ihre Galle ausgießen. Ja, die Überreste oder Nachkömmlinge der Teutomanen von 1815, die bloß das altdeutsche Narrenkostüm gewechselt und sich die Ohren etwas verkürzen ließen – ich haßte und bekämpfte sie zeit meines Lebens, und jetzt, wo das Schwert der Hand des Sterbenden entsinkt, fühle ich mich durch die Überzeugung getröstet, daß der Kommunismus, der sie als erste auf seinem Weg finden wird, ihnen den Gnadenstoß versetzen wird; und gewiß nicht mit einem Keulenschlag, nein, mit einem bloßen Fußtritt, wie man eine Kröte zertritt, wird der Riese sie zertreten. Damit wird er beginnen. Aus Haß gegen die Anhänger des Nationalismus könnte ich schier die Kommunisten lieben. Wenigstens sind sie keine Heuchler, die immer die Religion und das Christentum im Munde führen. Die Kommunisten, es ist wahr, besitzen keine Religion (kein Mensch ist voll-

kommen), die Kommunisten sind sogar Atheisten (was gewiß eine große Sünde ist), aber in ihren obersten Prinzipien huldigen sie dem absolutesten Kosmopolitismus, einer allgemeinen Völkerliebe, einer auf Gleichheit beruhenden Verbrüderung aller Menschen, freier Bürger dieses Erdballs. Dieses Grunddogma ist das gleiche, welches einst das Evangelium gepredigt hat, so daß die Kommunisten in Wesen und Wahrheit viel christlicher sind als unsere sogenannten germanischen Patrioten, diese bornierten Verfechter einer exklusiven Nationalität.

Ich rede zuviel, jedenfalls mehr, als mir die Klugheit und das Halsübel, woran ich jetzt leide, erlauben möchten. Daher nur noch ein paar Worte zum Schluß. Ich habe über die ungünstigen Umstände, unter welchen ich die Briefe der «Lutetia» abfaßte, vielleicht Hinreichendes angedeutet. Außer mit örtlichen hatte ich auch, wie gesagt, mit zeitlichen Hindernissen zu kämpfen. Von jenen Hindernissen, welche die Zeit der Entstehung dieser Briefe hervorbrachte, wird der vernünftige Leser sich leicht einen Begriff machen können; er braucht nur das Datum meiner Briefe ins Auge zu fassen und sich zu erinnern, daß in jener Epoche eben die nationale oder sogenannte patriotische Partei in Deutschland das große Wort führte. Die Juliusrevolution schob sie etwas in den Hintergrund des politischen Lebens, aber die kriegerischen Fanfaren der französischen Presse von 1840 boten jener gallophoben Partei die beste Gelegenheit, sich wieder geltend zu machen. Sie sangen das Lied vom «freien Rhein». Zur Zeit der Februarrevolution wurde dieses Geschrei überstimmt von rationalistischeren Tönen, doch mußten diese bald verstummen, als die große europäische Reaktion eintrat. Heute geben die Nationalisten und der ganze üble Troß von 1815 wieder in Deutschland den Ton an und brüllen mit der Erlaubnis des Herrn Bürgermeisters und der andern hohen Autoritäten des Landes. Brüllt nur immerfort! Der Tag wird kommen, wo der fatale Fußtritt euch zermalmt. In dieser Überzeugung darf ich ohne Sorge diese Welt verlassen.

Und nun, teurer Leser, hab ich soviel als möglich dich in den Stand gesetzt, die Gedankeneinheit und den wahren Geist dieses Buches zu beurteilen, das ich vertrauensvoll allen ehrlichen Menschen darbiete.

Paris, den 30. März 1855

Aus den «Aphorismen und Fragmenten»

Die Erde der große Felsen woran die Menschheit, der eigentliche Prometheus, gefesselt ist und vom Geier des Zweifels zerfleischt wird – Sie hat das Licht gestohlen und leidet Marter –

Polemik zwischen Christen und heidnischen Philosophen – im Kampfgetümmel vertauschen sie oft die Waffen – ein christlicher Vorsehungshelm auf dem Haupt des Griechen, ein griechisches Götterschwert in der Hand des Christen – Ketzereien entspringen, – Glaubenshelden verfallen in Irrtum und Zweifel –

Eine Philosophie der Geschichte im Altertum unmöglich. Erst die Jetztzeit hat Materialien dazu: Vico, Herder, Bossuet – Ich glaube die Philosophen müssen noch tausend Jahr warten, ehe sie den Organismus der Geschichte nachweisen können – bis dahin, glaube ich, nur Folgendes ist anzunehmen: Für Hauptsache halte ich: die menschliche Natur und die Verhältnisse (Boden, Klima, überlieferte Gesetzgebung, Krieg, unvorhergesehene und unberechenbare Bedürfnisse) beide in ihrem Konflikt oder in ihrer Allianz geben den Fond der Geschichte, sie finden aber immer ihre Signatur im Geiste, und die Idee, von welcher sie sich repräsentieren lassen, wirkt wieder als drittes auf sie ein; das ist hauptsächlich in unseren Tagen der Fall, auch im Mittelalter. – Shakespeare zeigt uns in der Geschichte nur die Wechselwirkung von der menschlichen Natur und den äußern Verhältnissen – die Idee, das Dritte, tritt nie auf in seinen Tragödien – daher eine viel klarere Gestaltung, und etwas Ewiges Unwandelbares in seinen Entwicklungen, da das Menschliche immer dasselbe bleibt zu allen Zeiten – Das ist auch der Fall bei Homer – beider Dichter Werke sind unvergänglich – Ich glaube nicht, daß sie so gut ausgefallen wären, wenn sie eine Zeit darzustellen gehabt hätten, wo eine Idee sich geltend machte, z. B. im Beginne des aufkommenden Christentums, zur Zeit der Reformation, zur Zeit der Revolution –

Neue Periode in der Kunst: man entdeckt in der Natur dieselben Gesetze, die auch in unserem Menschengeiste walten, vermenschlicht sie (Novalis), man entdeckt in dem Menschengeiste die Gesetze der Natur, Magnetismus, Elektrizität, anziehende und abstoßende Pole (Kleist) – Goethe zeigt das Wechselverhältnis zwischen Natur und Mensch – Schiller ist ganz Spiritualist, abstrahiert von der Natur, Kantische Ästhetik –

Wie überhaupt jeder einen bestimmten Gegenstand in der Sinnenwelt auf eine andre Weise sieht, so sieht auch jeder in einem bestimmten Buche etwas anderes als der andre. Folglich muß auch der Übersetzer ein geistig begabter Mensch sein, denn er muß im Buche das Bedeutendste und Beste sehen, um dasselbe wiederzugeben. Den Wortverstand, den körperlichen Sinn kann jeder übersetzen, der eine Grammatik gelesen und ein Wörterbuch sich angeschafft hat. Nicht kann aber der Geist von jedem übersetzt werden. Möchte dies nur bedenken jener nüchterne, prosaische Übersetzer Scottscher Romane, der so sehr prahlt mit seiner Übersetzungstreue und über das «braune Bier» so hübsch lacht et sic porro. Wie es auf den Geist ankommt beweise zunächst Forsters Wiederübersetzung der Sakontala.

Die höchste Blüte des deutschen Geistes: Philosophie und Lied – Die Zeit ist vorbei, es gehörte dazu die idyllische Ruhe, Deutschland ist fortgerissen in die Bewegung – der Gedanke ist nicht mehr uneigennützig, in seine abstrakte Welt stürzt die rohe Tatsache – der Dampfwagen der Eisenbahn gibt uns eine zittrige Gemütserschüttrung, wobei kein Lied aufgehen kann, der Kohlendampf verscheucht die Sangesvögel und der Gasbeleuchtungsgestank verdirbt die duftige Mondnacht.

Demokratischer Haß gegen die Poesie – der Parnaß soll geebnet werden, nivelliert, macadamisiert – und wo einst der müßige Dichter geklettert und die Nachtigallen belauscht, wird bald eine platte Landstraße sein, eine Eisenbahn, wo der Dampfkessel wiehert und der geschäftigen Gesellschaft vorübereilt.
Demokratische Wut gegen das Besingen der Liebe – warum die Rose besingen, Aristokrat! besing die demokratische Kartoffel, die das Volk nährt –

Über Gutzkow

Gutzkow – Er hat Heine nachahmen wollen, aber es fehlte ihm an aller Poesie und er brachte es nur bis zur Nachahmung Börnes –

Gutzkow – sonderbares Phänomen – Er hat alles Schlechte der Vergangenheit in sich aufgenommen und schon das Schlechte der Zukunft findet zu ihm den Weg – Übergang von einem Mist zum andern – während die Vergangenheit noch in ihm ihre letzten Mißdüfte aushaucht, stinkt schon in ihm die Zukunft –
Die Natur war sehr bescheiden als sie ihn schuf, ihn den Unbescheidensten.

Gutzkow hat in seiner Darstellung und Sprache etwas Polizeiliches –

Gutzkow ewig auf der Lauer um die Tagesschwächen des Publikums zu erspähen, sie auszubeuten in seinem Privatinteresse. Jenen Schwächen huldigend und schmeichelnd, darf er immerhin Talent, Kenntnisse und Charakter entbehren, er weiß es. Er gibt dem Publikum keine eigne Impulsionen, sondern er empfängt sie von demselben; er zieht die Livree der Tagesidee an, er ist ihr Bedienter, ihr Kanzeleidiener, er katzenbuckelt und verlangt sein Trinkgeld.

Kommunisten Achselzucken und Widerwillen gegen: Patriotismus, Ruhm und Krieg.

Robert Schumann

Neue Bahnen

Es sind Jahre verflossen – beinahe ebenso viele, als ich der früheren Redaktion dieser Blätter widmete, nämlich zehn –, daß ich mich auf diesem an Erinnerungen so reichen Terrain einmal hätte vernehmen lassen. Oft, trotz angestrengter produktiver Tätigkeit, fühlte ich mich angeregt; manche neue, bedeutende Talente erschienen, eine neue

Kraft der Musik schien sich anzukündigen, wie dies viele der hochaufstrebenden Künstler der jüngsten Zeit bezeugen, wenn auch deren Produktionen mehr einem engeren Kreise bekannt sind. Ich dachte, die Bahnen dieser Auserwählten mit der größten Teilnahme verfolgend, es würde und müsse nach solchem Vorgang einmal plötzlich einer erscheinen, der den höchsten Ausdruck der Zeit in idealer Weise auszusprechen berufen wäre, einer, der uns die Meisterschaft nicht in stufenweiser Entfaltung brächte, sondern, wie Minerva, gleich vollkommen gepanzert aus dem Haupte des Kronion spränge. Und er ist gekommen, ein junges Blut, an dessen Wiege Grazien und Helden Wache hielten. Er heißt *Johannes Brahms,* kam von Hamburg, dort in dunkler Stille schaffend, aber von einem trefflichen und begeistert zutragenden Lehrer gebildet in den schwierigsten Satzungen der Kunst, mir kurz vorher von einem verehrten bekannten Meister empfohlen. Er trug, auch im Äußeren, alle Anzeichen an sich, die uns ankündigen: das ist ein Berufener. Am Klavier sitzend fing er an, wunderbare Regionen zu enthüllen. Wir wurden in immer zauberischere Kreise hineingezogen. Dazu kam ein ganz geniales Spiel, das aus dem Klavier ein Orchester von wehklagenden und lautjubelnden Stimmen machte. Es waren Sonaten, mehr verschleierte Sinfonien, – Lieder, deren Poesie man, ohne die Worte zu kennen, verstehen würde, obwohl eine tiefe Gesangmelodie sich durch alle hindurchzieht, – einzelne Klavierstücke, teilweise dämonischer Natur von der anmutigsten Form, – dann Sonaten für Violine und Klavier, – Quartette für Saiteninstrumente, – und jedes so abweichend vom andern, daß sie jedes verschiedenen Quellen zu entströmen schienen. Und dann schien es, als vereinigte er, als Strom dahinbrausend, alle wie zu einem Wasserfall, über die hinunterstürzenden Wogen den friedlichen Regenbogen tragend und am Ufer von Schmetterlingen umspielt und von Nachtigallenstimmen begleitet.
Wenn er seinen Zauberstab dahin senken wird, wo ihm die Mächte der Massen, im Chor und Orchester, ihre Kräfte leihen, so stehen uns noch wunderbarere Blicke in die Geheimnisse der Geisterwelt bevor. Möchte ihn der höchste Genius dazu stärken, wozu die Voraussicht da ist, da ihm auch ein anderer Genius, der der Bescheidenheit, inne-

wohnt. Seine Mitgenossen begrüßen ihn bei seinem ersten Gang durch die Welt, wo seiner vielleicht Wunden warten werden, aber auch Lorbeeren und Palmen; wir heißen ihn willkommen als starken Streiter.
Es waltet in jeder Zeit ein geheimes Bündnis verwandter Geister. Schließt, die ihr zusammengehört, den Kreis fester, daß die Wahrheit der Kunst immer klarer leuchte, überall Freude und Segen verbreitend!

Niels W. Gade

In einem französischen Blatte war vor kurzem zu lesen: «Ein junger dänischer Komponist macht jetzt in Deutschland Aufsehen, er heißt Gade, wandert, seine Violine auf dem Rücken, öfters von Kopenhagen nach Leipzig und zurück und sieht dabei aus wie der leibhaftige Mozart.» Der erste und letzte Satz sind vollkommen richtig, nur in den Mittelsatz hat sich etwas Romantik eingeschlichen. Der junge Däne kam wirklich vor einigen Monaten in Leipzig an (obwohl er wie seine Violine fahrend), und sein Mozartkopf mit dem starken wie in Stein gehauenen Haupthaar paßte gut zu den Sympathien, die seine Ouvertüre zu «Ossian» und seine 1ste Sinfonie unter den hiesigen Musikern schon vorher erregt hatten.
Aus seinem äußeren Leben ist nur wenig zu berichten. Zu Kopenhagen im Jahre 1817 geboren, Sohn eines dortigen Instrumentenmachers, mag er seine ersten Jahre mehr unter Instrumenten als unter Menschen hingeträumt haben. Seinen ersten Unterricht in der Musik erhielt er von einem jener gewöhnlichen Lehrer, die überall nur auf den mechanischen Fleiß, nicht auf das Talent sehen, und es soll der Mentor mit den Fortschritten seines Zöglings nicht sonderlich zufrieden gewesen sein. Gitarre, Violine und Klavier lernte er, von jedem etwas, ohne sich außerordentlich hervorzutun. Erst später bekam er gründlichere Lehrer in Wexschall und Berggreen, wie ihn auch der treffliche Weyse manchmal beriet. Kompositionen verschiedener Art entstanden, von denen indes der Komponist jetzt nicht viel

halten will, es wären zum Teil Ausbrüche einer fürchterlichen Phantasie gewesen. Später kam er in die königliche Kapelle zu Kopenhagen als Violinist, und hier hatte er Gelegenheit, den Instrumenten alle die Geheimnisse abzulauschen, von denen er sie uns manchmal in seinen Instrumentalstücken erzählen läßt. Diese praktische Schule, manchem versagt, von vielen unverstanden benutzt, erzog ihn wohl hauptsächlich zu jener Meisterschaft in der Instrumentation, die ihm unbestritten zugestanden werden muß. Durch seine Ouvertüre «Nachklänge aus Ossian», die auf das Urteil Spohrs und Fr. Schneiders mit dem von dem Kopenhagener Musikvereine ausgeschriebenen Preise gekrönt wurde, mag er wohl die Aufmerksamkeit seines regierenden kunstliebenden Königs auf sich gezogen haben; so erhielt er denn, wie viele andere Talente unter seinen Landsleuten, ein wahrhaft königliches Stipendium zu einer Reise ins Ausland, und er machte sich fürs erste nach Leipzig auf, das ihn zuerst in das größere musikalische Publikum eingeführt hatte. Noch ist er hier, wird sich aber binnen kurzem nach Paris, und von da nach Italien begeben. So benutzen wir denn den Augenblick, wo sein Bild noch frisch vor uns steht, einige Züge der künstlerischen Eigentümlichkeit des trefflichen Mannes zu geben, wie uns unter den Jüngeren seit lange keiner vorgekommen.
Wer von seiner Ähnlichkeit mit Mozart, die wirklich etwas Überraschendes hat, indes auch auf eine musikalische Ähnlichkeit beider schließen wollte, würde sehr irren. Wir haben einen ganz neuen Künstlercharakter vor uns. In der Tat scheint es, als ob die Deutschland angrenzenden Nationen sich von der Herrschaft deutscher Musik emanzipieren wollten; einen Deutschtümler könnte das vielleicht grämen, dem tiefer blickenden Denker und Kenner der Menschheit wird es nur natürlich und erfreulich vorkommen. So vertritt Chopin sein Vaterland, Bennett England, in Holland gibt J. Verhulst Hoffnungen, seinem Vaterlande ein würdiger Repräsentant zu werden, in Ungarn machen sich gleichfalls nationelle Bestrebungen geltend. Und wie sie auch alle die deutsche Nation als ihre erste und geliebteste Lehrerin in der Musik betrachten, so soll sich niemand verwundern, wenn sie auch für ihre Nation ihre eigene Sprache der Musik zu sprechen versuchen wollen, ohne deshalb den Leh-

ren ihrer Meisterin untreu zu werden. Denn noch hat kein Land der Welt Meister, die sich mit unsern großen vergleichen könnten, und niemand hat dies noch leugnen wollen.
Auch im Norden Europas sahen wir schon nationelle Tendenzen äußern. Lindblad in Stockholm übersetzte uns seine alten Volkslieder, auch Ole Bull, obwohl kein produktives Talent erster Größe, versuchte Klänge aus seiner Heimat bei uns einzubürgern. Mußten je die neu auftauchenden bedeutenden Dichter Skandinaviens seinen musikalischen Talenten eine mächtige Anregung geben, wenn sie anders nicht von selbst von ihren Bergen und Seen, ihren Runen und Nordscheinlichtern daran erinnert würden, daß der Norden gar wohl eine eigene Sprache mitreden dürfe.
Auch unsern jungen Tonkünstler erzogen die Dichter seines Vaterlandes; er kennt und liebt sie alle; die alten Märchen und Sagen begleiteten ihn auf seinen Knabenwanderungen, und von Englands Küste ragte Ossians Riesenharfe herüber. So zeigt sich in seiner Musik, und zuerst eben in jener «Ossians»-Ouvertüre, zum erstenmal ein entschieden ausgeprägter nordischer Charakter; aber gewiß wird Gade selbst am wenigsten verleugnen, wieviel er deutschen Meistern zu verdanken hat. Den größten Fleiß, den er ihren Werken widmete (er kennt so ziemlich alles von allen), belohnten sie ihm mit dem Geschenk, das sie allen hinterlassen, die sich ihnen treu zeigen, mit der Weihe der Meisterschaft.
Vom neuern Komponisten ist namentlich ein Einfluß Mendelssohns in gewissen Instrumentalkombinationen sichtbar, namentlich in den «Nachklängen aus Ossian»; in der Sinfonie erinnert manches an Franz Schubert; dagegen sich überall eine ganz originelle Melodienweise geltend macht, wie sie bisher in den höheren Gattungen der Instrumentalmusik in so volkstümlicher Art noch nicht dagewesen. Überhaupt ragt aber die Sinfonie in jedem Bezug über die Ouvertüre, in Naturkräftigkeit wie in Meisterhaftigkeit des Technischen.
Dabei ist nur eines zu wünschen: daß der Künstler in seiner Nationalität nicht etwa untergehe, daß seine «nordscheingebärende» Phantasie, wie sie jemand bezeichnete, sich reich und vielgestaltig zeige, daß er auch in andere Sphären der

Natur und des Lebens seinen Blick werfen möge. So möchte man allen Künstlern zurufen, erst Originalität zu gewinnen, und dann sie wieder abzuwerfen; schlangengleich häute er sich, wenn das alte Kleid zu verschrumpfen anfängt.
Aber die Zukunft ist dunkel; es geschieht das meiste anders, als wir dachten; nur unsere Hoffnungen dürfen wir aussprechen, daß wir das Gediegenste, Schönste von diesem ausgezeichneten Talente erwarten. Und als hätte ihn, wie Bach, schon der Zufall des Namens auf die Musik hingewiesen, so bilden sonderbarerweise die vier Buchstaben seines Namens die vier offenen Violinsaiten. Streiche mir niemand dies kleine Zeichen höherer Gunst weg, wie das andere, daß sich sein Name (durch vier Schlüssel) mit *einer* Note schreiben läßt, die herauszufinden Kabbalisten ein leichtes sein wird.
Noch in diesem Monate erwarten wir eine zweite Sinfonie Gades; sie weicht von der ersten ab, ist weicher und leiser; man denkt dabei an die lieblichen Buchenwälder Dänemarks.

Georg Weerth

Aus den «Liedern aus Lancashire»

Die hundert Männer von Haswell*

Die hundert Männer von Haswell,
Die starben an einem Tag;
Die starben zu einer Stunde;
Die starben auf einen Schlag.

Und als sie still begraben,
Da kamen wohl hundert Fraun;
Wohl hundert Fraun von Haswell,
Gar kläglich anzuschaun.

* In den Kohlengruben zu Haswell kamen im September v. J. hundert Menschen ums Leben. – Das Verdikt lautete: «Visitation of God». Man versichert aber, es sei dies Unglück durch die Nachlässigkeit der Grubenbesitzer entstanden.

Sie kamen mit ihren Kindern,
Sie kamen mit Tochter und Sohn:
«Du reicher Herr von Haswell,
Nun gib uns unsern Lohn!»

Der reiche Herr von Haswell,
Der stand nicht lange an;
Er zahlte wohl den Wochenlohn
Für jeden gestorbnen Mann.

Und als der Lohn bezahlet,
Da schloß er die Kiste zu.
Die eisernen Riegel klangen,
Die Weiber weinten dazu.

Der Kanonengiesser

Die Hügel hingen rings voll Tau;
Da hat die Lerche gesungen.
Da hat geboren die arme Frau –
Geboren den armen Jungen.

Und als er sechzehn Jahre alt:
Da wurden die Arme strammer;
Da stand er in der Werkstatt bald
Mit Schurzfell und mit Hammer.

Da rannt er den Öfen in den Bauch
Mit schweren Eisenstangen,
Daß hell aus Schlacken und aus Rauch
Metallne Bäche sprangen!

Kanonen goß er – manches Stück!
Die brüllten auf allen Meeren;
Die brachten die Franzen ins Ungelück
Und mußten Indien verheeren.

Die warfen Kugeln, leidlich schwer,
Den Chinesen in die Rippen;
Die jauchzten Britanniens Ruhm daher
Mit eisernen Kehlen und Lippen!

Und immer goß der lustge Held
Die blitzenden Geschütze:
Bis ihm das Alter ein Bein gestellt,
Die Fäuste wenig nütze.

Und als sie versagten den Dienst zuletzt,
Da gab es kein Erbarmen:
Da ward er vor die Tür gesetzt
Wohl unter die Krüppel und Armen.

Er ging – die Brust so zornig weh,
Als ob sie der Donner durchgrollte
Von allen Mörsern, die er je
Hervor aus den Formen rollte.

Doch ruhig sprach er: «Nicht fern ist das,
Vermaledeite Sünder!
Da gießen wir uns zu *eignem* Spaß
Die Vierundzwanzigpfünder.»

Sie sassen auf den Bänken

Sie saßen auf den Bänken,
Sie saßen um ihren Tisch,
Sie ließen Bier sich schenken
Und zechten fromm und frisch.
Sie kannten keine Sorgen,
Sie kannten kein Weh und Ach,
Sie kannten kein Gestern und Morgen,
Sie lebten nur diesen Tag.

Sie saßen unter der Erle –
Schön war des Sommers Zier –
Wilde, zornge Kerle
Aus York und Lancashire.
Sie sangen aus rauhen Kehlen,
Sie saßen bis zur Nacht,
Sie ließen sich erzählen
«Von der schlesischen Weberschlacht».

Und als sie alles wußten,
Tränen vergossen sie fast,
Auffuhren die robusten
Gesellen in toller Hast.
Sie ballten die Fäuste und schwangen
Die Hüte im Sturme da;
Wälder und Wiesen klangen:
«Glück auf, Silesia!»

Das Blutgericht

Hier im Ort ist ein Gericht,
Viel schlimmer als die Feme,
Wo man nicht erst ein Urteil spricht,
Das Leben schnell zu nehmen.

Hier wird der Mensch langsam gequält,
Hier ist die Folterkammer,
Hier werden Seufzer viel gezählt
Als Zeuge von dem Jammer.

Die Herren Zwanziger die Henker sind,
Die Diener ihre Schergen,
Davon ein jeder tapfer schindt,
Anstatt was zu verbergen.

Ihr Schurken all, ihr Satansbrut,
Ihr höllischen Dämone,
Ihr freßt den Armen Hab und Gut,
Und Fluch wird euch zum Lohne.

Ihr seid die Quelle aller Not,
Die hier den Armen drücket,
Ihr seid's, die ihm das trockne Brot
Noch vor dem Mund wegrücket.

Was kümmert's euch, ob arme Leut
Kartoffeln satt könn'n essen,
Wenn ihr nur könnt zu jeder Zeit
Den besten Braten fressen.

Kömmt nun ein armer Weber an,
Die Arbeit wird besehen,
Findt sich der kleinste Fehler dran,
So ist's um euch geschehen.

Erhält er dann den kargen Lohn,
Wird ihm noch abgezogen,
Zeigt ihm die Tür, und Spott und Hohn
Kommt ihm noch nachgeflogen.

Hier hilft kein Bitten und kein Flehn,
Umsonst ist alles Klagen,
Gefällt's euch nicht, so könnt ihr gehn,
Am Hungertuche nagen.

Nun denke man sich diese Not
Und Elend solcher Armen,
Zu Hause oft kein Bissen Brot,
Ist das nicht zum Erbarmen?

Erbarmen, ha! ein schön Gefühl,
Euch Kannibalen fremde,
Und jeder kennt schon euer Ziel,
Der Armen Haut und Hemde.

Oh, euer Geld und euer Gut,
Das wird dereinst vergehen
Wie Butter an der Sonne Glut,
Wie wird's dann um euch stehen.

Wenn ihr dereinst nach dieser Zeit,
Nach diesem Freudenleben,
Dort, dort in jener Ewigkeit
Sollt Rechenschaft abgeben.

Doch ha, sie glauben keinen Gott,
Noch weder Hölle, Himmel,
Religion ist nur ihr Spott,
Hält sich ans Weltgetümmel.

Ihr fangt stets an zu jeder Zeit
Den Lohn herabzubringen,
Und andre Schurken sind bereit,
Dem Beispiel nachzuringen.

Der Reihe nach folgt *Fellmann* jetzt,
Ganz frech ohn alle Bande,
Bei ihm ist auch herabgesetzt
Das Lohn zur wahren Schande.

Die Gebrüder *Hoferichter* hier,
Was soll ich von ihn'n sagen,
Geschindet wird hier nach Willkür,
Dem Reichtum nachzujagen.

Und hat ja Einer noch den Mut,
Die Wahrheit euch zu sagen,
So kommt's soweit, es kostet Blut,
Und den will man verklagen.

Herr Kamlot, Langer genannt,
Der wird dabei nicht fehlen.
Einem jeden ist es wohl bekannt:
Viel Lohn mag er nicht zählen.

Von euch wird für ein Lumpengeld
Die Ware hingeschmissen,
Was euch dann zum Gewinne fehlt,
Wird Armen abgerissen.

Sind ja noch welche, die der Schmerz
Der armen Leut beweget,
In deren Busen noch ein Herz
Voll Mitgefühle schläget.

Die müssen, von der Zeit gedrängt
Auch in das Gleis einlenken,
Und eurer Beispiel eingedenk
Sich in den Lohn einschränken.

Ich frage: wem ist's wohl bekannt,
Wer sah vor zwanzig Jahren
Den übermütgen Fabrikant
In Staats-Karossen fahren?

Sah man wohl dort zu jener Zeit
Paläste hocherbauen
Mit Türen, Fenstern prächtig weit,
Fast fürstlich anzuschauen.

Wer traf wohl da Hauslehrer an
Bei einem Fabrikanten,
Mit Livreen Kutscher angetan,
Domestiken, Gouvernanten?

(1844)

Ferdinand Freiligrath

Abschiedswort der «Neuen Rheinischen Zeitung»

19. Mai 1849

Kein offner Hieb in offner Schlacht –
Es fällen die Nücken und Tücken,
Es fällt mich die schleichende Niedertracht
Der schmutzigen West-Kalmücken!
Aus dem Dunkel flog der tötende Schaft,
Aus dem Hinterhalt fielen die Streiche –
Und so lieg ich nun da in meiner Kraft,
Eine stolze Rebellenleiche!

Auf der Lippe den Trotz und den zuckenden Hohn,
In der Hand den blitzenden Degen,
Noch im Sterben rufend: «Die Rebellion!» –
So bin ich mit Ehren erlegen.
Oh, gern wohl bestreuten mein Grab mit Salz
Der Preuße zusamt dem Zare –
Doch es schicken die Ungarn, es schickt die Pfalz
Drei Salven mir über die Bahre!

Und der arme Mann im zerrißnen Gewand,
Er wirft auf mein Haupt die Schollen!
Er wirft sie hinab mit der fleißigen Hand,
Mit der harten, der schwielenvollen.
Einen Kranz auch bringt er aus Blumen und Mai'n,
Zu ruhn auf meinen Wunden;
Den haben sein Weib und sein Töchterlein
Nach der Arbeit für mich gewunden.

Nun ade, nun ade, du kämpfende Welt,
Nun ade, ihr ringenden Heere!
Nun ade, du pulvergeschwärztes Feld,
Nun ade, ihr Schwerter und Speere!
Nun ade – doch nicht für immer ade!
Denn sie töten den Geist nicht, ihr Brüder!
Bald richt ich mich rasselnd in die Höh,
Bald kehr ich reisiger wieder!

Wenn die letzte Krone wie Glas zerbricht,
In des Kampfes Wettern und Flammen,
Wenn das Volk sein letztes «Schuldig!» spricht,
Dann stehn wir wieder zusammen!
Mit dem Wort, mit dem Schwert, an der
 Donau, am Rhein –
Eine allzeit treue Gesellin
Wird dem Throne zerschmetternden Volke sein
Die Geächtete, die Rebellin!

Karl Marx

Aus «Der Bürgerkrieg in Frankreich»

In jedem ihrer blutigen Triumphe über die selbstopfernden Vorkämpfer einer neuen und bessern Gesellschaft übertäubt diese, auf die Knechtung der Arbeit gegründete, schmähliche Zivilisation das Geschrei ihrer Schlachtopfer durch einen Hetzruf der Verleumdung, den ein weltweites Echo widerhallt. Das heitere Arbeiter-Paris der Kommune verwandelt sich plötzlich, unter den Händen der Bluthunde der «Ordnung», in ein Pandämonium. Und was beweist diese ungeheure Verwandlung dem Bourgeoisverstand aller Länder? Nichts, als daß die Kommune sich gegen die Zivilisation verschworen hat! Das Pariser Volk opfert sich begeistert für die Kommune; die Zahl seiner Toten ist unerreicht in irgendeiner früheren Schlacht. Was beweist das? Nichts, als daß die Kommune nicht des Volks eigne Regierung, sondern die Gewalthandlung einer Handvoll Verbrecher war! Die Weiber von Paris geben freudig ihr Leben hin, an den Barrikaden wie auf dem Richtplatz. Was beweist das? Nichts, als daß der Dämon der Kommune sie in Megären und Hekaten verwandelt hat! Die Mäßigung der Kommune, während zweimonatlicher unbestrittner Herrschaft, findet ihresgleichen nur in dem Heldenmut ihrer Verteidigung. Was beweist das? Nichts, als daß die Kommune zwei Monate lang, unter der Maske der Mäßigung und Menschlichkeit, den Blutdurst ihrer teuflischen Gelüste sorgfältig verbarg, um sie in der Stunde ihres Todeskampfs loszulassen!

Das Paris der Arbeiter hat im Akt seiner heroischen Selbstopferung Gebäude und Monumente mit in die Flammen gezogen. Wenn die Beherrscher des Proletariats seinen lebendigen Leib in Stücke reißen, dürfen sie nicht länger darauf rechnen, triumphierend in die unangetasteten Mauern ihrer Wohnsitze wieder einzuziehn. Die Versailler Regierung schreit: Brandstiftung! und flüstert dies Stichwort allen ihren Handlangern zu bis ins entfernteste Dorf, auf ihre Gegner überall Jagd zu machen als der gewerbsmäßigen Brandstiftung verdächtig. Die Bourgeoisie der ganzen Welt sieht der Massenschlächterei *nach* der Schlacht wohlgefällig zu, aber sie entsetzt sich über die Entweihung von Dach und Fach!

Wenn Regierungen ihren Kriegsflotten Staatsfreibrief geben, «zu töten, zu verbrennen und zu zerstören», ist das ein Freibrief für Brandstiftung? Als die britischen Truppen mutwillig das Kapitol in Washington und den Sommerpalast des Kaisers von China verbrannten, war das Brandstiftung? Als Thiers sechs Wochen lang Paris bombardierte, unter dem Vorwand, daß er bloß solche Häuser anzünden wollte, in denen Leute seien, war das Brandstiftung? – Im Krieg ist Feuer eine vollständig rechtmäßige Waffe. Gebäude, vom Feinde besetzt, bombardiert man, um sie anzuzünden. Müssen die Verteidiger sie verlassen, so stecken sie selber sie in Brand, damit die Angreifer sich nicht darin festsetzen können. Niedergebrannt zu werden, war stets das unvermeidliche Schicksal aller in der Schlachtfront aller regelmäßigen Armeen der Welt gelegnen Gebäude. Aber im Krieg der Geknechteten gegen ihre Unterdrücker, dem einzig rechtmäßigen Krieg in der Geschichte, da soll dies beileibe nicht gelten! Die Kommune hat das Feuer, im strengsten Sinne des Worts, als Verteidigungsmittel gebraucht. Sie wandte es an, um den Versailler Truppen jene langen graden Straßen zu versperren, die Haussmann absichtlich dem Artilleriefeuer offengelegt hatte; sie wandte es an, um ihren Rückzug zu decken, grade wie die Versailler in ihrem Vordringen ihre Granaten anwandten, die mindestens ebensoviel Häuser zerstörten wie das Feuer der Kommune. Noch jetzt ist es streitig, welche Gebäude durch die Verteidiger und welche durch die Angreifer angezündet wurden. Und die Verteidiger nahmen Zuflucht zum Feuer erst dann, als die Versailler Truppen bereits mit ihrem Massenabmorden der Gefangnen begonnen hatten. – Zudem hatte die Kommune längst vorher öffentlich angekündigt, daß, wenn zum äußersten getrieben, sie sich unter den Trümmern von Paris begraben und aus Paris ein zweites Moskau machen werde, wie die Verteidigungsregierung, freilich nur als Deckmantel ihres Verrats, dies ebenfalls versprochen hatte. Grade für diesen Zweck hatte Trochu das nötige Petroleum herbeigeschafft. Die Kommune wußte, daß ihren Gegnern nichts lag am Leben des Pariser Volks, aber sehr viel an ihren eignen Pariser Gebäuden. Und Thiers, seinerseits, hatte erklärt, er werde in seiner Rache unerbittlich sein. Sobald er erst seine Armee schlagfertig hatte auf der einen Seite, und auf der andern die Preußen den Ausgang absperrten, rief er aus: «Ich werde erbarmungslos sein! Die Buße wird vollständig sein, die Justiz streng.» Wenn die Taten der Pariser Arbeiter Vandalismus waren, so waren sie der Vandalismus der verzweifelnden Verteidigung, nicht der Vandalismus des Triumphs, wie der, dessen die Christen sich schuldig machten an den wirklich unschätzbaren Kunstwerken des heidnischen Altertums; und selbst dieser Vandalismus ist vom Geschichtsschreiber gerechtfertigt worden als ein unumgängliches und verhältnismäßig unbedeutendes Moment in dem Riesenkampf zwi-

schen einer neuen, emporkommenden und einer alten, zusammenbrechenden Gesellschaft. Noch weniger war es der Vandalismus Haussmanns, der das historische Paris wegfegte, um dem Paris des Bummlers Platz zu schaffen.
Aber die Hinrichtung der vierundsechzig Geiseln, voran der Erzbischof von Paris, durch die Kommune! – Die Bourgeoisie und ihre Armee hatten im Juni 1848 eine längst aus der Kriegführung verschwundene Sitte wieder eingeführt – das Erschießen ihrer wehrlosen Gefangnen. Diese brutale Sitte ist seitdem mehr oder weniger angewandt worden bei jeder Unterdrückung eines Volksaufstandes in Europa und Indien, womit bewiesen ist, daß sie ein wirklicher «Fortschritt der Zivilisation» war! Andrerseits hatten die Preußen in Frankreich die Sitte wieder ins Leben gerufen, Geiseln zu nehmen – unschuldige Leute, die ihnen mit ihrem Leben für die Handlungen andrer hafteten. Als Thiers, wie wir sahn, schon vom Anfang des Kampfes an die menschliche Sitte des Erschießens der kommunistischen Gefangnen in Kraft setzte, blieb der Kommune nichts übrig, zum Schutz des Lebens dieser Gefangnen, als zur preußischen Sitte des Geiselngreifens ihre Zuflucht zu nehmen. Das Leben der Geiseln war aber und abermals verwirkt durch das anhaltende Erschießen von Gefangnen durch die Versailler. Wie konnte man ihrer noch länger schonen nach dem Blutbade, womit Mac-Mahons Prätorianer ihren Einmarsch in Paris feierten? Sollte auch das letzte Gegengewicht gegen die rücksichtslose Wildheit der Bourgeoisregierungen – die Ergreifung von Geiseln – zum bloßen Gespött werden? Der wirkliche Mörder des Bischofs Darboy ist Thiers. Die Kommune hatte aber und abermals angeboten, den Erzbischof und einen ganzen Haufen Pfaffen in den Kauf auszuwechseln, gegen den einzigen von Thiers festgehaltenen Blanqui. Thiers weigerte sich hartnäckig. Er wußte, daß er der Kommune mit Blanqui einen Kopf geben werde, während der Erzbischof seinen Zwecken am besten dienen würde als – Leiche. Thiers ahmte hierin Cavaignac nach. Welchen Schrei des Entsetzens ließen nicht im Juni 1848 Cavaignac und seine Ordnungsmänner los, als sie die Insurgenten als Mörder des Erzbischofs Affre brandmarkten! Und doch wußten sie ganz genau, daß der Erzbischof von den Ordnungssoldaten erschossen worden. Jacquemet, der

Generalvikar des Erzbischofs, hatte ihm unmittelbar nach der Tat sein dahin lautendes Zeugnis eingehändigt.
Dieser ganze Verleumdungschor, den die Ordnungspartei in ihren Blutfesten nie verfehlt, gegen ihre Schlachtopfer anzustimmen, beweist bloß, daß der heutige Bourgeois sich für den rechtmäßigen Nachfolger des ehemaligen Feudalherrn ansieht, der jede Waffe, in seiner eignen Hand, für gerechtfertigt hielt gegenüber dem Plebejer, während irgendwelche Waffe in der Hand des Plebejers von vornherein ein Verbrechen ausmachte.
Die Verschwörung der herrschenden Klasse zum Umsturz der Revolution durch einen unter dem Schutz des fremden Eroberers geführten Bürgerkrieg – eine Verschwörung, deren Spuren wir gefolgt sind vom September bis herab zum Einmarsch der Mac-Mahonschen Prätorianer durch das St. Clouder Tor – gipfelte in dem Blutbade von Paris. Bismarck schaut mit vergnügten Sinnen auf die Trümmer von Paris, in denen er vielleicht die «erste Rate» jener allgemeinen Zerstörung der großen Städte sah, die er bereits erfleht hatte, als er noch ein einfacher Rural in der preußischen Chambre introuvable von 1849 war. Er schaut zufrieden auf die Leichen des Pariser Proletariats. Für ihn ist dies nicht nur die Austilgung der Revolution, sondern zugleich die Austilgung Frankreichs, das jetzt in Wirklichkeit enthauptet ist, und durch die französische Regierung obendrein. Mit der allen erfolgreichen Staatsmännern eignen Seichtigkeit sieht er nur die Oberfläche dieses ungeheuren geschichtlichen Ereignisses. Wo hat je vorher die Geschichte das Schauspiel vorgeführt eines Siegers, der seinen Sieg damit krönt, daß er sich nicht nur zum Gendarmen, sondern auch zum gemieteten Bravo der besiegten Regierung hergibt? Zwischen Preußen und der Kommune von Paris war kein Krieg. Im Gegenteil, die Kommune hatte die Friedenspräliminarien angenommen, und Preußen hatte seine Neutralität erklärt. Preußen war also keine kriegführende Partei. Es handelte als Bravo; als feiger Bravo, weil es keinerlei Gefahr auf sich lud; als gemieteter Bravo, weil es im voraus die Zahlung seines Blutgelds von 500 Millionen von dem Fall von Paris abhängig machte. Und so kam denn endlich an den Tag der wahre Charakter jenes Kriegs, den die Vorsehung angeordnet hatte zur Züchtigung des gottlosen und

liederlichen Frankreichs durch das fromme und sittliche Deutschland! Und dieser unerhörte Bruch des Völkerrechts, selbst wie es von den Juristen der alten Welt verstanden, statt die «zivilisierten» Regierungen Europas aufzurütteln, daß sie dies rechtsbrüchige Preußen, das bloße Werkzeug des Petersburger Kabinetts, in die Acht der Völker erklären – treibt sie nur zu der Erwägung, ob die wenigen Schlachtopfer, die der doppelten Postenkette um Paris entgehen, nicht auch noch dem Versailler Henker auszuliefern sind!

Daß nach dem gewaltigsten Krieg der neuern Zeit die siegreiche und die besiegte Armee sich verbünden zum gemeinsamen Abschlachten des Proletariats – ein so unerhörtes Ereignis beweist, nicht wie Bismarck glaubt, die endliche Niederdrückung der sich emporarbeitenden neuen Gesellschaft, sondern die vollständige Zerbröcklung der alten Bourgeoisgesellschaft. Der höchste heroische Aufschwung, dessen die alte Gesellschaft noch fähig war, ist der Nationalkrieg, und dieser erweist sich jetzt als reiner Regierungsschwindel, der keinen andern Zweck mehr hat, als den Klassenkampf hinauszuschieben, und der beiseite fliegt, sobald der Klassenkampf im Bürgerkrieg auflodert. Die Klassenherrschaft ist nicht länger imstande, sich unter einer nationalen Uniform zu verstecken; die nationalen Regierungen sind eins gegenüber dem Proletariat!

Nach Pfingstsonntag 1871 kann es keinen Frieden und keine Waffenruhe mehr geben zwischen den Arbeitern Frankreichs und den Aneignern ihrer Arbeitserzeugnisse. Die eiserne Hand einer gemieteten Soldateska mag beide Klassen, für eine Zeitlang, in gemeinsamer Unterdrückung niederhalten. Aber der Kampf muß aber und abermals ausbrechen, in stets wachsender Ausbreitung, und es kann kein Zweifel sein, wer der endliche Sieger sein wird – die wenigen Aneigner oder die ungeheure arbeitende Majorität. Und die französischen Arbeiter bilden nur die Vorhut des ganzen modernen Proletariats.

Während die europäischen Regierungen so, vor Paris, den internationalen Charakter der Klassenherrschaft betätigen, schreien sie Zeter über die Internationale Arbeiterassoziation – die internationale Gegenorganisation der Arbeit gegen die weltbürgerliche Verschwörung des Kapitals – als

Hauptquelle alles dieses Unheils. Thiers klagte sie an als den Despoten der Arbeit, der sich als ihren Befreier ausgebe. Picard befahl alle Verbindung der französischen Internationalen mit denen des Auslandes abzuschneiden; Graf Jaubert, der alte, zur Mumie gewordene Mitschuldige des Thiers von 1835, erklärte es für die Hauptaufgabe aller Regierungen, sie auszurotten. Die Krautjunker der Nationalversammlung heulen gegen sie, und die gesamte europäische Presse stimmt ein in den Chor. Ein ehrenwerter französischer Schriftsteller, der unsrer Assoziation durchaus fremd ist, spricht sich aus wie folgt:
«Die Mitglieder des Zentralkomitees der Nationalgarde, wie auch der größre Teil der Mitglieder der Kommune, sind die tätigsten, einsichtigsten und energischsten Köpfe der Internationalen Arbeiterassoziation ... Leute, durchaus ehrlich, aufrichtig, einsichtig, voll Hingebung, rein und fanatisch im *guten* Sinn des Wortes.»
Der polizeigefärbte Bourgeoisverstand stellt sich natürlich die Internationale Arbeiterassoziation vor als eine Art geheimer Verschwörung, deren Zentralbehörde von Zeit zu Zeit Ausbrüche in verschiedenen Ländern befiehlt. Unsere Assoziation ist aber in der Tat nur das internationale Band, das die fortgeschrittensten Arbeiter in den verschiedenen Ländern der zivilisierten Welt vereinigt. Wo immer, und in welcher Gestalt immer, und unter welchen Bedingungen immer der Klassenkampf irgendwelchen Bestand erhält, da ist es auch natürlich, daß Mitglieder unsrer Assoziation im Vordergrund stehen. Der Boden, aus dem sie emporwächst, ist die moderne Gesellschaft selbst. Sie kann nicht niedergestampft werden durch noch soviel Blutvergießen. Um sie niederzustampfen, müßten die Regierungen vor allem die Zwingherrschaft des Kapitals über die Arbeit niederstampfen – also die Bedingung ihres eigenen Schmarotzerdaseins.
Das Paris der Arbeiter, mit seiner Kommune, wird ewig gefeiert werden als der ruhmvolle Vorbote einer neuen Gesellschaft. Seine Märtyrer sind eingeschreint in dem großen Herzen der Arbeiterklasse. Seine Vertilger hat die Geschichte schon jetzt an jenen Schandpfahl genagelt, von dem sie zu erlösen alle Gebete ihrer Pfaffen ohnmächtig sind.

Aus «Die moralisierende Kritik und die kritisierende Moral»

Kurz vor und während der Reformationszeit bildete sich unter den Deutschen eine Art von Literatur, deren bloßer Namen frappiert – die *grobianische*. Heutzutage gehen wir einer dem 16. Jahrhundert analogen Umwälzungsepoche entgegen. Kein Wunder, daß unter den Deutschen die grobianische Literatur wieder auftaucht. Das Interesse an der geschichtlichen Entwicklung überwindet leicht den ästhetischen Ekel, den diese Sorte von Schriftstellerei selbst einem wenig gebildeten Geschmack erregt und schon im fünfzehnten und sechzehnten Jahrhundert erregte.

Platt, großprahlend, bramarbasierend, thrasonisch, prätentiös-derb im Angriff, gegen fremde Derbheit hysterisch empfindsam; das Schwert mit ungeheurer Kraftvergeudung schwingend und weit ausholend, um es flach niederfallen zu lassen; beständig Sitte predigend, beständig die Sitte verletzend; pathetisch und gemein in komischster Verstrikkung; nur um die Sache bekümmert, stets an der Sache vorbeistreifend; dem Volksverstand kleinbürgerliche, gelehrte Halbbildung, der Wissenschaft sogenannten «gesunden Menschenverstand» mit gleichem Dünkel entgegenhaltend; in haltlose Breite mit einer gewissen selbstgefälligen Leichtigkeit sich ergießend; plebejische Form für spießbürgerlichen Inhalt; ringend mit der Schriftsprache, um ihr einen sozusagen rein körperlichen Charakter zu geben; gern im Hintergrund auf den Leib des Schriftstellers deutend, den es in allen Fingern juckt, einige Kraftproben zu geben, seine breiten Schultern zu zeigen, seine Gliedmaßen öffentlich zu recken; gesunden Verstand in gesundem Körper proklamierend; bewußtlos angesteckt von den subtilsten Zänkereien und dem körperlichen Fieber des sechzehnten Jahrhunderts; ebenso in dogmatische bornierte Begriffe festgebannt, als allem Begreifen gegenüber appellierend an eine kleinliche Praxis; tobend gegen die Reaktion, reagierend gegen den Fortschritt; in der Unfähigkeit, den Gegner lächerlich zu schildern, ihn lächerlich scheltend durch eine ganze Stufenleiter von Tönen hindurch; Salomo und Marcolph, Don Quijote und Sancho Pansa, Schwärmer und Pfahlbürger in einer Person; rüpelhafte Form der Empörung, Form des empörten Rüpels; über dem Ganzen das *ehr-*

liche Bewußtsein des selbstzufriednen Biedermanns als Atmosphäre schwebend – so war die *grobianische Literatur* des sechzehnten Jahrhunderts. Wenn unser Gedächtnis nicht täuscht, hat der deutsche Volkswitz ihr ein lyrisches Denkmal gesetzt in dem Lied von *«Heinecke,* dem *starken Knecht».*

Friedrich Engels

Landschaften

Hellas hatte das Glück, seinen landschaftlichen Charakter in der Religion seiner Bewohner zum Bewußtsein gebracht zu sehen. Hellas ist ein Land des Pantheismus; alle seine Landschaften sind – oder waren es wenigstens – in den Rahmen der Harmonie gefaßt. Und doch drängt sich jeder Baum, jede Quelle, jeder Berg zu sehr in den Vordergrund, und doch ist sein Himmel viel zu blau, seine Sonne viel zu strahlend, sein Meer viel zu großartig, als daß sie sich mit der lakonischen Vergeistigung eines Shelleyschen Spirit of nature, eines allumfassenden Pan begnügen sollten; jedes einzelne macht auch in seiner schönen Abrundung Ansprüche auf einen besondern Gott, jeder Fluß will seine Nymphen, jeder Hain seine Dryaden haben – und so ward die Religion der Hellenen. Andere Gegenden waren nicht so glücklich; sie dienten keinem Volke zur Grundlage seines Glaubens und müssen ein poetisches Gemüt abwarten, das den religiösen Genius, der in ihnen schlummert, heraufbeschwört. Steht ihr auf dem Drachenfels oder auf dem Rochusberg bei Bingen und schaut ihr hin über das rebenduftende Rheintal, die fernen blauen Berge mit dem Horizont verschmolzen, das Grün der Felder und Weinberge, vom Golde der Sonne übergossen, das Blau des Himmels widerstrahlend aus dem Strom – da senkt sich der Himmel mit seinem Licht auf die Erde und spiegelt sich in ihr, der Geist versenkt sich in die Materie, das Wort wird Fleisch und wohnt unter uns – das ist verkörpertes Christentum. Im graden Gegensatz dazu steht die norddeutsche Heide; da ist nichts als dürre Halme und demütiges Heidekraut, das im Bewußtsein seiner Schwäche nicht von der Erde aufzukriechen wagt; hier und da ein ehemals trotzender, jetzt vom Blitz zersplitterter Baum; und je heiterer der Himmel ist, desto schärfer scheidet er sich in seiner selbstgenügsamen Herrlichkeit von der armen verfluchten Erde, die im Sack und in der Asche vor ihm liegt, desto zornesheißer blickt sein Sonnenauge auf den kahlen, unfruchtbaren Sand – hier ist die jüdische Weltanschauung repräsentiert.

Die Heide ist genug gescholten worden, die ganze Literatur* hat ihr einen Fluch zugewälzt und sie nur, wie in Platens «Oedipus», zur Staffage der Satire angewandt, aber man hat es auch verschmäht, ihre seltenen Reize, ihre versteckten poetischen Beziehungen aufzusuchen. Man muß eigentlich in einer schönen Gegend, auf Bergeshöhen und waldigen Felsenkronen, aufgewachsen sein, um das Abschreckende, Trostlose der norddeutschen Sahara recht zu empfinden, aber auch, um den verborgenen, wie die libysche Mirage nicht immer sichtbaren Schönheiten dieses Gebietes mit Lust nachzuspüren. Die eigentliche Prosa Deutschlands steckt nur in den Kartoffelsteppen der rechten Elbseite. Aber die Heimat der Sachsen, des tatenreichsten deutschen Stammes, ist auch in ihrer Öde poetisch. In einer Sturmnacht, wenn die Wolken gespenstisch um den Mond flattern, wenn die Hunde sich von fern einander zubellen, dann jagt auf schnaubenden Rossen hinein in die endlose Heide, dann sprengt mit verhängten Zügeln über die verwitterten Granitblöcke und die Grabhügel der Hünen; in der Ferne blitzt das Wasser der Moore im Widerscheine des Mondes, Irrlichter gaukeln darüber hin, unheimlich tönt das Geheul des Sturmes über die weite Fläche; der Boden wird unsicher unter euch und ihr fühlt, daß ihr in den Bereich der deutschen Volkssage gekommen seid. Erst seit ich die norddeutsche Heide kenne, hab ich die Grimmschen «Kinder- und Hausmärchen» recht verstanden. Fast allen diesen Märchen sieht man es an, daß sie hier entstanden sind, wo mit dem Anbruch der Nacht das Menschliche verschwindet und die grausigen, formlosen Geschöpfe der Volksphantasie über einen Boden hinhuschen, dessen Öde am hellen Mittag schon unheimlich ist.

* Im dritten Bande des «Blasedow» nimmt sich der Alte der Heide an.

Sie sind die Versinnlichung der Gefühle, die den isolierten Bewohner der Heide erfassen, wenn er in einer solchen wilden Nacht durch sein Heimatland geht oder vom hohen Turme die öde Fläche schaut. Da treten die Eindrücke, die ihm von den Sturmnächten der Heide aus seiner Kindheit geblieben sind, wieder vor ihn und gestalten sich zu jenen Märchen. Das Geheimnis von der Entstehung des Volksmärchens belauscht ihr am Rhein und in Schwaben nicht, während hier jede Blitznacht – *helle* Blitznacht, sagt Laube – davon mit Donnerzungen redet.
Der Sommerfaden meiner Apologie der Heide würde, vom Winde getragen, sich wohl noch länger fortspinnen, wenn er sich nicht eben um einen unglücklichen, mit hannoverschen Landesfarben angemalten Wegweiser verwickelt hätte. Ich habe lang über die Bedeutung dieser Farben nachgedacht. Die königlich preußischen zeigen zwar das nicht an, was Thiersch in seinem schlechten Preußenliede darin finden will; immerhin aber erinnern sie in ihrer Prosa an die kalte, herzlose Bürokratie und alles das, was dem Rheinländer vom Preußentum noch nicht recht einleuchten will; der schroffe Abstand zwischen Schwarz und Weiß kann ein Analogon bieten für das Verhältnis zwischen König und Untertanen in der absoluten Monarchie; und da sie eigentlich nach Newton gar keine Farben sind, so können sie andeuten, daß die loyale Gesinnung in der absoluten Monarchie die ist, welche sich zu gar keiner Farbe hält. Die muntre rote und weiße Fahne der Hanseaten paßte doch wenigstens vor Zeiten; der französische Esprit schillert in der Trikolore, deren Farben sich auch das phlegmatische Holland aneignete, wahrscheinlich um sich selbst zu persiflieren; am schönsten und deutungsvollsten bleibt freilich immer die unglückliche deutsche Trikolore. Aber die hannoverschen Farben! Denkt euch einen Stutzer, der mit seinen weißen Inexpressibles eine Stunde lang über Stock und Stein, durch Chausseegräben und frischgepflügte Felder gejagt ist, denkt euch Lots Salzsäule – ein Exempel für das ehemals hannoversche Nunquam retrorsum, zur Warnung für viele –, denkt euch dieses ehrwürdige Denkmal von der ungezogenen Beduinenjugend mit Lehm beworfen, und ihr habt einen hannoverschen Wappenpfahl. Oder bedeutet das Weiß vielleicht das unschuldige Staatsgrundgesetz und

das Gelb den Kot, mit dem es von gewissen feilen Federn bespritzt wird?
Wenn ich den religiösen Charakter der Gegenden festhalte, so sind die *holländischen* Landschaften wesentlich calvinistisch. Die totale Prosa, die Unmöglichkeit einer Vergeistigung, die auf einer holländischen Fernsicht lastet, der graue Himmel, der nun einmal einzig zu ihr paßt, alles das erweckt denselben Eindruck, den die unfehlbaren Beschlüsse der Dordrechter Synode in uns zurücklassen. Die Windmühlen, das einzig Bewegte in der Landschaft, erinnern an die Erwählten der Prädestination, die sich einzig und allein vom Hauche der göttlichen Fügung antreiben lassen; alles andere liegt im «Geistlichen Tod». Und der Rhein, wie der strömende, lebendige Geist des Christentums, verliert in dieser dürren Orthodoxie seine befruchtende Kraft und muß ganz und gar versanden. So erscheinen, vom Rheine aus gesehen, seine holländischen Ufer; andre Teile des Landes sollen schöner sein, ich kenne sie nicht. – Rotterdam, mit seinen schattigen Kais, mit seinen Grachten und Schiffen, ist für Kleinstädter aus dem Innern Deutschlands eine Oase; hier begreift man, wie die Phantasie eines Freiligrath mit den scheidenden Fregatten zu fernen, üppigeren Gestaden ziehen konnte. Dann wieder die verdammten seeländischen Inseln, nichts als Schilf und Dämme, Windmühlen und glockenspielende Kirchturmspitzen, zwischen denen sich das Dampfboot stundenlang hindurchwindet!
Aber nun, welch seliges Gefühl, wenn wir hinausfliegen aus den philiströsen Dämmen, aus der enggeschnürten, calvinistischen Orthodoxie in das Gebiet des freiwogenden Geistes! Helvoetsluys verschwindet, die Waalufer versinken rechts und links in den höher aufjubelnden Wellen, das sandige Gelb des Wassers verwandelt sich in Grün, und nun vergessen, was dahinten ist und mit frohem Herzen hinaus in die dunkelgrüne, durchsichtige Flut!

Und nun vergiß der Schmerzen,
Die man dir angetan,
Und geh mit ganzem Herzen
Die große freie Bahn.
Der Himmel beugt sich nieder,

Wird eines mit dem Meer –
Du willst zerrissen wieder
Fahren dazwischen her?

Der Himmel beugt sich nieder,
Umfängt die schöne Welt,
Selig der schönen Glieder,
Die er umschlungen hält,
Als wollte sie ihn küssen,
So hüpfte die Welle auf,
Und du, du willst zerrissen
Vollenden deinen Lauf?

Sieh wie der Gott der Liebe
Sich in die Welt versenkt,
Und daß er ihr verbliebe,
Sich ihr im Menschen schenkt!
Trägst du nicht allerwegen
Den Gott im Busen dein?
So laß ihn frei sich regen,
Und seiner würdig sein!

Dann hänge dich in die Taue des Bugspriets und schau in die Wogen, wie sie vom Kiele zerteilt, den weißen Schaum weit hinausspritzen über dein Haupt, dann sieh über die ferne, grüne Fläche, wo die schäumenden Wellenhäupter in ewiger Unruhe auftauchen, wo die Sonnenstrahlen aus tausend tanzenden Spiegeln in dein Auge zurückfallen, wo das Grün des Meeres mit dem spiegelnden Himmelblau und Sonnengold zu einer wunderbaren Farbe verschmilzt, da entschwinden dir alle die kleinlichen Sorgen, alle Erinnerungen an die Feinde des Lichts und ihre hinterlistigen Ausfälle, und du gehst auf im stolzen Bewußtsein des freien, unendlichen Geistes! Ich habe nur einen Eindruck, den ich diesem vergleichen konnte; als sich zum erstenmal die Gottesidee des letzten Philosophen vor mir auftat, dieser riesenhafteste Gedanke des neunzehnten Jahrhunderts, da erfaßten mich dieselben seligen Schauer, da wehte es mich an wie frische Meerluft, die vom reinsten Himmel herniederhaucht; die Tiefen der Spekulation lagen vor mir wie die unergründliche Meerflut, von der das zum Boden strebende Auge sich nicht abwenden kann; in Gott leben, we-

ben und sind wir! Das kommt uns auf dem Meere zum Bewußtsein; wir fühlen, daß alles um uns und wir selbst von Gott durchhaucht sind; die ganze Natur ist uns so verwandt, die Wellen winken uns so vertraut zu, der Himmel breitet sich so liebeselig um die Erde, und das Licht der Sonne hat einen so unbeschreiblichen Glanz, daß man meint, es mit Händen greifen zu können.
Die Sonne sinkt im Nordwest; links von ihr erhebt sich ein leuchtender Streif aus dem Meere, die Küste von Kent, das südliche Ufer der Themse. Auf der See liegen schon die Nebel der Dämmerung, nur im Westen ist, wie über den Himmel, auch übers Wasser, der Purpur des Abends ausgegossen; der östliche Himmel prangt in tiefem Blau, aus dem die Venus schon hell heraustritt; im Südwesten zieht sich lang am Horizonte Margate hin, in dessen Fenstern das Abendrot sich spiegelt, ein langer goldener Streif in zauberischem Lichte; und nun schwingt die Mützen und begrüßt das freie England mit freudigem Rufe und vollem Glase. Gute Nacht, auf fröhliches Erwachen in London!

*

Ihr, die ihr über die Prosa der Eisenbahnen klagt, ohne je eine gesehen zu haben, laßt euch fahren auf der, die von London nach Liverpool geht. Wenn es irgendein Land gibt, das gemacht ist, auf der Eisenbahn durchflogen zu werden, so ist es England. Keine blendenden Schönheiten, keine kolossalen Felsmassen, aber ein Land voll sanfter Hügelwellen, das bei der englischen, nie ganz klaren Sonnenbeleuchtung einen wunderbaren Reiz hat. Man staunt über die mannigfachen Gruppierungen der einfachen Staffage; aus ein paar Hügeln, Feld, Bäumen, weidendem Vieh macht die Natur tausend anmutige Landschaften. Eigentümlich schön erscheinen die Bäume, mit denen alle Felder, einzeln und in Gruppen, besetzt sind, so daß die ganze Gegend etwas Parkähnliches erhält. Dann wieder ein Tunnel, der den Wagenzug für einige Minuten im Dunkel hält, und der in einen Hohlweg ausläuft, aus dem man plötzlich wieder in die lachenden, sonnigen Felder versetzt wird. Auf einmal führt der Weg auf einem Viadukt quer durch ein langes Tal; tief unten liegen die Städte und Dörfer, die Wälder und Wiesen, zwischen denen der Fluß sich hindurchschlängelt;

rechts und links Berge, die im Hintergrunde verschwimmen, und über dem reizenden Tale eine zauberhafte Beleuchtung, halb Nebel, halb Sonnenschein – doch kaum hat man das wunderbare Gebiet überschaut, so ist man ihm in einen kahlen Hohlweg entrückt und hat Zeit, das magische Bild in der Phantasie neuzuschaffen. Und so geht es fort, bis die Nacht hereinbricht und der Schlummer die schauensmatten Augen schließt. Oh, es liegt eine reiche Poesie in den Provinzen Britanniens! Oft meint man, noch in den golden days of merry England zu sein und Shakespeare mit der Büchse hinterm Hag schleichen zu sehen, wie er noch nach fremdem Wilde jagte, oder man wundert sich, daß auf dieser grünen Au nicht eine seiner göttlichen Komödien wirklich sich abwickelt. Denn wo die Szene auch liegen mag, in Italien, in Frankreich oder Navarra, immer ist's im Grunde doch merry England, wohin seine barocken Rüpel, seine superklugen Schulmeister, seine liebenswürdig-bizarren Frauen gehören, überall merkt man dem Ganzen an, daß nur der englische Himmel dazu paßt. Nur einige Komödien, wie der «Sommernachtstraum», haben das Südlich-Klimatische so vollkommen wie «Romeo und Julie», auch in den Charakteren.

Und nun zurück zu unserem Vaterlande! Das malerische und romantische Westfalen ist ganz ärgerlich geworden über seinen Sohn Freiligrath, der es über den freilich weit malerischeren und romantischeren Rhein ganz und gar vergessen hat; trösten wir es mit einigen schmeichelnden Worten, damit seine Geduld nicht eher bricht, als das zweite Heft erscheint. Westfalen ist von Bergketten gegen Deutschland hin umgeben und nur gegen Holland offen, gleichsam als sei es von Deutschland ausgestoßen. Und doch sind seine Kinder echte Sachsen, treue, gute Deutsche. Nun, jene Berge bieten herrliche Punkte dar; im Süden die Ruhr- und Lennetäler, im Osten das Wesertal, im Norden eine Bergkette von Minden nach Osnabrück – überall die reichsten Aussichten, nur in der Mitte des Landes eine langweilige Sandfläche, die man durch Gras und Korn immer hindurchscheinen sieht. Und dann die alten schönen Städte, vor allen Münster mit seinen gotischen Kirchen, mit den Arkaden seines Marktes, mit Annette Elisabeth von Droste-Hülshoff und Levin Schücking. Der letztere, den ich das Vergnügen hatte, dort kennenzulernen, war so gütig, mich auf die Gedichte jener Dame aufmerksam zu machen, und ich kann diese Gelegenheit nicht vorübergehen lassen, ohne einen Teil der Schuld abzutragen, die das deutsche Publikum sich gegen diese Poesien aufgeladen hat. Es hat sich bei ihnen wiederum bewährt, daß die gepriesene deutsche Gründlichkeit es sich nur zu leicht mit der Würdigung von Gedichten macht; man blättert sie durch, untersucht, ob die Reime rein, die Verse fließend sind, ob der Inhalt leicht zu verstehen und an schlagenden, wenigstens blendenden Bildern reich ist, und das Urteil ist fertig. Aber Dichtungen wie diese, wo eine Innigkeit des Gefühls, eine Zartheit und Originalität der Naturbilder, wie sie nur Shelley haben mag, eine kühne, Byronsche Phantasie im Gewande einer freilich etwas steif drapierten Form, einer von Provinzialismen nicht freien Sprache auftreten, gehen spurlos vorüber; wer hätte aber auch Lust, sie etwas langsamer zu lesen als gewöhnlich – und da man doch nur Gedichte zur Hand nimmt, wenn die Stunde der Siesta kommt, so könnte die Schönheit derselben wohl gar dem Schlafe Abbruch tun! Dazu ist die Dichterin eine gläubige Katholikin, und wie kann sich ein Protestant dafür interessieren! Aber wenn der Pietismus den Mann, den Magister, den Oberhelfer Albert Knapp lächerlich macht, so steht der kindliche Glaube dem Fräulein von Droste gut. Es ist eine mißliche Sache um die religiöse Freisinnigkeit der Frauen. Die George Sands, die Mistreß Shelleys sind selten; nur zu leicht zernagt der Zweifel das weibliche Gemüt und erhebt den Verstand zu einer Macht, die er bei keinem Weibe haben darf. Wenn aber die Ideen, mit denen wir Kinder des Neuen stehen und fallen, Wahrheit sind, dann ist auch die Zeit nicht mehr fern, wo das weibliche Herz ebenso warm für die Gedankenblüten des modernen Geistes schlägt wie jetzt für den frommen Glauben der Väter – und erst dann wird der Sieg des Neuen vor der Tür sein, wenn die junge Generation es mit der Muttermilch in sich aufnimmt.

Nikolaus Lenau

Der Postillion

Lieblich war die Maiennacht,
Silberwölklein flogen,
Ob der holden Frühlingspracht
Freudig hingezogen.

Schlummernd lagen Wies und Hain,
Jeder Pfad verlassen;
Niemand als der Mondenschein
Wachte auf der Straßen.

Leise nur das Lüftchen sprach,
Und es zog gelinder
Durch das stille Schlafgemach
All der Frühlingskinder.

Heimlich nur das Bächlein schlich,
Denn der Blüten Träume
Dufteten gar wonniglich
Durch die stillen Räume.

Rauher war mein Postillion,
Ließ die Geißel knallen,
Über Berg und Tal davon
Frisch sein Horn erschallen.

Und von flinken Rossen vier
Scholl der Hufe Schlagen,
Die durchs blühende Revier
Trabten mit Behagen.

Wald und Flur im schnellen Zug
Kaum gegrüßt – gemieden;
Und vorbei, wie Traumesflug,
Schwand der Dörfer Frieden.

Mitten in dem Maienglück
Lag ein Kirchhof innen,
Der den raschen Wanderblick
Hielt zu ernstem Sinnen.

Hingelehnt an Bergesrand
War die bleiche Mauer,
Und das Kreuzbild Gottes stand
Hoch, in stummer Trauer.

Schwager ritt auf seiner Bahn
Stiller jetzt und trüber;
Und die Rosse hielt er an,
Sah zum Kreuz hinüber:

«Halten muß hier Roß und Rad,
Mag's Euch nicht gefährden:
Drüben liegt mein Kamerad
In der kühlen Erden!

Ein gar herzlieber Gesell!
Herr, 's ist ewig schade!
Keiner blies das Horn so hell
Wie mein Kamerade!

Hier ich immer halten muß,
Dem dort unterm Rasen
Zum getreuen Brudergruß
Sein Leiblied zu blasen!»

Und dem Kirchhof sandt er zu
Frohe Wandersänge,
Daß es in die Grabesruh
Seinem Bruder dränge.

Und des Hornes heller Ton
Klang vom Berge wieder,
Ob der tote Postillion
Stimmt' in seine Lieder. –

Weiter ging's durch Feld und Hag
Mit verhängtem Zügel;
Lang mir noch im Ohre lag
Jener Klang vom Hügel.

Eduard Mörike

Gesang zu zweien in der Nacht

Sie:
Wie süß der Nachtwind nun die Wiese streift
Und klingend jetzt den jungen Hain durchläuft!
Da noch der freche Tag verstummt,
Hört man der Erdenkräfte flüsterndes Gedränge,
Das aufwärts in die zärtlichen Gesänge
Der reingestimmten Lüfte summt.

Er:
Vernehm ich doch die wunderbarsten Stimmen,
Vom lauen Wind wollüstig hingeschleift,
Indes, mit ungewissem Licht gestreift,
Der Himmel selber scheinet hinzuschwimmen.

Sie:
Wie ein Gewebe zuckt die Luft manchmal,
Durchsichtiger und heller aufzuwehen;
Dazwischen hört man weiche Töne gehen
Von selgen Feen, die im blauen Saal
Zum Sphärenklang,
Und fleißig mit Gesang,
Silberne Spindeln hin und wieder drehen.

Er:
O holde Nacht, du gehst mit leisem Tritt
Auf schwarzem Samt, der nur am Tage grünet,
Und luftig schwirrender Musik bedienet
Sich nun dein Fuß zum leichten Schritt,
Womit du Stund um Stunde missest,
Dich lieblich in dir selbst vergissest –
Du schwärmst, es schwärmt der Schöpfung Seele mit!

Früh im Wagen

Es graut vom Morgenreif
In Dämmerung das Feld,
Da schon ein blasser Streif
Den fernen Ost erhellt;

Man sieht im Lichte bald
Den Morgenstern vergehn,
Und doch am Fichtenwald
Den vollen Mond noch stehn:

So ist mein scheuer Blick,
Den schon die Ferne drängt,
Noch in das Schmerzensglück
Der Abschiedsnacht versenkt.

Dein blaues Auge steht,
Ein dunkler See, vor mir,
Dein Kuß, dein Hauch umweht,
Dein Flüstern mich noch hier.

An deinem Hals begräbt
Sich weinend mein Gesicht,
Und Purpurschwärze webt
Mir vor dem Auge dicht.

Die Sonne kommt; – sie scheucht
Den Traum hinweg im Nu,
Und von den Bergen streicht
Ein Schauer auf mich zu.

Im Frühling

Hier lieg ich auf dem Frühlingshügel:
Die Wolke wird mein Flügel,
Ein Vogel fliegt mir voraus.
Ach, sag mir, alleinzige Liebe,
Wo *du* bleibst, daß ich bei dir bliebe!
Doch du und die Lüfte, ihr habt kein Haus.

Der Sonnenblume gleich steht mein Gemüte offen,
Sehnend,
Sich dehnend
In Liebe und Hoffen.
Frühling, was bist du gewillt?
Wann werd ich gestillt?

Die Wolke seh ich wandeln und den Fluß,
Es dringt der Sonne goldner Kuß
Mir tief bis ins Geblüt hinein;
Die Augen, wunderbar berauschet,
Tun, als schliefen sie ein,
Nur noch das Ohr dem Ton der Biene lauschet.
Ich denke dies und denke das,
Ich sehne mich, und weiß nicht recht nach was:
Halb ist es Lust, halb ist es Klage;
Mein Herz, o sage,
Was webst du für Erinnerung
In golden grüner Zweige Dämmerung?
– Alte unnennbare Tage!

An einem Wintermorgen, vor Sonnenaufgang

O flaumenleichte Zeit der dunkeln Frühe!
Welch neue Welt bewegest du in mir?
Was ist's, daß ich auf einmal nun in dir
Von sanfter Wollust meines Daseins glühe?

Einem Krystall gleicht meine Seele nun,
Den noch kein falscher Strahl des Lichts getroffen;
Zu fluten scheint mein Geist, er scheint zu ruhn,
Dem Eindruck naher Wunderkräfte offen,
Die aus dem klaren Gürtel blauer Luft
Zuletzt ein Zauberwort vor meine Sinne ruft.

Bei hellen Augen glaub ich doch zu schwanken;
Ich schließe sie, daß nicht der Traum entweiche.
Seh ich hinab in lichte Feenreiche?
Wer hat den bunten Schwarm von Bildern und Gedanken

Zur Pforte meines Herzens hergeladen,
Die glänzend sich in diesem Busen baden,
Goldfarbgen Fischlein gleich im Gartenteiche?

Ich höre bald der Hirtenflöten Klänge,
Wie um die Krippe jener Wundernacht,
Bald weinbekränzter Jugend Lustgesänge;
Wer hat das friedenselige Gedränge
In meine traurigen Wände hergebracht?

Und welch Gefühl entzückter Stärke,
Indem mein Sinn sich frisch zur Ferne lenkt!
Vom ersten Mark des heutgen Tags getränkt,
Fühl ich mir Mut zu jedem frommen Werke.
Die Seele fliegt, soweit der Himmel reicht,
Der Genius jauchzt in mir! Doch sage,
Warum wird jetzt der Blick von Wehmut feucht?
Ist's ein verloren Glück, was mich erweicht?
Ist es ein werdendes, was ich im Herzen trage?
– Hinweg, mein Geist! hier gilt kein Stillestehn:
Es ist ein Augenblick, und alles wird verwehn!

Dort, sieh! am Horizont lüpft sich der Vorhang schon!
Es träumt der Tag, nun sei die Nacht entflohn;
Die Purpurlippe, die geschlossen lag,
Haucht, halb geöffnet, süße Atemzüge:
Auf einmal blitzt das Aug, und, wie ein Gott, der Tag
Beginnt im Sprung die königlichen Flüge!

Theodor Storm

Frauen-Ritornelle

Blühende Myrte –
Ich hoffte süße Frucht von dir zu pflücken;
Die Blüte fiel; nun seh ich, daß ich irrte.

Schnell welkende Winden –
Die Spur von meinen Kinderfüßen sucht ich
An eurem Zaun, doch konnt ich sie nicht finden..

Muskathyazinthen –
Ihr blühtet einst in Urgroßmutters Garten;
Das war ein Platz, weltfern, weit, weit dahinten.

Dunkle Zypressen –
Die Welt ist gar zu lustig;
Es wird doch alles vergessen.

Die Stadt

Am grauen Strand, am grauen Meer
Und seitab liegt die Stadt;
Der Nebel drückt die Dächer schwer,
Und durch die Stille braust das Meer
Eintönig um die Stadt.

Es rauscht kein Wald, es schlägt im Mai
Kein Vogel ohn Unterlaß;
Die Wandergans mit hartem Schrei
Nur fliegt in Herbstesnacht vorbei,
Am Strande weht das Gras.

Doch hängt mein ganzes Herz an dir,
Du graue Stadt am Meer,
Der Jugend Zauber für und für
Ruht lächelnd doch auf dir, auf dir,
Du graue Stadt am Meer.

Hyazinthen

Fern hallt Musik; doch hier ist stille Nacht,
Mit Schlummerduft anhauchen mich die Pflanzen:
Ich habe immer, immer dein gedacht;
Ich möchte schlafen, aber du mußt tanzen.

Es hört nicht auf, es rast ohn Unterlaß;
Die Kerzen brennen und die Geigen schreien,
Es teilen und es schließen sich die Reihen,
Und alle glühen; aber du bist blaß.

Und du mußt tanzen; fremde Arme schmiegen
Sich an dein Herz; o leide nicht Gewalt!
Ich seh dein weißes Kleid vorüberfliegen
Und deine leichte, zärtliche Gestalt. – –

Und süßer strömend quillt der Duft der Nacht
Und träumerischer aus dem Kelch der Pflanzen.
Ich habe immer, immer dein gedacht;
Ich möchte schlafen, aber du mußt tanzen.

Meeresstrand

Ans Haff nun fliegt die Möwe,
Und Dämmrung bricht herein;
Über die feuchten Watten
Spiegelt der Abendschein.

Graues Geflügel huschet
Neben dem Wasser her;
Wie Träume liegen die Inseln
Im Nebel auf dem Meer.

Ich höre des gärenden Schlammes
Geheimnisvollen Ton,
Einsames Vogelrufen –
So war es immer schon.

Noch einmal schauert leise
Und schweiget dann der Wind;
Vernehmlich werden die Stimmen,
Die über der Tiefe sind.

Adalbert Stifter

Die Sonnenfinsternis am 8. Juli 1842

Es gibt Dinge, die man fünfzig Jahre weiß, und im einundfünfzigsten erstaunt man über die Schwere und Furchtbarkeit ihres Inhaltes. So ist es mir mit der totalen Sonnenfinsternis ergangen, welche wir in Wien am 8. Juli 1842 in den frühesten Morgenstunden bei dem günstigsten Himmel erlebten. Da ich die Sache recht schön auf dem Papiere durch eine Zeichnung und Rechnung darstellen kann, und da ich wußte, um so und so viel Uhr trete der Mond unter der Sonne weg, und die Erde schneide ein Stück seines kegelförmigen Schattens ab, welches dann wegen des Fortschreitens des Mondes in seiner Bahn, und wegen der Achsendrehung der Erde einen schwarzen Streifen über ihre Kugel ziehe, was man dann an verschiedenen Orten zu verschiedenen Zeiten in der Art sieht, daß eine schwarze Scheibe in die Sonne zu rücken scheint, von ihr immer mehr und mehr wegnimmt, bis nur eine schmale Sichel übrigbleibt, und endlich auch die verschwindet – auf Erden wird es da immer finsterer und finsterer, bis wieder am anderen Ende die Sonnensichel erscheint und wächst, und das Licht auf Erden nach und nach wieder zum vollen Tage anschwillt – dies alles wußte ich voraus, und zwar so gut, daß ich eine totale Sonnenfinsternis im voraus so treu beschreiben zu können vermeinte, als hätte ich sie bereits gesehen. Aber, da sie nun wirklich eintraf, da ich auf einer Warte hoch über der ganzen Stadt stand, und die Erscheinung mit eigenen Augen anblickte, da geschahen freilich ganz andere Dinge, an die ich weder wachend noch träumend gedacht hatte, und an die keiner denkt, der das Wunder nicht gesehen. – Nie und nie in meinem ganzen Leben war ich so erschüttert, von Schauer und Erhabenheit so erschüttert, wie in diesen zwei Minuten – es war nicht anders, als hätte Gott auf einmal ein deutliches Wort gesprochen, und ich hätte es verstanden. Ich stieg von der Warte herab, wie vor tausend und tausend Jahren etwa Moses von dem brennenden Berge herabgestiegen sein mochte, verwirrten und betäubten Herzens.

Es war ein so einfach Ding. Ein Körper leuchtet einen andern an, und dieser wirft seinen Schatten auf einen dritten: aber die Körper stehen in solchen Abständen, daß wir in unserer Vorstellung kein Maß mehr dafür haben, sie sind so riesengroß, daß sie über alles, was wir groß heißen, hinausschwellen – ein solcher Komplex von Erscheinungen ist mit diesem einfachen Dinge verbunden, eine solche moralische Gewalt ist in diesen physischen Hergang gelegt, daß er sich unserem Herzen zum unbegreiflichen Wunder emportürmt. Vor tausendmaltausend Jahren hat Gott es so gemacht, daß es heute zu dieser Sekunde sein wird; in unsere Herzen aber hat er die Fibern gelegt, es zu empfinden. Durch die Schrift seiner Sterne hat er versprochen, daß es kommen werde nach tausend und tausend Jahren, unsere Väter haben diese Schrift entziffern gelernt, und die Sekunde angesagt, in der es eintreffen müsse; wir, die späten Enkel, richten unsere Augen und Sehröhre zu gedachter Sekunde gegen die Sonne, und siehe: *es kommt* – der Verstand triumphiert schon, daß er ihm die Pracht und Einrichtung seiner Himmel nachgerechnet und abgelernt hat – und in der Tat, der Triumph ist einer der gerechtesten des Menschen – *es kommt,* stille wächst es weiter – aber siehe, Gott gab ihm auch für das *Herz* etwas mit, was wir nicht vorausgewußt, und was millionenmal mehr wert ist, als was der Verstand begriff und vorausrechnen konnte: das Wort gab er ihm mit: *«Ich bin»* – – «nicht darum bin ich, weil diese Körper sind und diese Erscheinung, nein, sondern darum, weil es euch in diesem Momente euer Herz schauernd sagt, und weil dieses Herz sich doch trotz der Schauer als groß empfindet.» – – Das Tier hat gefürchtet, der Mensch hat angebetet.

Ich will es in diesen Zeilen versuchen, für die tausend Augen, die zugleich an jenem Momente zum Himmel aufblickten, das Bild, und für die tausend Herzen, die zugleich schlugen, die Empfindung nachzumalen und festzuhalten, insoferne dies eine schwache, menschliche Feder überhaupt zu tun imstande ist.

Ich stieg um fünf Uhr auf die Warte des Hauses Nr. 495 in der Stadt, von wo aus man die Übersicht nicht nur über die ganze Stadt hat, sondern auch über das Land um dieselbe bis zum fernsten Horizonte, an dem die ungarischen Berge wie zarte Luftbilder dämmern. Die Sonne war bereits herauf und glänzte freundlich auf die rauchenden Donauauen nieder, auf die spiegelnden Wässer, und auf die vielkantigen Formen der Stadt, vorzüglich auf die Stephanskirche, die ordentlich greifbar nahe an uns aus der Stadt, wie ein dunkles, ruhiges Gebirge aus Gerölle, emporstand. Mit einem seltsamen Gefühle schaute man die Sonne an, da an ihr nach wenigen Minuten so Merkwürdiges vorgehen sollte. Weit draußen, wo der große Strom geht, lag eine dicke, langgestreckte Nebellinie, auch im südöstlichen Horizonte krochen Nebel und Wolkenballen herum, die wir sehr fürchteten, und ganze Teile der Stadt schwammen in Dunst hinaus. An der Stelle der Sonne waren nur ganz schwache Schleier, und auch diese ließen große, blaue Inseln durchblicken.

Die Instrumente wurden gestellt, die Sonnengläser in Bereitschaft gehalten, aber es war noch nicht an der Zeit. Unten ging das Gerassel der Wägen, das Laufen und Treiben an – oben sammelten sich betrachtende Menschen; unsere Warte füllte sich, aus den Dachfenstern der umstehenden Häuser blickten Köpfe, auf Dachfirsten standen Gestalten, alle nach derselben Stelle des Himmels blickend, selbst auf der äußersten Spitze des Stephansturmes, auf der letzten Platte des Baugerüstes stand eine schwarze Gruppe, wie auf Felsen oft ein Schöpfchen Waldanflug – und wie viele tausend Augen mochten in diesem Augenblicke von den umliegenden Bergen nach der Sonne schauen, nach derselben Sonne, die Jahrtausende den Segen herabschüttet, ohne daß einer dankt – heute ist sie das Ziel von Millionen Augen – aber immer noch, wie man sie mit den dämpfenden Gläsern anschaut, schwebt sie als rote oder grüne Kugel rein und schön umzirkelt in dem Raume.

Endlich zur vorausgesagten Minute – gleichsam wie von einem unsichtbaren Engel empfing sie den sanften Todeskuß – ein feiner Streifen ihres Lichtes wich vor dem Hauche dieses Kusses zurück, der andere Rand wallte in dem Glase des Sternenrohres zart und golden fort – «es kommt» riefen nun auch die, welche bloß mit dämpfenden Gläsern, aber sonst mit freien Augen hinaufschauten – «es kommt» – und mit Spannung blickte nun alles auf den Fortgang. Die erste seltsame fremde Empfindung rieselte nun durch die Herzen, es war die, daß draußen in der Entfernung von

Tausenden und Millionen Meilen, wohin nie ein Mensch gedrungen, an Körpern, deren Wesen nie ein Mensch erkannte, nun auf einmal etwas zur selben Sekunde geschehe, auf die es schon längst der Mensch auf Erden festgesetzt. Man wende nicht ein, die Sache sei ja natürlich, und an den Bewegungsgesetzen der Körper leicht rechenbar; die wunderbare Magie des Schönen, die Gott den Dingen mitgab, frägt nichts nach solchen Rechnungen, sie ist da, weil sie da ist, ja sie ist *trotz* der Rechnungen da, und selig das Herz, welches sie empfinden kann; denn nur dies ist Reichtum, und einen andern gibt es nicht – schon in dem ungeheuern Raum des Himmlischen wohnt das Erhabene, das unsere Seele überwältigt, und doch ist dieser Raum in der Mathematik sonst nichts als groß.

Indes nun alle schauten, und man bald dieses, bald jenes Rohr rückte und stellte, und sich auf dies und jenes aufmerksam machte, wuchs das unsichtbare Dunkel immer mehr und mehr in das schöne Licht der Sonne ein – alle harrten, die Spannung stieg; aber so gewaltig ist die Fülle dieses Lichtmeeres, das von dem Sonnenkörper niederregnet, daß man auf Erden keinen Mangel fühlte, die Wolken glänzten fort, das Band des Wassers schimmerte, die Vögel flogen und kreuzten lustig über den Dächern, die Stephanstürme warfen ruhig ihre Schatten gegen das funkelnde Dach, über die Brücke wimmelte das Fahren und Reiten, wie sonst, sie ahneten nicht, daß indessen oben der Balsam des Lebens, das Licht, heimlich wegsieche – dennoch draußen an dem Kahlengebirge und jenseits des Schlosses Belvedere war es schon, als schliche Finsternis, oder vielmehr ein bleigraues Licht, wie ein böses Tier heran – aber es konnte auch Täuschung sein, auf unserer Warte war es lieb und hell, und Wangen und Angesichter der Nahestehenden waren klar und freundlich wie immer.

Seltsam war es, daß dies unheimliche, klumpenhafte tiefschwarze vorrückende Ding, das langsam die Sonne wegfraß, unser Mond sein sollte, der schöne sanfte Mond, der sonst die Nächte so florig silbern beglänzte; aber doch war er es, und im Sternenrohr erschienen auch seine Ränder mit Zacken und Wulsten besetzt, den furchtbaren Bergen, die sich auf dem uns so freundlich lächelnden Runde türmen.

Endlich wurden auch auf Erden die Wirkungen sichtbar,

und immer mehr, je schmäler die am Himmel glühende Sichel wurde; der Fluß schimmerte nicht mehr, sondern war ein taftgraues Band, matte Schatten lagen umher, die Schwalben wurden unruhig, der schöne sanfte Glanz des Himmels erlosch, als liefe er von einem Hauche matt an, ein kühles Lüftchen hob sich und stieß gegen uns, über den Auen starrte ein unbeschreiblich seltsames, aber bleischweres Licht, über den Wäldern war mit dem Lichterspiele die Beweglichkeit verschwunden, und Ruhe lag auf ihnen, aber nicht die des Schlummers, sondern die der Ohnmacht – und immer fahler goß sich's über die Landschaft, und diese wurde immer starrer – die Schatten unserer Gestalten legten sich leer und inhaltslos gegen das Gemäuer, die Gesichter wurden aschgrau – – erschütternd war dieses allmählige Sterben mitten in der noch vor wenigen Minuten herrschenden Frische des Morgens. Wir hatten uns das Eindämmern wie etwa ein Abendwerden vorgestellt, nur ohne Abendröte, wie geisterhaft aber ein Abendwerden ohne Abendröte sei, hatten wir uns nicht vorgestellt, aber auch außerdem war dies Dämmern ein ganz anderes, es war ein lastend unheimliches Entfremden unserer Natur; gegen Südost lag eine fremde gelbrote Finsternis, und die Berge und selbst das Belvedere wurden von ihr eingetrunken – die Stadt sank zu unsern Füßen immer tiefer, wie ein wesenloses Schattenspiel hinab, das Fahren und Gehen und Reiten über die Brücke geschah, als sähe man es in einem schwarzen Spiegel – die Spannung stieg aufs höchste – einen Blick tat ich noch in das Sternrohr, er war der letzte; so schmal, wie mit der Schneide eines Federmessers in das Dunkel geritzt, stand nur mehr die glühende Sichel da, jeden Augenblick zum Erlöschen, und wie ich das freie Auge hob, sah ich auch, daß bereits alle andern die Sonnengläser weggetan, und bloßen Auges hinaufschauten – sie hatten auch keines mehr nötig; denn nicht anders, als wie der letzte Funke eines erlöschenden Dochtes, schmolz eben auch der letzte Sonnenfunken weg, wahrscheinlich durch die Schlucht zwischen zwei Mondbergen zurück – es war ein ordentlich trauriger Augenblick – deckend stand nun Scheibe auf Scheibe – und *dieser* Moment war es eigentlich, der wahrhaft herzzermalmend wirkte – das hatte keiner geahnet – ein einstimmiges «Ah» aus aller Munde, und dann

Totenstille, es war der Moment, da Gott redete, und die Menschen horchten.
Hatte uns früher das allmählige Erblassen und Einschwinden der Natur gedrückt und verödet, und hatten wir uns das nur fortgehend in eine Art Tod schwindend gedacht: so wurden wir nun plötzlich aufgeschreckt und emporgerissen durch die furchtbare Kraft und Gewalt der Bewegung, die da auf einmal durch den ganzen Himmel lag; die Horizontwolken, die wir früher gefürchtet, halfen das Phänomen erst recht bauen, sie standen nun wie Riesen auf, von ihrem Scheitel rann ein fürchterliches Rot, und in tiefem kalten schweren Blau wölbten sie sich unter und drückten den Horizont – Nebelbänke, die schon lange am äußersten Erdsaume gequollen, und bloß mißfärbig gewesen waren, machten sich nun gelten, und schauderten in einem zarten furchtbaren Glanze, der sie überlief – Farben, die nie ein Auge gesehen, schweiften durch den Himmel; – der Mond stand mitten in der Sonne, aber nicht mehr als schwarze Scheibe, sondern gleichsam halb transparent wie mit einem leichten Stahlschimmer überlaufen, rings um ihn kein Sonnenrand, sondern ein wundervoller, schöner Kreis von Schimmer, bläulich, rötlich, in Strahlen auseinanderbrechend, nicht anders, als gösse die oben stehende Sonne ihre Lichtflut auf die Mondeskugel nieder, daß es rings auseinanderspritzte – das Holdeste, was ich je an Lichtwirkung sah! – Draußen weit über das Marchfeld hin lag schief eine lange, spitze Lichtpyramide gräßlich gelb, in Schwefelfarbe flammend, und unnatürlich blau gesäumt; es war die jenseits des Schattens beleuchtete Atmosphäre, aber nie schien ein Licht so wenig irdisch und so furchtbar, und von ihm floß das aus, mittelst dessen wir sahen. Hatte uns früher Eintönigkeit verödet, so waren wir jetzt erdrückt von Kraft und Glanz und Massen – unsere eigenen Gestalten hafteten darinnen wie schwarze, hohle Gespenster, die keine Tiefe haben; das Phantom der Stephanskirche hing in der Luft, die andere Stadt war ein Schatten, alles Rasseln hatte aufgehört, über der Brücke war keine Bewegung mehr; denn jeder Wagen und Reiter stand, und jedes Auge schaute zum Himmel – – nie, nie werde ich jene zwei Minuten vergessen – es war die Ohnmacht eines riesenhaften Körpers, unserer Erde. – – Wie heilig, wie unbegreiflich

und wie furchtbar ist jenes Ding, das uns stets umflutet, das wir seelenlos genießen, und das unseren Erdball mit solchen Schaudern überzittern macht, wenn es sich entzieht, *das Licht*, wenn es sich nur so kurz entzieht. – Die Luft wurde kalt, *empfindlich* kalt, es fiel Tau, daß Kleider und Instrumente feucht waren – die Tiere entsetzten sich; – was ist das schrecklichste Gewitter, es ist ein lärmender Trödel gegen diese todesstille Majestät – mir fiel *Lord Byrons* Gedicht ein: «Die Finsternis», wo die Menschen Häuser anzünden, Wälder anzünden, um nur Licht zu sehen – – – aber auch eine solche Erhabenheit, ich möchte sagen, *Gottesnähe* war in der Erscheinung dieser zwei Minuten, daß dem Herzen nicht anders war, als müsse er irgendwo stehen. – – *Byron* war viel zu klein – es kamen, wie mit einmal, jene Worte des heiligen Buches in meinen Sinn, die Worte bei dem Tode Christi: «Die Sonne verfinsterte sich, die Erde bebte, die Toten standen aus den Gräbern auf, und der Vorhang des Tempels zerriß von oben bis unten.» Auch wurde die Wirkung auf alle Menschenherzen sichtbar. Nach dem ersten Verstummen des Schrecks geschahen unartikulierte Laute der Bewunderung und des Staunens: der eine hob die Hände empor, der andere rang sie leise vor Bewegung, andere ergriffen sich bei denselben und drückten sich – eine Frau begann heftig zu weinen, eine andere in dem Hause neben uns fiel in Ohnmacht, und ein Mann, ein ernster, fester Mann, hat mir später gesagt: daß ihm die Tränen herabgeronnen. Ich habe immer die alten Beschreibungen von Sonnenfinsternissen für übertrieben gehalten, so wie vielleicht in späterer Zeit diese für übertrieben wird gehalten werden; aber alle, so wie diese, sind weit hinter der Wahrheit zurück. Sie können nur das Geschehene malen, aber schlecht, das Gefühlte noch schlechter, aber gar nicht die namenlos tragische Musik von Farben und Lichtern, die durch den ganzen Himmel liegt – ein Requiem, ein Dies irae, das unser Herz spaltet, daß es Gott sieht, und seine teuren Verstorbenen, daß es in ihm rufen muß: «Herr, wie groß und herrlich sind deine Werke, wir sind wie Staub vor dir, daß du uns durch das bloße Weghauchen eines Lichtteilchens vernichten kannst, und unsere Welt, den holdvertrauten Wohnort, in einen wildfremden Raum verwandelst, darin Larven starren!»

Aber wie alles in der Schöpfung sein rechtes Maß hat, so auch diese Erscheinung, sie dauerte zum Glücke sehr kurz, gleichsam nur den Mantel hat er von seiner Gestalt gelüftet, daß wir hineinsehen, und augenblicks wieder zugehüllt, daß alles sei wie früher. Gerade da die Menschen anfingen, ihren Empfindungen Worte zu geben, also da sie nachzulassen begannen, da man eben ausrief: «Wie herrlich, wie furchtbar!» – gerade in diesem Momente hörte es auf: mit eins war die Jenseitswelt verschwunden, und die hiesige wieder da, ein einziger Lichttropfe quoll am obern Rande wie ein weißschmelzendes Metall hervor, und wir hatten unsere Welt wieder – er *drängte* sich hervor, dieser Tropfe, wie wenn die Sonne selber ordentlich froh wäre, daß sie überwunden habe, *ein* Strahl schoß durch den Raum, ein zweiter machte sich Platz – aber ehe man nur Zeit hatte, zu rufen: «Ach!» bei dem ersten Blitz des ersten Atomes, war die Larvenwelt verschwunden, und die unsere wieder da: das bleifarbene Lichtgrauen, das uns vor dem Erlöschen so ängstlich schien, war uns nun Erquickung, Labsal, Freund und Bekannter, die Dinge warfen wieder Schatten, das Wasser glänzte, die Bäume waren grün, wir sahen uns in die Augen – siegreich kam Strahl an Strahl, und wie schmal, wie winzig schmal auch nur noch erst der leuchtende Zirkel war, es schien, als sei uns ein Ozean von Licht geschenkt worden – man kann es nicht sagen, und der es nicht erlebt, glaubt es kaum, welche freudige, welche siegende Erleichterung in die Herzen kam: wir schüttelten uns die Hände, wir sagten, daß wir uns zeitlebens daran erinnern wollen, daß wir das miteinander gesehen haben – man hörte einzelne Laute, wie sich die Menschen von den Dächern und über die Gassen zuriefen, das Fahren und Lärmen begann wieder, selbst die Tiere empfanden es; die Pferde wieherten, und die Sperlinge auf den Dächern begannen ein Freudengeschrei, so grell und närrisch, wie sie es gewöhnlich tun, wenn sie sehr aufgeregt sind, und die Schwalben schossen blitzend und kreuzend, hinauf, hinab, in der Luft umher. Das Wachsen des Lichtes machte keine Wirkung mehr, fast keiner wartete den Austritt ab, die Instrumente wurden abgeschraubt, wir stiegen hinab, und auf allen Straßen und Wegen waren heimkehrende Gruppen und Züge in den heftigsten, exaltiertesten Gesprächen und Ausrufungen begriffen. Und ehe sich noch die Wellen der Bewunderung und Anbetung gelegt hatten, ehe man mit Freunden und Bekannten ausreden konnte, wie auf diesen, wie auf jenen, wie hier, wie dort die Erscheinung gewirkt habe, stand wieder das schöne holde, wärmende, funkelnde Rund in den freundlichen Lüften, und das Werk des Tages ging fort; – wie lange aber das Herz des Menschen fortwogte, bis es auch wieder in sein Tagewerk kam, wer kann es sagen? Gebe Gott, daß der Eindruck recht lange nachhalte, er war ein herrlicher, dessen selbst ein hundertjähriges Menschenleben wenige aufzuweisen haben wird. Ich weiß, daß ich nie, weder von Musik noch Dichtkunst, noch von irgendeinem Phänomen oder einer Kunst so ergriffen und erschüttert worden war – freilich bin ich seit Kindheitstagen viel, ich möchte fast sagen, ausschließlich mit der Natur umgegangen, und habe mein Herz an ihre Sprache gewöhnt, und liebe diese Sprache, vielleicht einseitiger, als es gut ist; aber ich denke, es kann kein Herz geben, dem nicht diese Erscheinung einen unverlöschlichen Eindruck zurückgelassen habe.

Ihr aber, die es im höchsten Maße nachempfunden, habet Nachsicht mit diesen armen Worten, die es nachzumalen versuchten, und so weit zurückblieben. Wäre ich *Beethoven*, so würde ich es in Musik sagen; ich glaube, da könnte ich es besser.

Zum Schlusse erlaube man mir noch zwei kurze Fragen, die mir dieses merkwürdige Naturereignis aufdrängte.

Erstens. Warum, da doch alle Naturgesetze Wunder und Geschöpfe Gottes sind, merken wir sein Dasein in ihnen weniger, als wenn einmal eine plötzliche Änderung, gleichsam eine Störung derselben geschieht, wo wir ihn dann plötzlich und mit Erschrecken dastehen sehen? Sind diese Gesetze sein glänzendes Kleid, das ihn deckt, und muß er es lüften, daß wir ihn selber schauen?

Zweitens. Könnte man nicht auch durch Gleichzeitigkeit und Aufeinanderfolge von Lichtern und Farben ebensogut eine Musik für das Auge wie durch Töne für das Ohr ersinnen? Bisher waren Licht und Farbe nicht selbständig verwendet, sondern nur an Zeichnung haftend; denn Feuerwerke, Transparente, Beleuchtungen sind doch nur noch zu rohe Anfänge jener Lichtmusik, als daß man sie erwähnen könnte. Sollte nicht durch ein Ganzes von Lichtakkorden und Melodien ebenso ein Gewaltiges, Erschütterndes angeregt werden können, wie durch Töne? Wenigstens könnte ich keine Symphonie, Oratorium oder dergleichen nennen, das eine so hehre Musik war, als jene, die während der zwei Minuten mit Licht und Farbe an dem Himmel war, und hat sie auch nicht den Eindruck ganz allein gemacht, so war sie doch ein Teil davon.

Friedrich Hebbel

Abendgefühl

Friedlich bekämpfen
Nacht sich und Tag.
Wie das zu dämpfen,
Wie das zu lösen vermag!

Der mich bedrückte,
Schläfst du schon, Schmerz?
Was mich beglückte,
Sage, was war's doch, mein Herz?

Freude, wie Kummer,
Fühl ich, zerrann,
Aber den Schlummer
Führten sie leise heran.

Und im Entschweben,
Immer empor,
Kommt mir das Leben
Ganz, wie ein Schlummerlied vor.

Klaus Groth

Min Jehann

Ik wull, wi weern noch kleen, Jehann,
Do weer de Welt so grot!
Wi seten op den Steen, Jehann,
Weest noch? bi Nawers Sot.
An Heben seil de stille Maan,
Wi segen, wa he leep,
Un snacken, wa de Himmel hoch
Un wa de Sot wul deep.

Weest noch, wa still dat weer, Jehann?
Dar röhr keen Blatt an Bom.
So is dat nu ni mehr, Jehann,
As höchstens noch in Drom.
Och ne, wenn do de Scheper sung,
Alleen int wide Feld:
Ni wahr, Jehann? dat weer en Ton!
De eenzige op de Welt.

Mitünner in 'e Schummertid,
Denn ward mi so to Mot.
Denn löppt mi't langs den Rügg so hitt
As domals bi den Sot.
Denn dreih ik mi so hasti um,
As weer ik nich alleen:
Doch allens, wat ik finn, Jehann,
Dat is – ik sta un ween.

Gottfried Keller

Winternacht

Nicht ein Flügelschlag ging durch die Welt,
Still und blendend lag der weiße Schnee.
Nicht ein Wölklein hing am Sternenzelt,
Keine Welle schlug im starren See.

Aus der Tiefe stieg der Seebaum auf,
Bis sein Wipfel in dem Eis gefror;
An den Ästen klomm die Nix herauf,
Schaute durch das grüne Eis empor.

Auf dem dünnen Glase stand ich da,
Das die schwarze Tiefe von mir schied;
Dicht ich unter meinen Füßen sah
Ihre weiße Schönheit Glied um Glied.

Mit ersticktem Jammer tastet' sie
An der harten Decke her und hin –
Ich vergeß das dunkle Antlitz nie,
Immer, immer liegt es mir im Sinn!

Waldlieder

1

Arm in Arm und Kron an Krone steht der Eichenwald verschlungen,
Heut hat er bei guter Laune mir sein altes Lied gesungen.

Fern am Rande fing ein junges Bäumchen an sich sacht zu wiegen,
Und dann ging es immer weiter an ein Sausen, an ein Biegen;

Kam es her in mächtgem Zuge, schwoll es an zu breiten Wogen,
Hoch sich durch die Wipfel wälzend kam die Sturmesflut gezogen.

Und nun sang und pfiff es graulich in den Kronen, in den Lüften,
Und dazwischen knarrt' und dröhnt' es unten in den Wurzelgrüften.

Manchmal schwang die höchste Eiche gellend ihren Schaft alleine,
Donnernder erscholl nur immer drauf der Chor vom ganzen Haine!

Einer wilden Meeresbrandung hat das schöne Spiel geglichen;
Alles Laub war, weißlich schimmernd, nach Nordosten hin gestrichen.

Also streicht die alte Geige Pan der Alte laut und leise,
Unterrichtend seine Wälder in der alten Weltenweise.

In den sieben Tönen schweift er unerschöpflich auf und nieder,
In den sieben alten Tönen, die umfassen alle Lieder.

Und es lauschen still die jungen Dichter und die jungen Finken,
Kauernd in den dunklen Büschen sie die Melodien trinken.

2

Aber auch den Föhrenwald
Laß ich mir nicht schelten,
Wenn mein Jauchzen widerhallt
In dem sonnerhellten!

Heiter ist's und aufgeräumt
Und das Wehn der Föhren,
Wenn die Luft in ihnen träumt,
Angenehm zu hören!

Schlanken Riesenkindern gleich
Stehn sie da im Bunde,
Jedes erbt ein kleines Reich
Auf dem grünen Grunde.

Aber oben eng verwebt,
Eine Bürgerkrone
Die Genossenschaft erhebt
Stolz zum Sonnenthrone.

Schmach und Gram umfängt sie nie,
Nimmer Lebensreue;
Schnell und mutig wachsen sie
In des Himmels Bläue.

Wenn ein Stamm im Sturme bricht,
Halten ihn die Brüder;
Und er sinkt zur Erde nicht,
Schwebend hängt er nieder.

Lieg ich so im Farrenkraut,
Schwindet jede Grille,
Und es wird das Herz mir laut
In der Föhrenstille.

Weihrauchwolken ein und aus
Durch die Räume wallen –
Bin ich in ein Gotteshaus
Etwan eingefallen?

Doch der Unsichtbare läßt
Lächelnd es geschehen,
Wenn mein wildes Kirchenfest
Hier ich will begehen!

Revolution

«Es wird schon gehn!» ruft in den Lüften
Die Lerche, die am frühsten wach;
«Es wird schon gehn!» rollt in den Grüften
Ein unterirdisch Wetter nach.
«Es geht!» rauscht es in allen Bäumen,
Und lieblich wie Schalmeienton
«Es geht schon!» hallt es in den Träumen
Der fieberkranken Nation.

Die Städte werden reg und munter,
«Es geht!» erschallt's von Haus zu Haus;
Schon steigt der Ruhm in sie hinunter
Und wählt sich seine Kinder aus.
Die Morgensonne ruft: «Erwache,
O Volk, und eile auf den Markt!
Bring auf das Forum deine Sache!
Im Freien nur ein Volk erstarkt!

Trag all dein Lieben und dein Hassen
Und Lust und Leid im Sturmesschritt,
Dein schlagend Herz frei durch die Gassen,
Ja bring den ganzen Menschen mit!
Laß strömen all dein Sein und Denken
Und kehr dein Innerstes zu Tag!
Die Kindheit braucht dich nicht zu kränken,
Wenn du ein Kind von gutem Schlag!»

Die Morgensonne ruft: «Erwache!»
Klopft unterm Dach am Fenster an;
«Steh auf und schau zu unsrer Sache,
Sie geht, sie geht auf guter Bahn!
Ich lege Gold auf deine Zunge!
Ich lege Feuer in dein Wort!
So mach dich auf, mein lieber Junge,
Und schlag dich zu dem Volke dort!»

Er eilt, und es empfängt die Menge
Ihn hoffend auf dem weiten Plan;
Stolz trägt sein Kind des Volks Gedränge
Zur Rednerbühne hoch hinan.
Nun geht ein Leuchten und Gewittern
Aus seinem Mund durch jedes Herz;
Durch goldne Säle weht ein Zittern –
Es wird schon gehn, schon fließt das Erz.

Wie eine Braut am Hochzeitstage,
So ist ein Volk, das sich erkennt;
Wie rosenrot vom heißen Schlage,
Vom Liebespuls ihr Antlitz brennt!
Zum ersten Mal wird sie es inne,

Wie schön sie sei, und fühlt es ganz:
So stehet in der Freiheitsminne
Ein Volk mit seinem Siegeskranz.

Doch wenn es nicht von Güte strahlet
Wie eine hochbeglückte Braut,
So ist sein Lohn ihm ausgezahlet
Und seine Freiheit fährt ins Kraut.
Ein böses Weib, ein giftger Drache
Und böses Volk sind all *ein* Fluch,
Und traurig spinnt die beste Sache
Sich in ihr graues Leichentuch!

Theodor Fontane

Über Gerhart Hauptmann

AUS DER BESPRECHUNG VON HAUPTMANNS «VOR SONNENAUFGANG»

Es ist (so wenigstens stehe ich zu der Sache) nie ganz leicht, zu kritisieren, und mitunter ist es schwer. Ein solcher Fall war gestern gegeben. Nur wer den Mut hat, frisch, fromm, fröhlich und frei rundweg zu verabscheuen oder rundweg in den Himmel zu heben, dem wird auch dies Gerhart Hauptmannsche soziale Drama kein großes Kopfzerbrechen machen; wer diesen Mut aber nicht hat, vielmehr sich mit jeder neuen Szene vor immer neue Fragen gestellt sieht, der wird sich der Schwierigkeit der Beantwortung all dieser Fragen bewußt werden und einen schweren Schreibetag haben.
Es sind keine zwei Monate, daß mir das Stück (in der Paul Ackermannschen Buchhandlung hierselbst, Friedrichstraße 19, erschienen) zu Händen kam. Gerhart Hauptmann. Wer war er? Und dann weiter: «Vor Sonnenaufgang, soziales Drama». Mit dem Mut einer eben überstandenen Sommerfrische beschloß ich, ans Werk zu gehen. Das Büchelchen verkroch sich aber eine Woche lang unter den Pa-

pieren, bis es wieder in die Höhe kam, und nun las ich es, las es von Anfang bis Ende in einem Zuge durch.
Eine sonderbare, eine gruselige Geschichte. Überall im Lande haben wir jetzt Gegenden, wo Bauern und mitunter bloße Kätner über Nacht reich geworden sind, und in eine solche Gegend führt uns das Stück. Es ist ein schlesisches Dorf am Rande des Gebirges, und das Haus, in das wir eintreten, ist nicht nur städtisch tapeziert und mit Bildern ausgestattet, es hat auch elektrische Klingeln und Telephon. Durch letzteres wird sogar gesprochen. Bewohnt ist das Haus, soweit es «herrschaftlich» ist, von fünf Personen, von denen vier den alten Stamm bilden: Bauer Krause, seine viel jüngere Frau zweiter Ehe und zwei Töchter erster Ehe. Die ältere Tochter ist bereits mit einem Ingenieur Hoffmann verheiratet, der nun der fünfte im Hause, seiner Stellung nach aber der erste ist. Er hat das Geschäftliche in die Hand genommen und das Vermögen, das er vorfand, schwindelhaft gesteigert, dabei zugleich für die Modernisierung des Hauses Sorge getragen. Ja, Klingeln und Telephon sind da, Pferd' und Wagen auch, sogar ein «Eduard», Livreediener aus Berlin. In Wahrheit aber ist dies auf den Vornehmheitsschein gestellte Haus ein furchtbares Haus, ein Haus mit einem Gespenst in jedem Winkel. Der alte Bauer lebt, als hochgradiger Säufer, eigentlich nur noch in der Schenke, die Frau zweiter Ehe, eine Kuhmagd von vordem oder doch nicht viel was andres, spielt sich, wenn's ihr paßt, auf die «gnädige Frau» hin aus, die mit dem Ingenieur Hoffmann verheiratete ältere Tochter hat, vom Vater her, das Fuselbedürfnis geerbt, und ihr Gatte, Hoffmann, der Dirigent des Hauses, ist Phraseur und rücksichtsloser Genußmensch, der nur sich kennt und seinem Vergnügen *alles* unterordnet. Ehe sich uns diese Schnaps- und Sündensippe vollzählig vorstellt, machen wir die Bekanntschaft Alfred Loths, eines ehemaligen Schul- oder Studiengenossen Ingenieur Hoffmanns. Alfred Loth kam hierher, um die Arbeiterfrage, besonders die der Kohlengrubenarbeiter, an Ort und Stelle studieren zu können. Er ist idealer, sozialdemokratisch angeflogener Politiker und lebt von Artikel- und Bücherschreiben, ein anständiger Kerl, etwas verrannt, starker Doktrinär und Prinzipienreiter, aber durchaus ehrlich und zuverlässig. Unter seinen Prinzipien steht Bekämpfung

des Alkoholismus obenan. Er gehört zu denen, die kraft ihrer Kraft wieder eine tüchtigere Menschensorte herstellen wollen, um dann, von der verbesserten Rasse, zur Menschenbeglückung fortzuschreiten. Gesundheit natürlich erste Bedingung, Grundlage. Dieser mit Menschheiterhebungsgedanken gesättigte Alfred Loth, den man kurz als einen Abstinenzfanatiker charakterisieren kann, steckt nun also in einer Schnapshöhle. Scharfe Beobachtung scheint nicht seine Spezialität; er merkt nichts. Vielleicht deshalb nicht, weil er sich, wie so oft die Doktrinäre, sofort für die jüngere Tochter Helene zu interessieren beginnt. Und sie für ihn. Mit dieser Helene steht es übrigens anders wie mit den andern Mitgliedern des Hauses. Ein Letzter Wille ihrer verstorbenen Mutter hatte sie vor etlichen Jahren, erziehungshalber, nach Herrnhut geführt, und das Eintreten Alfred Loths in ihres Vaters Haus ist ihr gleichbedeutend mit einer Wiederanknüpfung an Zeiten, wo sie noch Menschen sah und Menschen hörte. Mit einer von Augenblick zu Augenblick wachsenden Macht drängt sich ihr die Überzeugung auf, daß ihre Rettung aus dem Sumpf, in dem sie steckt, nur durch diesen wie durch eine göttliche Fügung in ihr Haus gekommenen einfachen Mann bewirkt werden kann, der nicht blendet und besticht, der aber ehrlich ist und Grundsätze hat. Und was das beste ist, der sie liebt. Es kommt zu keiner feierlichen Verlobung, aber sie *sind* verlobt, und Helene zählt die Stunden, die sie frei machen und in andere Verhältnisse hinüberführen sollen. Wenn nötig durch Flucht. Da führt das Schicksal, zu Heil oder Unheil, den Arzt des Gebirgsdorfes ins Haus, den Dr. Schimmelpfennig, in dem Alfred Loth, wie tags zuvor in Hoffmann, abermals einen Genossen aus alten Verbindungszeiten wiedererkennt, einen Genossen, der aber den Grundsätzen von damals treugeblieben ist. In einer wundervollen Szene, der dramatisch bedeutendsten des Stücks, entrollt der pessimistische, zugleich wie Loth von Idealen getragene Schimmelpfennig ein Bild des Krauseschen Hauses und Familienlebens vor dem entsetzt aufhorchenden Freunde, der sich nun vor die Wahl gestellt sieht, entweder mit seinen Prinzipien oder mit seinem Liebesversprechen zu brechen. Er wählt das letztere, schreibt ein Abschiedswort und verläßt das Haus. Als Helene, wenige Minuten später, von furchtbaren Ahnungen erfaßt, nach ihm sucht und nichts findet als das Abschiedswort, reißt sie verzweifelt und rasch entschlossen einen Hirschfänger von der Wand und stürzt auf die Nebenstube zu. Gleich danach kommt eine Magd, um Helenen eine Bestellung zu machen, und als sie, sie suchend, zuletzt in das angrenzende Zimmer getreten, stürzt sie mit einem Schrei des Entsetzens wieder hinaus, und durch das öde Haus hin klingt die Kunde von dem blutig Geschehenen. Die Szene bleibt leer, während der Vorhang niedergeht.

Dies ist der Inhalt des Stücks, den ich in dieser Skizze, seinem Kern und Wesen nach, glaube richtig wiedergegeben zu haben. Aber was ich nicht wiedergegeben habe, weil es sich nicht wiedergeben läßt, das ist der *Ton*, in dem das Ganze gehalten. Und deshalb ist jede Wiedergabe derart immer unvollkommen und meist auch schädigend. Der Ton ist, bei Arbeiten wie diese, die viel von der Ballade haben, nahezu alles, denn er ist gleichbedeutend mit der Frage von Wahrheit oder Nichtwahrheit. Ergreift er mich, ist er so mächtig, daß er mich über Schwächen und Unvollkommenheiten, ja selbst über Ridikülismen hinwegsehen läßt, so hat ein Dichter zu mir gesprochen, ein wirklicher, der ohne Reinheit der Anschauung nicht bestehen kann und diese dadurch am besten bekundet, daß er den Wirklichkeiten ihr Recht und zugleich auch ihren rechten *Namen* gibt. Bleibt diese Wirkung aus, übt der Ton nicht seine heiligende, seine rettende Macht, verklärt er nicht das Häßliche, so hat der Dichter verspielt, entweder weil seine Gründe doch nicht rein genug waren und ihm die Lüge oder zum mindesten die Phrase im Herzen saß, oder weil ihn die Kraft im Stich ließ und ihn sein Werk in einem unglücklichen Momente beginnen ließ. Ist das letztere der Fall, so wird er's beim nächsten Male besser machen, ist es das erstere, so tut er gut, sich «anderen Sphären reiner Tätigkeit» zuzuwenden. Gerhart Hauptmann aber darf aushalten auf dem Felde, das er gewählt, und er *wird* aushalten, denn er hat nicht bloß den rechten Ton, er hat auch den rechten Mut und zu dem rechten Mute die rechte *Kunst*. Es ist töricht, in naturalistischen Derbheiten immer Kunstlosigkeit zu vermuten. Im Gegenteil, richtig angewandt (worüber dann freilich zu streiten bleibt), sind sie ein Beweis höchster Kunst.

Das ungefähr waren meine Betrachtungen, als ich das Stück Gerhart Hauptmanns *gelesen*. Er erschien mir einfach als die Erfüllung Ibsens. Alles, was ich an Ibsen seit Jahr und Tag bewundert hatte, das «Greift nur hinein ins volle Menschenleben», die Neuheit und Kühnheit der Probleme, die kunstvolle Schlichtheit der Sprache, die Gabe der Charakterisierung, dabei konsequenteste Durchführung der Handlung und Ausscheidung alles nicht zur Sache Gehörigen – alles das fand ich bei Hauptmann wieder, und alles, was ich seit Jahr und Tag an Ibsen bekämpft hatte: das Spintisierige, das Mückenseigen, das Bestreben, das Zugespitzte noch immer spitzer zu machen, bis dann die Spitze zuletzt abbricht, dazu das Verlaufen ins Unbestimmte, das Orakeln und Rätselstellen, Rätsel, die zu lösen niemand trachtet, weil sie vorher schon langweilig geworden sind, alle diese Fehler fand ich bei Gerhart Hauptmann *nicht*. Kein von philosophisch-romantischen Marotten gelegentlich angekränkelter Realist, sondern ein stilvoller Realist, das heißt von Anfang bis Ende derselbe.
So stand ich zu dem jungen Dichter und seinem Stück, und so gewappnet und gefeit (wie ich glaubte) trat ich gestern ins Theater. Und ich bin auch in meinen Grundanschauungen unerschüttert geblieben, kann aber andererseits nicht in Abrede stellen, daß die Wirkung der Aufführung eine von der Lektüre sehr verschiedene war. Sie war nicht geringer, sie war nur ganz anders. Szenen, wie beispielsweise die, wo Loth seinem Freunde Hoffmann und der Tochter des Hauses sein politisches Programm entwickelt, die Liebesszene zwischen Loth und Helene, die Streitszene zwischen Loth und Hoffmann und endlich die große, den halben vierten Akt füllende Szene zwischen Loth und Dr. Schimmelpfennig, alle diese vergleichsweise herkömmlichen Szenen – herkömmlich in *dem* Sinne, daß in ihnen nichts geschieht oder gesagt wird, was nicht in jedem anderen guten Stück auch hätte getan oder gesagt werden können – alle diese Szenen waren von großer und von niemandem im Publikum beanstandeter Wirkung, während alle *die* Vorkommnisse, die dem Stücke, wohl oder übel, seine bestimmte Physiognomie geben und so recht eigentlich das waren, wovon ich mir eine mächtige, sozusagen kunstrevolutionäre Wirkung versprochen hatte, ziemlich spurlos vorübergin-

gen. Im Publikum wurden dabei, je nach der Parteistellung, mehr oder weniger heftige Beifalls- oder Mißfallenszeichen laut, ein zustimmendes oder ein verhöhnendes Lachen, auch wohl eins jener kritischen Impromptus, darin die Berliner exzellieren – von einer großen Wirkung war aber nichts wahrzunehmen, weder bei Freund noch Feind, und befrage ich mich, welchen Eindruck ich persönlich von *den* Szenen empfing, auf die ich, wenn ich Sportsmann wäre, gewettet haben würde, so war es vorwiegend der der Langeweile. Zumeist zeigte sich das im zweiten Akt, den ich, nach der Lektüre, für den besten und genialsten des ganzen Stückes erklärt hatte. Jetzt, bei der Aufführung, schuf er mir eine große Enttäuschung, und der Grusel, der hier durch eine Häufung von Entsetzlichkeiten hervorgebracht werden soll und auf den das Stück und sein tragischer Ausgang zu gutem Teile gestellt ist, blieb aus. Man sah einen schwer Betrunkenen und einige Imbeziles. Durch stärkeres Betonen der Brutalitätselemente, die der Dichter, in vollem künstlerischem Bewußtsein, hier vorgeschrieben hat, wäre diese Nichtwirkung freilich leicht in eine starke Wirkung umzusetzen gewesen, aber es ist mir nachträglich doch ganz sicher, daß das dem Grusel auch nicht aufgeholfen, sondern nur einfach das Widerliche (mit vielleicht sehr bedenklichen Folgen für den Ausgang des Stücks) an die Stelle des prosaisch Indifferenten gesetzt hätte. Und so hatten denn Oberleitung und Regie von zwei Übeln das kleinere gewählt. Das aber nahm ich, als Resultat dieser Aufführung, für mich persönlich mit heim, daß der Realismus, auch der künstlerischste, wenn er aus dem Buch auf die Bretter tritt, doch gewissen Bühnengesetzen unterworfen bleibt, und daß Züge lebendigen Lebens, die dem realistischen Roman, auch wenn sie häßlich sind, zur Zierde gereichen, auf der Bühne prosaisch wirken, wenn man ihnen die Locken ihrer Kraft nimmt, oder abstoßend, wenn man ihnen ihre Echtheit beläßt.

Aus dem Brief an Georg Friedlaender vom 6. 5. 1895

Der Prinz hat verschiedne kleine Tugenden und manches was sympathisch berührt, aber ich komme in meinem, der vornehmen Welt einst so zugeneigten Herzen, immer weiter von meiner alten Liebe ab. Was wollen diese Menschen auf der Welt? Sie sind nur eine Störung, ein Hemmnis, ein aus Böswilligkeit oder Dummheit auf die Schienen gelegter Stein, der sich rühmen darf ein Eisenbahnunglück herbeizuführen, aber schon nach 2 Stunden ist die Strecke wieder frei und neue Züge machen ihren Weg. Die Welt wird noch lange einen Adel haben und jedenfalls *wünsche* ich der Welt einen Adel, aber er muß danach sein, er muß eine Bedeutung haben für das Ganze, muß Vorbilder stellen, große Beispiele geben und entweder durch geistig moralische Qualitäten direkt wirken oder diese Qualitäten aus reichen Mitteln unterstützen. Was tut davon Ihr Neuhofer Prinz? Er stimmt jeder reaktionären Maßregel zu, glaubt an den beschränkten Untertanenverstand und hat keine Ahnung davon, daß Frohme, Grillenbecher oder gar Bebel ihn 10mal in die Tasche stecken. Es ist ganz vorbei mit dem Alten, auf jedem Gebiet, und Ihr Schmiedeberger Pastor, dessen Großtaten mir nur noch so dunkel vorschweben, wird mit seinem Gesäure weder das Apostolikum noch irgendeinen unverständlichen Satz der Apokalypse bei Leben erhalten können. Mein Haß gegen alles, was die neue Zeit aufhält, ist in einem beständigen Wachsen und die Möglichkeit, ja die Wahrscheinlichkeit, daß dem Sieg des Neuen eine furchtbare Schlacht voraufgehen muß, kann mich nicht abhalten, diesen Sieg des Neuen zu wünschen. Unsinn und Lüge drücken zu schwer, viel schwerer als die leibliche Not.

Heute nachmittag will ich in die Kunstausstellung, um meine schon begonnenen Bilderstudien fortzusetzen; es sind *sehr* interessante belgische, französische und italienische Sachen da. Was *wir* ausgestellt haben, ist, wie gewöhnlich, vorwiegend langweilig. Eh wir nicht volle Freiheit haben, haben wir nicht volle Kunst; ob einige Zoten und Frechheiten mit drunterlaufen, ist ganz gleichgültig, *die* leben keine 3 Tage. Die Regierenden glauben hier, auf jedem Gebiet, das tote Zeug einpöckeln zu können. Eine mir bei der Gescheitheit unsrer Gesellschafts-Oberschicht ganz unverständliche Dummheit.

Aus dem Brief an Ernst Heilborn vom 17. 11. 1896

Wenn man so Umschau hält, kann einen der Menschheit ganzer Jammer anfassen. Ich spreche natürlich nur von Deutschland. Seit Keller und Storm tot sind, welche Dürftigkeit! Und so wenig Aussicht auf Besserwerden. Liegt es daran (Menzel hat es oft behauptet), daß der Deutsche von Natur kunstfremd ist oder beherrscht der Borussismus alle Gemüter derartig, daß auch die Klugen und Talentvollen wie von selbst in den Strom der Staatlichkeit einmünden? Kunst ist nichts, Geheimerat ist alles. Eine Mißachtung liegt hierlandes über dem ganzen Metier und man läßt es nur dann notdürftig gelten, wenn es sich zur Parteischuhputzerei herabwürdigt. Dazu – als Schuld auf unsrer eignen Seite – das à tout prix Geldverdienen-Wollen, möglichst rasch und möglichst viel.

Aus dem Brief an Georg Friedlaender vom 5. 4. 1897

Sie klopfen an wegen der Reden aus hohem Munde, drin so viel gesagt und noch mehr verschwiegen wird. Ich komme, wenn ich dergleichen in meiner guten Vossin lese, jedesmal ganz außer mir, während ich mich doch von Illoyalität frei weiß und für vieles, was an «oberster Stelle» beliebt wird, nicht bloß ein Verständnis, sondern auch eine Dankbarkeit habe. Was mir an dem Kaiser gefällt, ist der totale Bruch mit dem Alten und was mir an dem Kaiser *nicht* gefällt, ist das im Widerspruch dazu stehende Wiederherstellenwollen des Uralten. In gewissem Sinne befreit er uns von den öden Formen und Erscheinungen des alten Preußentums, er bricht mit der Ruppigkeit, der Popligkeit, der spießbürgerlichen Sechsdreierwirtschaft der 1813er Epoche, er läßt sich, aufs Große und Kleine hin angesehn, neue Hosen machen, statt die alten auszuflicken. Er ist ganz unkleinlich, forsch und hat ein volles Einsehen davon, daß ein Deutscher Kaiser was andres ist als ein Markgraf von Brandenburg. Er hat eine Million Soldaten und will auch hundert Panzerschiffe haben; er träumt (und ich will ihm diesen Traum hoch anrechnen) von einer Demütigung Englands. Deutschland soll obenan sein, in all und jedem. Das alles – ob es klug und ausführbar ist, laß ich dahingestellt sein – berührt mich sympathisch und ich wollte ihm auf seinem Turmseilwege willig folgen, wenn ich sähe, daß er die richtige Kreide unter den Füßen und die richtige Balancierstange in Händen hätte. Das hat er aber nicht. Er will, wenn nicht das Unmögliche so doch das Höchstgefährliche, mit falscher Ausrüstung, mit unausreichenden Mitteln. Er glaubt das Neue mit ganz Altem besorgen zu können, er will Modernes aufrichten mit Rumpelkammerwaffen; er sorgt für neuen Most und weil er selber den alten Schläuchen nicht mehr traut, umwickelt er eben diese Schläuche mit immer dickerem Bindfaden und denkt: «nun wird es halten.» Es wird aber *nicht* halten. Wer sich neue weite Ziele steckt, darf sein Feuerschloßgewehr nicht bloß in ein Perkussionsgewehr umwandeln lassen, der muß ganz neue Präzisionswaffen erfinden, sonst knallt er vergeblich drauf los. Was der Kaiser mutmaßlich vorhat, ist mit «Waffen» überhaupt nicht zu leisten; alle militärischen Anstrengungen kommen mir vor, als ob man Anno 1400 alle Kraft darauf gerichtet hätte, die Ritterrüstung kugelsicher zu machen, – statt dessen kam man aber schließlich auf den einzig richtigen Ausweg, die Rüstung ganz fortzuwerfen. Es ist unausbleiblich, daß sich das wiederholt; die Rüstung muß fort und ganz andre Kräfte müssen an die Stelle treten: Geld, Klugheit, Begeisterung. Kann sich der Kaiser dieser Dreiheit versichern, so kann er mit seinen 50 Millionen Deutschen jeden Kampf aufnehmen; durch Grenadierblechmützen, Medaillen, Fahnenbänder und armen Landadel, der seinem «Markgrafen durch dick und dünn folgt», wird er es aber *nicht* erreichen. Nur Volkshingebung kann die Wundertaten tun, auf die er aus ist; aber um diese Hingebung lebendig zu machen, dazu müßte er die Wurst gerade vom entgegengesetzten Ende anschneiden. Preußen – und mittelbar ganz Deutschland – krankt an unsren Ost-Elbiern. Über unsren Adel muß hinweggegangen werden; man kann ihn besuchen wie das Ägyptische Museum und sich vor Ramses und Amenophis verneigen, aber das Land *ihm* zuliebe regieren, in dem

Wahn: *dieser Adel sei das Land,* – das ist unser Unglück und solange dieser Zustand fortbesteht, ist an eine Fortentwicklung deutscher Macht und deutschen Ansehns nach außen hin gar nicht zu denken. Worin unser Kaiser die *Säule* sieht, das sind nur *tönerne* Füße. Wir brauchen einen ganz andren Unterbau. Vor diesem erschrickt man; aber wer nicht wagt, nicht gewinnt. Daß Staaten an einer kühnen Umformung, die die Zeit forderte, zugrunde gegangen wären, – *dieser* Fall ist sehr selten. Ich wüßte keinen zu nennen. Aber das Umgekehrte zeigt sich hundertfältig.

Friedrich Nietzsche

An den Mistral

EIN TANZLIED

Mistral-Wind, du Wolken-Jäger,
Trübsal-Mörder, Himmels-Feger,
Brausender, wie lieb ich dich!
Sind wir zwei nicht Eines Schoßes
Erstlingsgabe, Eines Loses
Vorbestimmte ewiglich?

Hier auf glatten Felsenwegen
Lauf ich tanzend dir entgegen,
Tanzend, wie du pfeifst und singst:
Der du ohne Schiff und Ruder
Als der Freiheit freister Bruder
Über wilde Meere springst.

Kaum erwacht, hört ich dein Rufen,
Stürmte zu den Felsenstufen,
Hin zur gelben Wand am Meer.
Heil! da kamst du schon gleich hellen
Diamantnen Stromesschnellen
Sieghaft von den Bergen her.

Auf den ebnen Himmels-Tennen
Sah ich deine Rosse rennen,
Sah den Wagen, der dich trägt,
Sah die Hand dir selber zücken,
Wenn sie auf der Rosse Rücken
Blitzesgleich die Geißel schlägt, –

Sah dich aus dem Wagen springen,
Schneller dich hinabzuschwingen,
Sah dich wie zum Pfeil verkürzt
Senkrecht in die Tiefe stoßen, –
Wie ein Goldstrahl durch die Rosen
Erster Morgenröten stürzt.

Tanze nun auf tausend Rücken,
Wellen-Rücken, Wellen-Tücken –
Heil, wer *neue* Tänze schafft!
Tanzen wir in tausend Weisen.
Frei – sei *unsre* Kunst geheißen,
Fröhlich – *unsre* Wissenschaft!

Raffen wir von jeder Blume
Eine Blüte uns zum Ruhme
Und zwei Blätter noch zum Kranz!
Tanzen wir gleich Troubadouren
Zwischen Heiligen und Huren,
Zwischen Gott und Welt den Tanz!

Wer nicht tanzen kann mit Winden,
Wer sich wickeln muß mit Binden,
Angebunden, Krüppel-Greis,
Wer da gleicht den Heuchel-Hänsen,
Ehren-Tölpeln, Tugend-Gänsen,
Fort aus unsrem Paradeis!

Wirbeln wir den Staub der Straßen
Allen Kranken in die Nasen,
Scheuchen wir die Kranken-Brut!
Lösen wir die ganze Küste
Von dem Odem dürrer Brüste,
Von den Augen ohne Mut!

Jagen wir die Himmels-Trüber,
Welten-Schwärzer, Wolken-Schieber,
Hellen wir das Himmelreich!
Brausen wir … o aller freien
Geister Geist, mit dir zu zweien
Braust mein Glück dem Sturme gleich. –

– Und daß ewig das Gedächtnis
Solchen Glücks, nimm sein Vermächtnis,
Nimm den *Kranz* hier mit hinauf!
Wirf ihn höher, ferner, weiter,
Stürm empor die Himmelsleiter,
Häng ihn – an den Sternen auf!

Rainer Maria Rilke

Aus dem «Stunden-Buch»

Die Städte aber wollen nur das Ihre
und reißen alles mit in ihren Lauf.
Wie hohles Holz zerbrechen sie die Tiere
und brauchen viele Völker brennend auf.

Und ihre Menschen dienen in Kulturen
und fallen tief aus Gleichgewicht und Maß,
und nennen Fortschritt ihre Schneckenspuren
und fahren rascher, wo sie langsam fuhren,
und fühlen sich und funkeln wie die Huren
und lärmen lauter mit Metall und Glas.

Es ist, als ob ein Trug sie täglich äffte,
sie können gar nicht mehr sie selber sein;
das Geld wächst an, hat alle ihre Kräfte
und ist wie Ostwind groß, und sie sind klein
und ausgeholt und warten, daß der Wein
und alles Gift der Tier- und Menschensäfte
sie reize zu vergänglichem Geschäfte.

*

Und deine Armen leiden unter diesen
und sind von allem, was sie schauen, schwer
und glühen frierend wie in Fieberkrisen
und gehn, aus jeder Wohnung ausgewiesen,
wie fremde Tote in der Nacht umher;
und sind beladen mit dem ganzen Schmutze,
und wie in Sonne Faulendes bespien, –
von jedem Zufall, von der Dirnen Putze,
von Wagen und Laternen angeschrien.

Und gibt es einen Mund zu ihrem Schutze,
so mach ihn mündig und bewege ihn.

Hugo von Hofmannsthal

Vorfrühling

Es läuft der Frühlingswind
Durch kahle Alleen,
Seltsame Dinge sind
In seinem Wehn.

Er hat sich gewiegt,
Wo Weinen war,
Und hat sich geschmiegt
In zerrüttetes Haar.

Er schüttelte nieder
Akazienblüten
Und kühlte die Glieder,
Die atmend glühten.

Lippen im Lachen
Hat er berührt,
Die weichen und wachen
Fluren durchspürt.

Er glitt durch die Flöte
Als schluchzender Schrei,
An dämmernder Röte
Flog er vorbei.

Er flog mit Schweigen
Durch flüsternde Zimmer
Und löschte im Neigen
Der Ampel Schimmer.

Es läuft der Frühlingswind
Durch kahle Alleen,
Seltsame Dinge sind
In seinem Wehn.

Durch die glatten
Kahlen Alleen
Treibt sein Wehn
Blasse Schatten.

Und den Duft,
Den er gebracht,
Von wo er gekommen
Seit gestern nacht.

Das Gespräch über Gedichte

> Es leben jetzt, die wenigen ausgenommen, die selbst im Lyrischen etwas hervorbringen, keine fünf Menschen in Deutschland, welche über diese zartesten Geburten der Seele ein Urteil hätten.
>
> *Hebbel, Brief vom 27. IV. 1838.*

GABRIEL: Ich habe dir hier aufs Fenster einen Band Gedichte gelegt.
CLEMENS: Keats?
GABRIEL: Nein, es sind deutsche Gedichte. Sie bilden eine Einheit, so sind sie angeordnet. Das Ganze heißt «Das Jahr der Seele». Da ist der Herbst. Es beginnt mit dem Herbst.

Die Wespen mit den goldengrünen Schuppen
Sind von verschloßnen Kelchen fortgeflogen,
Wir fahren mit dem Kahn in weitem Bogen
Um bronzebraunen Laubes Inselgruppen.

CLEMENS: Das ist der Herbst. Aber lies ein Ganzes oder gar nichts.

GABRIEL: Kannst du zuhören?

Komm in den totgesagten Park und schau:
Der Schimmer ferner lächelnder Gestade,
Der reinen Wolken unverhofftes Blau
Erhellt die Weiher und die bunten Pfade.

Dort nimm das tiefe Gelb, das weiche Grau
Von Birken und von Buchs: der Wind ist lau,
Die späten Rosen welkten noch nicht ganz,
Erlese, küsse sie und flicht den Kranz.

Vergiß auch diese letzten Astern nicht,
Den Purpur um die Ranken wilder Reben
Und auch was übrig blieb vom grünen Leben
Verwinde leicht im herbstlichen Gesicht.

CLEMENS: Es ist schön. Es atmet den Herbst. Obwohl es kühn ist, zu sagen, «der reinen Wolken unverhofftes Blau», da diese Buchten von sehnsuchterregendem sommerhaften Blau ja *zwischen* den Wolken sind. Aber freilich nur an den Rändern *reiner* Wolken. Nirgends sonst auf dem ganzen verschlissenen rauhen Gefilde des herbstlichen Himmels. Goethe hätte dies «reiner Wolken» geliebt. Und «unverhofftes Blau» ist tadellos. Es ist schön. Ja, es ist der Herbst.

GABRIEL: Willst du noch mehr Herbst?

Vom Tore, dessen Eisenlilien rosten,
Entfliegen Vögel zum verdeckten Rasen
Und andre trinken frierend auf den Pfosten
Vom Regen aus den hohlen Blumenvasen.

Noch mehr?

Wir suchen nach den schattenfreien Bänken – –
Wir laben uns am langen milden Leuchten,

Wir fühlen dankbar, wie zum leisen Brausen
Von Wipfeln Strahlenspuren auf uns tropfen,
Und blicken nur und horchen, wenn in Pausen
Die reifen Früchte an den Boden klopfen.

Clemens: Ich bitte dich: lies ein Ganzes oder gar nichts.
Gabriel: Willst du den Winter? Willst du den Sommer? Die abenteuernde Sehnsucht des Sommers? Die Beklommenheit des Sommers? Den Sommermorgen? Den Sommerabend?

Der Hügel, wo wir wandeln, liegt im Schatten,
Indes der drüben noch im Lichte webt,
Der Mond auf seinen zarten grünen Matten
Nur erst als kleine weiße Wolke schwebt.
Die Straßen weithin deutend werden blasser,
Den Wandrern bietet ein Gelispel Halt:
Ist es vom Berg ein unsichtbares Wasser,
Ist es ein Vogel, der sein Schlaflied lallt?

Clemens:

Der Mond auf seinen zarten grünen Matten
Nur erst als kleine weiße Wolke schwebt …

Ich sehe eine Landschaft meiner Kindheit. Es scheint ein schönes Buch zu sein, dieses «Jahr». Warum eigentlich: «Jahr der Seele»? Ich liebe die einfachen Überschriften.
Gabriel: Ich auch, darum schein mir diese so ausgezeichnet. Denn hier ist ein Herbst, und mehr als ein Herbst. Hier ist ein Winter, und mehr als ein Winter. Diese Jahreszeiten, diese Landschaften sind nichts als die Träger des *Anderen*. Sind nicht die Gefühle, die Halbgefühle, alle die geheimsten und tiefsten Zustände unseres Inneren in der seltsamsten Weise mit einer Landschaft verflochten, mit einer Jahreszeit, mit einer Beschaffenheit der Luft, mit einem Hauch? Eine gewisse Bewegung, mit der du von einem hohen Wagen abspringst; eine schwüle sternlose Sommernacht; der Geruch feuchter Steine in einer Hausflur; das Gefühl eisigen Wassers, das aus einem Laufbrunnen über deine Hände sprüht: an ein paar tausend solcher Erdendinge ist dein ganzer innerer Besitz geknüpft, alle deine Aufschwünge, alle deine Sehnsucht, alle deine Trunkenhei-

ten. Mehr als geknüpft: mit den Wurzeln ihres Lebens festgewachsen daran, daß – schnittest du sie mit dem Messer von diesem Grunde ab, sie in sich zusammenschrumpften und dir zwischen den Händen zu nichts vergingen. Wollen wir uns finden, so dürfen wir nicht in unser Inneres hinabsteigen: draußen sind wir zu finden, draußen. Wie der wesenlose Regenbogen spannt sich unsere Seele über den unaufhaltsamen Sturz des Daseins. Wir besitzen unser Selbst nicht: von außen weht es uns an, es flieht uns für lange und kehrt uns in einem Hauch zurück. Zwar – unser «Selbst»! Das Wort ist solch eine Metapher. Regungen kehren zurück, die schon einmal früher hier genistet haben. Und sind sie's auch wirklich selber wieder? Ist es nicht vielmehr nur ihre Brut, die von einem dunklen Heimatgefühl hierher zurückgetrieben wird? Genug, etwas kehrt wieder. Und etwas begegnet sich in uns mit anderem. Wir sind nicht mehr als ein Taubenschlag.
Clemens: Seltsam, daß dich dieser Gedankengang darauf führt. Ich bin auf einem anderen Wege darauf gekommen, auf einem ganz anderen: es ist schwer, nicht daran zu zweifeln, daß es in der menschlichen Natur irgendeine Wesenheit gibt. Furchtbar ist es, die Gewalt der Äußerlichkeiten zu erwägen: es muß unendlich schwer sein, ein Drama zu schreiben, und unendlich hart, über einen Mörder zu Gericht zu sitzen.
Gabriel: Aber es ist wundervoll, wie diese Verfassung unseres Daseins der Poesie entgegenkommt: denn nun darf sie, statt in der engen Kammer unseres Herzens, in der ganzen ungeheueren, unerschöpflichen Natur wohnen. Wie Ariel darf sie sich auf den Hügeln der heroischen purpurstrahlenden Wolken lagern und in den zitternden Wipfeln der Bäume nisten; sie darf sich vom wollüstigen Nachtwind hinschleifen lassen und sich auflösen in einen Nebelstreif, in den feuchten Atem einer Grotte, in das flimmernde Licht eines einzelnen Sternes. Und aus allen ihren Verwandlungen, allen ihren Abenteuern, aus allen Abgründen und allen Gärten wie sie nichts anderes zurückbringen als den zitternden Hauch der menschlichen Gefühle. Treibe sie, die wie Ariel keines Schlafes bedarf, empor, hoch über die dumpfe schlaftrunkene Erde, dorthin, wo an dem lichten Himmel ein einzelner Stern, ein heiliger Wächter, sich

kühn und treu entzündet, stets an der gleichen Stelle, über dem zitternden Lichtabgrund im Westen, der dem Durchgang der Sonne nachbebt: laß sie aus Geisternähe, aus einer Höhe, die kein Adler kreisend erklimmt, dies Schauspiel in sich saugen – und wenn sie herabtaumeln wird, zurück zu dir, wird sie beladen sein mit einem ungeheuren, aber einem menschlichen Gefühl. Denn sie hat keine Grenzen ihres Fluges, aber in ihrem Wesen ist sie begrenzt: wie könnte sie aus irgendeinem Abgrund der Welten etwas anderes zurückbringen als menschliche Gefühle, da sie doch selbst nichts anderes ist als die menschliche Sprache!

CLEMENS: Sie ist doch nicht ganz die Sprache, die Poesie. Sie ist vielleicht eine gesteigerte Sprache. Sie ist voll von Bildern und Symbolen. Sie setzt eine Sache für die andere.

GABRIEL: Welch ein häßlicher Gedanke! Sagst du das im Ernst? Niemals setzt die Poesie eine Sache für eine andere, denn es ist gerade die Poesie, welche fieberhaft bestrebt ist, die Sache selbst zu setzen, mit einer ganz anderen Energie als die stumpfe Alltagssprache, mit einer ganz anderen Zauberkraft als die schwächliche Terminologie der Wissenschaft. Wenn die Poesie etwas tut, so ist es das: daß sie aus jedem Gebilde der Welt und des Traumes mit durstiger Gier sein Eigenstes, sein Wesenhaftestes herausschlürft, so wie jene Irrlichter in dem Märchen, die überall das Gold herauslecken. Und sie tut es aus dem gleichen Grunde: weil sie sich von dem Mark der Dinge nährt, weil sie elend verlöschen würde, wenn sie dies nährende Gold nicht aus allen Fugen, allen Spalten in sich zöge.

CLEMENS: Es gibt also keine Vergleiche? Es gibt keine Symbole?

GABRIEL: Oh, vielmehr, es gibt nichts als das, nichts anderes. Aber ich glaube, ich langweile dich, wir wollen von etwas anderem sprechen. Wir könnten ausgehen, willst du? Wie du willst. Da ist noch ein schönes Gedicht, aus denen des «Sommers».

Gemahnt dich noch das schöne Bildnis dessen,
Der nach den Schluchtenrosen kühn gehascht,
Der über seiner Jagd den Tag vergessen,
Der von der Dolden vollem Seim genascht?

Der nach dem Parke sich zur Ruhe wandte,
Trieb ihn ein Flügelschillern allzuweit,
Der sinnend saß an jenes Weihers Kante
Und lauschte in die tiefe Heimlichkeit.

Und von der Insel moosgekrönter Steine
Verließ der Schwan das Spiel des Wasserfalls
Und legte in die Kinderhand, die feine,
Die schmeichelnde, den schlanken Hals.

Clemens: Ja, das ist schön. Das ist der Zauberkreis der Kindheit, in dem reinen tiefen Spiegel unstillbarer Sehnsucht aufgefangen. Wie rein es ist! Es schwebt wie eine freie leichte kleine Wolke hoch über einem Berg. Wie rein es ist! Es drückt einen grenzenlosen Zustand so einfach aus.

Gabriel: Das tun alle Gedichte, alle guten zum mindesten. Alle drücken sie einen Zustand des Gemütes aus. Das ist die Berechtigung ihrer Existenz. Alles andere müssen sie anderen Formen überlassen: dem Drama, der Erzählung. Nur diese können Situationen schaffen. Nur diese können das Spiel der Gefühle zeigen.

Clemens: Ich meine, dieses Gedicht drückt einen Zustand so ganz einfach aus. Es bedient sich keines Symbols. Ich erinnere ein anderes, das du früher gerne hattest. Zwei Schwäne kamen vor. War es nicht von Hebbel?

Gabriel: Es ist von Hebbel. Dieses ist es:

Von dunkelnden Wogen
Hinunter gezogen,
Zwei schimmernde Schwäne, sie gleiten daher:
Die Winde, sie schwellen
Allmählich die Wellen,
Die Nebel, sie senken sich finster und schwer

Die Schwäne sie meiden
Einander und leiden,
Nun tun sie es nicht mehr: sie können die Glut
Nicht länger verschließen,
Sie wollen genießen,
Verhüllt von den Nebeln, gewiegt von der Flut.

Sie schmeicheln, sie kosen,
Sie trotzen dem Tosen
Der Wellen, die Zweie in Eins verschränkt:
Wie die sich auch bäumen,
Sie glühen und träumen,
In Liebe und Wonne zum Sterben versenkt.

Nach innigem Gatten
Ein süßes Ermatten.
Da trennt sie die Woge, bevor sie's gedacht.
Laßt ruhn das Gefieder!
Ihr seht euch nicht wieder,
Der Tag ist vorüber, es dämmert die Nacht.

Mein Freund, auch dieses Gedicht drückt einen Zustand aus und nichts weiter, einen tiefen Zustand des Gemüts, voll banger Wollust, voll trauervoller Kühnheit.

CLEMENS: Und diese Schwäne? Sie sind ein Symbol? Sie bedeuten –

GABRIEL: Laß mich dich unterbrechen. Ja, sie bedeuten, aber sprich es nicht aus, was sie bedeuten: was immer du sagen wolltest, es wäre unrichtig. Sie bedeuten hier nichts als sich selber: Schwäne. Schwäne, aber freilich gesehen mit den Augen der Poesie, die jedes Ding jedesmal zum erstenmal sieht, die jedes Ding mit allen Wundern seines Daseins umgibt: dieses hier mit der Majestät seiner königlichen Flüge; mit der lautlosen Einsamkeit seines strahlenden weißen Leibes, auf schwarzem Wasser trauervoll, verachtungsvoll kreisend; mit der wunderbaren Fabel seiner Sterbestunde … Gesehen mit diesen Augen sind die Tiere die eigentlichen Hieroglyphen, sind sie lebendige geheimnisvolle Chiffren, mit denen Gott unaussprechliche Dinge in die Welt geschrieben hat. Glücklich der Dichter, daß auch er diese göttlichen Chiffren in seine Schrift verweben darf –

CLEMENS: Und dennoch glaubte ich dich sagen zu hören, daß die Poesie niemals eine Sache für eine andere setzt.

GABRIEL: Niemals tut sie das. Wenn sie das täte, müßte man sie austreten wie ein häßliches schwelendes Irrlicht. Was wollte sie dann neben der gemeinen Sprache? Verwirrung stiften? Papierblüten an einen lebendigen Baum hängen?

CLEMENS: Und diese Schwäne? und alle deine andern Chiffren?

GABRIEL: Es sind Chiffren, welche aufzulösen die Sprache ohnmächtig ist. Verstehst du mich? Jener herbstliche Park, diese von der Nacht umhüllten Schwäne – du wirst keine Gedankenworte, keine Gefühlsworte finden, in welchen sich die Seele jener, gerade jener Regungen entladen könnte, deren hier ein Bild sie entbindet. Wie gern wollte ich dir das Wort «Symbol» zugestehen, wäre es nicht schal geworden, daß mich's ekelt. Man müßte ein Gespräch wie dieses mit Kindern, mit Frommen oder mit Dichtern führen können. Dem Kind ist alles ein Symbol, dem Frommen ist Symbol das einzig Wirkliche und der Dichter vermag nichts anderes zu erblicken.

CLEMENS: Du springst: – die Symbole des Glaubens? Wir sprachen von Gedichten.

GABRIEL: Das tue ich noch. Aber ich möchte ein vom tiefsten Geist der Sprache geprägtes Wort erst von seiner Lehmkruste reinigen. Weißt du, was ein Symbol ist? ... Willst du versuchen dir vorzustellen, wie das Opfer entstanden ist? Mir ist, als hätten wir früher einmal darüber gesprochen. Ich meine das Schlachtopfer, das hingeopferte Blut und Leben eines Rindes, eines Widders, einer Taube. Wie konnte man denken, dadurch die erzürnten Götter zu begütigen? Es bedarf einer wunderbaren Sinnlichkeit, um dies zu denken, einer bewölkten lebenstrunkenen orphischen Sinnlichkeit. Mich dünkt, ich sehe den ersten, der opferte. Er fühlte, daß die Götter ihn haßten: daß sie die Wellen des Gießbaches und das Geröll der Berge in seinen Acker schleuderten; daß sie mit der fürchterlichen Stille des Waldes sein Herz zerquetschen wollten; oder er fühlte, daß die gierige Seele eines Toten nachts mit dem Wind hereinkam und sich auf seine Brust setzte, dürstend nach Blut. Da griff er, im doppelten Dunkel seiner niedern Hütte und seiner Herzensangst, nach dem scharfen krummen Messer und war bereit, das Blut aus seiner Kehle rinnen zu lassen, dem furchtbaren Unsichtbaren zur Lust. Und da, trunken vor Angst und Wildheit und Nähe des Todes, wühlte seine Hand, halb unbewußt, noch einmal im wolligen warmen Vließ des Widders. – Und dieses Tier, dieses Leben, dieses im Dunkel atmende, blutwarme, ihm so nah, so vertraut –

auf einmal zuckte dem Tier das Messer in die Kehle, und das warme Blut rieselte zugleich an dem Vließ des Tieres und an der Brust, an den Armen des Menschen hinab: und einen Augenblick lang muß er geglaubt haben, es sei sein eigenes Blut; einen Augenblick lang, während ein Laut des wollüstigen Triumphes aus seiner Kehle sich mit dem ersterbenden Stöhnen des Tieres mischte, muß er die Wollust gesteigerten Daseins für die erste Zuckung des Todes genommen haben: er muß, einen Augenblick lang, in dem Tier gestorben sein, nur so konnte das Tier für ihn sterben. Daß das Tier für ihn sterben konnte, wurde ein großes Mysterium, eine große geheimnisvolle Wahrheit. Das Tier starb hinfort den symbolischen Opfertod. Aber alles ruhte darauf, daß auch er in dem Tier gestorben war, einen Augenblick lang. Daß sich sein Dasein, für die Dauer eines Atemzugs, in dem fremden Dasein aufgelöst hatte. – Das ist die Wurzel aller Poesie: wie durchsichtig im Großen: denn was ist klarer, als daß sich mein Fühlen in Hamlet auflöst, solange Hamlet auf der Bühne steht und mich hypnotisiert? Aber wie durchsichtig auch im Kleinen: faßt mich, für eines Gedankenblitzes Dauer, nicht das Gefieder jener Schwäne so gut wie Hamlets Haut? Aber es wirklich zu glauben, zu glauben, daß es wirklich so ist! Diese Magie ist uns so furchtbar nahe: nur darum ist es so schwer, sie zu erkennen. Die Natur hat kein anderes Mittel, uns zu fassen, uns an sich zu reißen, als diese Bezauberung. Sie ist der Inbegriff der Symbole, die uns bezwingen. Sie ist, was unser Leib ist, und unser Leib ist, was sie ist. Darum ist Symbol das Element der Poesie, und darum setzt die Poesie niemals eine Sache für eine andere: sie spricht Worte aus, um der Worte willen, das ist ihre Zauberei. Um der magischen Kraft willen, welche die Worte haben, unseren Leib zu rühren, und uns unaufhörlich zu verwandeln.

Clemens: Mir entschwindet, was du mit dem Menschen wolltest, der das Blut des Tieres anstatt seines eigenen vergoß?

Gabriel: Er vollbrachte eine symbolische Handlung. Er starb in dem Tiere, Clemens, weil er sich einen Augenblick lang in dies fremde Dasein aufgelöst hatte, weil einen Augenblick lang wirklich sein Blut aus der Kehle des Tieres gequollen war. –

CLEMENS: Du sagst *wirklich*, Gabriel?

Eine Pause

CLEMENS: Er starb in dem Tier. Und wir lösen uns auf in den Symbolen. So meinst du es?
GABRIEL: Freilich. Soweit sie die Kraft haben, uns zu bezaubern.
CLEMENS: Woher kommt ihnen diese Kraft? Wie konnte er in dem Tier sterben?
GABRIEL: Davon, daß wir und die Welt nichts Verschiedenes sind.
CLEMENS: Etwas Seltsames liegt in dem Gedanken, etwas Beunruhigendes.
GABRIEL: Im Gegenteil, etwas unendlich Ruhevolles. Es ist das einzig Süße, einen Teil seiner Schwere abgeben zu sehen, und wäre es nur für die mystische Frist eines Hauches. In unserem Leib ist das All dumpf zusammengedrückt: wie selig, sich tausendfach der furchtbaren Wucht zu entladen.
CLEMENS: Und dennoch, ist mir, muß es Gedichte geben, die schön sind ohne diese schwüle Bezauberung. Es gibt Lieder von Goethe, welche leicht sind wie ein Hauch und einfach wie eine Mozartsche Melodie. Es gibt antike Gedichte, welche so sind wie ein dunkles Weinblatt gegen den blauen Abendhimmel. Die Anthologie ist voll von solchen. Du kennst sie besser als ich.
GABRIEL: Ich kenne sie: Der Gärtner Lamon opfert dem Priapus die schönsten Früchte: in den Bastkorb legt er schöne gezackte Blätter und darauf den Granatapfel, den aufgesprungenen, dem das feuchte, zitternde, purpurne Fleisch die tausend süßen Kerne umhüllt; runzlige Feigen legt er dazu und die rötlich schimmernde erdbeerduftende Traube, und flaumige Quitten, die reifende Nuß, die schon ihr grünes Gehäuse sprengt, und saftgeschwellte Gurken: so legt er es auf den Altar des Gottes anstatt eines Gebetes für sein eigenes Leben und für die Gesundheit seiner Bäume. Und Niko, die Zauberin, opfert der Kypris den amethystnen Kreisel, umsponnen mit Fäden purpurner Wolle, den zauberkräftigen Kreisel, mit dem sie Männer heranzieht über das Meer, Mädchen hervorlockt aus der

Kammer. Ein Mädchen setzt der toten Zikade, die zwei Jahre in ihrer Schlafkammer wohnte, ein Grabmal. Fischer ziehen das schwere Netz empor und finden einen vom Meer verschlungenen Mann, zur Hälfte verzehrt von Fischen. Und sie begraben ihn und die Fische mit ihm unter dem spärlichen Sand des Felsenstrandes; daß die Erde ihn ganz zurücknehme, begraben sie mit ihm die Fische, die ihn angenagt, die von ihm gezehrt haben. Eine schwellende Traube liegt auf dem Altar der Aphrodite, das Dankgeschenk für eine süße, gnädig gewährte Nacht, liegt da, überantwortet der göttlichen Gewalt, nackt, allein, und nicht mehr breitet die Mutter um sie die freundlichen Ranken, umschattet nicht mehr ihren nackten jungen Leib mit Blättern, die süß duften, voll lauen heimlichen Dunkels.

CLEMENS: Und die, welche keltern! und die, welche lieben! weißt du keines Wort für Wort?

GABRIEL: Die, welche keltern, fühlen sich wie die Götter. Es ist ihnen, als wäre Bacchus mitten unter ihnen beim nächtlichen Werk. Als stampfte er neben ihnen, das lange Gewand hinaufgenommen bis übers Knie, im roten Saft, dessen Hauch schon trunken macht. Gleichzeitig sind sie Badende und Tanzende: und die Trunkenheit ihres Tanzes ist es, die ihnen das Bad immer höher und höher steigen macht. Stromweis fließt von der Kelter der Most; wie kleine Schiffe schaukeln die hölzernen Schöpfbecher auf der purpurnen Flut. Da bückt sich die schöne Rhodanta tief zur Kelter hinab, und schon ist ihr das weiße leinene Gewand durchnäßt, schon glänzt es triefend ihr um Brust und Hüften:

Da schlug jeglichem höher die Brust, und keiner von uns war,
Welcher dem Bacchus nicht und Aphroditen erlag.

Im dunstigen Dunkel, unter Schreien, unter taumelndem Fackelschein, unterm Sprühen des Blutes der Traube, ist auf einmal Aphrodite aus dem Purpurschaum geboren: Bacchus hob sich aus der Kelter, wild wie eine springende Welle, und durchtränkte ein Gewand, daß es niederfloß wie eine leuchtende Nacktheit, und schuf aus einem Mädchen die Göttin, um deren Leib Verlangen und Entzücken fließt.

CLEMENS: Und jene süßen, schamlosen? Jenes, wo sie die Gewänder tauschen und einander aufs neue fester umschlingen? Und jenes, wo sie ineinander verflochten sind und die Götter herausfordern, wo sie sich einander in die Arme sehnen und das Netz des Hephästos um sich herum wünschen und die Götter und Menschen sich herbeiwünschen, sie zu sehen, sie zu beneiden? Sind sie nicht alle schön, diese Gedichte, einfach und schön wie die schönen Muscheln mit rosigem Mund? Sind sie nicht so schön wie schöne flache Trinkschalen aus Onyx und Jadestein? Nicht schön wie ein kupfernes getriebenes Becken, bis an den Rand mit lauterem Wasser gefüllt? Wie die steinerne Brücke, die in einem Bogen über den Bergfluß hinsetzt? Wie das geschwungene Joch der pflügenden Stiere? Und hat Goethe sie nicht geliebt wie nichts zweites auf der Welt? War er nicht selig, als er sie fand, wie der Wanderer, wenn er die Berghalde niederklimmt und zwischen Moos und Gestein, eine Herberge der Eidechsen, ein wundervolles marmornes Gebilde findet, das leuchtende Trümmer eines Götterbildes, die feine gebietende Hand, oder die strahlende Schulter mit dem Knoten des Gewandes? Hat er nicht von da an die Töne seiner Jugend verschmäht und alles in diese Pansflöte gehaucht? Wurden nicht von da an das odysseische Schiff und die leierförmig gekrümmte Bucht, wurden nicht der Fruchtkorb, der Kranz, der marmorne Brunnenrand, das Bett, auf dem Tibull nach der Geliebten seufzte, wurden nicht Pferch und Speicher Vergils, und die idyllischen Weiden des Bion, wurden nicht alle diese geformten Gebilde, alle diese Dinge, welche die Hand der Götter geformt hat, welche wie getriebene Arbeit von den Hämmern des Hephästos den funkelnden kreisrunden Schild der Erde zieren, wurden sie nicht die Heimat seiner Seele? Fühlte er sich nicht dem Bildner näher verwandt als dem Redner? Wen hat er so gepriesen wie jenen, der mit kunstreichen Händen den Brustschmuck der ephesischen Diana schuf? In den Euphrat kühn zu greifen, die Flut in den Händen zu ballen, das war ihm Dichten. Spottete er nicht der Schweifenden? Der ewig Sehnenden? Derer, denen nichts frommt, als ein unablässiges Dürsten nach dem Durste? War ihm nicht die Natur die ewige Bildnerin? Waren ihm nicht alle Kräfte, alle Dämonen, selber die Schmerzen noch Bildner? Antworte mir, Gabriel, ist der geformte Gedanke nicht schön? Hat er nicht den Glanz des Lebens verzehnfacht in sich, wie die Perlen den feuchten Schimmer der nackten Hand in sich saugen und zehnfach widerstrahlen?

Gabriel: Ja, der Gedanke ist etwas Schönes und du hast so großes Recht, ihn der Perle und dem Edelstein zu vergleichen. Diesen beiden gleicht er, die schöner sind als alles Blühen und Leben, weil sie über das Blühen und Leben und Sterben hinaus sind. Und für eine junge Welt, die daliegt in Blindheit, ist er das Wunder der Wunder. Was ein Vogel in der Luft für den Seemann, für den, der die Hundswache hat und allein dalehnt, in den Mantel gewickelt: totenstill das schwere dunkle Meer und darüber nicht Nacht nicht Tag; über den grauen kahlen Inseln hängen Wolkenbänke, regungslos, als hingen sie hier seit Tausenden von Jahren, Inseln der Luft; das Deck, die Rahen überziehen sich mit einem blauen dunstigen Licht, das an ihnen herunterfließt und in die Atmosphäre hineinsickert; unerträglich ist die wortlose Erwartung, die Stummheit der lichtlosen, der schattenlosen Welt: was hier der Flügelschlag eines wundervollen Meervogels ist, der heransegelt hoch im Osten, königlich die Schwingen schlagend, der erste Abglanz des heraufblitzenden Tages funkelnd auf ihm: das ist für eine frühe dumpfe Welt der Gedanke. Wir aber sind reicher an Gedanken, als der endlose Meeresstrand an Muscheln. Was uns not tut, ist der Hauch.

Wovon unsere Seele sich nährt, das ist das Gedicht, in welchem, wie im Sommerabendwind, der über die frischgemähten Wiesen streicht, zugleich ein Hauch von Tod und Leben zu uns her schwebt, eine Ahnung des Blühens, ein Schauder des Verwesens, ein Jetzt, ein Hier und zugleich ein Jenseits, ein ungeheueres Jenseits. Jedes vollkommene Gedicht ist Ahnung und Gegenwart, Sehnsucht und Erfüllung zugleich. Ein Elfenleib ist es, durchsichtig wie die Luft, ein schlafloser Bote, den ein Zauberwort ganz erfüllt; den ein geheimnisvoller Auftrag durch die Luft treibt: und im Schweben entsaugt er den Wolken, den Sternen, den Wipfeln, den Lüften den tiefsten Hauch ihres Wesens und der Zauberspruch aus seinem Munde tönt getreu und doch wirr, durchflochten mit den Geheimnissen der Wolken, der Sterne, der Wipfel, der Lüfte. Und Goethe? Seine Taten sind vielfältig wie die Taten eines wandernden Gottes. Er gleicht dem Herakles, dessen Abenteuer, jedes eingehüllt in eine Glorie, jedes wohnend in einer anderen Landschaft, nichts voneinander wissen. Die Lieder seiner Jugend sind nichts als ein Hauch. Jedes ist der entbundene Geist eines Augenblickes, der sich aufgeschwungen hat in den Zenit und dort strahlend hängt und alle Seligkeit des Augenblikkes rein in sich saugt und verhauchend sich löst in den klaren Äther. Und die Gedichte seines Alters sind zuweilen wie die dunklen tiefen Brunnen, über deren Spiegel Gesichte hingleiten, die das aufwärts starrende Auge nie wahrnimmt, die für keinen auf der Welt sichtbar werden als für den, der sich hinabbeugt auf das tiefe dunkle Wasser eines langen Lebens. Meinst du wirklich, er habe immer und immer den geformten Gedanken ans Licht der Sonne gehoben wie eine gestielte Schale aus Sardonyx und Chrysopras? Hör zu:

Sagt es niemand, nur den Weisen,
Weil die Menge gleich verhöhnet,
Das Lebendge will ich preisen,
Das nach Flammentod sich sehnet.

In der Liebesnächte Kühlung,
Die dich zeugte, wo du zeugtest,
Überfällt dich fremde Fühlung,
Wenn die stille Kerze leuchtet.

Nicht mehr bleibest du umfangen
In der Finsternis Beschattung
Und dich reißet neu Verlangen
Auf zu höherer Begattung.

Keine Ferne macht dich schwierig,
Kommst geflogen und gebannt
Und zuletzt, des Lichts begierig,
Bist du, Schmetterling, verbrannt.

Und solang du das nicht hast
Dieses: Stirb und werde!
Bist du nur ein trüber Gast
Auf der dunklen Erde.

Hörst du diesen Laut, wie von einem verzauberten Nachtvogel hineingesungen in das Zimmer, wo einer stirbt? Man sagt, er habe es in der Nacht gemacht, in welcher Christine Vulpius gestorben war. Das wirkliche Erlebnis der Seele, welche Worte möchten es ausdrücken, wenn nicht bezauberte! Ein Augenblick kommt und drückt aus Tausenden und Tausenden seinesgleichen den Saft heraus, in die Höhle der Vergangenheit dringt er ein und den Tausenden von dunklen erstarrten Augenblicken, aus denen sie aufgebaut ist, entquillt ihr ganzes Licht: was niemals da war, nie sich gab, jetzt ist es da, jetzt gibt es sich, ist Gegenwart, mehr als Gegenwart; was niemals zusammen war, jetzt ist es zugleich, ist es beisammen, schmilzt ineinander die Glut, den Glanz und das Leben. Die Landschaften der Seele sind wunderbarer als die Landschaften des gestirnten Himmels: nicht nur ihre Milchstraßen sind Tausende von Sternen, sondern ihre Schattenklüfte, ihre Dunkelheiten sind tausendfaches Leben, Leben, das lichtlos geworden ist durch sein Gedränge, erstickt durch seine Fülle. Und diese Abgründe, in denen das Leben sich selber verschlingt, kann ein Augenblick durchleuchten, entbinden, Milchstraßen aus ihnen machen. Und diese Augenblicke sind die Geburten der vollkommenen Gedichte, und die Möglichkeit vollkommener Gedichte ist ohne Grenzen wie die Möglichkeit solcher Augenblicke. Wie wenige gibt es dennoch, Clemens, wie sehr wenige. Aber daß ihrer überhaupt welche entstehen, ist es nicht wie ein Wunder? Daß es Zusammenstellungen von Worten gibt, aus welchen, wie der Funke aus dem geschlagenen dunklen Stein, die Landschaften der Seele hervorbrechen, die unermeßlich sind wie der gestirnte Himmel, Landschaften, die sich ausdehnen im Raum und in der Zeit, und deren Anblick abzuweiden in uns ein Sinn lebendig wird, der über alle Sinne ist. Und dennoch entstehen solche Gedichte …

Heinrich Mann

Geist und Tat

1

Von allen, die je schrieben, hat den größten, greifbarsten Erfolg Rousseau gehabt. Wer ist er? Ein trauriger Figaro, der nichts liebt als seine Leidenschaft und tiefernst genommen werden will. Ein Landstreicher, der ein Volk sucht und einen Staat erträumt. Ein Kranker, der sich nach guter, gesunder Natur sehnt. Ein Menschenfeind, der mit einer fernen, geläuterten, geistigen und gütigen Menschheit rechnet. Ein Feind der Privilegierten, der Gräfinnen begehren muß; der die eigene Niedrigkeit, die eigenen Laster haßt und sich, unfähig, je dem Schlamm zu entrinnen, immer von neuem mit den Tränen und Gesichten der Seele reinigt, seine ausgesetzten Kinder in einem Roman erzieht, seine schöne Liebe in einem Roman liebt; der so gerecht und wahr in seinem Roman vom Staat ist, daß ein ganzes Volk von diesem Augenblick ab sich gerecht und wahr will, und über sein armes Leben hinaus ein so verklärter Kämpfer ist, daß nun ein ganzes Volk, das geistigste und tätigste, das je da war, seinen Kampf weiterkämpft.

Seine idealistischen Romane fanden ein Volk von Lesern, das sie darstellte. Dies Volk machte die Revolution nicht, solange es nur hungerte: es machte sie, als es erfuhr, daß es eine Gerechtigkeit und eine Wahrheit gäbe, die in ihm beleidigt seien. Auch seine Nachbarn erfuhren es; aber obwohl sie nicht weniger hungerten, handelten sie doch nicht. «Revolutionen sind selten», sagte Napoleon, «weil das menschliche Leben zu kurz ist. Jeder denkt bei sich selbst, es lohnt sich nicht, die bestehende Ordnung umzustürzen.» Die Franzosen von 1790 dachten, daß es sich lohne. Ihre feurige Naivität, ihr Glaube an den Geist machte sie fähig, den Traum eines Dichters auf die Erde herabzureißen. Und war's nur der Augenblick, als die Grenzen der Provinzen fielen, der Adel abdankte, auf weiten Feldern die Zehntausende der Föderationen sich Liebe schwuren; als Bauern einander sagten, daß die Revolution nicht Frankreich gehöre, sondern der Menschheit, und Abgesandte aller Völker herbeizogen, um der französischen Nation Ehre und Bruderschaft zu entbieten: dieser einzige Augenblick, den so viel Blut bezahlt hat, warf dennoch über die Jahrhunderte voraus den märchenhaften Schein, der sie nun weniger trostlos macht. Nur noch eins gilt seitdem für die Menschheit: diesem vorweggenommenen und entflogenen Augenblick nachdrängen, ihn wieder einholen. Die Geschichte hat keinen anderen Sinn mehr, als jener großen Stunde Dauer zu geben und dem Geist, der das Geschlecht jenes Jahres beseelte, die Welt zum Körper. Was entgegensteht, alle verzögernden Mächte, jeder Triumph ungerechter Gewalt wird zum Zwischenfall vor der Ewigkeit des Geistes, der damals aufleuchtete. Aber ein Volk war nötig, das sich hingab, ihn darzustellen. Und das ihm Treue hielt. Das seit hundert Jahren Irrtümer und Zusammenbrüche nicht scheut, Despotismus und Niederlagen, Bürgerkrieg und grausame Rückschläge übersteht, um nach jeder Wirrsal und Erschlaffung eine Etappe weiterzugelangen auf dem Wege, den der Geist befiehlt. Ein Volk mußte geschaffen sein, für den Geist zu streiten, mußte die Ratio militans selbst sein. Die Notwendigkeit der Dinge? Die «Entwicklung»? Sie wird in aller Welt nie etwas anderes zeitigen als ein Mindestmaß von Lebensmöglichkeit. Nicht Freiheit: nur Lebenkönnen. Nicht Gerechtigkeit: nur Lebenkönnen. Nicht Menschenwürde: nur Lebenkönnen. Auf die Entwicklung bauen, heißt, sich der Natur anheimstellen; und noch niemand sah sie verschwenden. Der Geist, die Revolte des Menschen gegen die Natur, ihre Langsamkeit und Härte: der Geist, der in einer Stunde den Himmel verschenkt, verschwendet Generationen für einen Funken vom Brand des Ideals. Ein Volk war nötig, das sich ihm darbrachte und von dessen stolzem Opferwillen die anderen leben konnten.

Sie haben es leicht gehabt, die Literaten Frankreichs, die, von Rousseau bis Zola, der bestehenden Macht entgegentraten: sie hatten ein Volk. Ein Volk mit literarischen Instinkten, das die Macht bezweifelt, und von so warmem Blut, daß sie ihm unerträglich wird, sobald sie durch die Vernunft widerlegt ist. Was alles mußte zusammenkommen, damit dem Geist Krieger erstanden! Nordische Menschen, vom Blut und noch mehr von der Kultur des Südens durchdrungen. Die Synthese Europas. Das Geschlecht mächtig wie im Süden, aber die ganze Künstlerschaft, die es verleiht, auf den Geist geworfen. Der Geist ist hier nicht das luftige Gespenst, das wir kennen, – und drunten trottet plump das Leben weiter. Der Geist ist das Leben selbst, er bildet es, auf die Gefahr, es abzukürzen. Möglich immerhin, daß Gerechtigkeit das Leben beeinträchtigt, und daß Wahrheit zu Abgründen führt. Ließe sich denn nicht auskommen unter einer überlieferten Herrschaft, angesichts der Vorrechte einiger, bei der formalen Unterworfenheit unter einen längst ausgestoßenen Glauben? Man könnte genießen, erraffen, was die Mächtigen übriglassen, könnte, seines heimlichen Wissens und gepflegten Innenlebens froh, abwarten, daß die Zeit von selbst reif wird. Hier aber ist ein Volk, das die erhaltenden Lügen verachtet. Das es verschmäht, ein Leben hinzufristen, über das sich nicht ungestraft nachdenken ließe. Die Pflege der Persönlichkeit scheint ihm eitel, wenn sie nicht um sich greift, erobert und beglückt. Kriegerisches Wohlwollen ist hier und generöser Leichtsinn. Sie haben nicht gefragt, diese Franzosen, wohin der Vernunfttraum eines Dichters, eines fragwürdigen Kranken, sie führen werde. Sie haben nach ihm gehandelt, weil er ihnen auf einmal die Welt erhellte; haben alles durch ihn erfahren, Schuld, Sieg, Buße – und sind, arme menschliche Tiere wie alle andern, weil sie den Mut hatten, sich zu begeistern, dennoch der Vergeistigung heute näher als andere: haben im ganzen der Nation einen Ausgleich und Gewinn errungen an Menschenwürde und sittlicher Kraft. Mögen sie, kaum, daß ein Freiheitskampf beendet, sich in neuen Ketten sehen; mögen Freiheit und Gerechtigkeit zurückweichen vor dem, der ihnen entgegengeht und erst mit dem letzten Atemzug der Menschheit erfüllt sein: wenigstens verbaut hier nicht mehr die eiserne Wand der Autorität die Zukunft. Kein Machthaber hält sich fortan gegen den Geist, dessen Strom ihn herauftrug und hinwegraffen wird ... «Die französischen Soldaten können ihre Vernunft gebrauchen», sagte Napoleon. «Drum sind sie weiches Wachs in der Hand dessen, der sie bei ihrer Vernunft faßt; und doch sind sie die unerschrockensten der ganzen Welt.» – Die Geistesführer Frankreichs, von Rousseau bis Zola, hatten es leicht, sie hatten Soldaten.

2

In Deutschland hätten sie es schwerer. Sie hätten es mit einem Volk zu tun, das leben will, nichts weiter wie. Niemand hat gesehn, daß hier, wo so viel gedacht ward, die Kraft der Nation je gesammelt worden wäre, um Erkenntnisse zur Tat zu machen. Die Abschaffung ungerechter Gewalt hat keine Hand bewegt. Man denkt weiter als irgendwer, man denkt bis ans Ende der reinen Vernunft, man denkt bis zum Nichts: und im Lande herrscht Gottes Gnade und die Faust. Wozu etwas ändern. Was anderswo geschaffen, hat man in Theorien schon überholt. Man lebt langsam und schwer, man ist nicht bildnerisch genug begabt, um durchaus das Leben formen zu müssen nach dem Geist. Mögen neben und über den Dingen die Ideen ihre Spiele aufführen. Wenn sie hinunterlangten und eingriffen, sie würden Unordnung und etwas nicht Absehbares stiften. Man klammert sich an Lügen und Ungerechtigkeit, als ahnte man hinter der Wahrheit einen Abgrund. Das Mißtrauen gegen den Geist ist Mißtrauen gegen den Menschen selbst, ist Mangel an Selbstvertrauen. Da jeder einzelne sich lieber beschirmt und dienend sieht, wie sollte er an die Demokratie glauben, an ein Volk von Herren. Die angestammten und bewährten Herren mögen manchmal, unbeleckt wie sie sind, der hochgebildeten Nation auf die Nerven fallen: mit ihnen aber ist sie gewiß, zu leben, sicherer zu leben als die, die nur der Geist führt. Auch beherrschen sich diese Herren und werden schwerlich der Überspannung der Gewalt verfallen, die Explosionen schafft. Das extrem Tyrannische ist hier so unwahrscheinlich wie die Gleichheit. Keine Grausamkeit, aber auch keine Liebe. Nirgendwo liegen zwischen den Klassen solche Eisberge von Fremdheit. Man liebt einander nicht und liebt nicht die Menschen. Die Monarchie, der Herrenstaat ist eine Organisation der Menschenfeindschaft und ihre Schule. Die Masse der Kleinen, die hier wie überall die größere Wärme des Geschlechts enthält, wird zu entlegenen Hoffnungen verdammt und verdorben für die tätige Verbrüderung, die ein Volk groß macht. Kein großes Volk: nur große Männer. Was es hat an Liebe und allen Ehrgeiz, alles Selbstbewußtsein setzt dies Volk in seine großen Männer.

Seine großen Männer! Hat man je ermessen, was sie dies Volk schon gekostet haben? Wieviel Talent, Entschließungskraft und adliger Sinn unterdrückt worden ist, was an Demut, Neid, Selbstverachtung gezüchtet ward, und was versäumt ward in hundert Jahren an der Nivellierung, der moralischen Höherlegung der Nation, damit in unermeßlichen Abständen je ein Manneswunder und Ausbund aller Herrlichkeit erscheinen konnte, übermästet von der Entsagung ganzer Geschlechter und dem lebenden Dünger der Nation entsprossen wie eine tierisch fette Zauberblume. Nun liegt und betet an! Ihr, die schaffende Macht nicht kennt, braucht nicht zu wissen, wie es um die Mächtigen steht, und daß auch der Größte, gerade der Größte nur in den Stunden groß ist, da er schafft: daß die Verehrung seiner Person eine leere Puppe trifft. Wieviel tote Zeit im Leben des großen Mannes, da er sich ausgeleert und klein weiß. Wieviel Schwindel und gewaltsame Überhebung, um tagein tagaus zu vertreten, was er zuweilen war. Welch wahnwitzige Selbstsucht, von der Masse derer aufgehäuft, die abdanken in seine Hand. Welche Entfernung vom Menschlichen, welche Vereisung. Was für Leiden auch, Überreiztheit und Angst des Zusammenbruchs. Was für schaurige Einblicke eines, der absolut zu sein hat, ins Nichts. Er saugt nicht nur Tatkraft und Stolz seines Volkes in sich auf, der große Mann: er kauft ihm auch die Abgründe ab, vor denen das wohltemperierte Dasein der Gewöhnlichen zurückschreckt … Aber das dürfte nicht sein, und er dürfte nicht sein. Ein Volk von heute hat kein Recht auf so große Männer. Es hat kein Recht, sich von ihnen der Selbstbestimmung entheben, korrumpieren, gar anstecken zu lassen und sich, Wollwarenfabrikant oder Schmock, ein Übermenschentum einzureden, während noch sein Menschentum rückständig ist.
Der Letzte aber, dem all diese Verirrung und Feigheit erlaubt wäre, der Mensch des Geistes, der Literat: gerade er hat sie geweiht und verbreitet. Seine Natur: die Definition der Welt, die helle Vollkommenheit des Wortes verpflichtet ihn zur Verachtung der dumpfen, unsauberen Macht. Vom Geist ist ihm die Würde des Menschen auferlegt. Sein ganzes Leben opfert der Wahrheit den Nutzen. Die Erscheinungen löst er auf, vermag das Große klein zu sehen und

im Kleinen das durch Menschlichkeit Große: dergestalt, daß ihm Gleichheit zur letzten Forderung der Vernunft wird ... Gerade er aber wirkt in Deutschland seit Jahrzehnten für die Beschönigung des Ungeistigen, für die sophistische Rechtfertigung des Ungerechten, für seinen Todfeind, die Macht. Welche seltsame Verderbnis brachte ihn dahin? Was erklärt diesen Nietzsche, der dem Typus sein Genie geliehen hat, und alle die, die ihm nachgetreten sind? Ist es der überwältigende Erfolg der Macht, den diese Zeit und dies Land sahen? Die Hoffnungslosigkeit, die eigene Natur durchzusetzen, heute und hier? Der Drang zu wirken, sei es gegen sich selbst: durch Steigerung und Verklärung des Feindes, als bewunderter Anwalt des Bösen? Ist es die perverse Abdankung des allzu Wissenden, der sich im schlechten, unbewußten Leben wälzt wie ein entflohener Sträfling? Vom tragischen Ehrgeiz bis zu elender Eitelkeit, von der albernen Sucht, besonders zu sein, bis zum panischen Schrekken der Vereinsamung und dem Ekel am Nihilismus: die abtrünnigen Literaten haben viele Entschuldigungen. Sie haben vor allem eine in der ungeheuerlich angewachsenen Entfernung, die, nach so langer Unwirksamkeit, die deutschen Geister vom Volk trennt. Aber was taten sie, um sie zu verringern? Sie haben das Leben des Volkes nur als Symbol genommen für die eigenen hohen Erlebnisse. Sie haben der Welt eine Statistenrolle zugeteilt, ihre schöne Leidenschaft nie in die Kämpfe dort unten eingemischt, haben die Demokratie nicht gekannt und haben sie verachtet. Sie verachten das parlamentarische Regime, bevor es erreicht ist, die öffentliche Meinung, bevor sie anerkannt ist. Sie tun, als hätten sie hinter sich, wofür nur die andern geblutet haben, und maßen sich die Miene der Übersättigung an, obwohl sie niemals weder kämpften noch genossen. Sie sollten herrschen, der Geist sollte herrschen, dadurch, daß das Volk herrscht. Sie sollten diesem Volk das Glück vermitteln, sich wahr zu sehen, damit es sich höher achte und wärmer fühle. Die Zeit verlangt und ihre Ehre will, daß sie endlich, endlich auch in diesem Lande dem Geist die Erfüllung seiner Forderungen sichern, daß sie Agitatoren werden, sich dem Volk verbünden gegen die Macht, daß sie die ganze Kraft des Wortes seinem Kampf schenken, der auch der Kampf des Geistes ist. Ihre Vornehmheit sollte nicht Selbstkultus sein; die deutsche Überschätzung des Einzelfalles, der Auszeichnung geht täglich mehr gegen Vernunft und Wahrheit; sie sollte in der Kraft sein, Maß und Vorbild zu geben. Denn der Typus des geistigen Menschen muß der herrschende werden in einem Volk, das jetzt noch empor will. Das Genie muß sich für den Bruder des letzten Reporters halten, damit Presse und öffentliche Meinung, als populärste Erscheinungen des Geistes, über Nutzen und Stoff zu stehen kommen, Idee und Höhe erlangen. Der Faust- und Autoritätsmensch muß der Feind sein. Ein Intellektueller, der sich an die Herrenkaste heranmacht, begeht Verrat am Geist. Denn der Geist ist nichts Erhaltendes und gibt kein Vorrecht. Er zersetzt, er ist gleichmacherisch; und über die Trümmer von hundert Zwingburgen drängt er den letzten Erfüllungen der Wahrheit und der Gerechtigkeit entgegen, ihrer Vollendung, und sei es die des Todes.

Thomas Mann

«Im Spiegel»

Was ich, geehrte Redaktion, in Ihrem Spiegel erblicke, ist überraschend und anstößig, – ich gebe zu, daß es mir subjektiv nicht wenig behagt, bemerke aber ausdrücklich, daß ich es in einem höheren Sinne nicht zu billigen vermöchte.

Ich habe eine dunkle und schimpfliche Vergangenheit, so daß es mir außerordentlich peinlich ist, vor Ihrem Publikum davon zu sprechen. Erstens bin ich ein verkommener Gymnasiast. Nicht daß ich durchs Abiturientenexamen gefallen wäre – es wäre Aufschneiderei, wollte ich das behaupten. Sondern ich bin überhaupt nicht bis Prima gelangt; ich war schon in Sekunda so alt wie der Westerwald. Faul, verstockt und voll liederlichen Hohns über das Ganze, verhaßt bei den Lehrern der altehrwürdigen Anstalt, ausgezeichneten Männern, die mir – mit vollem Recht, in voller Übereinstimmung mit aller Erfahrung, aller Wahrscheinlichkeit – den sicheren Untergang prophezeiten, und höchstens bei

einigen Mitschülern auf Grund irgendeiner schwer bestimmbaren Überlegenheit in gewissem Ansehen: so saß ich die Jahre ab, bis man mir den Berechtigungsschein zum einjährigen Militärdienst ausstellte.
Ich entwich damit nach München, wohin nach dem Tode meines Vaters, der Inhaber einer Getreidefirma und Senator in Lübeck gewesen war, meine Mutter ihren Wohnsitz verlegt hatte; und da ich immerhin Anstand nahm, mich sofort und offenkundig dem Müßiggang zu überlassen, so trat ich, das Wort «vorläufig» im Herzen, als Volontär in die Büros einer Feuerversicherungsgesellschaft ein. Statt aber bestrebt zu sein, mich in die Geschäfte einzuarbeiten, hielt ich es für gut, auf meinem Drehsessel verstohlenerweise an einer erdichteten Erzählung zu schreiben, einer mit Versen untermischten Liebesgeschichte, die ich dann in einer umstürzlerisch gesinnten Monatsschrift zum Abdruck gelangen ließ, und auf die ich mir wohl gar noch etwas zugute tat.
Ich verließ das Büro, bevor man mich hinauswarf, gab an, Journalist werden zu wollen, und hörte ein paar Semester lang an den Münchener Hochschulen in buntem und unersprießlichem Durcheinander historische, volkswirtschaftliche und schönwissenschaftliche Vorlesungen. Plötzlich jedoch, wie ein rechter Vagabund, ließ ich alles liegen und ging ins Ausland, nach Rom, wo ich mich ein Jahr lang plan- und beschäftigungslos umhertrieb. Ich verbrachte meine Tage mit Schreiben und der Vertilgung jenes Lesestoffes, den man den belletristischen nennt und dem ein anständiger Mensch höchstens zur Zerstreuung in seinen Mußestunden sich zuwendet, – und meine Abende bei Punsch und Dominospiel. Ich besaß genau die Mittel, zu leben und unmäßig viele jener süßen Soldo-Zigaretten zu rauchen, die der italienische Staat verschleißt und denen ich damals bis zur Völlerei ergeben war.
Gebräunt, mager und in ziemlich abgerissenem Zustande nach München zurückgekehrt, sah ich mich endlich genötigt, von meinem Berechtigungsschein zum freiwilligen Dienst Gebrauch zu machen. Wenn man aber zu vernehmen hofft, daß ich mich auf militärischem Gebiete irgend tauglicher erwiesen hätte als auf anderen, so wird man enttäuscht werden. Schon nach einem Vierteljahr, noch vor

Weihnachten, wurde ich mit schlichtem Abschied entlassen, da meine Füße sich nicht an jene ideale und männliche Gangart gewöhnen wollten, die Parademarsch heißt, und ich beständig mit Sehnenscheidenentzündung daniederlag. Aber der Körper ist dem Geiste bis zu einem gewissen Grade unterworfen, und wenn die geringste Liebe zur Sache in mir gelebt hätte, so wäre das Leiden wohl zu bezwingen gewesen.

Genug, ich quittierte den Dienst und setzte in Zivilkleidern mein fahrlässiges Leben fort. Eine Zeitlang war ich Mitredakteur des «Simplicissimus» – man sieht, ich sank von Stufe zu Stufe. Ich ging in das vierte Jahrzehnt meines Lebens.

Und nun? Und heute? Ich hocke verglasten Blicks und einen wollenen Schal um den Hals mit anderen verlorenen Gesellen in einer Anarchistenkneipe? Ich liege in der Gosse, wie sich's gebührte?

Nein. Glanz umgibt mich. Nichts gleicht meinem Glücke. Ich bin vermählt, ich habe eine außerordentlich schöne junge Frau – eine Prinzessin von einer Frau, wenn man mir glauben will, deren Vater königlicher Universitätsprofessor ist und die ihrerseits das Abiturientenexamen gemacht hat, ohne deshalb auf mich herabzusehen, sowie zwei blühende, zu den höchsten Hoffnungen berechtigende Kinder. Ich bin Herr einer großen Wohnung in feinster Lage mit elektrischem Licht und allem Komfort der Neuzeit – ausgestattet mit den herrlichsten Möbeln, Teppichen und Kunstgemälden. Mein Hausstand ist reich bestellt, ich befehle drei stattlichen Dienstmädchen und einem schottischen Schäferhund, ich speise schon zum Morgentee Zuckerbrötchen und trage fast ausschließlich Lackstiefel. Was noch? Ich mache Triumphreisen. Ich besuche die Städte, eingeladen von schöngeistigen Gesellschaften, ich erscheine im Frack, und die Leute klatschen in die Hände, wenn ich nur auftrete. Ich war auch in meiner Vaterstadt. Der große Kasino-Saal war ausverkauft, man überreichte mir einen Lorbeerkranz, und meine Mitbürger applaudierten. Überall nennt man meinen Namen nur mit hochgezogenen Brauen, Leutnants und junge Damen bitten mich in den ehrerbietigsten Worten um mein Autogramm, und wenn ich morgen einen Orden bekomme, so werde ich keine Miene verziehen.

Und wieso das alles? Wodurch? Wofür? Ich habe mich nicht geändert, nicht gebessert. Ich habe nur immer fortgefahren, zu treiben, was ich schon als Ultimus trieb, nämlich zu träumen, Dichterbücher zu lesen und selbst dergleichen herzustellen. Dafür sitze ich nun in der Herrlichkeit. Aber ist das der folgerichtige Lohn meines Wandels? Sähen die Wächter meiner Jugend mich in meiner Pracht, sie müßten irre werden an allem, woran sie geglaubt.

Diejenigen, die meine Schriften durchblättert haben, werden sich erinnern, daß ich der Lebensform des Künstlers, des Dichters stets mit dem äußersten Mißtrauen gegenüberstand. In der Tat wird mein Erstaunen über die Ehren, welche die Gesellschaft dieser Spezies erweist, niemals enden. Ich weiß, was ein Dichter ist, denn bestätigtermaßen bin ich selber einer. Ein Dichter ist, kurz gesagt, ein auf allen Gebieten ernsthafter Tätigkeit unbedingt unbrauchbarer, einzig auf Allotria bedachter, dem Staate nicht nur nicht nützlicher, sondern sogar aufsässig gesinnter Kumpan, der nicht einmal sonderliche Verstandesgaben zu besitzen braucht, sondern so langsamen und unscharfen Geistes sein mag, wie ich es immer gewesen bin, – übrigens ein innerlich kindischer, zur Ausschweifung geneigter und in jedem Betrachte anrüchiger Scharlatan, der von der Gesellschaft nichts anderes sollte zu gewärtigen haben – und im Grunde auch nichts anderes gewärtigt – als stille Verachtung. Tatsache aber ist, daß die Gesellschaft diesem Menschenschlage die Möglichkeit gewährt, es in ihrer Mitte zu Ansehen und höchstem Wohlleben zu bringen.

Mir kann es recht sein; ich habe den Nutzen davon. Aber es ist nicht in der Ordnung. Es muß das Laster ermutigen und der Tugend ein Ärger sein.

Georg Trakl

Gesang des Abgeschiedenen

An Karl Borromaeus Heinrich

Voll Harmonien ist der Flug der Vögel. Es haben die grünen Wälder
Am Abend sich zu stilleren Hütten versammelt;
Die kristallenen Weiden des Rehs.
Dunkles besänftigt das Plätschern des Bachs, die feuchten Schatten

Und die Blumen des Sommers, die schön im Winde läuten.
Schon dämmert die Stirne dem sinnenden Menschen.

Und es leuchtet ein Lämpchen, das Gute, in seinem Herzen
Und der Frieden des Mahls; denn geheiligt ist Brot und Wein
Von Gottes Händen, und es schaut aus nächtigen Augen
Stille dich der Bruder an, daß er ruhe von dorniger Wanderschaft.
O das Wohnen in der beseelten Bläue der Nacht.

Liebend auch umfängt das Schweigen im Zimmer die Schatten der Alten,
Die purpurnen Martern, Klage eines großen Geschlechts,
Das fromm nun hingeht im einsamen Enkel.

Denn strahlender immer erwacht aus schwarzen Minuten des Wahnsinns
Der Duldende an versteinerter Schwelle
Und es umfängt ihn gewaltig die kühle Bläue und die leuchtende Neige des Herbstes,

Das stille Haus und die Sagen des Waldes,
Maß und Gesetz und die mondenen Pfade der Abgeschiedenen.

Franz Kafka

Der Kübelreiter

Verbraucht alle Kohle; leer der Kübel; sinnlos die Schaufel; Kälte atmend der Ofen; das Zimmer vollgeblasen von Frost; vor dem Fenster Bäume starr im Reif; der Himmel, ein silberner Schild gegen den, der von ihm Hilfe will. Ich muß Kohle haben; ich darf doch nicht erfrieren; hinter mir der erbarmungslose Ofen, vor mir der Himmel ebenso, infolgedessen muß ich scharf zwischendurch reiten und in der Mitte beim Kohlenhändler Hilfe suchen. Gegen meine gewöhnlichen Bitten aber ist er schon abgestumpft; ich muß ihm ganz genau nachweisen, daß ich kein einziges Kohlenstäubchen mehr habe und daß er daher für mich geradezu die Sonne am Firmament bedeutet. Ich muß kommen wie der Bettler, der röchelnd vor Hunger an der Türschwelle verenden will und dem deshalb die Herrschaftsköchin den Bodensatz des letzten Kaffees einzuflößen sich entscheidet; ebenso muß mir der Händler, wütend, aber unter dem Strahl des Gebotes «Du sollst nicht töten!» eine Schaufel voll in den Kübel schleudern.

Meine Auffahrt schon muß es entscheiden; ich reite deshalb auf dem Kübel hin. Als Kübelreiter, die Hand oben am Griff, dem einfachsten Zaumzeug, drehe ich mich beschwerlich die Treppe hinab; unten aber steigt mein Kübel auf, prächtig, prächtig; Kamele, niedrig am Boden hingelagert, steigen, sich schüttelnd unter dem Stock des Führers, nicht schöner auf. Durch die festgefrorene Gasse geht es in ebenmäßigem Trab; oft werde ich bis zur Höhe der ersten Stockwerke gehoben; niemals sinke ich bis zur Haustüre hinab. Und außergewöhnlich hoch schwebe ich vor dem Kellergewölbe des Händlers, in dem er tief unten an seinem Tischchen kauert und schreibt; um die übergroße Hitze abzulassen, hat er die Tür geöffnet.

«Kohlenhändler!» rufe ich mit vor Kälte hohlgebrannter Stimme, in Rauchwolken des Atems gehüllt, «bitte, Kohlenhändler, gib mir ein wenig Kohle. Mein Kübel ist schon so leer, daß ich auf ihm reiten kann. Sei so gut. Sobald ich kann, bezahle ich's.»

Der Händler legt die Hand ans Ohr. «Hör ich recht?» fragte

er über die Schulter weg seine Frau, die auf der Ofenbank strickt, «hör ich recht? Eine Kundschaft.»
«Ich höre gar nichts», sagt die Frau, ruhig aus- und einatmend über den Stricknadeln, wohlig im Rücken gewärmt.
«O ja», rufe ich, «ich bin es; eine alte Kundschaft; treu ergeben; nur augenblicklich mittellos.»
«Frau», sagt der Händler, «es ist, es ist jemand; so sehr kann ich mich doch nicht täuschen; eine alte, eine sehr alte Kundschaft muß es sein, die mir so zum Herzen zu sprechen weiß.»
«Was hast du, Mann?» sagte die Frau und drückt, einen Augenblick ausruhend, die Handarbeit an die Brust, «niemand ist es, die Gasse ist leer, alle unsere Kundschaft ist versorgt; wir können für Tage das Geschäft sperren und ausruhn.»
«Aber ich sitze doch hier auf dem Kübel», rufe ich und gefühllose Tränen der Kälte verschleiern mir die Augen, «bitte seht doch herauf; Ihr werdet mich gleich entdecken; um eine Schaufel voll bitte ich; und gebt Ihr zwei, macht Ihr mich überglücklich. Es ist doch schon alle übrige Kundschaft versorgt. Ach, hörte ich es doch schon in dem Kübel klappern!»
«Ich komme», sagt der Händler und kurzbeinig will er die Kellertreppe emporsteigen, aber die Frau ist schon bei ihm, hält ihn beim Arm fest und sagt: «Du bleibst. Läßt du von deinem Eigensinn nicht ab, so gehe ich hinauf. Erinnere dich an deinen schweren Husten heute nacht. Aber für ein Geschäft und sei es auch nur ein eingebildetes, vergißt du Frau und Kind und opferst deine Lungen. Ich gehe.»
«Dann nenn ihm aber alle Sorten, die wir auf Lager haben; die Preise rufe ich dir nach.»
«Gut», sagt die Frau und steigt zur Gasse auf. Natürlich sieht sie mich gleich. «Frau Kohlenhändlerin», rufe ich, «ergebenen Gruß; nur eine Schaufel Kohle; gleich hier in den Kübel; ich führe sie selbst nach Hause; eine Schaufel von der schlechtesten. Ich bezahle sie natürlich voll, aber nicht gleich, nicht gleich.» Was für ein Glockenklang sind die zwei Worte «nicht gleich» und wie sinnverwirrend mischen sie sich mit dem Abendläuten, das eben vom nahen Kirchturm zu hören ist!
«Was will er also haben?» ruft der Händler. «Nichts», ruft die Frau zurück, «es ist ja nichts; ich sehe nichts, ich höre

nichts; nur sechs Uhr läutet es und wir schließen. Ungeheuer ist die Kälte; morgen werden wir wahrscheinlich noch viel Arbeit haben.»
Sie sieht nichts und hört nichts; aber dennoch löst sie das Schürzenband und versucht mich mit der Schürze fortzuwehen. Leider gelingt es. Alle Vorzüge eines guten Reittieres hat mein Kübel; Widerstandskraft hat er nicht; zu leicht ist er; eine Frauenschürze jagt ihm die Beine vom Boden.
«Du Böse», rufe ich noch zurück, während sie, zum Geschäft sich wendend, halb verächtlich, halb befriedigt mit der Hand in die Luft schlägt, «du Böse! Um eine Schaufel von der schlechtesten habe ich gebeten und du hast sie mir nicht gegeben.» Und damit steige ich in die Regionen der Eisgebirge und verliere mich auf Nimmerwiedersehen.

Georg Heym

Der fünfte Oktober

Am 5. Oktober sollten die Brotkarren aus der Provence nach Paris kommen. Der Stadtrat hatte es an allen Straßenecken in seinen großen roten Lettern anschlagen lassen. Und das Volk trieb sich den ganzen Tag vor ihnen herum wie vor den Toren einer neuen und ungeheuren Offenbarung. Ausgehungert bis in die Knochen träumte es da von Paradiesen der Sättigung, ungeheuren Weizenfladen, weißen Mehlpasteten, die in allen Garküchen prasseln würden.
Alle Schlote sollen rauchen. Man wird die Bäcker an die Laternen hängen, man wird selber braten, man wird seinen Arm bis über die Ellenbogen in Mehl tauchen. Das weiße Zeug wird die Straßen wie ein fruchtbarer Schnee überziehen, der Wind wird es vor der Sonne hintreiben wie eine dicke Wolke.
Auf allen Straßen werden große Tische aufgestellt werden, Paris wird ein großes, gemeinsames Mahl abhalten, einen gewaltigen Sabbat.
Die Menschen drängten sich vor den verschlossenen Kellern der Bäckereien und schielten herab auf die leeren Back-

tröge, die hinter den Gitterfenstern standen, sie sahen vergnügt auf die schwarzen Mäuler der riesigen Backöfen, die ohne Feuer standen, und wie sie, nach Brot hungerten.
An einer Straße eines Viertels am Mont Parnasse wurde eine Bäckerei erbrochen, mehr aus Langerweile, um sich die Zeit zu vertreiben, als aus der Hoffnung, in den Kästen noch Brot zu finden.
Drei Mann, Kohlenträger aus St. Antoine, brachten den Bäcker heraus. Sie warfen ihm seine weiße Perücke hinunter und stellten ihn unter die verbogene Lampe seiner Tür. Der eine riß seinen Hosenbund ab, drehte eine Schlinge und warf sie dem Bäcker um den Hals. Dann hielt er ihm seine schwarze Faust unter das Gesicht und schrie ihn an: «Du verfluchter Mehlwurm, jetzt werden wir dich aufhängen.»
Der Bäcker fing an zu jammern, und sah sich unter den Umstehenden nach Beistand um. Aber er sah nur lauter grinsende Gesichter.
Der Schuster Jacobus trat vor und sagte zu den Vorstädtern: «Meine Herren, wir wollen das Schwein laufen lassen, aber es muß mir erst ein Gebet nachsprechen.»
«Ja, ein Gebet nachsprechen», wimmerte der Bäcker. «Lassen Sie mich ein Gebet nachsprechen.»
Jacobus fing an: «Ich bin der verfluchte Saubäcker.»
Der Bäcker sprach nach: «Ich bin der verfluchte Saubäkker.»
Jacobus: «Ich bin der schwarze Mehljude, ich stinke auf tausend Meter.»
Der Bäcker: «Ich bin der schwarze Mehljude, ich stinke auf tausend Meter.»
Jacobus: «Ich bete alle Tage zu den vierzehn Nothelfern, daß niemand merken soll, was ich alles in das Brot tue.»
Der Bäcker wiederholte auch das.
Das Publikum wieherte. Eine alte Frau setzte sich auf die Treppenstufen und gackerte vor Lachen wie eine alte Henne beim Eierlegen.
Jacobus konnte selber vor Lachen nicht mehr weiter.
Eine Weile ging dieses komische Anathema noch fort, zuletzt wurde die erbärmliche Gestalt den Leuten zu langweilig. Man ließ ihn stehen mit seinem Strick um den Hals.
Es begann stark zu regnen, die Leute traten unter die Dächer.

Der Bäcker war fort. Nur seine weiße Perücke lag noch mitten auf dem Platze und begann, sich im Regen aufzulösen. Ein Hund nahm sie in das Maul und schleppte sie fort.
Allmählich ließ der Regen nach, und die Menschen traten wieder auf die Straße. Der Hunger begann sie wieder zu beißen. Ein Kind fiel in Krämpfe, die Umstehenden sahen zu und gaben gute Ratschläge.
Auf einmal hieß es: «Die Brotkarren sind da! Die Brotkarren sind da!» Die ganze Straße hinab lief das Geschrei. Und die ganze Straße begann, sich aus den Toren hinauszudrängen. Sie kamen an das Land, in die kahlen Felder, sie sahen einen verlassenen Himmel und die lange Reihe von Pappelbäumen der Chaussee, die hinten in dem armseligen Horizont der Ebenen untertauchten. Ein Stoß Raben flog über sie vor dem Winde her, den Städten zu.
Die Menschenströme gossen sich in die Felder. Manche hatten leere Säcke auf den Schultern, andere Fleischermollen, Kessel, um das Brot fortzubringen.
Und sie warteten auf die Karren, den Rand des Himmels durchforschend, wie ein Volk Astronome, das nach einem neuen Gestirn sucht.
Sie harrten und harrten, aber sie sahen nichts als den Wolkenhimmel und den Sturm, der die hohen Bäume hin und her bog.
Von einer Kirche schlug es in die stummen Massen langsam die Mittagsstunde. Da begannen sie, sich zu besinnen, daß sie sonst um diese Zeit um volle Tische gesessen hatten, auf deren Mitte wie ein dicker König ein weißer Laib Brotes geprangt hatte. Und das Wort «Pain» zwang sich mit seiner ganzen Weiße, seiner Fette, in das Gehirn der Masse, und lag darin wie ein Stein in der Sonne, riesig, groß, knusprig, zum Anschneiden. Sie schlossen die Augenlider, und sie fühlten den Saft des Weizens über ihre Hände tröpfeln. Sie fühlten die Wärme, die heilige Wolke der Backöfen, eine rosige Flamme, die die weißen Brotlaibe röstete und schwärzte.
Und ihre Hände zitterten vor Verlangen nach dem Mehl. Sie fröstelten vor Hunger, und ihre Zungen begannen, im leeren Munde zu kauen, sie begannen, die Luft zu schlukken, und ihre Zähne schlugen willenlos aufeinander, als zermalmten sie die weißen Bissen.

Manchen hingen ihre Sacktücher aus dem Munde, und ihre großen Zähne kauten darauf herum, langsam, wie Maschinen. Sie hatten ihr eingefallenes Auge geschlossen und wiegten ihre Köpfe über ihren Zulp im Takte einer geheimnisvollen, quälerischen Musik.

Andere saßen auf den Prellsteinen an der Straße und weinten vor Hunger, während sich um ihre Knie große magere Hunde herumtrieben, denen die Knochen fast durch das Fell stachen.

Eine schreckliche Müdigkeit befiel die regungslosen Massen, eine ungeheure Apathie fiel lähmend wie eine dicke Decke auf ihre weißen Gesichter.

Ach, sie hatten keinen Willen mehr. Der Hunger begann ihn langsam zu ersticken und sie in einem schrecklichen Schlaf und der Marter seiner Träume zu entmannen.

Weit um sie herum lief die Ebene Frankreichs herab, verzäumt von gespenstigen Mühlen, die rings um den Horizont standen wie Türme oder riesige Gottheiten des Kornes, die mit den Armen ihrer großen Flügel Mehlwolken aufstäubten, als dampfe Weihrauch um ihre großen Häupter.

Ungeheure Tafeln standen am Rande Frankreichs, die unter der Last der großen Schüsseln zu schwanken begannen. Man winkte sie her. Aber sie waren auf große Folterbetten gebunden, und ihr Blut hatte das furchtbare Opium des Hungers betäubt und in schwarze Schlacke erstarrt. Sie wollten schreien: «Brot, Brot, nur einen Bissen, Erbarmen, Barmherzigkeit, nur einen Bissen, lieber Gott.» Aber sie konnten ihre Lippen nicht aufmachen, schrecklich, sie waren stumm. Schrecklich, sie konnten kein Glied rühren, sie waren gelähmt.

Und die schwarzen Träume flatterten über die Haufen, die zu Klumpen geballt beieinander standen und lagen wie ein Heer, verurteilt zum ewigen Tode, geschlagen mit ewiger Stummheit, verflucht, wieder in den Bauch von Paris unterzutauchen, zu leiden, zu hungern, geboren zu werden und zu sterben in einem Meer der schwarzen Finsternis, der Fronden, des Hungers und der Sklaverei, erdrückt von blutgierigen Steuerpächtern, ausgemergelt von der ewigen Auszehrung, entnervt von dem ewigen Rauch der Gassen und wie ein altes Pergament verwelkt von der beizenden Luft

ihrer niedrigen Höhlen, verdammt, einst zu erstarren im Schmutze ihrer Betten und in einem letzten Seufzer den Priester zu verfluchen, der gekommen war im Namen seines Gottes, im Namen des Staates und der Autorität, ihnen zum Dank für die Geduld ihres elenden Lebens die letzten Groschen zu Kirchenvermächtnissen abzupressen.
Niemals schien eine Sonne in ihre Gräber. Was kannten sie von ihr in ihren gräßlichen Löchern? Sie sahen sie manchmal mittags über die Stadt hinschweben, betäubt von ihrem Qualm, in dicke Wolken gehüllt, eine Stunde oder zwei. Und dann verschwand sie. Die Schatten kamen wieder unter den Häusern hervor und krochen an ihnen hoch, schwarze Polypen der Gasse mit ihrer kalten Umarmung.
Wie oft hatten sie an den Gärten von Luxembourg gestanden, und durch die Spaliere der Grenadiere auf die weiten sonnigen Wiesen geschaut. Und sie hatten die Tänze der Hofdamen angeglotzt, die Hirtenstöcke der goldbetreßten Kavaliere, die Bücklinge der Mohren, die Tabletten voll Orangen, Biskuits, Konfekt, die goldene Karosse, in der die Königin langsam durch den Park fuhr wie eine syrische Göttin, eine ungeheure Astarte, starrend von weißer Seide und glitzernd wie eine Heilige von tausend Perlen.
Oh, wie oft hatten sie von dem Duft, der Würze des Moschus getrunken, wie oft waren sie beinahe erstickt von den Wohlgerüchen des Ambra, die aus dem Park des Luxembourg zogen wie aus einem geheimnisvollen Tempel. Oh, man hätte sie doch einmal hereinlassen können, einmal auf einem solchen Samtstuhl zu sitzen, einmal in einem solchen Wagen zu fahren. Sie hätten mit Vergnügen die ganze Nationalversammlung totgeschlagen, sie hätten dem König die Füße geküßt, wenn er sie einmal für eine Stunde ihren Hunger und die kahlen Felder verzweifelter Ernten hätte vergessen machen.
Und sie zerpreßten sich ihre Nasen an den Eisenstäben der Gitter, sie steckten ihre Hände hindurch, Scharen von Bettlern, Herden von Ausgestoßenen und Wimmernden. Und ihr schrecklicher Geruch zog in den Park wie eine Wolke düsteren Abendrotes, das einem schrecklichen Morgen voraufgeht. Sie hatten sich an das Gitter gehängt wie gräßliche Spinnen, und ihre Augen waren weit in den Park hinausgewandert, in seine abendlichen Wiesen, seine Hecken, seine

Lorbeergänge, seine Marmorfiguren, die von ihrem Postament herab ihnen ihr süßliches Lächeln zukehrten. Kleine Liebesgötter, Putten, dick wie gemästete Gänse, mit Armen, die weißen ausgestopften Würsten glichen, zielten nach ihrem aufgerissenen Mund ihre Liebespfeile und winkten ihnen mit dem steinernen Köcher, während auf ihre Schultern wie ein Klotz die Arme der Gerichtsvollzieher fielen, die gekommen waren, sie in die Schuldtürme zu werfen.
Die Schläfer stöhnten, und die Wachenden beneideten sie um ihren Schlaf.
Sie sahen vor sich hin, voraus, die Straße hinab nach den Brotkarren, die ausgestorbene Straße, die die Schrecken der Revolution verödet hatten und die wie ein toter Darm keine Zufuhren mehr in den Bauch Frankreichs hineinwarf. Sie war weiß und lief endlos in einen tauben Himmel, der, fett wie ein Pfaffengesicht, feist wie eine Bischofsbacke und ohne Runzeln wie ein gemästeter Bettelmönch, seine fahle Stirn am Horizont zeigte. Er war friedlich wie eine Dorfmesse, er war von kleinen, grauen Nachmittagswolken sanft eingerahmt wie ein alter Abbé, der nach dem Mittagessen in seiner Sakristei, im Lehnstuhl sanft versargt, schlummert, während ihm die Locken seiner Perücke in die Stirn fallen.
Die Lumpen der Menschenherden verbreiteten einen entsetzlichen Gestank. Ihre schmutzigen Halsbinden flatterten um ihre grauen Gesichter. Ersticktes Weinen verflog durch das entsetzliche Schweigen. Soweit man sah, stachen ihre durchlöcherten Dreispitze in die Luft, auf denen manchmal schmutzige Straußfedern tanzten. Die zerstreuten schwarzen Figuren der Massen glichen den erstarrten Pas eines düsteren Menuetts, einem Tanze des Todes, den er mit einem Male hinter sich hatte erstarren lassen, verwandelt in einen riesigen, schwarzen Steinhaufen, gebannt und erfroren von den Qualen, Säulen des Schweigens. Unzählige Lots, die die Flamme eines höllischen Gomorra in ewige Starre geschmolzen hatte.
Hoch über ihnen in dem kalten Oktoberhimmel ging der eiserne Pflug der Zeit, der seine Felder ackerte mit Kummer, besäte mit Not, auf daß daraus eines Tages die Flamme der Rache aufginge, auf daß eines Tages die Arme dieser Tau-

sende leicht würden, beschwingt und fröhlich wie leichte Tauben beim Schnitterdienste der Guillotinenmesser, auf daß eines Tages sie wie Götter der Zukunft unter den Himmel treten könnten, barhäuptig, in dem ewigen Pfingsten einer unendlichen Morgenröte.

Aus dem weißlichen Himmel am fernen Ende der Landstraße löste sich ein schwarzer Punkt.

Die Vordersten sahen ihn, sie machten einander aufmerksam. Die Schläfer erwachten und sprangen auf. Alle sahen die Straße hinab. War dieser schwarze Punkt das Mekka ihrer Hoffnung, war das ihre Erlösung?

Für einige Augenblicke glaubten sie alle daran, sie zwangen sich, daran zu glauben.

Aber der Punkt wuchs zu schnell. Jetzt sahen es alle, das war nicht der langsame Zug vieler Karren, das war keine Mehlkarawane. Und die Hoffnung verlor sich im Winde und verließ ihre Stirnen.

Aber was war das? Wer ritt so toll? Wer hatte in dieser toten Zeit einen Grund, so zu reiten?

Ein paar Männer kletterten auf die dicken Weiden und spähten über die Köpfe der Massen.

Jetzt sahen sie ihn und schrien seinen Namen herab. Es war Maillard. Maillard von der Bastille. Maillard vom 14. Juli.

Und da kam er heran, mitten unter die Volkshaufen. Er hielt an, und dann bekam er nur ein Wort heraus. «Verrat!» schrie er.

Da brach der Orkan los. «Verrat, Verrat!» Einige zehn Mann faßten ihn an und hoben ihn auf ihre Schultern. Er stand oben, mit der einen Hand sich an einen Baum stützend, ohnmächtig vor Anstrengung, fast blind vom Schweiß, der ihm aus seinem schwarzen Haar um die Augen lief.

Maillard will reden, hieß es. Da trat eine furchtbare Ruhe ein. Alle warteten, warteten mit dem furchtbaren Warten der Massen vor dem Aufruhr, in den furchtbaren Sekunden, in denen die Zukunft Frankreichs gewogen ward, bis die Schale voll Fesseln, Kerkern, Kreuzen, Bibeln, Rosenkränzen, Kronen, Zeptern, Reichsäpfeln, gebettet in die falsche Sanftmut bourbonischer Lilien, voll hohler Worte, Versprechungen, Tafeln voll königlicher Eidbrüche, ungerechter Urteile, harmloser Privilegien, dieser ungeheure Berg alles

dessen, mit dem die Jahrtausende Europa betrogen hatten, langsam zu sinken begann.
Maillard schwang sich in den Baum herauf.
Aus seiner kahlen Kanzel herab warf er seine furchtbaren Worte über die Menschen dahin, über die kahlen Felder, die düsteren Wälle, die schwarzen Zugbrücken, überladen von Menschen, in die Tunnels der Tore, über die Dächer von Paris, in die Höfe und Gäßchen der düsteren Faubourgs, in alle die Burgen des Elends weit hinaus, wo unter der Erde in den Kanälen bei den Quartieren der Ratten noch ein verdammtes Ohr war, das seine Worte vernahm.
«An die Nation! Ihr Armen, ihr Verfluchten, ihr Ausgestoßenen! Man verrät euch. Man preßt euch aus. Ihr werdet bald nackt herumlaufen, auf den Treppen werdet ihr sterben, und aus euren starren Händen werden die Steuerpächter, die Schergen des Capets, Bluthunde des Bluthundes, Spinnen der Spinne, eure letzten Groschen reißen.
Wir sind verlassen, wir sind verstoßen, und es geht mit uns zu Ende. Sie werden uns bald den letzten Rock vom Leibe reißen. Aus unseren Hemden werden sie uns Stricke drehen. Wir werden mit unserem Leibe die kotigen Straßen pflastern, damit die Wagen der Henker trocken darüber fahren. Warum sollten wir auch nicht sterben? Denn wir verpesten mit unsern Leibern die Luft, wir stinken, man faßt uns nicht an, nicht wahr? Warum sollten wir nicht sterben? Was können wir auch tun? Wir können uns ja nicht wehren? Wir sind mürbe gemacht, wir sind stumm gemacht.
Man hat künstliche Teuerungen erzielt, man hat uns ausgehungert, der Hunger hat uns totgemacht.»
Jedes Wort fiel wie ein schwerer Stein in das Volk. Bei jeder Silbe warf er seine Arme nach vorn, als wollte er mit dem Bombardement seiner Worte den Horizont selber ins Wanken bringen.
«Wißt ihr, was diese Nacht geschehen ist?
Die Königin –»
«Ha, die Königin», und die Massen wurden noch stiller, als sie den verhaßten Namen hörten.
«Die Königin, wißt ihr, was die alte Hure getan hat? Drei Regimenter Dragoner hat sie nach Versailles kommen lassen. Die liegen in allen Häusern, und die Leute der Versammlung wagen kaum noch zu reden. Mirabeau ist klein

geworden wie ein Zwerg, und die anderen alle können sich kaum noch zu einem dürftigen Räuspern aufschwingen. Es ist eine Schande, das zu sehen. Wofür haben sie im Ballhause geschworen, diese Komödianten der Freiheit? Wofür habt ihr euer Blut bei der Bastille gelassen? Es war alles umsonst, hört ihr, umsonst.

Ihr müßt wieder in eure Höhlen kriechen, die Freiheitsfakkel ist ein kleines Nachtlicht geworden, eine kleine Tranfunzel. Gut genug, um euch wieder in eure Löcher zu leuchten.

In drei Tagen wird Broglie mit seinen Truppen hier sein. Die Versammlung wird nach Hause geschickt, die Folter wird wieder aufgerichtet. Die Bastille wird wieder aufgebaut. Die Abgaben werden wieder gezahlt. Alle Kerker sperren schon ihre Mäuler auf.

Euer Hunger wird nicht gestillt werden, verzweifelt getrost. Der König hat die Brotkarren noch vor Orleans anhalten lassen und sie wieder nach Hause geschickt.»

Seine Worte gingen unter in dem Schrei der Wut. Ein ungeheurer Sturm geballter Fäuste schüttelte sich in der Luft. Die Massen begannen zu schwanken, wie ein ungeheurer Malstrom, rund um seinen Baum.

Und der Baum ragte heraus aus dem Meere der Schreie, aus den kreisenden Flüchen der verzerrten Gesichter, aus dem Echo des Zornes, das wie ein schwarzer, riesiger Wirbelwind vom Himmel zurückkam und ihn im Kreise zu erschüttern begann, daß er dröhnte wie der Klöppel einer ehernen Glocke.

Der Baum ragte heraus wie von düsteren Flammen angezündet, eine kalte Lohe, die ein Dämon aus dem Abgrund hatte aufschießen lassen.

Hoch oben in seinem fahlen Geäst hing Maillard wie ein riesiger schwarzer Vogel und warf seine Arme im Kreise hin und her, als wollte er sich zum Fluge über die Menschenmassen anschicken in den Abend hinaus, ein Dämon der Verzweiflung, ein schwarzer Belial, der Gott der Masse, der düstres Feuer aus seinen Händen warf.

Aber in seiner Stirn, die das dunkle Licht wie mit überirdischer Weiße übergoß, spiegelte ein goldener Strahl, der durch die Wolken kam, hoch über dem Chaos aus dem Zenit des Himmels.

Nur ein kleiner Streifen am Westhimmel war hell geworden, dort war der Himmel über die Felder gespannt wie ein Teppich von seidener Bläue, der noch von den Erinnerungen eines verschwiegenen Schäferspiels träumte.
Aus dem Toben der Massen heraus schallte plötzlich zweimal von einer lauten Stimme gerufen im Paroxysmus eines gellenden Diskantes der Ruf: «Nach Versailles, nach Versailles!» Es war, als hätte es die riesige Masse selber gerufen, als hätte ein Wille das ausgesprochen, was in den Tausenden der Köpfe sich wälzte. Da war ein Ziel. Das war kein Chaos mehr, die Menschenmassen waren mit einem Schlage ein furchtbares Heer. Wie ein riesiger Magnet riß der Westhimmel ihre Köpfe herum, wo Versailles ihrer harrte. Diese Straße würden sie jetzt gehen, sie würden nicht mehr warten. Die Kräfte, die der Sturm der Verzweiflung in ihnen aufgewühlt hatte, hatten einen Willen, einen Weg. Der Damm war gebrochen.
Die ersten Reihen setzten sich spontan in Marsch. In Reihen zu vieren, zu fünfen, soweit die Breite der Straße es erlaubte.
Maillard sah das. Er kletterte, so schnell er konnte, von seinem Baum herab, rief drei Mann, die er kannte, zu sich und rannte mit ihnen über die Felder an den Massen entlang, bis er ihre Spitze erreichte. Da stellte er sich mit seinen Leuten dem Strome entgegen und versuchte, auf sie einzureden, sie sollten einen Führer wählen, Waffen holen. Aber er wurde nicht gehört. Jetzt war seine Stimme wie die eines jeden anderen, der diese eisernen Bataillone hätte aufhalten wollen. Die Massen stießen ihn zur Seite, sie überschwemmten die kleine Mauer der vier Mann und rissen Maillard und seine Leute mit sich die Straße hinab.
Ein unsichtbarer Führer führte sie, eine unsichtbare Fahne wehte vor ihnen her, ein riesiges Panier wallte im Winde, das ein ungeheurer Fahnenträger vor ihnen her trug. Ein blutrotes Banner war entfaltet. Eine gewaltige Oriflamme der Freiheit, die mit einem purpurnen Fahnentuche im Abendhimmel ihnen vorausflackerte wie eine Morgenröte.
Sie alle waren unzählige Brüder geworden, die Stunde der Begeisterung hatte sie aneinandergeschweißt.
Männer und Weiber durcheinander, Arbeiter, Studenten,

Advokaten. Weiße Perücken, Kniestrümpfe und Sansculotten, Damen der Halle, Fischweiber, Frauen mit Kindern auf dem Arm, Stadtsoldaten, die ihre Spieße wie Generale über der Masse schwangen, Schuster mit Lederschürzen und Holzpantoffeln, Schneider, Gastwirte, Bettler, Strolche, Vorstädter, zerlumpt und zerrissen, ein unzähliger Zug. Barhäuptig zogen sie die Straße hinab, Marschlieder erschallten. Und an Spazierstöcken trugen sie rote Taschentücher wie Standarten.

Ihre Leiden waren geadelt, ihre Qualen waren vergessen, der Mensch war in ihnen erwacht.

Das war der Abend, wo der Sklave, der Knecht der Jahrtausende seine Ketten abwarf und sein Haupt in die Abendsonne erhob, ein Prometheus, der ein neues Feuer in seinen Händen trug.

Sie waren waffenlos, was schadete das, sie waren ohne Kommandanten, was tat das? Wo war nun der Hunger, wo waren die Qualen?

Und das Abendrot lief über sie hin, über ihre Gesichter und brannte auf ihre Stirnen einen ewigen Traum von Größe. Die ganze meilenweite Straße brannten tausend Köpfe in seinem Lichte wie ein Meer, ein urewiges Meer.

Ihre Herzen, die in der trüben Flut der Jahre, in der Asche der Mühsal erstickt waren, fingen wieder an, zu brennen, sie entzündeten sich an diesem Abendrot.

Sie gaben sich die Hände auf dem Marsche, sie umarmten sich. Sie hatten nicht umsonst gelitten. Sie wußten alle, daß die Jahre der Leiden vorbei waren, und ihre Herzen zitterten leise.

Eine ewige Melodie erfüllte den Himmel und seine purpurne Bläue, eine ewige Fackel brannte. Und die Sonne zog ihnen voraus, den Abend herab, sie entzündete die Wälder, sie verbrannte den Himmel. Und wie göttliche Schiffe, bemannt mit den Geistern der Freiheit, segelten große Wolken in schnellem Winde vor ihnen her.

Aber die gewaltigen Pappeln der Straße leuchteten wie große Kandelaber, jeder Baum eine goldene Flamme, die weite Straße ihres Ruhmes hinab.

Deine Wimpern, die langen ...

An Hildegard K.

Deine Wimpern, die langen,
Deiner Augen dunkele Wasser,
Laß mich tauchen darein,
Laß mich zur Tiefe gehn.

Steigt der Bergmann zum Schacht
Und schwankt seine trübe Lampe
Über der Erze Tor,
Hoch an der Schattenwand,

Sieh, ich steige hinab,
In deinem Schoß zu vergessen,
Fern, was von oben dröhnt,
Helle und Qual und Tag.

An den Feldern verwächst,
Wo der Wind steht, trunken vom Korn,
Hoher Dorn, hoch und krank
Gegen das Himmelsblau.

Gib mir die Hand,
Wir wollen einander verwachsen,
Einem Wind Beute,
Einsamer Vögel Flug,

Hören im Sommer
Die Orgel der matten Gewitter,
Baden in Herbsteslicht,
Am Ufer des blauen Tags.

Manchmal wollen wir stehn
Am Rand des dunkelen Brunnens,
Tief in die Stille zu sehn,
Unsere Liebe zu suchen.

Oder wir treten hinaus
Vom Schatten der goldenen Wälder,
Groß in ein Abendrot,
Das dir berührt sanft die Stirn.

Göttliche Trauer,
Schweige der ewigen Liebe.
Hebe den Krug herauf,
Trinke den Schlaf.

Einmal am Ende zu stehen,
Wo Meer in gelblichen Flecken
Leise schwimmt schon herein
Zu der September Bucht.

Oben zu ruhn
Im Hause der durstigen Blumen,
Über die Felsen hinab
Singt und zittert der Wind.

Doch von der Pappel,
Die ragt im Ewigen Blauen,
Fällt schon ein braunes Blatt,
Ruht auf dem Nacken dir aus.

Der Krieg I

Aufgestanden ist er, welcher lange schlief,
Aufgestanden unten aus Gewölben tief.
In der Dämmrung steht er, groß und unerkannt,
Und den Mond zerdrückt er in der schwarzen Hand.

In den Abendlärm der Städte fällt es weit,
Frost und Schatten einer fremden Dunkelheit,
Und der Märkte runder Wirbel stockt zu Eis.
Es wird still. Sie sehn sich um. Und keiner weiß.

In den Gassen faßt es ihre Schulter leicht.
Eine Frage. Keine Antwort. Ein Gesicht erbleicht.
In der Ferne wimmert ein Geläute dünn
Und die Bärte zittern um ihr spitzes Kinn.

Auf den Bergen hebt er schon zu tanzen an
Und er schreit: Ihr Krieger alle, auf und an.
Und es schallet, wenn das schwarze Haupt er schwenkt,
Drum von tausend Schädeln laute Kette hängt.

Einem Turm gleich tritt er aus die letzte Glut,
Wo der Tag flieht, sind die Ströme schon voll Blut.
Zahllos sind die Leichen schon im Schilf gestreckt,
Von des Todes starken Vögeln weiß bedeckt.

Über runder Mauern blauem Flammenschwall
Steht er, über schwarzer Gassen Waffenschall.
Über Toren, wo die Wächter liegen quer,
Über Brücken, die von Bergen Toter schwer.

In die Nacht er jagt das Feuer querfeldein
Einen roten Hund mit wilder Mäuler Schrein.
Aus dem Dunkel springt der Nächte schwarze Welt,
Von Vulkanen furchtbar ist ihr Rand erhellt.

Und mit tausend roten Zipfelmützen weit
Sind die finstren Ebnen flackend überstreut,
Und was unten auf den Straßen wimmelt hin und her,
Fegt er in die Feuerhaufen, daß die Flamme brenne mehr.

Und die Flammen fressen brennend Wald um Wald,
Gelbe Fledermäuse zackig in das Laub gekrallt.
Seine Stange haut er wie ein Köhlerknecht
In die Bäume, daß das Feuer brause recht.

Eine große Stadt versank in gelbem Rauch,
Warf sich lautlos in des Abgrunds Bauch.
Aber riesig über glühnden Trümmern steht
Der in wilde Himmel dreimal seine Fackel dreht,

Über sturmzerfetzter Wolken Widerschein,
In des toten Dunkels kalte Wüstenein,
Daß er mit dem Brande weit die Nacht verdorr,
Pech und Feuer träufet unten auf Gomorrh.

Walter Hasenclever

Die Mörder sitzen in der Oper

ZUM ANDENKEN AN KARL LIEBKNECHT

Der Zug entgleist. Zwanzig Kinder krepieren.
Die Fliegerbomben töten Mensch und Tier.
Darüber ist kein Wort zu verlieren.
Die Mörder sitzen im Rosenkavalier.

Soldaten verachtet durch die Straßen ziehen.
Generäle prangen im Ordensstern.
Deserteure, die vor dem Angriff fliehen,
Erschießt man im Namen des obersten Herrn.

Auf, Dirigent, von deinem Orchesterstuhle!
Du hast Menschen getötet. Wie war dir zumut?
Waren es viel? Die Mörder machen Schule.
Was dachtest du beim ersten spritzenden Blut?

Der Mensch ist billig, und das Brot wird teuer,
Die Offiziere schreiten auf und ab.
Zwei große Städte sind verkohlt im Feuer.
Ich werde langsam wach im Massengrab.

Ein gelber Leutnant brüllt an meiner Seite:
«Sei still, du Schwein!» Ich gehe stramm vorbei:
Im Schein der ungeheuren Todesweite
Vor Kälte grau in alter Leichen Brei.

Das Feld der Ehre hat sich ausgespien;
Ich trete in die Königsloge ein.
Schreiende Schwärme schwarzer Vögel ziehen
Durch goldene Tore ins Foyer hinein.

Sie halten blutige Därme in den Krallen,
Entrissen einem armen Grenadier.
Zweitausend sind in dieser Nacht gefallen!
Die Mörder sitzen im Rosenkavalier.

Verlauste Krüppel sehen aus den Fenstern.
Der Mob schreit: «Sieg!» Die Betten sind verwaist.
Stabsärzte halten Musterung bei Gespenstern;
Der dicke König ist zur Front gereist.

«Hier, Majestät, fand statt das große Ringen!»
Es naht der Feldmarschall mit Eichenlaub.
Die Tafel klirrt. Champagnergläser klingen.
Ein silbernes Tablett ist Kirchenraub.

Noch strafen Kriegsgerichte das Verbrechen
Und hängen den Gerechten in der Welt.
Geh hin, mein Freund, du kannst dich an mir rächen!
Ich bin der Feind. Wer mich verrät, kriegt Geld.

Der Unteroffizier mit Herrscherfratze
Steigt aus geschundenem Fleisch ins Morgenrot.
Noch immer ruft Karl Liebknecht auf dem Platze:
«Nieder der Krieg!» Sie hungern ihn zu Tod.

Wir alle hungern hinter Zuchthaussteinen,
Indes die Oper tönt im Kriegsgewinn.
Mißhandelte Gefangene stehn und weinen
Am Gittertor der ewigen Knechtschaft hin.

Die Länder sind verteilt. Die Knochen bleichen.
Der Geist spinnt Hanf und leistet Zwangsarbeit.
Ein Denkmal steht im Meilenfeld der Leichen
Und macht Reklame für die Ewigkeit.

Man rührt die Trommel. Sie zerspringt im Klange.
Brot wird Ersatz und Blut wird Bier.
Mein Vaterland, mir ist nicht bange!
Die Mörder sitzen im Rosenkavalier.

Else Lasker-Schüler

Ein Lied

Hinter meinen Augen stehen Wasser,
Die muß ich alle weinen.

Immer möcht ich auffliegen,
Mit den Zugvögeln fort;

Buntatmen mit den Winden
In der großen Luft.

O ich bin so traurig – – – –
Das Gesicht im Mond weiß es.

Drum ist viel samtne Andacht
Und nahender Frühmorgen um mich.

Als an deinem steinernen Herzen
Meine Flügel brachen,

Fielen die Amseln wie Trauerrosen
Hoch vom blauen Gebüsch.

Alles verhaltene Gezwitscher
Will wieder jubeln,

Und ich möchte auffliegen
Mit den Zugvögeln fort.

Rosa Luxemburg

Aus den «Briefen aus dem Gefängnis»

Wronke, 2. Mai 1917

... Vorigen April rief ich Euch einmal beide, wenn Sie sich erinnern, telephonisch dringend um 10 Uhr früh in den Botanischen, um mit mir die Nachtigall zu hören, die ein ganzes Konzert gab. Wir saßen dann still versteckt im dichten Gebüsch auf Steinen an einem kleinen sickernden Wasser; nach der Nachtigall hörten wir aber plötzlich so einen eintönigen klagenden Ruf, der etwa so lautete: «Gligligligligliglick!» Ich sagte, das klinge wie irgendein Sumpf- oder Wasservogel, und Karl stimmte dem bei, aber wir konnten absolut nicht herausfinden, wer's war. Denken Sie, denselben Klageruf hörte ich plötzlich *hier* in der Nähe vor einigen Tagen in der Frühe, so daß mir das Herz vor Ungeduld pochte, endlich zu erfahren, wer das sei. Ich hatte keine Ruhe, bis ich's heute herausfand: es ist kein Wasservogel, sondern der *Wendehals*, eine graue Spechtart. Er ist nur ein wenig größer als der Sperling und hat seinen Namen daher, weil er in Gefahr die Feinde durch komische Gebärden und Kopfverrenkungen zu schrecken sucht. Er lebt nur von Ameisen, die er an seiner klebrigen Zunge ansammelt wie der Ameisenbär. Die Spanier nennen ihn deshalb Hormiguero – der Ameisenvogel. Mörike hat übrigens auf diesen Vogel ein sehr hübsches Scherzgedicht gemacht, das Hugo Wolf auch vertont hat. Mir ist, als hätte ich ein Geschenk gekriegt, seit ich weiß, wer der Vogel mit der klagenden Stimme ist. Vielleicht schreiben Sie es auch Karl, es würde ihn freuen.

Was ich lese? Hauptsächlich Naturwissenschaftliches: Pflanzengeographie und Tiergeographie. Gestern las ich gerade über die Ursache des Schwindens der Singvögel in Deutschland: es ist die zunehmende rationelle Forstkultur, Gartenkultur und der Ackerbau, die ihnen alle natürlichen Nist- und Nahrungsbedingungen: hohle Bäume, Ödland, Gestrüpp, welkes Laub auf dem Gartenboden – Schritt für Schritt vernichten. Mir war es so sehr weh, als ich das las. Nicht um den Gesang für die Menschen ist es mir, sondern das Bild des stillen unaufhaltsamen Untergangs dieser wehrlosen kleinen Geschöpfe schmerzt mich so, daß ich weinen mußte. Es erinnerte mich an ein russisches Buch von Prof. Sieber über den Untergang der Rothäute in Nordamerika, das ich noch in Zürich gelesen habe: sie werden genauso Schritt für Schritt durch die Kulturmenschen von ihrem Boden verdrängt und einem stillen, grausamen Untergang preisgegeben.

Aber ich bin ja natürlich krank, daß mich jetzt alles so tief erschüttert. Oder wissen Sie? ich habe manchmal das Gefühl, ich bin kein richtiger Mensch, sondern auch irgendein Vogel oder ein anderes Tier in Menschengestalt; innerlich fühle ich mich in so einem Stückchen Garten wie hier oder im Feld unter Hummeln und Gras viel mehr in meiner Heimat als – auf einem Parteitag. Ihnen kann ich ja wohl das alles sagen: Sie werden nicht gleich Verrat am Sozialismus wittern. Sie wissen, ich werde trotzdem hoffentlich auf dem Posten sterben: in einer Straßenschlacht oder im Zuchthaus. Aber mein innerstes Ich gehört mehr meinen Kohlmeisen als den «Genossen». Und nicht etwa, weil ich in der Natur, wie so viele innerlich bankerotte Politiker, ein Refugium, ein Ausruhen finde. Im Gegenteil, ich finde auch in der Natur auf Schritt und Tritt so viel Grausames, daß ich sehr leide. Denken Sie z. B., daß mir das folgende kleine Erlebnis nicht aus dem Sinn kommt. Vorigen Frühling ging ich in meiner stillen, leeren Straße von einem Feldspaziergang heim, als mir auf dem Boden ein dunkler kleiner Fleck auffiel. Ich bückte mich und sah ein lautloses Trauerspiel: ein großer Mistkäfer lag auf dem Rücken und wehrte sich hilflos mit den Beinen, während ein ganzer Haufen winziger Ameisen auf ihm herumwimmelten und ihn – bei lebendigem Leibe verzehrten! Mich schauerte es, ich nahm mein Taschentuch heraus und fing an, die brutalen Bestien wegzujagen. Sie waren aber so frech und hartnäckig, daß ich einen langen Kampf mit ihnen ausfechten mußte, und als ich endlich den armen Dulder befreit und weit aufs Gras gelegt hatte, waren ihm schon zwei Beine abgefressen ... Ich lief fort mit dem peinigenden Gefühl, daß ich ihm schließlich eine sehr zweifelhafte Wohltat erwiesen habe.

Jetzt gibt es schon so lange Dämmerung abends. Wie liebe ich sonst diese Stunde! In Südende hatte ich viele Amseln, hier sehe und höre ich jetzt keine. Den ganzen Winter füt-

terte ich ein Paar, und nun ist es verschwunden. In Südende pflegte ich um diese Zeit abends in der Straße herumzuschlendern; es ist so schön, wenn noch im letzten violetten Tageslicht plötzlich die rosigen Gasflammen an den Laternen aufzucken und noch so fremd in der Dämmerung aussehen, als schämten sie sich selbst ein wenig. Durch die Straße huscht dann geschäftig die undeutliche Gestalt irgendeiner verspäteten Portierfrau oder eines Dienstmädchens, die noch schnell zum Bäcker oder Krämer laufen, um etwas zu holen. Die Schusterkinder, mit denen ich befreundet bin, pflegten noch in der Straße im Dunkeln zu spielen, bis sie von der Ecke aus energisch nach Hause gerufen wurden. Um diese Stunde gab es immer noch irgendeine Amsel, die keine Ruhe finden konnte und plötzlich wie ein ungezogenes Kind kreischte oder plapperte aus dem Schlaf und geräuschvoll von einem Baum zum andern flog. Und ich stand da mitten in der Straße, zählte die ersten Sterne und mochte gar nicht heim aus der linden Luft und der Dämmerung, in der sich der Tag und die Nacht so weich aneinanderschmiegten.
Sonjuscha, ich schreibe Ihnen bald wieder. Seien Sie ruhig und heiter, alles wird gut werden, auch mit Karl. Auf Wiedersehen bis zum nächsten Brief.
Ich umarme Sie. Ihre Rosa

Wronke, 23. Mai 1917

... Ihr letzter Brief vom 14. war schon hier, als ich den meinigen abschickte. Ich bin sehr froh, wieder in Fühlung mit Ihnen zu sein, und möchte Ihnen heute einen warmen Pfingstgruß senden! «Pfingsten, das liebliche Fest, war gekommen», so beginnt der Goethesche Reineke Fuchs. Hoffentlich werden Sie es einigermaßen heiter verleben. Voriges Jahr haben wir ja zu Pfingsten mit Mathilde den schönen Ausflug nach Lichtenrade gemacht, wo ich die Ähren für Karl pflückte und den wundervollen Zweig mit Birkenkätzchen. Am Abend gingen wir dann noch als die «drei edlen Frauen aus Ravenna» mit Rosen in der Hand auf dem Südender Feld spazieren ... Hier blüht jetzt auch schon der Flieder, heute ist er aufgegangen! Es ist so warm, daß ich mein leichtestes Musselinkleid anziehen mußte. Trotz

Sonne und Wärme sind aber meine Vöglein nach und nach fast ganz verstummt. Sie sind offenbar alle vom Brutgeschäft sehr in Anspruch genommen; die Weibchen sitzen im Nest, und die Männchen haben alle Schnäbel voll zu tun, um für sich und die Gattinnen Nahrung zu suchen. Auch nisten sie wohl mehr draußen im Feld oder auf größeren Bäumen, wenigstens ist es jetzt in meinem Gärtlein still; nur hie und da schlägt kurz die Nachtigall, oder der Grünling macht seine klopfenden Tritte, oder spät abends schmettert noch einmal der Buchfink, meine Meisen lassen sich gar nicht mehr blicken. Nur einen kurzen Gruß bekam ich plötzlich gestern von weitem von einer Blaumeise, und das hat mich ganz erschüttert. Die Blaumeise ist nämlich nicht wie die Kohlmeise Standvogel, sondern sie kommt erst Ende März wieder zu uns. Sie hielt sich auch zuerst immer in der Nähe meiner Fenster, kam mit den anderen zum Fenster und sang fleißig ihr drolliges «Zizi bä», aber so ganz gedehnt, daß es wie ungezogenes Kindernecken klang. Ich mußte jedesmal lachen und ihr ebenso antworten. Dann verschwand sie anfangs Mai mit den anderen, um irgendwo draußen zu brüten. Ich sah und hörte sie wochenlang nicht mehr. Gestern höre ich plötzlich von drüben über die Mauer, die unseren Hof von einem anderen Gefängnisterrain trennt, den bekannten Gruß, aber so ganz verändert, nur ganz kurz und eilig dreimal hintereinander «Zizi bä – Zizi bä – Zizi bä», dann wurde es still. Mir zuckte das Herz zusammen, so viel lag in diesem eiligen, fernen Ruf, eine ganze kleine Vogelgeschichte. Das war nämlich eine Erinnerung der Blaumeise an die schöne Zeit des Liebeswerbens im Vorfrühling, wo man den ganzen Tag sang und lockte; jetzt aber heißt es den ganzen Tag fliegen und Mücken sammeln für sich und die Familie, also nur kurz eine Reminiszenz: «Ich habe keine Zeit – ach ja, es war schön – Frühling ist bald zu Ende – Zizi bä – Zizi bä – Zizi bä –! – – –» Glauben Sie mir, Sonjuscha, daß mich ein solcher kleiner Vogelruf, in dem so viel Ausdruck liegt, tief ergreifen kann. Meine Mutter, die nebst Schiller die Bibel für der höchsten Weisheit Quell hielt, glaubte steif und fest, daß König Salomo die Sprache der Vögel verstand. Ich lächelte damals mit der ganzen Überlegenheit meiner vierzehn Jahre und einer modernen naturwissenschaftlichen Bildung über diese mütterliche Naivität. Jetzt bin ich selbst wie König Salomo: Ich verstehe auch die Sprache der Vögel und der Tiere. Natürlich nicht, als ob sie menschliche Worte gebrauchten, sondern ich verstehe die verschiedensten Nuancen und Empfindungen, die sie in ihre Laute legen. Nur dem rohen Ohr eines gleichgültigen Menschen ist ein Vogelgesang immer ein und dasselbe. Wenn man die Tiere liebt und für sie Verständnis hat, findet man große Mannigfaltigkeit des Ausdrucks, eine ganze Sprache. Auch das allgemeine Verstummen jetzt nach dem Lärm des Vorfrühlings, und ich weiß, wenn ich noch im Herbst hier bin, was aller Wahrscheinlichkeit nach der Fall sein wird, dann werden alle meine Freunde wieder zurückkehren und an meinem Fenster Futter suchen; ich freue mich schon jetzt auf die eine Kohlmeise, mit der ich besonders befreundet bin.

Sonjuscha, Sie sind erbittert über meine lange Haft und fragen: «Wie kommt es, daß Menschen über andere Menschen entscheiden dürfen. Wozu ist das alles?» Verzeihen Sie, aber ich mußte beim Lesen laut herauslachen. Bei Dostojewski, in den «Brüdern Karamasow», gibt es eine Madame Chochlakowa, die genau solche Fragen zu stellen pflegte, wobei sie ratlos von einem zum andern in der Gesellschaft herumblickte, ehe aber auch nur einer zu antworten versuchte, schon auf etwas anderes herübersprang. Mein Vöglein, die ganze Kulturgeschichte der Menschheit, die nach bescheidenen Schätzungen einige zwanzig Jahrtausende dauert, basiert auf der «Entscheidung von Menschen über andere Menschen», was in den materiellen Lebensbedingungen tiefe Wurzeln hat. Erst eine weitere qualvolle Entwicklung vermag dies zu ändern, wir sind ja gerade jetzt Zeugen eines dieser qualvollen Kapitel, und Sie fragen, wozu das alles?: «Wozu» – – ist überhaupt kein Begriff für die Gesamtheit des Lebens und seine Formen. Wozu gibt es Blaumeisen auf der Welt? Ich weiß es wirklich nicht, aber ich freue mich, daß es welche gibt, und empfinde als süßen Trost, wenn mir plötzlich über die Mauer ein eiliges «Zizi bä» aus der Ferne herübertönt.

Sie überschätzen übrigens meine «Abgeklärtheit». Mein inneres Gleichgewicht und meine Glückseligkeit können leider schon beim leisesten Schatten, der auf mich fällt, aus den Fugen gehen, und ich leide dann unaussprechlich, nur daß ich die Eigentümlichkeit besitze, dann zu verstummen. Buchstäblich, Sonitschka, ich kann dann kein Wort über die Lippen bringen. Zum Beispiel in diesen letzten Tagen, ich war schon so heiter und selig, freute mich der Sonne, da erfaßte mich plötzlich am Montag ein eisiger Sturmwind, und auf einmal wandelte sich meine strahlende Heiterkeit in tiefsten Jammer. Und wenn meiner Seele Glück in Person plötzlich vor mir stände, ich brächte keinen Ton über die Lippen und könnte höchstens mit stummem Blick meine Verzweiflung klagen. Freilich komme ich selten genug in die Versuchung zu reden, ich höre ja wochenlang meine eigene Stimme nicht, dies ist übrigens der Grund, weshalb ich den heroischen Entschluß gefaßt habe, meine Mimi doch nicht herkommen zu lassen. Das Tierchen ist gewöhnt an Munterkeit und Leben, sie hat es gern, wenn ich singe, lache und mit ihr durch alle Zimmer Haschen spiele, sie würde mir ja hier trübsinnig werden. Ich lasse sie also bei Mathilde. Mathilde kommt zu mir in den nächsten Tagen, und ich hoffe, mich dann wieder aufzurappeln. Vielleicht wird Pfingsten auch für mich «das liebliche Fest» sein. Sonitschka, seien Sie mir heiter und ruhig, alles wird doch noch gut werden, glauben Sie mir, grüßen Sie herzlichst Karl, ich umarme Sie vielmals.

Ihre Rosa

Vielen Dank für das schöne Bildchen.

Breslau, Mitte Dezember 1917

... Jetzt ist es ein Jahr, daß Karl in Luckau sitzt. Ich habe in diesem Monat oft daran gedacht, und genau vor einem Jahr waren Sie bei mir in Wronke, haben mir den schönen Weihnachtsbaum beschert ... Heuer habe ich mir hier einen besorgen lassen, aber man brachte mir einen ganz schäbigen, mit fehlenden Ästen – kein Vergleich mit dem vorjährigen. Ich weiß nicht, wie ich darauf die acht Lichtlein anbringe, die ich erstanden habe. Es ist mein drittes Weihnachten im Kittchen, aber nehmen Sie es ja nicht tragisch. Ich bin so ruhig und heiter wie immer. Gestern lag ich lange wach – ich kann jetzt nie vor ein Uhr einschlafen, muß aber schon um zehn ins Bett – dann träume ich Verschiedenes im Dunkeln. Gestern dachte ich also: wie merkwürdig das ist, daß ich ständig in einem freudigen Rausch lebe – ohne jeden besonderen Grund. So liege ich zum Beispiel hier in der dunklen Zelle auf einer steinharten Matratze, um mich im Hause herrscht die übliche Kirchhofsstille, man kommt sich vor wie im Grabe, vom Fenster her zeichnet sich auf der Decke der Reflex der Laterne, die vor dem Gefängnis die ganze Nacht brennt. Von Zeit zu Zeit hört man nur ganz dumpf das ferne Rattern eines vorbeifahrenden Eisenbahnzuges oder ganz in der Nähe unter den Fenstern das Räuspern der Schildwache, die in ihren schweren Stiefeln ein paar Schritte langsam macht, um die steifen Beine zu bewegen. Der Sand knirscht so hoffnungslos unter diesen Schritten, daß die ganze Öde und Ausweglosigkeit des Daseins daraus klingt in die feuchte, dunkle Nacht. Da liege ich still allein, gewickelt in diese vielfachen schwarzen Tücher der Finsternis, Langeweile, Unfreiheit des Winters – und dabei klopft mein Herz von einer unbegreiflichen, unbekannten inneren Freude, wie wenn ich im strahlenden Sonnenschein über eine blühende Wiese gehen würde. Und ich lächle im Dunkeln dem Leben, wie wenn ich irgendein zauberhaftes Geheimnis wüßte, das alles Böse und Traurige Lügen straft und in lauter Helligkeit und Glück wandelt. Und dabei suche ich selbst nach einem Grund zu dieser Freude, finde nichts und muß wieder lächeln über mich selbst. Ich glaube, das Geheimnis ist nichts anderes als das Leben selbst, die tiefe nächtliche Finsternis ist so schön und weich wie Sammet, wenn man nur richtig schaut. Und in dem Knirschen des feuchten Sandes unter den langsamen schweren Schritten der Schildwache singt auch ein kleines schönes Lied vom Leben – wenn man nur richtig zu hören weiß. In solchen Augenblicken denke ich an Sie und möchte Ihnen so gern diesen Zauberschlüssel mitteilen, damit Sie immer und in allen Lagen das Schöne und Freudige des Lebens wahrnehmen, damit Sie auch im Rausch leben und wie über eine bunte Wiese gehen. Ich denke ja nicht daran, Sie mit Asketentum, mit eingebildeten Freuden abzuspeisen. Ich gönne Ihnen alle reellen Sinnesfreuden. Ich möchte Ihnen nur noch dazu meine unerschöpfliche innere Heiterkeit geben, damit ich um Sie ruhig bin, daß Sie in einem sternbestickten Mantel durchs Leben gehen, der Sie

vor allem Kleinen, Trivialen und Beängstigenden schützt. Sie haben im Steglitzer Park einen schönen Strauß aus schwarzen und rosavioletten Beeren gepflückt. Für die schwarzen Beeren kommen in Betracht entweder Holunder – seine Beeren hängen in schweren, dichten Trauben zwischen großen gefiederten Blattwedeln, sicher kennen Sie sie, oder, wahrscheinlicher, Liguster, schlanke, zierliche aufrechte Rispen von Beeren und schmale, längliche, grüne Blättchen. Die rosigvioletten, unter kleinen Blättchen versteckten Beeren können die der Zwergmispel sein; sie sind zwar eigentlich rot, aber in dieser späten Jahreszeit, ein bißchen schon überreif und angefault, erscheinen sie oft violettrötlich, die Blättchen sehen der Myrte ähnlich, klein, spitz am Ende, dunkelgrün und lederig oben, unten rauh.
Sonjuscha, kennen Sie Platens «Verhängnisvolle Gabel»? Könnten Sie es mir schicken oder bringen? Karl hat einmal erwähnt, daß er sie zu Hause gelesen hat. Die Gedichte Georges sind schön; jetzt weiß ich, woher der Vers: «Und unterm Rauschen rötlichen Getreides!» ... stammt, den Sie gewöhnlich hersagten, wenn wir im Felde spazierengingen. Können Sie mir gelegentlich den neuen «Amadis» abschreiben, ich liebe das Gedicht so sehr – natürlich dank Hugo Wolfs Lied –, habe es aber nicht hier. Lesen Sie weiter die «Lessing-Legende»? Ich habe wieder zu Langes «Geschichte des Materialismus» gegriffen, die mich stets anregt und erfrischt. Ich möchte so sehr, daß Sie sie mal lesen.
Ach, Sonitschka, ich habe hier einen scharfen Schmerz erlebt; auf dem Hof, wo ich spaziere, kommen oft Wagen vom Militär, voll bepackt mit Säcken oder alten Soldatenröcken und Hemden, oft mit Blutflecken ..., die werden hier abgeladen, in die Zellen verteilt, geflickt, dann wieder aufgeladen und ans Militär abgeliefert. Neulich kam so ein Wagen, bespannt statt mit Pferden mit Büffeln. Ich sah die Tiere zum erstenmal in der Nähe. Sie sind kräftiger und breiter gebaut als unsere Rinder, mit flachen Köpfen und flach abgebogenen Hörnern, die Schädel also unseren Schafen ähnlicher, ganz schwarz mit großen sanften Augen. Sie stammen aus Rumänien, sind Kriegstrophäen ... die Soldaten, die den Wagen führen, erzählen, daß es sehr mühsam war, diese wilden Tiere zu fangen, und noch schwerer, sie, die an die Freiheit gewöhnt waren, zum Lastdienst zu be-

nutzen. Sie wurden furchtbar geprügelt, bis daß für sie das Wort gilt «vae victis» ... An hundert Stück der Tiere sollen in Breslau allein sein; dazu bekommen sie, die an die üppige rumänische Weide gewöhnt waren, elendes und karges Futter. Sie werden schonungslos ausgenutzt, um alle möglichen Lastwagen zu schleppen, und gehen dabei rasch zugrunde. – Vor einigen Tagen kam also ein Wagen mit Säkken hereingefahren, die Last war so hoch aufgetürmt, daß die Büffel nicht über die Schwelle bei der Toreinfahrt konnten. Der begleitende Soldat, ein brutaler Kerl, fing an, derart auf die Tiere mit dem dicken Ende des Peitschenstieles loszuschlagen, daß die Aufseherin ihn empört zur Rede stellte, ob er denn kein Mitleid mit den Tieren hätte! «Mit uns Menschen hat auch niemand Mitleid!» antwortete er mit bösem Lächeln und hieb noch kräftiger ein ... Die Tiere zogen schließlich an und kamen über den Berg, aber eins blutete ... Sonitschka, die Büffelhaut ist sprichwörtlich an Dicke und Zähigkeit, und die war zerrissen. Die Tiere standen dann beim Abladen ganz still, erschöpft, und eins, das, welches blutete, schaute dabei vor sich hin mit einem Ausdruck in dem schwarzen Gesicht und den sanften Augen wie ein verweintes Kind. Es war direkt der Ausdruck eines Kindes, das hart bestraft worden ist und nicht weiß, wofür, weshalb, nicht weiß, wie es der Qual und der rohen Gewalt entgehen soll ... ich stand davor, und das Tier blickte mich an, mir rannen die Tränen herunter – es waren seine Tränen, man kann um den liebsten Bruder nicht schmerzlicher zucken, als ich in meiner Ohnmacht um dieses stille Leid zuckte. Wie weit, wie unerreichbar, verloren die freien, saftigen, grünen Weiden Rumäniens! Wie anders schien dort die Sonne, blies der Wind, wie anders waren die schönen Laute der Vögel oder das melodische Rufen der Hirten. Und hier – diese fremde, schaurige Stadt, der dumpfe Stall, das ekelerregende muffige Heu mit faulem Stroh gemischt, die fremden, furchtbaren Menschen, und – die Schläge, das Blut, das aus der frischen Wunde rinnt ...

Oh, mein armer Büffel, mein armer, geliebter Bruder, wir stehen hier beide so ohnmächtig und stumpf und sind nur eins in Schmerz, in Ohnmacht, in Sehnsucht. –

Derweil tummelten sich die Gefangenen geschäftig um den Wagen, luden die schweren Säcke ab und schleppten sie ins

Haus, der Soldat aber steckte beide Hände in die Hosentaschen, spazierte mit großen Schritten über den Hof, lächelte und pfiff leise einen Gassenhauer. Und der ganze herrliche Krieg zog an mir vorbei …
Schreiben Sie schnell, ich umarme Sie, Sonitschka.

Ihre Rosa

Sonjuscha, Liebste, seien Sie trotz alledem ruhig und heiter. So ist das Leben, und so muß man es nehmen, tapfer, unverzagt und lächelnd – trotz alledem.

Karl Kraus

Der Bauer, der Hund und der Soldat (Wolhynien)

«Der Hund ist krank! Was fehlt dem armen Hunde?»
«Er ist verwundet, Herr. Das ist der Krieg,
und davon eben hat er seine Wunde.»
Der Bauer sprach's und streichelt' ihn und schwieg.

«Wie aber, wann und wo empfing die Wunde
der arme Hund? Er kann ja gar nicht gehn!»
«Herr, es ist Krieg und da ist es dem Hunde,
er stand so da, da ist es ihm geschehn.

Der Hund stand da und da kam ein Soldat,
der ging vorbei und stach nach meinem Hunde,
der keinem Menschen was zuleide tat,
nie biß er wen, nun hat er seine Wunde.

Seht ihn nur an, es war ein gutes Tier,
er dient mir lang, und in der weiten Runde
der beste Schäferhund, er führte mir
das Vieh allein, nun hat er seine Wunde.

Seht, wie er hinkt. Das tut er seit der Stunde,
da der Soldat vorbeikam, der Soldat,
der stach nach meinem alten Schäferhunde,
der keinen Menschen noch gebissen hat.»

«Und warum, glaubt ihr, bracht er ihm die Wunde,
der Mann dem Hund die schwere Wunde bei?
Der Hund ist stumm, sein Blick befiehlt dem Munde
für ihn zu sprechen, sprecht nur frank und frei.»

«Wir wissen's nicht. Doch wißt ihr's selbst wie wir,
daß Krieg ist. Mir und meinem armen Hunde
und Gott und jedem Kind und auch dem Tier
ist es bekannt, und Krieg schlägt jede Wunde.

Ich sagt's euch Herr, der Mann war ein Soldat,
und wer die Waffe hat, der schlägt die Wunde.
Wißt ihr denn nicht, wie viel's geschlagen hat
in dieser gottgesandten Zeit und Stunde?»

«So solltet ihr, daß er vom Schmerz gesunde,
das arme Tier sogleich mit Gift vergeben.
Erschießt ihr ihn, wißt ihr, daß eine Wunde
auch Wohltat sei, und helft ihm aus dem Leben!»

«Ach Herr, ich ließ' es nimmermehr geschehn,
ich kann nur leiden mit dem armen Hunde.
's ist Krieg, ich kann ein Huhn nicht sterben sehn,
's ist Krieg, da, wißt ihr, gibt es manche Wunde.

Der Hund war gut, vorbei ist's mit dem Hunde,
seit der Soldat vorbeiging. 's ist der Krieg.
Man muß es nehmen, was sie bringt die Stunde.»
Der Bauer sprach's und streichelt' ihn und schwieg.

Johannes R. Becher

Vorbereitung

Der Dichter meidet strahlende Akkorde.
Er stößt durch Tuben, peitscht die Trommel schrill.
Er reißt das Volk auf mit gehackten Sätzen.

*

Ich lerne. Ich bereite vor. Ich übe mich.
Wie arbeite ich – hah leidenschaftlichst! –
Gegen mein noch unplastisches Gesicht –:
Falten spanne ich.
Die Neue Welt
(– eine solche: die alte, die mystische, die Welt der Qual
austilgend –)
Zeichne ich, möglichst korrekt, darin ein.
Eine besonnte, eine äußerst gegliederte, eine *geschliffene*
Landschaft schwebt mir vor,
Eine Insel glückseliger Menschheit.
Dazu bedarf es viel. (Das weiß er auch längst sehr wohl.)

O Trinität des Werks: Erlebnis Formulierung Tat.

Ich lerne. Bereite vor. Ich übe mich.

... bald werden sich die Sturzwellen meiner Sätze zu einer
unerhörten Figur verfügen.

Reden. Manifeste. Parlament. Das sprühende politische
Schauspiel. Der Experimentalroman.
Gesänge von Tribünen herab vorzutragen.

Menschheit! Freiheit! Liebe!

Der neue, der Heilige Staat
Sei gepredigt, dem Blut der Völker, Blut von ihrem Blut,
eingeimpft.
Restlos sei er gestaltet.
Paradies setzt ein.
– Laßt uns die Schlagwetter-Atmosphäre verbreiten! –
Lernt! Vorbereitet! Übt euch!

Gruß des deutschen Dichters an die Russische Föderative Sowjet-Republik

Im Osten wächst das Licht. Der Dichter streue
Sich schwellend dir entgegen. Weiche Nacht!
Bewinkte Finsternis von Morgen-Bläuen.
Ja: Liebe dehnt sich unbeschränkter Macht.

Die goldene Sichel und der goldene Hammer!
O Ozean-Röte! Morgen! Ährenkranz.
Der feiste Bürger schrumpft in sich zusammen.
Nun windet er sich euere Knie umklammernd,
Geblendet von zu unerhörtem Glanz.

Ihr werdet hart sein. Und sehr unerbittlich. –
Und nicht vergessen. Wahret euer Recht.
Wälzt um! Befreit! Und dann erst: wahrhaft friedlich
Erhöbe sich ein göttliches Geschlecht.

Dann –: welche Söhne! Solche Frauen! Massen ...
Freiheit und Gleichheit! Edles Brudertum.
O Symphonie der fernsten Völker-Rassen.
In Frucht und Glanz schmölz jeder Mörder um.

Seid hart! Paßt auf! Sie kriechen: Schleim und Schemen.
Verfälscher jeder heiligen Idee.
Sie sprengten euere Phalanx. Leiber strömen
Von neuem Blut. Tod stinkt im Leichenschnee.

Der Dichter ruft euch: *hart!* Noch triefen Wunden.
Und nicht vergessen. Nie –: Vergebung weich.
An dir, mein Volk, kann nur die Welt gesunden.
Nur euer Brot kann den Millionen munden.
In euerem Staat kommt uns das heilige Reich.

Das heilige Reich. Das Paradies. Die freie
Erhobenheit an Gottes einzig Herz.
Vermächtnis Tolstois. Unsere Heere feiern.
Zuend gebettet unser Höllenschmerz.

Der Dichter grüßt dich –: Sowjet-Republik!
Zertrümmert westliche Demokratien!
Schon sternt ein Beil ob Albions Stiergenick.
Dein Sieg, o Frankreich, muß dich niederziehen.

Es triumphieren nicht die Henker!
Und nicht die grausen Schlachtenlenker …
Euch alle stürzt der Zeit Gericht.
Um nun die Herrschaft der Barbaren.
Schon steigen an die Sklaven-Scharen
Und ihre alte Fessel bricht.

O ewiger Ruhm der Unbeirrten!
Wie blitzt aus trübesten Gevierten,
Wie aus Fabrik, Asyl jetzt Früh.
Der Engel steht auf Barrikaden.
Aus dem Tumult der Kanonaden
Schwingt ewigen Friedens Melodie.

Karl Liebknecht

Zuversicht

Ob sie uns auch zerbrechen –
Sie beugen uns doch nicht,
Und eh der Tag vergangen,
Stehn wir frisch aufgericht'.

Von tausend Niederlagen
Erheben wir uns frei
Zu immer kühnrem Schlagen,
In immer festrer Reih.

Ob sie die Flamm ersticken –
Der Funke heiß sich regt,
Und über Nacht zum Himmel
Die neue Flamme schlägt.

Und ob das Ziel, das hohe,
Entwichen scheint und fern,
Es kommt der Tag, der frohe,
Wir trauen unserm Stern.

Die Gegenwart mag trügen,
Die Zukunft bleibt uns treu.
Ob Hoffnungen verfliegen,
Sie wachsen immer neu.

Aus nichts wird alles werden,
Eh sie es noch gedacht,
Trotz ihrer Machtgebärden,
Wir spotten ihrer Macht.

Bald werden sie zerstieben
Wie Gischt am Felsenrand,
Schon winkt aus Nebel trüben
Das heiß ersehnte Land.

Es gibt auf Erdenrunden
Nichts, was uns zwingen kann:
Kein Gift und keine Wunden,
Kein Teufel und kein Bann!

Quellen- und Rechtsnachweis